# 誤謬論入門
## 優れた議論の実践ガイド

Attacking
Faulty
Reasoning

A Practical Guide
to Fallacy-Free
Arguments

Seventh Edition

**T. Edward Damer**

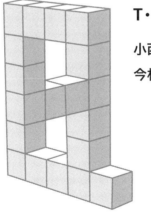

**T・エドワード・デイマー** 著

小西卓三 監訳

今村真由子 訳

九夏社

*Attacking Faulty Reasoning:*
*A Practical Guide to Fallacy-Free Arguments,*
*Seventh Edition*
by T. Edward Damer

# はじめに

　私たちの目標は，何を信じ，何を行うべきかを合理的に判断することである。本書の新しい版が出版されるたびに，その目的を達成するにあたって不可欠なことを詰め込んだよりよい本を書く機会を，私は与えてもらっている。欠陥のある推論に注目すると，私たちがいかに頻繁に誤った推論を行っており，目的の達成から遠ざかっているかを再確認できる。質の悪い推論を見抜くスキルを磨くことは，議論が間違った方向に進むことを防いでくれるだけではない。より重要な効果として，自らが同じ過ちを犯すのを防ぐことにもつながる。本書によって自分がよりよい判断をできるようになっただけでなく，他者がよりよい判断を下すことを手助けできたと，筆者にeメールで報告してくれる読者もいる。そういった読者の最大の関心事は，私と同様に，議論に勝つことではない。優れた推論によって考えや行動を裏付け，優れた推論が当たり前に行われる世界を生み出すことを目指しているのである。

　本書の目的は30年以上も前から変わらない。本書ではまず，知的行動の規範に焦点を当てる。知的行動の規範とは，人をクリティカル・シンカー（信念や行動に関する理にかなった決断を下す能力を備えた人）へと育てる思考方法に必要な規範であり，優れた議論の本質と，それを支える5つの条件を念入りに示している。この規範では，誤謬を5つの基準のいずれかに違反するものとして定義している。そして議論を誤った方向へと導く60種類の誤謬や考え方について考察し，それらを優れた議論へと導く方法を提案している。これまでに出版された第6版まででも，読者がより優れた考え方や議論をより効果的に身につけることを目標に，改善を続けてきたつもりである。

## 第7版の改善点

　第7版でも同様の改善努力を行った。本書の読者などから寄せられた提案に基づき，本書を大幅に改善する重要な変更を施した。新版が出るたびに行ってきたとおり，誤謬に関する定義や説明の的確さをさらに追求した。加えて，複数の誤謬例と，各章の終わりにある課題を更新・改良・変更した。また，標準形式に再構成した議論を示す際には，前提に番号を振り，その後に記した分析でどの前提に言及しているのかわかりやすくした。第5〜9章の課題として掲載した「ジムへのeメール」も書き直し，メールに含まれている60種類の誤謬がより簡単に特定できるようにした。

　そして，第1章で示した"知的行動の規範"のすべての原則について，本書を通して一貫性をもって言及することにも力を入れた。その過程で特に，明瞭性，構造，そして反論の原則をさらに明確にして充実させ，それぞれの原則に数字を振ることによって全体像を見えやすくした。

　第4章では，誤った推論を突く3つ目の方法として，主に議論の疑わしい前提に焦点を当てる「反証を示す方法」を追加した。さらには，各誤謬の説明の後にある「誤謬を突く」に記載した戦略の明確化と拡充を図った。

　第7章の"前提の許容性の基準"と"前提の非許容性の条件"は，前提の許容性を判断しやすくするために見直した。優れた議論の構造の原則に関する第5章と，反論の原則に関する第9章の大幅な再編成と書き直しも行った。

　これまでの版で取り上げた誤謬名に慣れ親しんでいる読者には，さらなる変更について説明しておく。"ほのめかしを使った議論（argument by innuendo）"は，"誤解を招く強調（misleading accent）"に，"言い回しによる論点先取の誤謬（question-begging-language fallacy）"は"論点先取の誤謬（begging-the-question fallacy）"に統合した。また，新たに2つの誤謬を追加した。1つは"新しさに訴える誤謬（fallacy of novelty）"で，第7章の根拠なき思い込みの誤謬に含まれている。もう1つは，規範的な議論のなかに規範的前提が含まれていない，"規範的前提の欠如の誤謬（fallacy of the elusive normative premise）"と私が呼んでいる誤謬である。これは第5章の

新しいカテゴリーである“不適切な前提の誤謬”に含まれている。不適切な前提の誤謬には，以前の版では“論点先取の誤謬”と“矛盾の誤謬（fallacy of inconsistency）”としていた誤謬も含まれている。

　第6版に関しては，概念の曖昧さに起因する教育上の問題もいくつか指摘された。筆者自身も，クリティカルシンキングの講義で本書を使用した際に同じ問題に直面した。この問題を解決すべく，本書中の複数の重要な概念を明確化・拡充した。改善したのは，帰納的議論と演繹的議論の違い，演繹的議論の妥当性の考え方，規範的議論の演繹的性質，議論における補完前提の役割，前提の証拠に関する十分性と結論に関する証拠の十分性の違い，そして前提の十分性の欠如と許容性の欠如の違いなどである。

　さらには，人間の思考における非合理的な要因がいかに合理的なものの見方を阻害するか，なぜ“人格攻撃の誤謬”は関連性の基準に違反する誤謬よりも反論の基準に違反する誤謬に分類したほうが適切なのか，なぜ“私利に訴える誤謬”が単なる道徳上の問題ではなく，関連性にまつわる論理的問題なのかについても言及した。

## 謝　辞

　第7版を出版するにあたり，特にお世話になった方々がいる。まず，出版社 Cengage Wadsworth のスタッフの親身な対応と高度な専門知識に基づく指南に感謝したい。そして哲学担当のジョアン・コーズィレフのサポートや，アソシエイト・ディベロップメント・エディターのダイスケ・ヤスタケの尽力に感謝する。

　また，次に名前を挙げる方々には有意義なコメントや提案をご提供いただいた。バーゲン・コミュニティー・カレッジのヴァンダ・ボジセヴィック，ノルコ・カレッジのシャロン・クラスノー，バーゲン・コミュニティー・カレッジのトビン・デマルコ，ハリスバーグ・エリア・コミュニティー・カレッジのジョナサン・ゲイナー，ゲティスバーグ・カレッジのスティーブ・ギンベル，モレノバレー・カレッジのウェイン・ナイト，メリーランド大学ボルティモアカウ

ンティー校のジェシカ・ファイファー，メリーランド大学ボルティモアカウンティー校のロワ・テンプルトン，そしてムアパーク・カレッジのダグラス・ティール。

　最後に，第7版を手掛けるにあたり有意義な提案を行ってくれた，哲学専攻の大学院生で息子のテイラー・ブラッドフォード・デイマー・ストーンと，初版から第7版を書き上げるまでに知的にも家庭面でもサポートしてくれた妻のナンシー・ジーン・ブラッドフォードにも感謝する。そして，過去30年間にわたって版を重ねるごとに内容の改善に貢献する批判を行ってくれた学生たちに，変わらぬ感謝を示したい。

Ｔ・エドワード・デイマー

# 目　次

はじめに　3

イントロダクション　13


## 第1章　知的行動の規範 ―――――――――――― 19

概　要　19

手続き上の基準　20

倫理上の基準　21

知的態度に取り入れるべき行動原則　22

　1. 可謬の原則　24

　2. 真理追究の原則　27

　3. 明瞭性の原則　28


## 第2章　議論とは何か ――――――――――――― 31

概　要　31

議論とは他の複数の主張に裏付けられた主張である　31

議論と意見を区別する　33

　4. 立証責任の原則　34

議論の標準形式　37

　5. 寛容の原則　41

演繹的議論 vs. 帰納的議論　42

規範的議論の演繹的側面　45

道徳的議論　46

法的議論　50

美的議論（美に関する議論）　51


# 第3章　優れた議論とは ――――――――― 55

概　要　55

優れた議論の5つの基準　56

6.　構造の原則　56

7.　関連性の原則　58

8.　許容性の原則　60

▷前提の許容性の基準　62

▷前提の非許容性の条件　64

9.　十分性の原則　65

10.　反論の原則　67

議論の強度を高める　70

議論に基準を適用する　72

11.　判断保留の原則　80

12.　解決の原則　81


# 第4章　誤謬とは何か ――――――――――― 85

概　要　85

誤謬論　85

名称のある誤謬・ない誤謬　87

誤謬の分類　88

誤謬を突く　90

◇　自壊に追い込む方法　90

◇　論外な反例を提示する方法　93

◇　反証を示す方法　97

誤謬ゲームのルール　99

# 第5章　構造の基準に違反する誤謬 ————————101

概　要　101
不適切な前提の誤謬　102
- 論点先取　102
- 多重質問　107
- 論点先取の定義　110
- 矛盾する前提　113
- 前提と結論の矛盾　116
- 規範的前提の欠如の誤謬　118

演繹的推論の誤謬　124
◇ 条件的推論　124
- 前件否定の誤謬　125
- 後件肯定の誤謬　127
◇ 三段論法的推論　130
- 中名辞不周延の誤謬　133
- 端名辞不周延の誤謬　136
- 換位の誤りの誤謬　139

# 第6章　関連性の基準に違反する誤謬 ————————149

概　要　149
無関係な前提の誤謬　150
- 発生論の誤謬　151
- 合理化，言い訳　153
- 誤った結論の導出　157
- 誤った根拠の提示　160
関係のない訴えかけの誤謬　164
- 無関係の権威者に訴える誤謬　164
- 衆人の意見に訴える誤謬　168
- 力や脅迫に訴える誤謬　170

■ 伝統に訴える誤謬　173

■ 私利に訴える誤謬　176

■ 感情に付け込む誤謬　179


# 第7章　許容性の基準に違反する誤謬 ——— 191

概　要　191

言語的混乱の誤謬　193

■ 多義の誤謬　193

■ 曖昧語法　196

■ 誤解を招く強調　200

■ 不当な対照　204

■ 漠然とした表現の誤用　206

■ 差異なき区別　210

根拠なき思い込みの誤謬　214

■ 新しさに訴える誤謬　215

■ 連続性の誤謬　217

■ 合成の誤謬　221

■ 分割の誤謬　224

■ 不当な選択肢　226

■ である - べきであるの誤謬　228

■ 希望的観測　231

■ 原則の誤用　233

■ 中間の誤謬　236

■ 不当な類推　238


# 第8章　十分性の基準に違反する誤謬 ——— 249

概　要　249

根拠欠如の誤謬　250

■ 不十分なサンプル　251

■ 代表的でないデータ　254

■ 無知に訴える論証　257

■ 反事実的な仮説　260

■ 格言の誤謬　263

■ 二重基準　266

■ 重要証拠の除外　269

因果関係の誤謬　273

■ 必要条件と十分条件の混同　274

■ 因果の過剰な単純化　277

■ 前後即因果の誤謬　279

■ 原因と結果の混同　282

■ 共通する原因の無視　285

■ ドミノの誤謬　287

■ ギャンブラーの誤謬　289

# 第9章　反論の基準に違反する誤謬 ———————— 299

概　要　299

反証の誤謬　300

■ 反証の否定　300

■ 反証の無視　302

■ 揚げ足取り　306

対人論証の誤謬　309

■ 人格攻撃の誤謬　310

■ 井戸に毒を盛る　313

■ お前だって論法　315

脱線の誤謬　318

■ 藁人形論法　319

■ 薫製ニシンの誤謬　322

■ 笑いや嘲笑に訴える誤謬　325

# 第 10 章　論述文を書く ─────────────── 335

概　要　335

問題を調査する　336

立場を表明する　337

自分の立場を論ずる　338

自分の立場に対する異論に反論する　339

問題を解決する　340

論述文の例　340


誤謬のまとめ　345

課題の解答例　351


監訳者解題　362


和文索引　388

欧文索引　392

# イントロダクション

## 論理学を少々学んでみる

　世の中にこれ以上，論理学の本は必要なのだろうか。人は誰しも「自分はすでに十分卓越した推論技術を持ち合わせていると思い込んでいる」[*1] と，アメリカ人哲学者で論理学者のパース（Charles Sanders Peirce）が100年以上も前に述べている。しかし興味深いことに，我々「卓越した」推論者が，他者に同様の卓越さを認めることはめったにない。パースが示唆するのは，ほとんどの人は自分の議論以外で真に優れているものは一握りしかないと考え，世の中の人々は「少しは論理学を学ぶ必要がある」と真剣に信じているということである。

　「少しは論理学を学ぶ」努力をした人は，より効果的に推論し，より明確に議論する技能を磨いたはずである。このスキルは現在，"クリティカルシンキング（批判的思考）"と呼ばれ，ロバート・H・エニス（Robert H. Ennis）はこれを，「何を信じ，何を行うべきかについて理にかなった決断を下すことを目標とするプロセス」[*2] と定義している。合理的に考えるには，優れた議論（good argument）の構築方法を学ぶことから始めなければならない。しかし，優れた議論が重要であるのならば，なぜ本書で紹介する誤謬という欠陥のある議論をわざわざ学ぶべきなのだろうか。それは，誤謬を伴う推論と誤謬を伴わない推論を見分ける能力こそ，優れた議論を作るために必要な条件と言っても過言ではないからである。良い議論と悪い議論の違いを知らずして，優れた議論を

＊1　Charles Sanders Peirce, "The Fixation of Belief," in *Collected Papers of Charles Sanders Peirce*, ed. Charles Hartshorne and Paul Weiss (Cambridge, MA: Belknap Press of Harvard University Press, 1934), Vol. 223.

＊2　Robert H. Ennis, *Critical Thinking* (Upper Saddle River, NJ: Prentice-Hall, 1996), p. xvii. 1.

構築することは不可能である。実際，我々のほとんどは，悪い議論と比べることによって優れた議論がどういったものなのか認識できるようになる。それは，粗悪なワインや悪い教師に出会った経験があるからこそ，良質なワインや良い教師がどのようなものかを理解できるのと同じである。とすると，優れた議論は，悪い議論にみられる欠陥がないから優れているのだといえよう。だからこそ本書の副題を，"A Practical Guide to Fallacy-Free Arguments（誤謬のない議論のための実践的ガイド）"としたのである。

## 本書の構成

　本書は，何を信じ，どう行動すべきかの決断の支えとなる瑕疵のない議論を，理想的には読者が構築できる手引きとなるように構成されている。すべてのセクションでこの技能が強化される。第1章ではまず，"知的行動の規範"を守る重要性を説明している。続く3つの章では優れた議論の特徴について述べる。その後の5つの章では優れた議論の諸基準（および避けるべき具体的諸誤謬）について，そして最終章では論述文の書き方について述べている。

　"知的行動の規範"の12の原則については，それぞれ適切な場所で詳細に説明している。これらの原則には，議論の構築と評価を責任をもって行い，見解の分かれる問題についての合理的な論議に公正かつ効果的に参加するために知っておくべきことの，ほぼすべてが含まれている。

　我々の多くにとって難しいのは，議論をやめて決断に踏み切るタイミングを知ることである。その鍵となるのが，「道理をわきまえた人間から見て，結論を受け入れるに足る十分な議論がなされたこと」を認識することである。本書では，筆者の誤謬論の基礎を成す**優れた議論の5つの基準**を使って，シンプルかつ効果的にその能力を培う。

　世の中の誤謬への対処法のほとんどは，いかなる理論にも基づいていない。単に避けるべき誤謬が羅列されているだけの場合もある。しかし本書のアプローチは違う。私の定義による誤謬とは，優れた議論が満たす5つの基準のうち1つ以上に違反しているものである。本書で誤謬は，それが違反する基準ごとに分類される。各分類で扱うのは下記の5つである。

(1)　よく構築された議論の**構造的要件**
(2)　議論の前提の**関連性**
(3)　議論の前提の**許容性**
(4)　関連性と許容性を満たした前提の，議論の結論を支える**十分性**
(5)　議論やそれが支持する立場に対する強力な批判を無効にする**反論の有効性**

　本書では，優れた議論の基準に注意深く迫ることにより，良質な議論を認識する能力を養う。その方法は明確であり，複雑さはない。本書を読めば，議論を構築・評価するために必要となる，生涯にわたって役立つ高度なスキルを身につけることができるはずである。

　本書で扱う60の誤謬は，それらが違反している"優れた議論の基準"ごとにグループ分けし，第5章から第9章で紹介している。それぞれの誤謬についての考察では，それらがなぜ基準を満たしていないとみなされるのかを解説している。

　それぞれの誤謬については，簡潔な定義を記した。各誤謬の考察の後には複数の事例を挙げた。これら事例は他の教科書とは違って現実的で日常的にみられるものであり，家族の問題や学生同士のディスカッション，新聞への投書など，時代に即したものである。ほとんどの事例で実際の問題やよくある状況を取り上げているが，その事例が関連する誤謬の特徴を浮き彫りにするために簡略化したり，他の問題から切り離したりしている。

　誤謬の概略を説明した後に据えたのが，本書の特徴である「誤謬を突く」という項目である。ここには議論のなかで遭遇する誤謬に建設的に対応するための具体的なヒントを記した。ただし，本書を通していえることだが，ここでは議論の欠点を指摘するよりも，問題を解決することに重点を置いている。

　誤謬を紹介した後や章末では，推論上の誤謬を特定する練習問題を出題した。読者は，それがどの誤謬なのかを具体的に特定するだけでなく，優れた議論のどの基準をいかに満たしていないのかを説明してみよう。解答例とその解説を本書の巻末に掲載している。

## 優れた議論はなぜ重要なのか

　自分にも相手にも優れた議論を求めることの重要性は，実践上の5つの理由から説明できる。まず，最も重要なこととして，優れた議論はよりよい判断を下すことに役立つ。アリストテレスはその昔，人間は“合理的な”動物だと述べた。つまり合理性こそが人間を他の生き物から区別する特徴であり，何を信じ何を行うべきかについて理にかなった決断を下すという，唯一無二の能力を与えてくれる特徴なのである。アリストテレスによると，人間には“良い人生”を実現するために必要な合理性を養って発達させる責務がある。それだけでなく，人生のあらゆる側面で合理的基準を用いる人は，目標の達成やプロジェクトの完遂にたどり着く可能性が高いと信じるに足る理由があるという。

　2つ目に，優れた議論は道徳にかかわる難しい判断を下すにあたり，特に重要な役割を果たす。取るべき積極的行動を決めることに役立つだけでなく，有害な結果をもたらす行動を回避することにも役立つ。欠陥のある議論によって到達しがちな誤った考えは，我々の道徳上のビジョンをぼやけさせ，他者に多大な危害を与える行動につながる。我々は自らの行動に対して責任を負っている。だからこそ，信念や判断の根底には，優れた議論によって導き出された結論を据える責務があるのである。

　3つ目に，優れた議論は，さまざまな物事に対する自分の見解を，真実あるいは正当化できると信じる理由があるものだけにしたいという気持ちを促す。自分自身の意見について優れた議論を要求することで，現在持っている信念の多くの強度が高まったり，逆にその弱点が浮き彫りになったりする。その結果，現在の信念を限定したり，破棄したりすることになるだろう。

　4つ目に，優れた議論を用いることによって，社会やビジネス，私生活における思考のレベルが上がる。相手にある考えを納得させるにあたり，優れた議論は脅しや感情的な誘導よりも総じて効果的で，少なくともより長期的な影響力を持っている。

　5つ目に，議論の質に焦点を当てることは，個人的なもめごとや対立を解決する際に効果的な方法となる。相反する見解についての議論の優劣に注目することで，どちらの見解がより優れているかを判断できる。

　もちろん我々は，多くの人々が積極的に推進している合理的な生活を妨げる

圧倒的な力が存在することに気づいていないわけではない。アリストテレスの言う"合理的な動物"の多くは，有害な伝統や妄信的なイデオロギー的情熱，恐怖，プライド，利己心，道徳的相対主義，知的注意の欠如，根深い偏見，概念の曖昧さ，希望的観測，感情のもつれ，合理化，短絡的な説明などに縛られて，知的に弱まっている。バラク・オバマ氏がアメリカ大統領に就任することの正当性に反対したバーセリズム運動<sup>訳注1</sup>に，就任の正当性を示す圧倒的な数の証拠があるにもかかわらず異常なほど多くの人々が賛同したという事実は，我々の文化では優れた議論がうまく機能していないことを証明していると思える。それでもなお，これまで挙げた理由により，優れた議論は有益なものだと我々は考えている。学術機関や科学研究所，航空管制塔や医療機関でそれらはあきらかに機能している。我々のほとんどは，自分の幸福や存在が脅かされたとき，優れた議論が役割を果たしてくれることを望む。もし無実にもかかわらず刑事訴追されたら，陪審員室で優れた議論が受け入れられていることを切に願うだろう。

　我々の使命は，優れた議論を用いることを擁護し続けることである。優れた議論は，何を信じどう行動すべきかについて決断するために，あるいは真実に基づいた見解や正当化できる見解のみを保持する意欲を促進するために，社会生活における知的論議の質を上げるために，そして自分にかかわる対立や論争を解決するために，重要なものとなる。我々のほとんどは，心の状態がよいときや内省的なときには，優れた議論がもたらすこれらの点が個人にとっても社会にとっても好ましいものと考えている。よって，我々は欠陥のある推論を撃退するために力を合わせるべきなのである。

## 本書の目的

　本書の第一の目的は，一般的な思考様式にありがちな間違いに焦点を当てて，読者が思考のレベルを上げることを支援することである。しかしながら，単に間違いを特定する方法を学ぶだけでは，建設的な目的はほとんど達成できない。

---

訳注1　birtherism：「バラク・オバマ氏はアメリカ合衆国の出生ではなく，アメリカ大統領になる資格がない」と主張する一種の陰謀論。

私の願いは，誤った推論を見抜くことで磨かれるスキルが，優れた推論を行う習慣の習得へとつながることである。言い換えれば，誤った議論や誤謬を含んだ議論に焦点を当てることによって，優れた議論や誤謬のない議論を組み立てられるようになるはずなのである。

　本書の2つ目の目的は，欠陥のある推論に立ち向かうための具体的な方法を提示することである。この方法をうまく使えるようになると，険悪なムードを作らずに相手の議論の欠陥を指摘することができる。各誤謬に関して記した「誤謬を突く」の項では，議論を正しい道筋に戻す，つまり欠陥のある議論を優れた議論へと変えるような方略を示している。問題のある議論を繰り広げる論者も，本来は主張の真実性や行動の正当性を効果的に論じたいと思っているはずである。本書で紹介する対策は，それを手助けするものとなっている。

　また本書が示す対処法により，欠陥のある議論が生み出す別の問題，すなわち欠陥のある議論の標的となってしまった人々が感じる無力感を緩和することもできる。このどうしようもない気持ちは，単に間違いに効果的に対処するすべを知らないことから生じる。推論におけるありがちな誤りを学ぶことで，誤った議論に引きずられたり，その餌食になることを避けられる。仮にそのような状況に陥ったとしても，本書で示す対策を駆使すれば，誤りを指摘するだけでなく，話し合い（discussion）を建設的な方向へと導くことで，状況をコントロールできる。

　教育の主たる目標の1つは，自分自身やこの世界に関する信頼性の高い考え方を発見し，それが正しいと主張する能力を磨くことである。誤謬のない議論の実践的手引きである本書を丁寧に学ぶことは，この目標の達成に寄与するだろう。本書を読み進めると，過去に自分自身が用いた，不用意かつ欠陥のある議論が浮き彫りになるだろう。そのことによって，世の中の人々だけでなく自分自身も「少しは論理学を学ぶ」必要があると，心から思えるようになるに違いない。

# 第1章
# 知的行動の規範

## 概要

### この章で学ぶこと

・知的行動に関する 12 の基本ルールに基づく合理的な話し合いを通じ，意見の分かれる問題を効果的に解決すること
・意見の分かれる問題についてより正当性の高い見解に達するための第一歩として，自分には新たな考え方を積極的に受け入れる準備があると相手に伝えることがきわめて重要であること
・自分の議論を提示するにあたり，言語上・概念上の混乱を避けるために今まで以上に細心の注意を払うこと。また，論争になっている問題を，不適切に混同されている可能性がある他の問題から切り離すことに今まで以上に細心の注意を払うこと

　本書は優れた議論を構築することに最大の焦点を当てているが，優れた議論とはどのようなものなのか，知的行動の規範に照らし合わせて理解することが重要である。知的行動の規範とは，意見の分かれる問題についての合理的な話し合いに参加する際に，成熟した人が従うように見込まれる規範である。この"行動の規範"の基本ルールには，優れた議論の 5 つの基準に加え，第 1 章以

降でさらに詳しく言及する効果的な話し合いや討議に関する他の重要な要素が含まれている。本書における"規範"には，手続き上の基準と倫理上の基準の両方が組み込まれている。

# 手続き上の基準

　行動規範のなかの手続き上の基準は，我々を分断する問題の解決を成功へと導く可能性を最も高める基本ルールを説明している。端的に述べると，諸基準は意見の分かれる問題に合理的に対処する最も効果的な方法を形式化したものである。通常，このような基準に沿った行動が，論争の解決や判断の決定，信念の修正において最も生産的な知的行動といえる。実際，スピーチ・コミュニケーションの研究者たちは，本書で取り上げる手続き上の基本ルールに類似するルールに則った話し合いのほうが，そうでないものよりも問題をうまく解決できることを経験的に発見している。議論にかかわる者としての私自身の経験や大学の授業での実験でも，同様の納得のいく結果が出ている。

　推論を学ぶ私の授業では，通常は初めに"知的行動の規範"について話し合い，その後の授業でそれを活用している。学期の終盤では，賛否がおおよそ拮抗する現代の倫理的問題や，時には賛成派と反対派の対立の激しい倫理的問題を，議題として学生に選んでもらう。そして2つのグループに分かれて互いが向き合うように座り，本章で取り上げる規範に則って，3回連続で授業時間を使いディスカッションをする。私は司会に徹し，論争の内容に関する発言は一切せずに，規範に反した場合にのみ指摘する。学生にはディスカッションを行う授業の合間に，テーマに関する調査を行ってもらう。学生はしばしば，調査の結果得られた見識や証拠をディスカッションのなかで他のクラスメイトに示す。

　私はこの実験を25年以上も行っているが，3回連続での授業内ディスカッションが終わると，ほぼ毎回，学生はテーマとなった倫理的問題に関して1つの結論で意見が一致する。これまでディスカッションのテーマとなった倫理的問題は，軍隊における同性愛から菜食主義に至るまで実に幅広い。しかし，ほとんどの場合で学生たちはディスカッションの結論が一致に至ることに驚き，

歓喜した。討論の結果到達した結論は，当初の2つの立場のどちらかであることはまれで，多くの場合はより正当性の高い3つ目の立場になる。

# 倫理上の基準

　行動規範が示す2つ目の行動基準は，倫理的なものである。本章で説明する原則に則ったディスカッションができないことはモラル違反だと示唆することは少し不思議に感じられるかもしれないが，公正に議論を行うべきだという提言に違和感は覚えないはずである。公正な精神のもとに，合理的な話し合いの参加者全員は同じ知的行動の最低基準を守るべきだとするかぎりにおいて，これらのルールは明らかに倫理的な側面を持っている。偏見を持たずに推論に耳を傾けることや，動機ではなく議論の内容を批判することなどが"ゲームのルール"とされるが，それを守らない相手とどれほど頻繁にかかわるかを考えてみよう。こういった行為は話し合いの継続を不可能にするだけでなく，重要な問題の解決や，少なくともさらなる探究を妨げるという，より深刻な状況を引き起こす。このような状況では，我々は相手に憤慨することも多い。話し合いの一定の基本ルールに従ってほしいという相手への要求には多少のいら立ちもつきものだが，明確な倫理的含みもある。我々は明らかに相手にフェアプレーの精神を求めており，同時に自分自身にもそれを求めるべきだということである。

　一方で，合理的な話し合いという活動（ゲーム）の目的は，他のゲームの目的とは一線を画している。ほとんどのゲームの目的は勝者と敗者を決めることであり，ルールを守ることの目的は勝敗を公平に決定することである。しかし，討議や合理的な話し合いという活動の目的は，勝者と敗者を決めることではない。その目的は，問題の最も効果的な解決策，あるいは賛否の分かれる争点についての最も正当性の高い立場を見つけることである。この目的を達成するために作られた合理的な話し合いのルールを全員が守れば，この目的は実現可能である。

# 知的態度に取り入れるべき行動原則

　"話し合い（discussion）"は，2人以上の参加者がいる場合もあれば，自分自身との対話の場合もある。いずれの場合でも，物事を合理的あるいは批判的に考えることを望む者，つまり，何を信じ何を行うかについて道理の通った判断を行い，重要な争点における対立の解決に貢献する人であるには，以下のすべての原則を知的行動の様式に取り入れる必要がある。

## 1. 可謬の原則（fallibility principle）
*合理的な人は，自分が誤ることがあるという事実を進んで受け入れるべきである。つまり，ある問題についての自分の見解が最も正当性の高いものではないかもしれないと受け入れなくてはならない。*

## 2. 真理追究の原則（truth-seeking principle）
*合理的な人は，熱心に真理を追究する姿勢，あるいは少なくとも対象となっている問題について最も正当性の高い見解を追究する姿勢を持つべきである。そのために他の立場を真剣に検討し，他者の立場から学び取れる見識に目を向け，相手がどんな立場についても議論を提示したり反論したりすることを受け入れる姿勢を持たなくてはならない。*

## 3. 明瞭性の原則（clarity principle）
*自身の立場や議論，反論を構築するときは，混乱を招く言葉を避け，他の立場や他の問題とは明確に分けなくてはならない。不明確で誤解を招きかねないキーワードを議論や批判で使う場合は，注意深く定義することが特に重要である。*

## 4. 立証責任の原則（burden-of-proof principle）
*いかなる立場でも，立証責任は通常その立場を提示した者にある。相手が求めればいつでも，その立場を支える議論を示すべきである。*

## 5.　寛容の原則（principle of charity）

*他者の議論を再構築する場合には，論者の本来の意図だと考えられるものを損なわない形で，最も強い議論になるよう注意深く表現するべきである。議論の意図された意味や暗示的な箇所に不確かな部分があるなら，議論を提示した者に有利になるよう解釈し，要望があれば修正する機会を与えなくてはならない。*

## 6.　構造の原則（structural principle）

*優れた議論の 1 つ目の基準。ある立場に賛成あるいは反対の議論を行う者は，良質な議論の基本的な構造要件を満たした議論を提示しなくてはならない。その構造要件とは，結論を支持する根拠が最低でも 1 つ存在し，規範的な議論であれば規範的な前提がなくてはならないことである。また，優れた議論で用いる根拠は互いに矛盾したり結論と矛盾したりしてはならず，結論が真であると仮定してはならない。さらに，妥当でない演繹的推論を行ってはならない。*

## 7.　関連性の原則（relevance principle）

*優れた議論の 2 つ目の基準。ある立場に賛成あるいは反対の議論を行うために根拠を示す者は，根拠の真偽が結論の真偽の何らかの証拠となるもののみを提示しなければならない。*

## 8.　許容性の原則（acceptability principle）

*優れた議論の 3 つ目の基準。ある立場に賛成あるいは反対の議論を行う者は，成熟した合理的な人に受け入れられそうで，かつ許容性の標準的な基準を満たす根拠を示さなくてはならない。*

## 9.　十分性の原則（sufficiency principle）

*優れた議論の 4 つ目の基準。ある立場に賛成あるいは反対の議論を行う者は，関連性と許容性を満たす適切な根拠を複数提示する努力をしなくてはならない。提示する根拠は数的にも強度的にも，結論の受容を正当化するために十分でなくてはならない。*

## 10. 反論の原則 (rebuttal principle)

優れた議論の５つ目の基準。ある立場に賛成あるいは反対の議論を行う者は，その議論やその議論が支える立場が受けると予想されるすべての重大な批判に対する効果的な反論も含めなくてはならない。相手の議論を批判する際には，その議論の核となる部分に焦点を当てることを怠ってはならない。

## 11. 判断保留の原則 (suspension-of-judgment principle)

優れた議論で支えられた立場がない場合，あるいは２つ以上の立場が同じ強度で支えられているような場合，多くの場面では争点に関する判断を保留すべきである。早急な決断が必要な状況であれば，判断の保留がもたらす結果に関する実質的な利害を比較し，それに基づいて決断を下さなくてはならない。

## 12. 解決の原則 (resolution principle)

ある立場に関する議論が，結論を正当化するに十分な関連性と許容性を満たした複数の根拠を伴う健全な構造を持ち，議論やそれが支える立場が受けうるすべての深刻な批判に対する効果的な反論を含んでいる場合，問題は解決したとみなすべきである。その議論が他の立場を支える議論と比較してこれらの基準をよりうまく満たせていないと示されないかぎり，その議論の結論を受け入れ，問題は解決したとみなす義務がある。ただし，もし議論の欠陥が後になって見つかって，それが支える立場の長所について新たな疑義が浮上するような場合には，さらなる検討と解決のために，問題を未解決の状態へと戻さなくてはならない。

最初に紹介した３つの原則（このあと詳しくみていく）は，一般的に知的探究における基本原則とされている。これらは，あらゆる問題についての合理的な思考を下支えするものだと，きわめて広範に理解されている。

# 1. 可謬の原則

合理的な人は，自分が誤ることがあるという事実を進んで受け入れるべきである。つまり，ある問題についての自分の見解が最も正当性の高いものではない

かもしれないと受け入れなくてはならない。

　知的探究において可謬の原則を採用するということは，「自分は間違いうる」という事実を意識的に認めることである。つまり，論争をよんでいる問題に関する現在の自分の考えが間違っている可能性，もしくはそれが最も正当性の高い立場ではない可能性を認めることである。自分の可謬性を認めないことは，より優れた議論に遭遇しても自分の考えを改めるつもりはないと言っているのと同じである。これは公正に話し合うつもりがないことのかなり強い証拠であり，それ以上の探究や話し合いの意味がなくなる。一方で可謬性を認めることは，問題の公正な解決につながる純粋な探究に対し心から興味があることを示す，前向きなしるしと言える。

　前提として相互に可謬性を認める状態を作ることは，真理の追究を真剣に行う者にとっての重要な第一歩である。残念なことに，宗教や政治についての話し合いで双方が可謬性を認めていることはほとんどない。だからこそ，この重要な分野の論争で進展がほとんどないのだと言えるだろう。また，異なる“原理”を保持する宗教原理主義者同士の話し合いが，考えの変更に終わる見込みはほとんどない。それは原理主義の定義そのものが，その主張が間違っている可能性を排除しているからである。しかし可謬の原則は，科学者や哲学者をはじめとするほとんどの学者たちの探究の基本原則となっている。学者たちはこの原則を，知的進歩にとって“不可欠な条件”だと論ずるに違いない。

　可謬の原則を受け入れることが本当に適切なのかという疑念があるのなら，異なる意見や相反する意見が複数存在する問題を考えてみてほしい。例えば，宗教に関する自分の見解を考えてみよう。世の中には何百もの相互に矛盾する宗教的な考え方があり，それぞれが何らかの面でその他と異なっている。であれば，詳しく検証を行わずとも，正しい可能性があるのはそのなかの1つだけであり，さらにはその1つでさえ欠陥があるかもしれないとわかる。そう考えると，自分の宗教に関する見解は間違っているか脆弱なものである可能性があるだけでなく，むしろおそらくそうであると理解できるだろう。

　もちろん，手に入る証拠や合理的探究のツールを用いて自分の宗教的見解を発展・改善してきた場合などでは，自分の宗教的立場が他の立場よりも正当性が高いことがあるかもしれない。それでもなお，優れた知性の持ち主が精力的

に擁護する現存するすべての異なる宗教的立場のなかで，自分の宗教的立場だけが正しい可能性は低いだろう。自分の立場こそ最も正当性が高いものだと信じているかもしれないが，他者も自らの立場について同様に考えていることを念頭に置かなくてはならない。そして正しいのは，最大限楽観的に考えても，どちらか一方だけなのである。

　人間が持つ意見の可謬性は，科学の歴史が最も強力に証明している。一部の科学史家によると，科学史に登場するほぼすべての知識に関する主張は，その後の研究によって間違っているか，少なくとも不備があると示されたことがあるという。もしこれが事実であれば，現代科学のより高度な研究方法を用いたとしても，現在や未来における科学的主張もおそらく同じことであろう。そして，証拠の提示がきわめて重要な科学研究についてこのような観察ができるならば，科学以外の主張については状況はさらに悪いと考えるのが妥当だろう。こういった状況があるのだから，せめて自分が主張する真理について疑念を持つだけの知的謙虚さを持つべきなのである。

　ここで重要なのは，可謬性を認める態度は，他者の議論に耳を傾ける姿勢を意識的に持っていることを明確に示すということである。「自分が強く信じている意見は正しくないかもしれない」と率直に認めることは，簡単ではないかもしれない。しかしそれこそが，これ以上ない話し合いの出発点なのだ。そして感情的になりがちな問題を扱う際にも冷静さを保てるだけでなく，別の議論やより優れた議論を知る可能性を開くのである。

　可謬の原則が本当に有効なのか懐疑的なら，話し合いが白熱した際に，自ら進んで可謬性を認めてみてほしい。あるいは，「自分の考え方を変えてもいいと思っている」と明言してもいい。すると相手も，知性を疑われたくないという意味でも，自分も同じ気持ちだと言うだろう。もしも相手がそうしないなら，少なくともそれ以上話し合いを続けることに意味がないことがわかる。

　数年前，"クリティカル・シンカー（批判的思考ができる人）"の定義に関するパネルに参加した際，パネリストの一人が「過去1年の間に，議論の力の前に重要な問題についての自己の意見を少なくとも1回は変えた人」と定義した。そのパネリストは，「あらゆる重要な問題に関する意見が偶然にもすべて正しい人はいないに等しい」と述べた。それどころか，世の中には意見の分かれる数多くの問題が存在し，その1つ1つに無数の異なる見解が存在すること

を考えれば，自分の意見は正しいことよりも間違っていることのほうが多い可能性が高い。

## 2.　真理追究の原則

*合理的な人は，熱心に真理を追究する姿勢，あるいは少なくとも対象となっている問題について最も正当性の高い見解を追究する姿勢を持つべきである。そのために他の立場を真剣に検討し，他者の立場から学び取れる見識に目を向け，相手がどんな立場についても議論を提示したり反論したりすることを受け入れる姿勢を持たなくてはならない。*

　真理追究の原則は，ソクラテスの時代から可謬の原則と密接に関連してきた。ソクラテスは，まず自らの無知や知識不足を理解してこそ真の知識に到達できると説いた。そうであれば，真理の追究は生涯にわたる試みになる。その追究は主に話し合いの形をとる。話し合いにおいて我々は，他の真理追究者たちのアイデアや議論について体系的に熟考すると同時に，自らのものも含めたすべての意見に対する批判を徹底的に熟慮する。

　これまで見てきたとおり，我々が真理に到達している可能性は低い。そのため話し合いに使う知的エネルギーのすべては，真理を見つけ出すこと，あるいは少なくとも現在において最も正当性の高い立場を見つけだすことに費やされるべきである。その立場はもちろん，最も強力な議論，あるいは考えうる最良の議論に裏付けられていなければならない。

　もしも真理に到達したならば，さらなる話し合いの必要はない。「自分たちがすでに知っていることが真理である」と考え，他者を説得するために話し合いが有効となりうると主張する人に対しては，その“他者”も，彼らが現在保持している見解についておそらく同じ想定を立てていることを指摘すべきである。よって，自分が考える真理を相手が受け入れることもなければ，相手が考える真理を自分が受け入れることもない。もしも本当に真理を見つけたいのなら，自分が真理に到達していないと想定することが不可欠であるだけでなく，異なる立場に関する議論に耳を傾け，自分の議論に対する批判を歓迎する姿勢が必要である。

　もちろん，すでにかなり努力して検討した問題もあるだろう。例えば，問題を徹底的に検証し，相反する立場からの議論を心から欲して耳を傾け，そして自らの立場に関する批判を受け入れたうえで，その批判が弱く，影響がないと信じる状況に達したとしよう。そのような場合には，その問題についてのいかなる意見でも受け入れる用意があるという印象を与えてはならない。偽りの話し合いを続けてもいけない。選べる道は２つである。その問題を本当に考えつくし，自分の意見が変わりそうな証拠が出てくるとはほとんどあるいはまったく思えないのなら，相手にそう説明して話し合いをやめたほうがいい。しかし，自分の立場を変えうる何かを見落とした可能性があると思えるなら，誠実な真理追究者として論議に参加すべきである。結果としては自分の立場によって相手を説得できるかもしれないが，より優れた議論によって自分の意見が変わることを厭わない場合にのみ，我々は議論に参加すべきなのである。

　我々は心の状態が良いときには，真に正しい意見だけを自分のものとして持ちたいと思うものである。しかしその欲求を満たすためには，すべての意見とそれを支える議論を前向きに検証するという代償を払う必要がある。そのような姿勢がなければ，真理を完全に取り逃しかねない。問題は，ほとんどの人は「自分が思う真理が真理であってほしい」と望んでいることである。人はごまかしをしてでも勝ちたいと思うものである。例えばある人は，「トヨタのトラックが現在売り出されているトラックのなかで最高のものだ」と心から信じているかもしれない。しかし，他の同等のトラックの性能や修理記録を客観的に分析する前にそう主張するのは，不誠実以外の何物でもない。

　真の真理追究者は，自らの見解に反する証拠を無視したり否定したりして勝とうとはしない。真の勝利とは，知的ルールに従ってゲームを行った結果として得られるものである。ゲームの始まる前に，またはルールを守ることを拒否して自分が勝者だと宣言すると，真理の追究を進めることはできず，最終的には自滅を招くのである。


## 3. 明瞭性の原則

*自身の立場や議論，反論を構築するときは，混乱を招く言葉を避け，他の立場や他の問題とは明確に分けなくてはならない。不明確で誤解を招きかねない*

キーワードを議論や批判で使う場合は，注意深く定義することが特に重要である。

　問題に関する話し合いをうまく行うには，すべての参加者が理解できる言葉を用いなくてはならない。自分にとっては完全に明瞭な主張であったとしても，相手には理解できない可能性もある。ある主張やその批判を行うときに紛らわしい言葉や曖昧な言葉，不明瞭だったり矛盾したりするような言葉を使うと，その内容が相手に届かないばかりか，問題の解決にほとんど寄与しない。

　多くの議論や批判が有効でないのは，重要な概念を定義していないために，人によってとらえ方が異なるからである。よって，問題を効果的に解決する機会や，何を信じ何を行うべきかに関し，理にかなった判断を下す（あるいは他者が判断を下すのを助ける）機会を失うよりも，細かいことにこだわる人だと思われたり，知識をひけらかしていると思われたりするリスクを取るほうがまだいい。自分たちが主張している立場を勘違いされたまま同意されては意味がないし，これでは探究が進んだことにはならない。例えば，神が存在するか否かを確定しようとする場合には，まず“神”という言葉の意味について共通の理解と合意に達することが必要である。このことに誰も気づかないなら，問いの答えが出るとは考えにくい。定義していないものが存在するかどうかについて議論を構築するのは不可能だからである。

　明瞭性を実現するうえで最も難しいのは，話の本題に明確に焦点を当てることかもしれない。形式ばらない話し合いでこれを成し遂げることは簡単ではない。見解の割れる問題は往々にして多くの関連する論点を伴い，そのすべてを取り上げるべき場合もある。しかし，うまく事を運ぶには，一般的に一度に1つの論点を取り上げる必要がある。そのため話し合いの参加者は，別の興味深い問題や関連する問題によって本題がぼやけないように，細心の注意を払わなくてはならない。

　最後に，「意見の相違は単なる意味上の問題だ」と気取って話し合いを終えようとする者には地獄が待っている。このような人物は一見無害に思えるが，重要な問題の解決を阻むことに貢献しているという意味では極悪人といえる。言葉の上での混乱を理由に話し合いをやめることは間違っている。ほとんどの場合，言語上の混乱は出発点であり，乗り越えて先に進むべきものである。言

語上の混乱という障害によって重要な問題の解決が阻まれることがあってはならない。

## 課　題

1. 優れた議論によって意見が変わることがあまりないように思えるのはなぜか。そのような場合，どの"行動規範"の原則に違反しているか述べよ。
2. 話し合いにおいて，知的行動の規範に背くことはモラルに反する，あるいは少なくとも知的に見て不誠実であるとする見解に同意するか。その判断の理由を述べよ。
3. 自分が意見を変える心構えがない場合に真剣な話し合いに参加し続けることは不適切だと思うか。自分の立場を支える議論を構築せよ。
4. 自分をクリティカル・シンカーだと思うか。そう思う場合，過去 12 カ月の間で，重要な問題において他者の議論を受けて自分の考えを変えた経験を挙げよ。
5. 重要な問題について話し合いが白熱する場面で，自分の意見が間違っているかもしれないことを相手に伝えよ。そのときの相手の反応について簡潔に説明せよ。
6. 反論の原則では，自分の議論に対して投げかけられる可能性のある重要な批判に対し効果的な反論を提示できないかぎり，その議論は優れたものとは言えないとしている。この原則に従うと，自分の議論の欠点に注目することになるが，それによって自分の議論やその議論が支える立場が弱くなると思うか。その理由も説明せよ。

# 第2章
## 議論とは何か

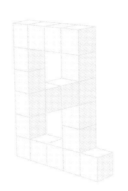

## 概要

### この章で学ぶこと

- 議論と意見（議論でないもの）の違いを理解し，立証責任が誰にあるのか定めること
- 議論を評価するために，"標準形式"へと適切に再構成すること
- 演繹的議論を帰納的議論と区別し，議論の結論の相対的強度を判断すること
- 規範的議論の特徴と，それに求められる規範的前提を明示することの重要性を理解すること

## 議論とは他の複数の主張に 裏付けられた主張である

　本書で取り上げるのは，議論に出現する欠陥のある推論である。ここでいう**議論**（argument）とは，激しい論争や意見のやり取りを指す言葉ではない。議論とは，**結論**（conclusion）という言明と，それを支えたり証拠となったりする1つ以上の言明の集まりである。結論が真であると信じる理由を構成す

る言明の集まりが,議論の**前提**(premise)である。前提はさまざまな形をとる。それは既存の議論の結論のこともあれば,事実の陳述や個人的な観察,専門家の証言,共通知識を表現したものの場合もある。あるいは,結論の価値を裏付けるために他の前提とともに示された重要なキーワードの定義や原則,ルールのこともある。

　ある結論を導き出すために提示された前提のなかには,ターゲットとなる受け手にとって受容可能となる前に,それ自体の裏付けが必要なものもある。疑問の余地のある前提を支えるこのような言明を,**補完前提**（subpremise）と呼ぶ。例えば,18歳のアメリカ人大学生が大学の研修旅行でイタリアに行き,「18歳はイタリアでは飲酒できる年齢だから,私は飲酒してもいいはずだ」と主張したとする[訳注1]。この場合,イタリア観光庁の公式ウェブサイトに18歳以上なら飲酒は合法だと書かれているという補完前提で補足すると,議論の強度は格段に上がる。

　私は18歳であり,イタリアでは合法的に飲酒できる（前提）
　　なぜなら,イタリア観光庁の公式サイトに,18歳以上なら飲酒は合法だと書かれている（補完前提）
　したがって,私は大学の研修旅行でイタリアにいる間は飲酒してもよい（結論）

　補完前提で示した情報により,前提が受け入れられる可能性が上がり,その結果として結論が受け入れられる可能性も上がる。この議論が良質のものではない理由が他にあるかもしれないが,補完前提の導入は議論の強度を高めている。

　議論の目標は,自身や他者を説得しうる証拠を提示することによって,特定の主張の正しさや価値を立証することである。もしある主張や立場を強く主張したとしても,明示的あるいは暗示的な言明による裏付けがないのであれば,それは議論ではない。ある問題についての意見を表明したり特定の立場をとっていても,それが少なくとも1つの証拠や言明によって裏付けられていなけれ

訳注1　アメリカ合衆国の飲酒可能年齢は21歳以上。

ば，議論ではないのである。

　議論を評価するにあたり最も難しいことの 1 つが，書かれたり話されたりした複数の言明から，結論となる言明を特定することである。議論の結論と，取り組まれている論点とを混同してはならない。さらには，論じた人が論点に対してとっている立場とも混同してはならない。例えば，社説や投書のほとんどでは，特定の論点についての主張が表明されている。しかしながら，その多くは議論ではない。主張の根拠が示されていないのなら，そこから導き出せる結論はない。そういった投書や社説は，せいぜい単に根拠のない主張の集まりである。先に述べたように，議論の結論とは，少なくとも 1 つの別の言明に裏付けられた言明や主張である。もし文章の結論がよくわからないなら，他の言明が真である理由を与えているように見える言明を探してみよう。この場合，その "他の言明" こそが結論である可能性が高い。

　議論のなかには，他の言明に裏付けられた言明が複数存在するものもある。これらの裏付けられた言明は，補完前提に裏付けられ，単に議論の前提となっているにすぎないのかもしれない。裏付けられているどの言明が結論なのかを特定するには，全体を通して正当性が主張されている主な立場と考えられる言明を探すとよい。もちろん，なかには複数の議論を含むものもあるだろう。演説や形式ばらない話し合いではそういった場合も多い。もし複数の議論が含まれていると判断したなら，それぞれを区別して 1 つずつ対処するのがよい。

　結論の前には，「したがって」，「それゆえに」，「そのため」，「だから」，「要するに」，「結果として」といった言葉がくる場合がある（通常そうだということではない）。一方で前提は，「〜だから」，「〜なので」，「もし」，「だとしたら」などの言葉を伴う場合がある（同じく）。しかし，実生活のなかでの議論では，構成要素を特定することはそれほど簡単ではない。こういったヒントになる言葉が使われないなかで議論の構造を解釈するよう求められるのが普通である。

# 議論と意見を区別する

　多くの人にとって，議論と個人的な信念や意見の表明の違いを区別するのは難しい。"議論（argument）" と "意見（opinion）" という言葉が同じ意味で

使われることも多い。ある問題についての考えや立場に関する議論を他者に求めると，意見を表明するだけで議論を提示しないことがままある。つまり，そのような人は自分の信念を伝えるだけである。しかし，本書で示す原則に従うなら，信念とは議論の結論であるべきである。"結論"という言葉自体が，証拠について合理的に熟考する過程を経た意見や判断であることを示している。

我々の主張はすべて意見ではあるが，重要なのはその意見に根拠があるかどうかである。議論は裏付けのある意見である。議論の結論を「それは論者本人の意見にすぎない」と言って批判する学生に対しては，議論の結論として表明された見解は単なる意見ではなく，根拠ある意見であると説いている。根拠ある意見を批判するならば，その批判は意見を裏付ける議論の質に向けられなくてはならない。

個人的な意見を表明するという行為は，言葉のやり取りのなかで最も多く行われていることかもしれない。しかし意見の根拠を求められることはあまりないため，人々は意見を擁護することに慣れていないばかりか，根拠は必要ないという錯覚まで抱いているかもしれない。「誰にでも意見を述べる権利はある」とはよく言われる。これは真実だが，ここで問題となるのは意見を表明する権利があるかどうかではなく，どの意見を受け入れるべきかということである。意見にそれを支える根拠が伴わないなら，受け入れるに値するか判断できない。

意見交換を楽しむ人は多いが，別の立場の議論が提示されないかぎり，我々の意見が変わることはまれである。我々の意見と相容れない意見が存在するということは，すべての意見が正しいとは言えないことを示している。これは，我々の意見の一部は変わらなくてはならないことを意味している。自分の意見とは対立する意見があるということは，どちらかが間違っているということである。ある問題に対して2つの相反する意見がある場合，少なくとも一方は間違っている。だが，間違っているのはどちらなのか？　その問いに答えるには，それぞれの意見を裏付ける議論の質を評価しなくてはならない。

## 4. 立証責任の原則

いかなる立場でも，立証責任は通常その立場を提示した者にある。相手が求めればいつでも，その立場を支える議論を示すべきである。

　一般的に言って，人は自分の行為に対して説明責任がある。同様に，肯定的あるいは否定的な主張をする者には**立証責任**（burden of proof）が伴う。もちろん，我々は常に自分の主張を守らなくてはならない状況に置かれているわけではないため，多くの場合に立証責任を果たすことは要求されない。しかし，「なぜ？」とか「それが正しいと思う根拠は？」と聞かれたら，その主張を支持する論拠を提示する論理的な責務がある。ただし，よく確立されている主張や論争のない主張は例外である。こういったケースでは，立証責任は確立された主張を変えたいと思っている人の側にあると考えられる場合もある。

　関係者内で共通認識として成り立っている意見も多く，その場合は根拠をわざわざ提示する必要はない。もし，すべての意見について，結論だけでなく前提やそれを裏付ける補完前提までにも根拠を示さなければならないとしたら，立証が永遠に続くことになり，明らかに現実的ではない。しかし少なくとも結論や疑わしい前提については，求められれば根拠を示す責任がある。

　これが本来あるべき姿である。実際，基本的な社会制度のなかで，人々はそのように行動している。製薬会社がアメリカで新薬を売り出そうとするなら，その薬が安全かつ効果的であることを米食品医薬品局に示す立証責任が発生する。刑事訴訟では，告発する検察官に立証責任があると法律で定められている。製薬会社や検察官が争点となっていることに対して単に意見を表明しただけで許されることはない。このように，特に重要な問題や賛否の分かれる問題では，根拠のない主張をする者を許してはならないのである。

　根拠を示さずに相手に意見を受け入れるように要求したり，「私の意見が間違っていることを証明できないなら私の意見は正しい」と立証責任を相手に転嫁したりすることは，根拠なく意見を主張していることと同じである。特に後者は，"無知に訴える論証（arguing from ignorance）"という誤謬である。実際この場合，無知，つまり証拠の不在を基盤として主張を行っている。こういった主張が理にかなっていないことは，きわめて疑わしい主張を展開しながら，「反証がないから自分の意見は正しい」と主張している状況を考えれば理解できる。例えば，「曾祖父の死因が AIDS ではなかったと立証できないなら，曾祖父は AIDS で死んだというのは正しい」という主張や，「間違っていないと証明できないかぎり，同性愛は間違っている」という主張を考えてみよう。これらの主張は自分の発言に責任を持っていないものであるばかりか，立証責任

を相手に擦り付けようとしている。もっと言えば，「"ないことの証明"はきわめて難しい」という周知の事実を使って，戦わずして勝とうとしているのである。しかし議論という活動では，不戦勝はない。いかなる主張の価値も，それを支える議論と同程度なのである。よって，あなたは求められれば，渋々ではなく積極的に立証責任を果たし，議論の結論や疑わしい前提に関する根拠を提示する必要がある。そして同時に，相手にも同じことを求めるべきである。

　もちろん，良質な話し合いは法廷という正式な討論の場で行うべきだと言いたいわけではない。ある問題に関する真実や最善の解決策を見つけることが関係者の相互利益になるのなら，提示されたあらゆる主張を擁護し評価するという役割を関係者全員が担うのは珍しいことではない。これはより自然で，時間を節約できるよいアプローチである。ただし，だからといって賛否の分かれる主張をした人は立証責任がないかのようにふるまうべきではないし，責任を他人に転嫁して非難されないわけでもない。

　なお，ここで使われている**立証／証明 (proof)** という言葉は，完全で圧倒的な証明という意味ではない。これは例えば刑事訴訟で検察官に求められる"合理的な疑いの余地がない"立証ではない。自動車産業のある広報が，「炭素排出と温暖化の関係はまだ証明されていない」と発言したことがある。この場合，"証明する"という言葉は，「合理的な疑いの余地がないほど」という意味で使われたものと考えられる。しかしそういった決定的な立証は，形式ばらない話し合いでよく遭遇する経験的な主張の多くについては見つからないだろう。

　原則が求める立証責任を果たすためには，自分の主張についての優れた議論あるいは誤謬のない議論を提示しようと努力する必要がある。多くの状況において，このような立証は，おそらく刑事訴訟ではなく民事訴訟で提示される立証に近い。言い換えると，議論によって"合理的な疑いの余地がない"ほどに立証する必要はなく，いわゆる"証拠の優越 (preponderance of the evidence)"[訳注2]

---

訳注2　アメリカの民事裁判でよく使用される立証基準で，「ある主張がそうでないとする主張よりも高い蓋然性を持つことを示す証拠を提示すべき」とするもの。ある主張が正しいことに関する完全に近い蓋然性まで要求される"合理的な疑いの余地がない（beyond a reasonable doubt）"立証基準よりも緩いものとされる。

をもって立証責任を果たせばよい。優れた議論には，少なくともそれが求められるのである。

　場合によっては，現実性を考慮することで立証責任が正当に免除されることもある。例えば，ある主張が真実であると信じる根拠がまったくない場合，あなたはそう主張するか，「その主張が真実であるとは信じられない」と主張すればいい。しかしそこで，「その主張が真実であると信じる根拠はなく，したがってその主張は正しくない」と言ったなら，望んでいようとなかろうと，準備があろうとなかろうと，立証責任が発生する主張をしたことになる。つまり，「X が真だと信じる根拠がない」と言うのと，「X は偽である」と言うのでは，重大な違いがあるのである。前者は後者を含意しない。前者の不可知論者的（agnostic）な言い回しは，ある主張を肯定あるいは否定する準備がないことを説明している。一方で，後者のような断定的な否定には，否定的主張に関する立証責任を伴う。例えば，あなたは幽霊が存在しないことを立証する準備はできていないかもしれない。しかし現在入手可能な証拠に基づいて幽霊が存在するとは思えない場合には，あなたは「幽霊が存在すると信じる理由がない」という不可知論者的な言い回しをすればいい。そうすることで，「幽霊は存在しない」と否定する場合に発生する立証責任は回避することができる。

# 議論の標準形式

　ある主張に対して根拠を提示する責任が果たされたなら，その議論の質を評価する段階に移行できる。その第一歩は，議論を**標準形式**（standard form）に再構成することである。元の文脈から議論を取り出す作業が頭の中で行われようと書き出されようと，これが議論を効果的に評価するプロセスのなかで重要な部分であることに違いはない。議論の論理的構造を示す標準形式は以下のとおりである：

1.　〜だから（前提）
　　　とその前提を結論として裏付ける（補完前提）
2.　〜だから（前提）

 とその前提を結論として裏付ける（補完前提）
 3. ～だから（定義的な前提）
 4. ［～だから（暗示的な前提）］
 5. ～だから（反論の前提）
 したがって，（結論）


　上記すべての要素を明確に含む議論に遭遇することはほとんどないだろう
が，規則に従って前提（およびその補完前提）を結論から分離することで，ど
んな議論も同じような形に再構成できる。上記の標準モデルから推測されるも
のとは異なるが，前提は1つ以上であれば結論の真を示すに必要な数だけ存在
していて構わない。また，必ずしも前提に補完前提が必要なわけではない。前
提や，時には結論までもが明確には示されておらず，議論の文脈から暗示的に
わかる場合もある。議論を標準形式に変換する際には，暗示的な要素を明示す
ることは重要な作業となる。こういった明示されていないが意図されている内
容は括弧（上記では［　］）に入れると，もとの議論では明確に示されていなかっ
たことがわかりやすくなる。
　残念なことに，反論の前提（rebuttal premise）を効果的に含んでいる議
論に出会うことは少ない。反論の前提とは，議論やそれが支える立場に対して
予想される異論に応答するために用いられる前提である。反論の前提はほとん
どの議論に含まれていないが，優れた議論には不可欠な要素である。意見の分
かれる問題を扱う場合，議論やその議論が支える立場に対して予期される批判
に応答する努力をしていない議論は，優れたものではない可能性が高い。
　他者の議論を標準形式に再構成するときには，その議論の一部としては関連
性があるとみなされず，かつ論者に議論の一部として含める意図がなかったと
思われる部分については，除外するのが適切である。しかし，結論の価値には
無関係と思えても，論者は含めるのが適切だと考えていたと判断できる部分は
含めなくてはならない。複数の議論が入り混じっている場合は，それぞれの議
論を個別に再構成するか，無視するか，後日の議題としてとっておくべきであ
る。
　議論を再構成する際は，構成要素（前提や補完前提，結論）の本質的な意味
を自分の言葉で置き換え，できるかぎりシンプルかつ簡潔に表現する努力をし

なくてはならない。1つ以上のパラグラフを1文で表現できることもある。他者の議論を再構成するときに頭に入れておくべきなのは，結論を支えるのに論者自身が必要だとみなしていると思われる前提だけを，標準形式に連ねるべきだということである。ほとんどの場合，標準形式に置き換えた結果4〜5個以上の前提が出てきたら，それは論者が提示した根拠の本質を見誤っているか，結論を支える前提としたつもりのない要素を拾ってしまっている可能性がある。

　次に示す例からわかるとおり，引き継ぐべきは論者の言葉やスタイルではなく，論者の明示的・暗示的な主張の本質だけである。例えば，もし元の議論のなかに前提を暗示的に表現した修辞疑問文<sup>訳注3</sup>があるのなら，それは平叙文を使って言い換えるべきである。最後に，再構成の際に元の議論の一部を除外した場合，後からその部分があるかのように批判はできない。議論の標準形式の再構成は，議論のすべてを表しているものとみなされ，それだけが評価の対象になる。

**定　義**
議論の標準形式とは，論者の意図をくみ取って元の議論を明確かつ簡潔な言い回しで再構成したものである。すべての暗示的な部分を明示的に表現し，結論と前提や補完前提がきちんと区別されていなくてはならない。

　議論のサンプルを標準形式に再構成してみよう。ある地元紙に掲載された以下の投書について考えてみる：

　昨日（10月2日）のAIDSに関する記事は，AIDS理解の試みにおいて我々がいかに誤った考え方を持っているか認識できていません。聞く耳を持つ者にとっては，聖書が示すAIDSの原因はきわめて明確です。神は同性愛行為を嫌っています。当然ながら，神は同性愛者を嫌っているのではありません。

---

訳注3　直接的に答えることが期待されていない問いかけ。例えば「なぜその問題を放置しているのか？」は疑問文の形をとってはいるが，「その問題に早急に対処すべきである」の意味で使われる場面がある。

神は全人類を愛しています。結局のところ人類を創造したのは神なのですか
ら。しかし同性愛行為は罪であり，神は罪人に罰を与えます。科学者が研究
にいそしむのは結構ですが，研究室でいくら探しても AIDS の治療方法は見
つからないでしょう。

この議論を再構成すると以下のようになるだろう：

1. 神は同性愛行為を認めていない（前提）
   これは聖書の記述で裏付けられている（補完前提）
2. 神は，神が認めない行為を行う者に罰を与える（前提）
   ［これも聖書の記述で裏付けられている］（暗示的な補完前提）
3. ［AIDS は明らかに同性愛行為と関連している］（暗示的な前提）
4. 科学においていまだに AIDS の治療方法は見つかっておらず，今後見つ
   かる見込みもない（反論の前提）
   したがって，AIDS は同性愛行為に対し神が与えた罰である（結論）

　再構成された議論を見れば，「当然ながら，神は同性愛者を嫌っているので
はありません」という記述や，過去の新聞記事の参照といった，議論に関連し
ない部分が除外されていることがわかるだろう。神が同性愛行為を認めていな
いという前提は，聖書に記載されているという補完前提によって裏付けられて
いる。同じ補完前提によって，神が罪人に罰を与えるという前提も暗示的に裏
付けられている。これは暗示的な証拠であるため，括弧に入れた。同じく括弧
に入れた次の「AIDS が同性愛行為と関係のある病気である」という根拠なき
前提は，言明されていないが明確な想定である。反論の前提では，「今後の研
究により AIDS の治療法が見つかるだろう」という意見が科学界から寄せられ
ることを見越しており，「これまで科学は AIDS の治療法を見つけるという結
果を出せておらず，今後もできないだろう」という主張を行っている。したがっ
て，導き出せる唯一の結論は，「AIDS は同性愛行為に対し神が与えた罰である」
ということである。
　この議論が優れたものか否かはここでは問題にしていない。大事なのは，元
の議論を整理して，最も効率的に表現することである。これは評価工程での大

幅な時間短縮につながる。再構成したことによって議論の構造が明確になり，その価値を検証できる状態になった。

　どんな内容の意見であっても，その議論は標準形式に再構成できるということを受け入れたなら，知的行動の規範の次の原則に進むことができる。寛容の原則とは，その不思議な名前が示唆するように，議論の再構成にあたってはきわめて公正であることを我々に求めるものである。

## 5.　寛容の原則

*他者の議論を再構築する場合には，論者の本来の意図だと考えられるものを損なわない形で，最も強い議論になるよう注意深く表現するべきである。議論の意図された意味や暗示的な箇所に不確かな部分があるなら，議論を提示した者に有利になるよう解釈し，要望があれば修正する機会を与えなくてはならない。*

　議論を標準形式へと再構成したら，次にそれが公正に行われたかどうかを検討する。公正さを担保するためには，元の議論の論者が再構成を修正したり改良したりすることを許さなくてはならない。そうすることで，最もよい形の議論を検討の対象とすることができる。

　他者の議論を再構成する際には，論者が実際に意図していた議論であるとあなたが考えるものを形成するように，細心の注意を払う必要がある。元の議論と異なるものにしたり，改善する必要はない。論者の意図についてわからない部分がある場合は，論者の利益になるように解釈しなくてはならない。つまり言明されていない暗示的な部分を積極的に明示し，明らかに関連性を満たさない部分は除外し，より明確で正確な表現を使うべきである。ただし，明示的にも暗示的にも示されていない前提を追加して議論を改良しようとしてはならない。

　相手の議論の無関係な部分を排除し，最も強度が高い形で標準形式に落とし込むと，その欠陥が浮き彫りになることがある。実際，欠陥があまりにもむき出しになるため，議論が歪められたと論者が文句を言うかもしれない。そのような状況を避けるためにも，標準形式に落とし込んだ議論の欠点に焦点を当てる前に，議論が正しく標準形式に落とし込めているか論者に確認してもらうとい

い。もし標準形式に落とし込むことで議論の欠点が浮き彫りになったのであれば，論者は議論を改善するべく手を加えるかもしれない。とりわけ寛容な気持ちがあれば，そのプロセスに手を貸してもいいだろう。

　ここまで読めば，一般的に優れた話し合いや，とりわけ討議において，参加者に倫理的な側面が求められることがわかるだろう。しかし，他者の議論に対して公正であることには，実践的な理由もある。もし，元の議論の強度を意図的に弱めて標準形式にあてはめたうえで攻撃を行ったとしたら，知的な話し合いや討議が目指す目標は達成できない。ある問題の真実や最も正当性の高い解決策を知ることに本当に興味があるのならば，ある立場を支える議論の質を最も高めたうえでそれを評価したいと思うはずである。最も質を高めた議論を検討することを先送りにしても，論者や他の参加者が問題ある標準形式を改良し，いずれはそれを検討せざるをえなくなる。そうであれば，最初から寛容な心をもって，最大限に質を高めた形に再構成するべきなのである。

# 演繹的議論 vs. 帰納的議論

　議論を公正に評価するにあたり，帰納的議論と演繹的議論の違いを知っているかどうかが重要となることがある。議論の分類が，その強度を示すヒントになりうるからである。正しく構築された**演繹的議論**（deductive argument）では，前提から結論が論理的必然性をもって導き出される。言い換えると，前提が真であれば結論は必ず真になる。仮に前提が真であるかどうかわからなかったとしても，もし前提が実際に真であれば，結論も必然的に真になる。このような議論は時に**妥当**(valid)な議論と呼ばれることがある。これはつまり，前提が真で結論が偽にはなりえない構造を持っているということであり，自己矛盾せずに前提を受け入れて結論を否定するということはできない。例えば以下のような議論が演繹的議論である：

　1. アメリカの上院議員は全員35歳以上である（前提）
　2. ジョン・モーガンはアメリカの上院議員である（前提）
　　したがって，ジョン・モーガンは35歳以上である（結論）

　この例だけでなくすべての演繹的議論の結論は，前提にすでに暗示されていることから明らかなことを単に述べているだけである。相手に前提を受け入れさせることができれば，その前提にはすでに結論が含まれているため，説得は完了する。演繹的議論は，その結論を否定することができないほど，きわめて強度が高い。

　討議で時に用いられるきわめて効果的な戦略は，議論を演繹的なものに構築し，重要な前提が受け入れられたときに，結論も実質受け入れられるようにすることである。このような議論は自分の主張を確実に証明できる。道徳に関する議論はしばしば演繹的議論の形をとる。以下の例を見てみよう：

1. 男女差別的な行動は間違っている（道徳的前提）
2. 男女差別的な行動とは，生殖能力とは関係のない論題で男性と女性を区別して扱う行動である（定義的前提）
3. 男性優位の言い回し（訳注：chairman など）を使うことは，男女差別的な行動である（前提）
   　なぜなら，女性を男性であるかのように言語的に表現するという点で，男性と女性を区別して扱っているからである（補完前提）
　したがって，男性優位の言い回しを使うことは間違っている（道徳的結論）

　もし相手が最初の前提を受け入れたなら，結論が否定されることはほぼない。2 つ目の定義的な前提について意見の不一致がないとは言い切れないし，3 つ目の前提が主張する事実についても論争があるかもしれない。しかしポイントは，最も重要で賛否が分かれる可能性のある前提は 1 つ目の前提だということであり，もしそれが受け入れられたなら，この争点は事実上終わっているということなのである。

　**帰納的議論**（inductive argument）では，前提は結論の真実性に関する一定の証拠を提供する役割を担う。しかし，仮にすべての前提が真であったとしても，帰納的議論では結論が必然的には導き出されない。それは，結論がどの前提にも含まれていない構造になっているからである。したがって，演繹的議論とは違い帰納的議論においては，関連性を満たす前提の真実性や許容性が結論が真であることに必ずつながったり，それを保証したりすることはない。以

下の例を見てほしい：

1. ストーン上院議員は上院で最も人気のある民主党議員である（前提）
2. ストーン上院議員は非常に魅力的で雄弁である（前提）
3. ストーン上院議員はほとんどの問題において中道の立場に移行している
   （前提）
4. ストーン上院議員は常に圧倒的な支持を得て再選されている（前提）
5. ストーン上院議員は演説に呼ばれることが多い（前提）
6. ストーン上院議員は著名なジャーナリストや民主党議員から大統領候補
   として名を挙げられることが多い（前提）

したがって，ストーン上院議員は民主党の次期大統領候補として選出される
可能性が高い（結論）

　この例をはじめとする帰納的議論の結論は，よくても可能性を示すにすぎない。なぜなら，前提が示す証拠以上のことを結論が主張しているからである。帰納的議論では，結論の真偽に関連する決定的な情報が考慮されていないことも多い。上記の例でいえば，もしストーン上院議員がそもそも大統領選に立候補するつもりがないのだとしたら，この事実は結論の真偽に大きくかかわる可能性が高い。

*正しく構築された演繹的議論では，結論が前提から論理的必然性をもって導き出される形式がある。一方で，正しく構築された帰納的議論では，結論が真であることを支持する優れた証拠が前提で提示されるが，結論の真実性は前提から論理的必然性をもっては導き出されない。*

　我々が日常的に遭遇する議論の多くは帰納的議論である。よって，その多くは演繹的議論のような強度を持っているわけではない。しかし，帰納的議論を演繹的議論の形と強度を備えるように再構成できる場合もある。以下の帰納的議論の例を見てみよう：

1. ロズは料理が好きである（前提）

2．ロズはフランス料理店を開くのが昔からの夢である（前提）
3．ロズは現在の仕事が嫌いである（前提）
したがって，ロズは現在の仕事を辞めてフランス料理店を開くべきである（結論）

　ロズのことを知っていれば前提がすべて真であることがわかるかもしれないが，これらの前提から結論を必然的に導き出すことはできない。つまり前提を受け入れることができても，結論は受け入れられない可能性がある。しかし，結論を暗示的に含む許容性の高い前提を設定して，これを演繹的な議論に再構成できれば，結論が強く受け入れられるようになる。例えば以下のように再構成できる：

1．ロズは料理が好きである（前提）
2．ロズはフランス料理店を開くのが昔からの夢である（前提）
3．ロズは現在の仕事が嫌いである（前提）
4．［人は自分の夢を常に追い求めるべきである］（追加した道徳的前提）
したがって，ロズは現在の仕事を辞めてフランス料理店を開くべきである（道徳的結論）

　帰納的議論を演繹的議論に変換できれば，議論の強度は格段に上がる。演繹的議論であれば，すべての前提が真として受け入れられれば，結論も受け入れられなければならないからである。

# 規範的議論の演繹的側面

　ここまで見てきたとおり，演繹的議論の一部では，優れた議論としてきちんと機能するためには適切な"規範に関する前提"あるいは"価値に関する前提"が必要となる場合がある。これらの前提を含む議論は，**規範的議論**（normative argument）あるいは**価値的議論**（value argument）と呼ばれる。その例として挙げられるのが，道徳的議論，法的議論，美的議論（美に関する議論）で

ある。道徳，法律，あるいは美に関する判断や規範的な結論を導き出す良質な演繹的議論では，関連性を満たす事実的前提とともに，一般的に認められている**規範的前提**（normative premise）あるいは**価値的前提**（value premise）を論拠として提示しなければならない。

　**道徳的議論**（moral argument）の場合ならば，「助けを必要としている人には必ず手を差し伸べるべきだ」などの一般的な道徳的原則を提示することになるだろう。**法的議論**（legal argument）における規範的原則は，憲法上の権利や議論の余地のない法律，判例などが考えられ，それを他の関連性を満たす事実を示す前提と併せて示すことで，特定の判決を引き出す論拠となるだろう。**美的議論**（aesthetic argument）では，物や人の美的価値や芸術的価値に関する判断を引き出すための，一般的な美に関する原則や芸術的基準が求められる。規範的議論や価値的議論では，提示した規範的前提や価値的前提が受け入れられ，議論のその他の部分が優れた議論の条件を満たしていれば，必然的に導き出される価値判断も受け入れられる可能性が高い。

# 道徳的議論

　規範的議論は演繹的議論の形をとるため，規範的議論の一種である道徳的議論も強度の最も高い議論として構築できることは明らかだろう。しかしながら，道徳に関する問題を巡る対立は議論では解決できないと考える人も多い。そういった人々は，道徳的判断は単なる個人の意見にすぎず，意見の優劣を比べることはできないと主張する。しかし，価値観に関する主張も，他の主張と同様に扱うべきである。我々が真剣に知的関心を持ったり知的行動をとったりする対象は，多くの場合，価値観に関する問題である。もし価値観に関する主張が特別扱いされてしまうと，議論できる問題はほとんどなくなってしまう。関連する根拠を伴わない道徳上の主張は，単なる意見であると言って間違いない。しかし，道徳にかかわる主張は，道徳に関する議論の結論になったときに，単なる意見ではなくなるのである。

　道徳的議論の構成要素は，他の議論の構成要素とほぼ同じである。例えば，ほとんどの議論に含まれる事実に関する前提と定義的な前提は，道徳的議論で

も重要な構成要素である。しかし適切に構築された道徳的議論には，その他の議論にはない特徴がある。つまり，一般的には「〜すべきである」「〜しなければならない」「正しい」「間違っている」「良い」「悪い」「道徳的」「非道徳的」などの言葉を伴う，**道徳的前提**（moral premise）を含むのである。道徳的前提とは例えば，「他者には敬意をもって接しなければならない」や「性別を理由に差別することは間違っている」などである。

　道徳的前提は，特定の道徳上の結論が引き出せるような一般的な原則やルール，基準を提示する。言い換えると，特定の道徳上の判断に至るための論拠を提供する。道徳的前提がなければ，道徳上の結論は引き出せない。議論においては，「である」で終わる事実に関する主張から，「べきである」で終わる道徳的な主張に移行することは，論理的に不適切だからである。これを行うことは，“である - べきであるの誤謬（is-ought fallacy）”に該当する。討議における唯一の正当な論理的移行は，多くの議論に見られるように“事実を述べる主張”から“事実を述べる主張”へと移るものか，道徳的議論だけにみられる“道徳に関する主張”から“道徳に関する主張”へと移るものである。

　つまり道徳的議論とは，他の前提とともに用いられた道徳的な前提から，道徳的な判断や結論を導き出すものである。道徳的議論を構築したり評価したりするにあたって，結論の一部である特定の行動や方針に関する道徳的な判断は，前提に含まれているより一般的な道徳的原則に基づいていなければならないことを覚えておこう。もしその道徳的原則が賛否の分かれるものだったり，相手に受け入れられる可能性が低いものである場合，論者はそれを裏付ける十分な数の補完前提を提供する必要があるかもしれない。

　また論者は，扱っている事例になぜ原則やルールが関係しているのか，あるいはなぜそれが当てはまるのかを示す必要が出てくるだろう。例えば，「シャンパンを開けるときには，コルクを固定したままボトルを回転させなくてはならない」という主張を考えてみよう。その議論は以下のとおりである：

　もしシャンパンのボトルのほうを固定してコルクを回して開けたなら，栓が抜けるまでにコルクから何度か手を放して回さなくてはならない。ほんの少しの間でもコルクから手を離したら，コルクが飛んで誰かの目に当たる恐れがある。

この議論を標準形式に落とし込んでみると道徳的前提がより明らかになり，それがなぜこのケースに当てはまるかも明確になる。

1. シャンパンを開けるときにコルクのほうを回す人は，頻繁にコルクから手を放す必要があり，コルクが飛ぶリスクを冒している（前提）
2. コルクが飛ぶと，自分や他人にけがを負わせる可能性がある（前提）
3. ［同じ目的を達成できる別の安全な方法がある場合は特に，自分や他者を傷つけるような行為はするべきではない］（暗示的な道徳的前提）
4. 同じ目的を達成できる別の方法が存在する（前提）
　　なぜなら，コルクではなくボトルを回せばいいからだ（補完前提）
5. ［その別の方法は慣れれば難しくも不自然でもない］（暗示的な反論の前提）
したがって，シャンパンのボトルを開けるときは，コルクではなくボトルを回すべきである（道徳的判断）

この再構成は論者に対して寛容すぎるかもしれないが，道徳に関する前提や，なぜそれがこのケースに当てはまるのかは明確になった。この議論は，演繹的議論の形式と強度を備えていることに注目してほしい。もしあなたが前提を受け入れれば，しかもそうすると考える理由があれば，シャンパンを開けるときにコルクを回すのはやめようと思うだろう。

残念なことに，ほとんどの道徳的議論では，重要な道徳的前提は明確には示されない。道徳的議論を再構成するときに寛容の原則に従えば，暗示的な道徳的前提を認識して，それを明確に示す必要がある。道徳的議論を構築あるいは評価するにあたり，暗示的な道徳的前提を明確に示すことには少なくとも２つの重要な目的がある。１つ目は，明示することによって一般的に，道徳的論争の関係者を分断する重要な対立点が浮き彫りになるからである。２つ目には，明示化された道徳的前提について考えることで，その道徳的原則や争点に関する妥当な潜在的例外や，他の関連する道徳的原則との対立について何らかの気づきを促されることがあるからである。このような考慮は，最初は暗示的だった道徳的前提をここで使うべきかについて再考を促すことにもつながる。複雑な説明になったため，例を使って説明してみよう：

米国内での拳銃の使用を制限し，拳銃を携帯する必要性を証明する書類を持つ人のみが携帯できるようにするべきである。米国内の殺人の多さは目に余る。大人がどんなに気をつけても子どもが拳銃を触ってしまうことがあり，そうすれば事故が起こる。

まずは標準形式に再構築してみる：

1. 拳銃が簡単に手に入ることによって，不慮の死や不必要な死が頻発している（前提）
2. 特に未成年者が許可なく拳銃を手にすることを大人が完全に防ぐことは不可能である（前提）
3. ［不慮の死や不必要な死を減らすために，あらゆる対策を講じるべきである］（暗示的な道徳的前提）
4. ［必要性を示す書類を持つ人だけが銃を携帯できるように制限すれば，そのような死は減る］（暗示的な前提）

したがって，拳銃の使用は，携帯する必要性を示す書類を持つ人に制限するべきである（道徳的判断）

　見てわかるとおり，再構成された議論中の重要な前提は，暗示的な道徳的前提である。しかし，この前提は元の議論では明確に示されてはいない。しかしこれを明示したことにより，より入念に検討することができるようになった。この議論の事実に関する前提にはほとんどの人が同意するだろうと考えられるため，真剣に論ずべき問題は，この暗示的な道徳的前提が受け入れられるかにかかわる。この議論は演繹的な形式をとっているため，この前提が受け入れられれば，導き出される道徳的判断も受け入れられる。だが，この道徳的前提は許容できるものだろうか？

　暗示的な道徳的前提を明示したことにより，賛否の分かれる本当の部分が明確になった。この道徳的前提について相手はまったく異なる見方をしているかもしれないため，問題を解決するためにはその違いを解消しなくてはならない。さらには，道徳的前提が明示されたことにより，論者自身がそれをこの議論中で使うべきか考え直すことになるかもしれない。例えば，「不慮の死や不必要

な死を減らすために，あらゆる対策を講じるべきである」という一般的な原則は，自動車についても適用したいと思うだろうか。もし適用したなら，自動車も不慮の死や不必要な死を招くため，必要性を示した書類を持つ人しか運転してはならないという結論が導かれるだろう。さらにはプールや乗馬でも不慮の死や不必要な死が発生するため，同じことが言えるのではないか？　自動車やプールや乗馬は，例の中で示された暗示的な道徳的前提の妥当な例外に当たるのだろうか？　もし例外に当たるのであれば，なぜ拳銃は妥当な例外とは言えないのか？　このような疑問が出るということは，再構成の際に明示した暗示的な道徳的前提の解釈に間違いがある可能性や，別の道徳的前提，あるいはより緻密に表現された道徳的前提に置き換える必要があるのかもしれない。いずれにせよ，道徳的前提を正確に明示することは，道徳的議論を評価するにあたりきわめて重要であることが明らかになったはずである。

# 法的議論

　法的な推論における**法的基準**（legal standard）の役割は，道徳に関する議論における道徳的前提の役割に似ている。道徳を巡る対立では，裏付けとなる道徳的前提を示さないと論理的な解決に至らないのと同じように，裏付けとなる法律や判例，手続き上の基準を示さなければ，法的争いは解決できない。道徳的前提を扱う場合と同様に，法的基準を示して法的な争いを解決することは単純ではない。最も関連性の高い法律や，最も優先されるべき手続き上のルール，そして最も適した判例などを特定するという，難しい作業を行わなくてはならない。

　時に苦痛を伴うこのような問題に取り組まなくてはならないが，法律の専門家は，難しい法的問題だからといって解決策がないと匙を投げることはない。優秀な弁護士や法理論の専門家は課題に真剣に取り組み，判事や陪審員，裁判所などが結論の価値を認めるような，優れた議論を構築する。他の議論と同じように，優れた法的議論は優れた議論の条件を満たさなくてはならない。条件を満たしていない議論は，ベテランの法律専門家によって容赦なく叩きのめされる。卑怯な方法でごまかしたり感情に訴えたりしても，一部の人にしか効果

がなく，効果が続く期間も限られている（それは法廷の外でも同じである）。最終的には，一般的に最も優れた議論が勝利する。優れた議論に裏付けられたものだけが，優れた法的判断や公正な法的判断と言えるのである。

　親権に関する訴訟を例として挙げよう。依頼人の望みを最も効果的にかなえる議論をどのように構築すればよいだろうか。賢明な弁護士なら，家庭裁判所は現在，"子どもの最善の利益"という原則に沿った判例に留意していることを知っているはずである。よって賢明な弁護士なら，まずは依頼人に対し，「子どもの利益を最優先することが最も大事な基準だ」ということを説明するだろう。この件について関連性が高い基準は，どちらが婚姻関係の破綻の責任を負っているかや，どちらが子どもを9カ月もお腹の中で育てたかではない。弁護士は依頼人とともに，子どもにとって最善の養育計画だと考えるものを考案し，以下のような骨格を持つ議論を構築するだろう：

1.　親権は子どもの最善の利益を優先して決定されるべきである（法的前提）
2.　我々が提示する養育計画は，子どもにとって最善の利益になる（前提）
　　その証拠となるのはXとY，そしてZである（補完前提）
したがって，裁判所は我々が提示した養育計画を認めるべきである（法的判断）

　非常に単純化した法的議論ではあるが，議論が扱うべき範囲や方向性を示すにあたって関連する法的基準がきわめて重要であることはわかってもらえたと思う。

# 美的議論（美に関する議論）

　道徳的議論や法的議論と共通する特徴を持つ3つ目の規範的議論あるいは価値的議論は，美的議論である。美的議論は，何かの美的価値や芸術的価値に関する判断を導き出すものである。議論を伴うかどうかは別として，我々は毎日，美に関する判断を行っている。自然界に存在するものや人間の体の一部，あるいは芸術作品についての意見に同意を促されることは多々あるだろう。だが同

意しなかった場合，相手がよく持ち出すのが「美は人それぞれ」という議論を打ち切る決まり文句である。しかし一方で，多くの人は美に関する相反する判断が誤っていることを受け入れさせようと説得を続ける。

　そういった人たちは，最終的に自分の美に関する意見に同意してもらいたいのかもしれないが，他人を説得する方法を知らないのである。それは，道徳的な判断について相手を説得したいと思う人が，道徳的議論における道徳的前提の役割を完全に理解できていないのと同じである。美に関する判断を受け入れてもらいたい人の多くは，美的議論のなかで美に関する基準がどのような役割を果たしているのかをわかっていないのだろう。

　美的議論は，正しく構築できれば，他の議論と同じような説得力を発揮する。文芸評論家は，文学作品の芸術的価値を評価して他人を説得することに昔から成功してきた。美術史家は，ある芸術家の作品がほかの作品より優れていると強力に主張してきた。その際に使われてきたのが優れた議論である。しかし美に関する優れた議論を構築するには，知的行動の規範で示されている優れた議論の５つの基準を満たすだけでは足りない。一般的に認められている美に関する前提や規範を，他の許容できる前提とともに明確に示すことで，特定の美に関する判断を導き出さなければならない。これらの美に関する基準は，道徳的議論における道徳的前提や，法的議論における法的基準と同じ役割を担っている。そればかりか，他の規範的議論と同じように，美に関する議論は演繹的な形式をとっているため，前提が真であり美に関する基準が適切であれば，必然的に結論は導かれる。

　それでは，ポール・マッカートニーとジョン・レノンが作詞作曲した楽曲の価値について考えてみよう。アーティストの作品の価値を評価するにあたって一般的に受け入れられている美的基準あるいは美的条件の１つが，それを見たり聴いたりする人たちにとって永続的な魅力を持っているということである。ほかにも，専門家によって持続的に高く評価されているかどうかという美的基準も関係してくるだろう。これらの美的前提を２人が作った曲に適用してみた場合の議論は，以下のようなものになる：

1. 良い音楽の主な決定要因は，多くの人に長きにわたり高く評価され続けているということである（美的前提）

2. 上記に関連して音楽の価値を決めるものとして一般的に受け入れられている要因は，専門家によって高く評価され続けてきたかである（美的前提）
3. 音楽の専門家は，レノンとマッカートニーの楽曲を高く評価し続けてきた（前提）
4. 2人の音楽を聴くことによる肯定的な美的体験を，多くの音楽愛好家が感じ続けている（前提）

したがって，レノンとマッカートニーの音楽は非常に質が高いと言える（美的判断）

ビートルズの楽曲は音楽作品として古いものではないが，芸術的価値を決める重要な基準のうち少なくとも2つを満たしていると思われることがわかる。

　ここまで，優れた議論を構築する努力をすれば，いかなる分野の探究でも恩恵があることを示そうとしてきた。正しく構築されていれば，規範的議論も他の議論と同様，またはそれ以上に強度の高いものとなりうる。しかし，規範的議論には，他の議論とは決定的に違う特徴があることを覚えておかなくてはならない。道徳的問題を扱う議論には広く認められた道徳的規準が必要であり，法律に関する議論には適切な法的基準が必要であり，美に関する議論には美的基準や美的規範が必要である。道徳的議論や法的議論や美的議論でこれらの前提が欠如していると，結論が受け入れられるかどうかはわからなくなってくる。
　我々にとって重要な問題の多くは，賛否の分かれる価値観に関する問題を巡るものである。そのため，規範的議論を効果的に構築・評価する方法を知っておくことは大切である。実際，議論の世界では，その類いの議論に多くの時間とエネルギーを傾けなくてはならないことに気づくだろう。したがって，規範的議論に取り組む際には自分が持つ議論に関するすべてのスキルを投じるべきなのである。

## 課　題

1. 会話，講義や演説，雑誌，書籍，新聞，インターネットで議論を探し，それがなぜ意見ではなく議論と言えるかを説明せよ。その議論を標準形式に再構成し，それぞれの構成要素の役割を明記せよ。

2. 雑誌やテレビ，インターネットから商品やサービスに関する広告を選び，暗示されている議論を標準形式で示せ。それぞれの構成要素の役割を明記すること。

3. 道徳に関する問題について特定の立場を支える議論を探し，道徳的前提を明示することに注意しながら標準形式に再構成せよ。それぞれの構成要素の役割を明記すること。

4. 道徳問題における自分の立場の演繹的議論を，道徳的前提を明示することに注意しながら標準形式で示せ。それぞれの構成要素の役割を明記すること。また演繹的議論である理由を説明せよ。

5. 最近遭遇した帰納的議論を標準形式に再構成し，それぞれの構成要素の役割を記せ。それが帰納的議論である理由を説明し，演繹的議論に変換して強度を高めよ。

6. 法律にかかわる問題や美に関する問題についての特定の立場を裏付ける演繹的議論を，規範的条件に特に注意しながら標準形式で示せ。それぞれの構成要素の役割を明記すること。

7. 以下の議論の結論と前提を，自分の言葉を使って標準形式に再構成せよ：
   私の世代にとっては，学校や家での体罰は当たり前だった。念のために記すと，現代の子どもたちは我が国の歴史上，最も行儀が悪い子どもたちである。しつけを受けていない子どもたちが起こす問題は，我が国の司法制度にとって大きな負担となっている。私が言う"しつけ"とは，叩くことである。子どもたちが銃を携帯し発砲することなど，私の時代では聞いたことがない。私の知るかぎり，私の高校時代の同級生で服役中あるいは服役経験がある人はいない。私の世代の多くの人はうまく適応し，自立し，社会に貢献している。現在の世代でこれに当てはまる人はどれだけいるのだろうか？

8. 以下の議論の結論と前提を，自分の言葉を使って標準形式に再構成せよ：
   私は陸軍に所属していた退役軍人です。30年間にわたり自国の自由を守り，移民が我が国に移住し，自由を享受して成長する機会を与えてきました。ポリティカル・コレクトネスが叫ばれる今日では，預金を引き出す際やクレジットカードを使う際に，まず英語かスペイン語かを選ばなくてはならなくなっています。移民に我々の言語を学ぶことを求めるのは間違っているのでしょうか。

# 第3章
# 優れた議論とは

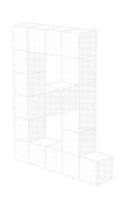

## 概要

### この章で学ぶこと

・"優れた議論の5つの基準"を実際の議論に適用する方法を学び，議論の良し悪しを判断すること
・合理的な人間として，ある前提が受け入れられるか受け入れられないかを決める条件を理解すること
・弱い議論を強い議論へと変える確立された方法を駆使すること
・議論中の争点について，判断を保留するべきか争点が解決したとみなすべきかを判断する条件を理解すること

　"議論"と"優れた議論"には明らかな違いがある。ある主張が少なくとも1つ以上の他の主張によって裏付けられていれば議論と呼べるが，それが優れた議論であるとは限らない。優れた議論には他にも満たすべき基準がある。アリストテレスの時代から続く推論の歴史をたどれば，そのような基準を満たす議論が，何を信じ何を行うべきかの優れた判断を導くことが明らかになる。

# 優れた議論の 5 つの基準

　優れた議論は, 少なくとも下記の 5 つの基準を満たしていなければならない:

1. 優れた構造であること
2. 結論の真理に関連する前提を備えていること
3. 道理をわきまえた人が許容できる前提を備えていること
4. 関連性と許容性を満たした前提が, 結論の真理を裏付けるに十分な土台となっていること
5. 議論に対し予測されるすべての批判に対して効果的な反論を提供する前提を備えていること

　これらの条件をすべて満たす議論は優れた議論であり, その結論は受け入れるべきである。これらの条件を満たしていない議論は, 欠点あるいは問題のある推論である。

　優れた議論のなかにも優劣があるのと同じように, 欠陥のある議論のなかにも欠点の少ないものがある。議論の質の評価は, ほぼどのような場合でも個人的判断ともいえる。基準の適用方法が人それぞれに違うからである。しかも, 前提の関連性, 許容性, 十分性, そして反論の効力には程度の違いがある。しかし, 基準の適用方法に関する明確なガイドラインを学べば, 議論の価値を評価する際に役立つはずである。本章では, 優れた議論であるための基準を 1 つ 1 つ取り上げ, その重要な特徴を説明する。

## 6. 構造の原則

*優れた議論の 1 つ目の基準。ある立場に賛成あるいは反対の議論を行う者は, 良質な議論の基本的な構造要件を満たした議論を提示しなくてはならない。その構造要件とは, 結論を支持する根拠が最低でも 1 つ存在し, 規範的な議論であれば規範的な前提がなくてはならないことである。また, 優れた議論で用いる根拠は互いに矛盾したり結論と矛盾したりしてはならず, 結論が真である*

と仮定してはならない。さらに，妥当でない*演繹的推論*を行ってはならない。

　優れた議論の1つ目の基準である構造の原則は，議論が構造的に健全であることを求めている。議論は，必要な外見と機能を備えていなければならない。それは裏付けとなる前提を少なくとも1つ以上伴う結論をもつだけでなく，演繹的議論であれば結論が前提から必然的に導き出されるように構成されている必要があり，帰納的議論では結論が前提から蓋然的に導き出されるように構成されている必要がある。さらには規範的議論であれば，前提のうち1つは規範的前提でなくてはならない。

　優れた議論では，結論を許容できると思える理由も示さなくてはならない。賛否のある問題が論争へと発展する理由は，その議論の結論が，まだ論争の参加者全員によって受け入れられていないためであることがほとんどである。そのため論者は，結論よりも許容されやすいと考えられる前提を提示する。もしそれら前提が受け入れられて，その前提が結論を導くものであれば，結論も受け入れられる可能性が高まるからである。

　この理由から優れた議論では，結論が真であることを仮定した前提を提示したり，前提で結論と同じ主張をしたり，結論と違いのない主張を前提の中でしてはならない。このような前提を使った構造をもつ議論は，結論を受け入れるための独立した理由を提供していないことから，"論点先取"と呼ばれる。議論とは少なくとも1つ以上の他の主張に裏付けられた主張であるため，このような議論は議論の特徴そのものに反している。論点を先取りしている議論は，結論を裏付ける他の前提を示していない。したがって，その構造には欠陥があり，我々が何を信じ何をすべきかという判断をするにあたり役に立たない議論である。

　他にも議論の構造における致命的欠点となるのが，前提同士が矛盾するものである。そのような議論からは結論を導き出せない。相反する前提を持つ議論は，優れた議論ではないどころか，議論として機能しない。当然，我々が何を信じ何をすべきか判断する手助けにもならない。前提に反する結論をもつ議論についても同じことが言える。議論の結論がその議論中の主張と矛盾することは，無矛盾律（AかつAでないことはあり得ない）に反する。この場合には論理的な結論を導き出せないし，より正確に表現すれば，その"結論"は結論

になりえない。

　最後に，演繹的推論に適用される，演繹的論理学のよく確立されたルールというものがある。演繹的議論でこのルールに違反すれば，構造的な欠陥が発生する。例えば，**換位の誤り（false conversion）**というルールがある。これは，全称肯定命題（例：すべての X は Y である）の主部と述部を入れ替えて，入れ替えた結果の文章（すべての Y は X である）についても真実だとみなすことはできないというものである。「すべてのジャガイモは野菜である」は真だが，「すべての野菜はジャガイモである」は真ではない。よって，元の主張から換位された主張に移行することは，演繹的論理のルールに反することになる。この例だけでなく，どの演繹的論理のルールに違反しても，論理的に結論を導き出すことはできないし，導き出すべきでもない。よって，これらのルールに違反している議論には構造的な欠陥があると言える。

　ある議論が構造の原則に従っているかどうかを判断する際には，複数の点を確認する。議論の基本的構造，つまり１つ以上の主張（前提）が提供され，その真実性が他の主張（結論）の真実性をより確かなものにするという構造に従っているか？　重要な前提が結論と同じ主張をしていると解釈されないだろうか？　前提同士が矛盾してはいないか？　結論が前提と矛盾していないか？それが演繹的議論であれば，構造が演繹的論理のルールに違反していないかも考慮すべきである。

# 7. 関連性の原則

*優れた議論の２つ目の基準。ある立場に賛成あるいは反対の議論を行うために根拠を示す者は，根拠の真偽が結論の真偽の何らかの証拠となるもののみを提示しなければならない。*

　議論が優れているかどうか判断する際に使える２つ目の基準は，前提の関連性に関するものである。優れた議論の前提は，結論の真理や価値に関連していなければならない。結論に関連しない前提が真であるかどうか，あるいはそれが許容できるかを評価するのは，時間の無駄である。前提を受け入れた場合に，結論の真理や価値について信じる根拠となったり，それに対して有利に働いた

り，あるいは何らかの関係のあるものが，**関連性のある (relevant)** 前提である。ある前提を受け入れても結論の真偽や価値に関係がなかったり，結論を裏付けない，あるいは結論とつながりがないのであれば，その前提は関連性を満たさない。ある前提の関連性は，その他の前提とのつながりによって部分的に判断されることが多い。そうすることによって，結論の真偽との関連性がより明確になる場合があるからである。例えば法律系のドラマで，検察官が最初は懐疑的な裁判官を説得する際に，一見関係ないと思われる質問や証言が実は関係していることを他の証拠や証言を持ち出して示す場面を見たことがある人もいるだろう。つまり，関連のなさそうな前提と結論とのつながりを，他の前提をもって示しているのである。

　他者の議論を再構成するときも，明らかに関連性のない部分がないかを確認することが重要な第一歩になる。形式ばらない話し合いでは，興味をひくものの無関係な主張が多数登場する。そういった無関係な主張の多くは議論の一部に含めるように意図されたわけではないため，無視して問題ない。しかし，論者が特定の主張を，結論の真理を裏付けるための関連性の高い根拠として挙げているのか，あるいはその主張が論点を理解するための背景情報を提供するといった別の役割を持っているのかなど，判断が難しい場合もある。もし後者のケースであれば，その主張は議論の一部ではなく，再構成の際には除外すべきである。もし前者のケースであれば，後の評価過程において関連性が否定される可能性があっても，標準形式による再構成の際には必ず含めるべきである。

　伝統的な論理学の観点からすると，結論が何らかの意味で前提から導き出されるのであれば，その前提には関連性があるとみなされる。論理的に正しい，あるいは妥当な形式を取っている演繹的議論であれば，結論は前提から必然的に導き出される。正しく構築された演繹的議論の結論は，前提で暗示されていることを明確に述べるものであるため，この場合の前提は明らかに結論と関連している。

　帰納的議論では，前提が結論が真であると裏付けたり確かにしたりするものであれば，前提から結論を導き出せる。しかし，帰納的議論の前提が強力あるいは的確に結論の真実を裏付けているかどうかを判断するには，それが優れた議論の3つ目の基準と4つ目の基準に従っているかを見なくてはならない。

　議論が関連性の原則に違反しているケースは複数考えられる。例えば，「一

般論に訴える」「伝統に訴える」（第6章）という無関係の主張で結論を裏付けようとしたり，「誤った根拠」で結論を裏付けようとしたりするものである。

　ある前提や理由の関連性を判断する際に確認したい項目は2つある。1つ目は，前提が一定の真実性を持っているなら，結論が真であると信じる可能性が高まるかということである。答えがイエスであれば，その前提は関連している可能性が高い。答えがノーであれば，関連している可能性は低い。2つ目は，前提が真であったとしても，それは議論の結論が真であるかどうかを判断するにあたり考慮されるべきものだろうかということである。例えば，ある映画が史上最高の興行収入を記録したことは，その映画の質を判断するにあたり考慮すべきだろうか。答えがノーであれば，その前提は関連性がない。答えがイエスであれば（この場合その可能性は低いが），前提には関連性があると判断すべきである。

## 8. 許容性の原則

*優れた議論の3つ目の基準。ある立場に賛成あるいは反対の議論を行う者は，成熟した合理的な人に受け入れられそうで，かつ許容性の標準的な基準を満たす根拠を示さなくてはならない。*

　優れた議論を見極める際に参照すべき3つ目の基準は，前提の許容性に関するものである。ある結論を裏付けるために持ち出された根拠は，許容しうるものでなければならない。許容しうる根拠とは，合理的な人が受け入れる可能性が高いもの，あるいは主張の信頼性を合理的に評価するための広く認められている基準を満たしているものである。

　"許容しうる"という言葉はいくつかの理由から，従来使われてきた"真である"よりも好ましい。1つ目の理由に挙げられるのが，許容性という概念が議論のやりとりの特質に由来するものだからである。ほとんどの討議において，結論に合意してもらうために鍵となるのは，前提を受け入れてもらうことである。論者は通常，懐疑的な人でも受け入れる可能性の高い前提，あるいは合理的な人なら受け入れる可能性の高い前提から提示していく。優れた議論の基準を満たしている議論であるならば，相手に前提を受け入れさせることができれ

ば，結論の受け入れを論理的に導くことができる。

　2つ目の理由として，いかなる陳述も絶対的に真であると確立することが難しいことは悪名高い。そのため，前提が絶対的に真であることを優れた議論の条件にすることは，現実的ではない。実際，それを条件とすると，優れた議論はほとんどなくなってしまうだろう。我々が論理的に期待できる最大のことは，理にかなった人が真であると受け入れる前提であるということだろう。

　3つ目の理由として，日常的な文脈において我々が"真"と呼ぶものの多くが，"真として受け入れられているもの"と表現するほうが適切であることが，我々が使う言葉の分析によって示されている。例えば法廷で相反する証言を行った証人たちは，それぞれが「真実を語る」と宣誓したうえで証言している。この場合，「それぞれの証人が心から信じ，真実として受け入れている事柄をおそらく話している」と考えるのが妥当である。

　4つ目の理由は，仮にある前提が絶対的な意味で真であったとしても，それが真であるかを判断できる立場にない特定の受け手にとっては許容できないものになる可能性があることである。例えば，ある前提の証拠の専門性が高すぎて，相手には理解できないかもしれない。その場合は前提が真であったとしても，議論を強化する役割を果たせない。前提が相手に許容されるか真だと認識されてはじめて，優れた議論となる。

　このような理由から，3つ目の原則を理解するにあたっては，"許容性"のほうが"真"という概念よりも適切である。しかし，単に前提が受け入れられたという理由だけでは，その前提の許容性が保証されたという印象を与えてはならない。相手が救いを求めている人であったり，未熟であったり，だまされやすい人である場合，前提を簡単に受け入れてしまう可能性がある。また許容性とは，単に安心できる前提や，信じるのが容易な前提を指すわけではない。さらにいうと，たまたま受け入れられてしまった前提なら何であっても許容性が高いというわけでもない。許容性の高い前提とは，理にかなった人が受け入れるような前提である。広く同意が形成されている許容性の尺度を使った，成熟した合理的な人が受け入れるようなものが，許容性の高い主張である。

　もちろん，一部の人にとって合理的と思えることが，他の人々にとっても合理的と思えるとは限らない。そのため，許容性の高い主張であるかどうかを評価するにあたって助けとなる，一般的に受け入れられている複数のガイドライ

ンがある。どの主張を受け入れるべきかを判断するのに有効なガイドラインが
"前提の許容性の基準"であり，どの主張を受け入れるべきでないかを判断す
るのに有効なガイドラインが"前提の非許容性の条件"である。前提の許容性
を評価する場合には，これらの基準に従うのが得策である。これは，弁護士や
裁判官が証拠規則に従い，実験科学者が科学実験の手続きに従うのと同じであ
る。

## ▷前提の許容性の基準

　以下のいずれかの主張を含む前提が，成熟した合理的な人にとって許容しう
る前提である：

1. 適切な専門家のコミュニティにおいてしっかり確立され，広く認められ
   た主張。
2. 自分の個人的な観察や，別の適切な観察者の異論のない証言によって確
   認されている主張。
3. 議論のなかで適切に裏付けられた主張。
4. その道の権威による異論のない主張。
5. 他の優れた議論の結論。
6. 議論のなかで理にかなった仮定だと思われる比較的重要性の低い主張。

　適切な専門家のコミュニティのなかでほぼ異論のない主張は，成熟した合理
的な人が受け入れるべきものである。アスピリンに熱を下げる傾向があること
に重大な異論はないが，コーヒーが健康に悪いという主張については賛否が分
かれるところである。よって，アスピリンの例だけが許容性の1つ目の基準を
満たしている。また"確立された主張"という概念について勘違いしてはなら
ない。ほとんどの人が真であると信じているからといって，主張が確立され
ていると考えるべきではない。例えば，アメリカ人の95％が「神は存在する」
という主張を信じたり受け入れたりしているが，神が存在するかどうかという
問題はその分野の学者の間でも重大な論争を巻き起こしている。よって，「神
は存在する」という主張は議論の結論になる可能性がある一方で，神の存在は

異論のない確立された主張ではないため，議論の前提になることはできない。

　成熟した合理的な人が自分自身で注意深く観察することによって確認できた主張も，受け入れるべき場合が多い。しかし目撃証言に問題があることは周知の事実である。目撃証言について懐疑的にならざるを得ない妥当な理由があることを，我々は経験から知っている。ある出来事について，複数の目撃者が大きく異なる証言をすることはよくあることである。しかし，他の目撃者や自分が目撃したことと矛盾しない目撃証言，あるいは信頼性の高い反証がない目撃証言は，通常受け入れない理由はない。もっとも，イースター（復活祭）のウサギが淡い青色の卵を産んだとか，マジシャンが実際に女性を半分に切断した場面を目撃したという証言ならば，受け入れない理由になると言えるかもしれない。

　また，その道の権威による異論のない主張についても受け入れない理由はない。その専門家の動機や能力，手抜かりのなさを疑う妥当な理由がないかぎり，専門家による異論のない主張は受け入れられる前提とみなしてよい。

　それでは，どのようにしてある前提が「議論のなかで適切な裏付けを得た」と判断するのだろうか。これは時として答えるのが非常に難しい質問となる。ある主張の価値について，対象となる受け手が最初に抱く懐疑心がどの程度かによるためだろう。前提には，その信頼性を裏付けるために必要に応じて補完前提を付けるべきことはすでに述べた。そのことからもわかるように，ある主張が適切に裏付けられたと論者が判断するのは，前提の許容性に関する基準を満たしたうえで相手がその主張を受け入れたときか，成熟した合理的な人に主張の価値を認めてもらうのに十分な前提の裏付けを提示できたと論者自身が確信したときであろう。それは究極的には個人の判断であり，その判断を下す責任があるのは論者なのである。

　知的行動の規範の最後の原則である"解決の原則"に従えば，優れた議論の結論も受け入れるべきである。なぜなら，その結論を裏付けている議論は，許容性も含めたすべての優れた議論の条件を満たしているからである。そのため，その結論が他の議論の前提に使われた場合，それは受け入れるに値する。

　最後に，議論の強度に大きな影響はないものの，関連性のある重要性の低い主張については，それを疑う理由がなく，より大きな議論の枠のなかで異論のない仮定であれば，受け入れてよいだろう。その主張が真実であるとは言えな

いかもしれないが，反証がなければ真実として受け入れるのが現実的である。
受け入れることにより議論は前に進む。後になって思っていたより大きな役割
を担う主張だということがわかったら，立ち戻って前提の許容性に関する基準
を満たしているかどうかを詳しく確認すればよい。

## ▷前提の非許容性の条件

　成熟した合理的な人は，以下のような主張を前提として許容するべきではな
い。

1. 適切な専門家のコミュニティにおいて一般的に異論のない確立された主張
  と矛盾する主張。
2. その分野の権威の見解に反する主張。
3. 自らの観察や他の適切な観察者による異論のない証言と整合性がない主張。
4. 議論のなかで適切に裏付けされていない／裏付けできない疑わしい主張。
5. 自己矛盾している主張や言語的な混乱を招く主張，あるいは不明確な言葉
  や未定義の言葉をキーワードとして使っている主張。
6. 言明されていないきわめて疑わしい想定に基づく主張。

　自己矛盾している前提や混乱を招く言い回しをしている前提も，許容できる
前提ではない。ある主張を理解できないならば，その主張が許容できるかどう
か判断できないのも自明である。また，どのような使われ方をしているのかわ
からない未定義の重要な用語が含まれる主張も，許容できない。
　明示されていない“根拠のない思い込み”に基づく前提も受け入れるべきで
はない。前提を裏付けているものが受け入れられないのであれば，その前提自
体も受け入れるべきではないからである。例えば，論者が「ダンは評価の高い
合唱団に所属しているので，歌がうまいに違いない」と主張した場合，「全体
に対して真と言えることは，その一部についても真と言える」という暗黙的な
根拠なき思い込みを用いている。この思い込みは受け入れられないため，この
思い込みに基づいた主張も許容できない。
　よく確立された主張，その道の権威の主張，自分の観察の結果や他者の観察

の結果などに矛盾する前提，あるいは議論のなかで裏付けられていない前提で
あっても，最終的に許容できるものとわかることもある。しかし，さらなる精
査によってその問題が解決するまでは，疑問の残る前提は受け入れるべきでは
ない。また，単純にそれを裏付ける証拠が手に入らない類の前提ならば，さら
なる精査を行っても許容できるようにはならない可能性がある。

　ある前提が許容できるかどうかを判断するには，結論の根拠として提示され
たそれぞれの前提が，成熟した合理的な人が重大な疑念を抱かずに受け入れる
可能性が高いものかどうかを考えてみるとよい。もっと具体的に言うと，前提
の許容性に関する6つの基準のうち少なくとも1つに準拠しているかどうか，
そして前提の非許容性に関する6つの条件のどれにも当てはまっていないかを
確認するべきである。

# 9. 十分性の原則

*優れた議論の4つ目の基準。ある立場に賛成あるいは反対の議論を行う者は，
関連性と許容性を満たす適切な根拠を複数提示する努力をしなくてはならな
い。提示する根拠は数的にも強度的にも，結論の受容を正当化するために十分
でなくてはならない。*

　ある議論の前提が関連性と許容性の原則を満たしていて，健全な構造を持つ
と判断できたとしても，確認事項はまだたくさんある。関連性と許容性を備え
た前提を使っているからといって，優れた議論であるとは限らない。優れた議
論の4つ目の条件である十分性の原則を満たしている必要があるからである。
結論を受け入れられるものにする優れた議論には，適切な種類と強度を備えた，
関連性と許容性を満たす十分な数の前提が必要である。

　十分性の条件は，許容性の条件と混同されることが多いが，その違いは明確
である。許容性の基準は，特定の前提それ自体が受け入れられるかどうかの決
定に使用するものであり，結論の論拠として十分な強度があるかではない。関
連性と許容性を備えた，たった1つの前提が結論を導き出すに十分なケースも
あるが，ほとんどの場合，関連性と許容性が高いすべての前提の強度を総合的
に見て，十分性の基準が満たされているかを判断する。次の議論について考え

てみよう。「トーニャ，私たちは愛し合っているのだから，結婚するべきだよ」。このケースでは，“愛”というただ1つの前提が，関連性と許容性を共に満たしているとしよう。しかし，十分性の基準を満たしていないと感じる人が多いのではないだろうか。この場合，前提の関連性や許容性は疑われておらず，前提が十分であるかどうかのみが疑われている。相手を愛しているということだけでは，結婚という結論に論理的に至るのに十分とは言えない可能性が高い。成熟した合理的な人間であるトーニャが結婚という結論に至るには，“愛”という前提に加え，それ以外の関連性と許容性を備えた前提が必要になるだろう。

　結論の真実や価値について根拠が十分であるかどうかを判断する明確なガイドラインは存在しないため，十分性の基準は最も適用が難しい条件かもしれない。ほとんどの場合，議論の起こる状況はそれぞれ異なるため，要求される十分性もその数だけある。例えば，複数の候補者のうち誰に投票すべきかを判断するのに必要な根拠の十分性と，自動車を購入すべきかリースすべきかを判断するのに必要な根拠の十分性はまったく違う。

　十分性の原則に従っているかを検討するにあたり最も難しいのが，裏付けとなる証拠1つ1つの重みづけである。ある人は最も重要な証拠だと思っても，他の人からすれば相対的に取るに足りない証拠に見えるかもしれない。よって，結論を裏付ける関連性と許容性を備えたそれぞれの証拠がどれだけの重みを持つかについて合意できないかぎり，その議論で同意に至ることはできないだろう。

　一部の科学分野では，確立された十分性の基準が存在する。例えば統計学では，信頼性の高い結論を導き出せる適切なサンプルの構成条件が確立されている。しかし，多くの形式ばらない話し合いでは，どの段階で証拠が十分といえるのか，あるいは適切な証拠が提示されたと判断するのかは，きわめて難しい。そのような状況について言えることがあるとすれば，議論を評価する経験を積むほど，特定の状況における証拠の十分性に関する感覚が養われていくということである。幼い子どもであれば，「すべての願いを聞き入れてもらいたい」という主張についての十分な根拠とは，単に「聞き入れてもらいたいから」ということであろう。しかし，保護者やほとんどの大学生ならば，それが子どもに望むものを与える十分な根拠にはならないことを，経験的に知っているはずである。特定の証拠が結論を導き出すのに十分な根拠となることを教えてくれ

るのが，経験である。例えば，不動産の購入について豊富な経験のある人は，良い投資となる不動産であることを判断するための十分な根拠がどのようなものかを知るだけの，不動産購入に関する経験を積んできたはずである。

　議論が十分性の原則を満たしていないパターンは複数ある。例えば，前提で示された証拠のサンプルが少なすぎたり，データが実態を反映していなかったりする場合がある。証拠が論者や少数の関係者の個人的経験のみに基づいていて，裏付けが弱いこともある。また，誤った原因分析に基づいた根拠が示される場合もある。だが，十分性の原則の違反で最も多いのは，判断を左右する最も重要な証拠が議論に欠如していることかもしれない。

　議論の十分性について判断する際には，以下のことを確認するとよい。まず，関連性と許容性を備えていたとしても，それが結論を導き出すのに十分な根拠であるかどうか。次に，因果関係の誤解のせいで証拠に欠点はないか。最後に，結論を受け入れるのに不可欠な証拠が前提から欠如していないか。

## 10. 反論の原則

*優れた議論の5つ目の基準。ある立場に賛成あるいは反対の議論を行う者は，その議論やその議論が支える立場が受けると予想されるすべての重大な批判に対する効果的な反論も含めなくてはならない。相手の議論を批判する際には，その議論の核となる部分に焦点を当てることを怠ってはならない。*

　優れた議論かどうかを判断するための5つ目の基準は，反論に関する条件である。この条件を満たすことが，議論において最も難しいタスクかもしれない。議論のなかで反論の原則にかかわる部分が最も弱くなってしまうという傾向は，私もそうだが，私の学生，子ども，妻，友人，親戚，そして同僚にも当てはまる。議論は通常，その問題には別の見解があるという背景のもとに提出される。よって，優れた議論は反対意見に真っ向から立ち向かわなければならない。優れた議論は，それ自体やそれが裏付けようとする立場に対する重大な批判を予測し，その批判に効果的に反論し，その批判の効力を削がなければならない。完全な議論であれば，反対の立場を支持する議論をすべて退けてしまうほどの反論を備えているかもしれない。

　道理の通った賢い人は，自分が信じることや相手を説得したいことについて，優れた議論と思われるものを構築できる。例えば刑事訴訟では，ほぼすべての陪審員が，検察官の議論の質の高さに感心することだろう。その議論しか聞かなければ，陪審員のほとんどが被告を有罪と判断するかもしれない。そこで判断に必要な全体像や適切な根拠を提供するのが，弁護人の反論や，それに対する検察官の応答なのである。

　見解の割れる問題とその議論を見てみると，賛成派の議論と反対派の議論のいずれも優れた議論の最初の4つの基準を満たしているように見えることが多い。多くの場合でどちらの議論も健全な構造を持ち，その前提は関連性と許容性を備え，前提の種類，数，強度のすべてが十分であるように見える。このことから，矛盾する立場や相反する立場を支持しようとする2つの議論が同じくらい優れていて，強い議論だと思えるかもしれない。しかし，それらが実際に等しく優れていることはあり得ない。正反対の矛盾する結論を導き出す2つの議論があるならば，真の結論を導き出すのはそのうちの1つだけである。2つの議論の結論が矛盾するのであれば，真である可能性があるのはそのうち一方だけであり，もう一方の結論は偽となる。我々にはそれがどちらであるかを判断する責任がある。そして我々が取ることのできる唯一の方法は，最良の議論によって裏付けられている結論はどちらであるかを明らかにすることである。もし4つの基準を満たしているかを検討してもそれが判断できないなら，反論の原則を満たしているかを検討することで答えが見つかるかもしれない。いずれかの論者あるいは両方の論者が，自分自身の提示した議論の強度に対する主要な批判に応答するすべを知らない，または批判を無視していることもある。もしくは，いずれかの論者あるいは両方の論者が，相手の議論の弱点を無視したり発見できないでいたり，弱点をどう批判してよいかわからなかったりする場合もある。

　相反したり矛盾したりする見解を支持しようとする2つの議論が，どちらも優れた議論であることはあり得ない。それは少なくともいずれかの議論が，反論の原則を十分には満たせないからである。相手の批判を有効にはねのけることができるのは，2つのうち1つだけだろう。そうでなければ，矛盾する2つの立場を受け入れるという状況に陥ってしまう。そういった不合理な状況は，論理的にも現実的にも許すことはできない。例えば，ある中絶のケースが正し

いと同時に間違っているという状況はあり得ない。そのため，このような"二重の真実"というジレンマを解決する方法は，どちらの議論のほうが自身の立場に対する重大な批判に対してより効果的に反論し，相手の立場を支える最も強度のある議論に深刻なダメージを与えているかを判断することである。

　それでは，どんなものが"深刻な批判"なのだろうか。それは，理にかなった人が何らかの反応が必要だと思うほど，議論にダメージを与えると予期される批判である。たとえその批判に対する効果的な反論があると思っても，批判は深刻に受け止めるべきである。それには相手に批判の欠点を認めさせるという目的もある。優れた議論を作り上げようとする論者は，裏付けようとする意見に対する重大な批判を予測し，その効力を削ぐために反論の前提を導入しなければならない。これはやるべきことをやっていることを示すだけでなく，批判を事前に無力化する効果がある。相手が"奥の手"と呼ぶものを出す前に無効にするのである。

　次に，"効果的な反論"とはどのようなものなのだろうか。それは，すべての知的行動の規範に従う理にかなった人が，批判や反論の効力を無くすか少なくとも深刻に脅かすものとして受け入れる反論である。言い換えれば，深刻な批判に対する効果的な反論とは，成熟した合理的な人に，その批判がもはや深刻なものではないと認識させるものである。

　反論は，すべての議論を構築する際の主要な原動力であるべきである。優れた論者ならば，批判の脅威を取り除かないかぎり議論は完成しないことを，常に頭に入れているべきである。しかし残念なことに，反論の前提は最も頻繁にないがしろにされている。我々の議論のほとんどが反論の前提を欠いていることには複数の理由が考えられる。1つ目は，批判に対する効果的な反論が思いつかないため，触れないようにしているからである。2つ目は，批判に自ら触れることによって相手の注目をそこに集めてしまい，自らの議論の強度を弱めてしまうことを恐れるからである。3つ目は，自分の立場を強く信じるあまり，他の立場などあり得ないと思い込んでしまうからである。どのような理由であれ，反論の原則に準拠していない議論は優れた議論とは言えない。何かについて心から納得するには，まずすべての証拠を検討する必要がある。そして反対の証拠を検討しなければ，すべての証拠を検討したことにはならない。

　議論が反論の原則に違反しているケースは複数ある。反論する責任を回避し

ようとする人がよく使うのが陽動作戦である。例えば，批判を歪曲する，些細な異議を唱える，議論を脱線させる，笑いを取る，嘲笑に頼ろうとするといった行為が，効果的な反論でないことは明らかである。議論が擁護する見解に対する反対証拠を否定したり無視したりするのも同じである。批判の中身ではなく批判者を攻撃することで，批判に対する反論の責任を免れようとする人もいる。これらの行為はすべて相手の議論に真摯に対応する責任を果たしていない。

　反論の基準を満たしているかどうかを判断する際に検討すべき点が５つある。１つ目は，自分が議論で擁護する立場と対立する最も強力な議論はどのようなものか。２つ目は，自分の議論はその批判や対抗議論に効果的に対応しているか。３つ目は，自分の議論のなかで相手に指摘されそうな重大な弱点となりうる部分はどこか。４つ目は，自分の議論のなかで，その潜在的な弱点を認めて対策を講じているか。５つ目は，異なる立場を支える議論に欠陥があることやその構築に成功していないことを，自分の議論のなかで示せているか。

# 議論の強度を高める

　優れた議論の５つの基準のうち１つでも満たすことができなければ，その議論には欠陥があることになる。しかし，欠陥を修復することで，その議論は改善できる。特定の受け手を説得できるような議論でも，他の受け手を説得できないことはある。それは，一部の受け手にとって受け入れやすい前提が，他の受け手にとっては受け入れにくいからである。あるいは一部の受け手にとっては疑問を抱く要素をもつ議論でも，他の受け手にとってはそれほど疑問にならないという可能性もある。いずれにせよ，議論を標準形式に再構成する際の決まりに加えて，議論を作り変えてその強度を高める方法がある。議論の質を高めるアドバイスのほとんどが，５つの基準に含まれる明示的・暗示的な条件に由来しているのに気づくことだろう。そのため，以下に記すアドバイスは５つの基準ごとに分類されている。さらに具体的な助言は，それぞれの誤謬を詳しく解説する章に記載する。

　議論の構造を強化する方法はいくつかある。帰納的議論であれば，必然的な結論を導き出せる一般的な主張を取り入れて，強度の高い演繹的議論に変換す

ることが可能な場合がある。規範に関する議論であれば，規範に関する前提を明示することも有効である。

前提の関連性に注目して議論を強化することもできる。議論のなかで提示するすべての部分が，議論において重要な役割を担っていることを確認しよう。ある前提が結論を導き出すにあたり深く関係していると自分では思うものの，受け手がそう思わないことが考えられるなら，関連性を高める補完前提を追加するとよい。逆に，受け手は関係していると考えそうだが自分は関係がないと思う前提は，除外したほうがよい。論者がごまかそうとしていることに一部の受け手が気づいて指摘した場合に，議論の強度が弱まるからである。優れた議論にごまかしは必要ない。

前提の許容性に関していうと，特定の相手に対する議論において見解の分かれそうな前提は，可能ならより受け入れられそうな前提に置き換えるとよい（結論を裏付ける証拠として，同じぐらいの役割を果たせる別の前提がある場合にのみ可能な手段ではあるが）。あるいは見解の分かれそうな前提には補完前提を付ける方法もある。事実や実証的研究を確認できる情報源を具体的に参照することも，可能ならば有効である。絶対的な主張は，可能であれば表現を和らげたほうが許容されやすい。例えば「すべての政治家は」という文言なら，「ほとんどの政治家は」に置き換えるという方法である。意味が不明瞭であったり誤解される可能性があったりするキーワードはきちんと定義するとよい。

提示した前提が総合的に十分であると判断してもらうためには，対象となる受け手にとって響くような種類の証拠を数・強度ともに十分に満たすべく，前提を追加するべきである。仮に自分では追加する必要がないと思っても，追加するべきである。自分の議論の前提が十分であるかどうか判断したい場合には，自分なら示された前提を基に結論を受け入れるか考えてみよう。あるいは，十分性を満たすために必要な前提が他にあるか検討して，あると考えるならそれを明確に示すべきである。

状況をふまえて，反論は徹底的に行うべきである。1つの重大な批判に対して反論していれば強度が十分だと感じる受け手もいれば，もっと多くの批判に対する反論がなければ不十分だと感じる受け手もいる。また，自分の議論の欠点も明言すべきである。それは真実を追究する客観性を示すだけでなく，相手の批判の効力を弱めることにもつながる。

　もちろん，改善できない議論もある。その議論が既に十分に優れているからではなく，優れた議論が見つけられない立場を擁護しているためだ。真実を追究するにあたっては，救いようもなく弱い議論や劣った議論をほんの少しだけ改善することに時間とエネルギーを費やすべきではない。これはもちろん，仕事としてクライアントにとって最良の弁護を提供しなくてはならない弁護士なら話は違ってくる。

# 議論に基準を適用する

　優れた議論の5つの基準と，それほど優れていない議論を改善する一般的な方法を見てきた。このことにより，優れた議論はどのようなものかが明らかになっただろう。そこで，いくつかの議論を例に挙げて上記の基準を適用してみよう。

　議論を評価する第一歩は，心の準備をすることである。重要なのは，その結論を信じたいと思うかどうかではないと肝に銘じておこう。議論を評価するにあたって最も重要なのは，議論によって示された前提を根拠として結論を受け入れるべきかである。仮に結論が真実であるとわかったとしても，提示された議論からはそれを受け入れることを正当化できない場合もある。

　優れた議論の基準を基に，以下の読者による投書中に登場する議論を評価してみよう：

投書A
リチャード知事は，共和党から批判されているものの，素晴らしい仕事をしていると私は考えています。先週もスコット・アンブローズが，リチャード知事は南部でも有数の知事であり，州の複雑な問題にうまく対処していると思うと記者会見で述べていました。しかも，アンブローズは州の民主党支部トップという立場なのです。

　まずは標準形式に再構成してみよう。つまり何が結論であるかを特定し，それを支持するための前提と，その前提を裏付ける補完前提を探すのである。そ

の他の無関係な情報は無視してよい。リチャード知事に関する議論を再構成すると，以下のようになるだろう：

民主党の州支部トップであるスコット・アンブローズが，民主党のリチャード知事が良い仕事をしていると述べている（前提）
したがって，リチャード知事は素晴らしい仕事をしている（結論）

　次に，この再構成された議論と優れた議論の5つの基準を照らし合わせてみる。構造的な問題はないとみられるため，関連性の基準について検討してみよう。再構成された議論では，知事の功績を高く評価する裏付けとして，最も端的な言い回しで1つだけ根拠を示している。しかし，この根拠は関連性の基準を満たしていない。アンブローズは知事も所属する民主党の州支部トップであり，知事の功績を客観的に評価できる可能性は低い。偏向した権威者の証言は，主張の真偽を判断するにあたり採用できないため，この前提は関連性を満たしていない。この結論を導き出す素晴らしい議論を別途構築することは可能かもしれないが，それはいま検討している争点ではない。争点はこの議論が優れているかどうかであり，この議論が示す唯一の前提が関連性の基準を満たしていないため，「この議論は優れているとは言えない」という評価になる。他に前提が提供されていないため，許容性を評価する対象が存在せず，十分性の原則や反論の原則を満たしていないことは明らかである。

## 投書B
シートベルトに関する法律は不公平であり，政府権限の明らかな乱用である。シートベルトを着用しないことで，自分を危険にさらしているかもしれないが，他者を危険にさらしてはいない。しかもシートベルトを着用することによって，自分の命を危険にさらすケースもある。最近ジャクソン郡で起きた事故では，自動車が木に衝突し，ハンドルの下にわずかな空間を残して大破した。この自動車の運転手はシートベルトをしないという違法行為を犯していたおかげで，その空間に投げ出されて一命をとりとめたのである。

　投書Bの再構成は，投書Aの再構成よりも若干難易度が高い。この投書では，

シートベルトの着用を強要する権利は政府にないと主張しているが，それを裏付ける根拠は示されていない。よって，寛容の原則を超えて寛容になろうとしないかぎり，それは結論とはみなせない。この議論のなかで根拠が提供されている唯一の主張は，「シートベルトを着用することで危険な状況に陥る可能性があるため，着用を義務付けるべきではない」ということである。標準形式に再構成すると，次のような道徳的議論ができあがる：

1. ［命を脅かすようなことを法律で義務付けるべきではない］（暗示的な道徳的前提）
2. シートベルトを着用することで命の危険にさらされる可能性がある（前提）
   なぜなら，ある男性がシートベルトを着用しないことによって九死に一生を得たからだ（補完前提）

［したがって，シートベルトの着用を法律で義務付けるべきではない］（暗示的な結論）

寛容の原則に従って考え，最初の前提と結論が暗示されているものとする。明示されていないが，再構成にあたって明確化されたということを示すために括弧に入れた。標準形式に再構成した議論は元の議論よりも質が上がったように思えるが，だからといってこの議論が優れているということにはならない。

　それでは，この議論は優れた議論の基準をどの程度満たしているのだろうか。構造には問題がないように見えるし，前提は結論の真偽と明らかに関連しているように思える。暗示的な道徳的前提も，「政府は市民の命を脅かすような法律を制定すべきではない」という理にかなった人々が一般的に受け入れている道徳的見解であるため，許容可能と考えてよいだろう。しかし，2つ目の前提は明らかに許容性の基準を満たしていない。補完前提として示されている逸話は信頼できる証拠を提供できていないだけでなく，信頼できる反対の証拠とは矛盾する主張である。最後に，この議論から結論を導き出すには，関連性と許容性を備えた前提が，種類，数，強度の面で十分ではない。

　さらには，シートベルトの着用を義務付けるべきであるという反対意見に対して効果的な反論を提供していないため，反論の条件を満たしていない。この議論は許容性，十分性，反論に関する基準を満たしていないため，優れた議論

とは言えない。

## 投書 C

私はワシントン郡のモンロー地区に住んでいます。クリスティアンヌ・ロール郡政執行官は知的で献身的であり，経験も豊富なうえ，この郡のすべての住民に気持ちだけでなく時間の面でも奉仕してくれるため，このうえなく感謝しています。

ある夜にロールさんに電話をすると，郡の仕事の関係で 2 日間，出張していたとのことでした。それ以外に連絡を取った際には，郡の職場で仕事に従事していました。

私の理解では，郡政執行官の地位をめぐり，対立候補がいるようです。私は，能力と経験の豊富さを立証しているロールさんを他の人とかえたくありません。他の人では，彼女と同じ専門性や献身的な姿勢を提供できるはずはありませんから。

　この投書を読んだ人は，「次の選挙では現職に投票すべきだ」ということが暗黙の結論であることに同意するだろう。結論は明示されていないため，括弧に入れる。この投書は以下のように再構成できる：

1. ロールさんは経験豊富である（前提）
2. ロールさんは郡の住民に献身的である（前提）
3. ロールさんにはこの役割を務める意欲と時間がある（前提）
4. ロールさんは仕事に熱心である（前提）
5. ロールさんは知的である（前提）
6. ロールさん以上に郡政執行官の仕事ができる人はいない（反論の前提）
　　［したがって，郡の住民はロールさんに投票すべきである］（暗示的な結論）

　この議論は，優れた議論に求められる基本的な構造の条件を満たしている。提示されているすべての前提が，郡政執行官の選択と関連しているように見える。ロールさんは現職であるため，最初の前提は疑いの余地なく許容可能である。続く 4 つの前提は，自治体の公職に立候補する人の標準的な説明であるた

め，受け入れない理由は見当たらない。いくつかの前提については裏付けとなる証拠が適切かどうかが問われそうだが，この議論のなかで決定的な部分ではないだろう。しかしながら，6つ目の前提はきわめて疑わしいし，裏付けとなる証拠も見つからないと考えられる。この前提がさほど重要でなければ問題にならないかもしれないが，立候補者を弁護する議論において，対立候補の能力は非常に重要な問題である。よって，この6つ目の前提は適切に裏付けされておらず，許容できないことがわかる。

　論者の立場で考えると，この最後の前提はロールさんの再選に反対する議論への反論であるのかもしれない。しかし有効な反論とはいいがたいし，実際には滑稽なほどの過大評価となっている。よって，この議論は反論の条件を満たしていないことになる。

　しかしこの議論の最も深刻な問題は，十分性の基準を満たしていないことかもしれない。先に述べたように，議論の内容によって証拠の十分性は変わってくる。特定の候補に投票することを説得しようとするこの議論では，少なくともその候補の持つ理念や公約についてふれなければ十分とは言えないだろう。しかし，この議論にそのような情報はまったく含まれていない。よって，十分性と許容性の基準を満たしておらず，反論の条件も満たしていないため，優れた議論とは言えない。


## 投書 D

アメリカ心臓協会は，州立大学のある研究を助成するか議論を進めています。その研究には，42匹の犬を溺れさせることが含まれています。同大学の医学部は許可を得て，動物収容施設に収容されている野良犬を使い，溺れた場合にハイムリック法（腹部突き上げ法）で命を助けられるか調べるようです。ハイムリック博士自身が，この研究は「不必要な実験」であり，「残虐行為と認定されるべきものだ」と述べています。他の人も，犬の気管と横隔膜は人間のそれと比較できるようなものではないため，人工呼吸とハイムリック法のどちらが好ましいかを判断するにあたり犬を使うことはできないと言っています。これを読んで懸念を抱いた読者は，研究への助成を却下すべきだとアメリカ心臓協会に強く求めるべきです。

　投稿者は読者にアメリカ心臓協会に連絡してほしいと思っているようだが，それについての根拠が提示されていないため，実際にこの投書に納得して連絡する読者がいたとしても，議論の結論ではないと判断できる。この議論の実質的な結論は，「アメリカ心臓協会は研究を助成するべきではない」ということである。この議論は以下のように再構成できる：

1. 州立大学の医学部の医療スタッフが，アメリカ心臓協会に対して，溺れた際の救助方法としてハイムリック法が有効であるかを判断するために犬を使う研究に助成金を出してもらえるよう申請した（前提）
2. 提案された研究においては犬を使ってもハイムリック法の有効性を判断できない（前提）
　　　なぜなら，犬の呼吸器は人間のものと比較できないと言っている人もいる（補完前提）
3. ハイムリック博士自身も，このような実験は不必要で残虐だと述べている（前提）
4. ［残虐で有効性のない実験は行われるべきではない］（暗示的な道徳的前提）
　［したがって，アメリカ心臓協会は犬を使ったハイムリック法に関する実験に助成すべきではない］（暗示的な結論）

　結論は明らかではあるものの明確に記されていなかったため,括弧に入れた。1つ目の前提は，議論を行う必要性を説明しているため，許容性と関連性を備えている。2つ目の前提とそれに付随する補完前提は，許容性に疑問符が付くだろう。というのも，助成金を申請した医学部の医療スタッフが，実験を無意味にしかねないほど重大な犬と人間の生理学的な違いを知らないとは信じがたいからである。いずれにせよ，補完前提は匿名の証言であるため，関連性の基準を満たしていない。その証言をした人が生理学の専門家かどうかがわからないため，犬の呼吸器に関する証言が議論に有利に働く前提なのか，もっといえば真剣に扱うべきなのかさえ不明である。
　ハイムリック博士も実験に対して否定的だという3つ目の前提は，本人が実際に発言したかどうかを確認するすべがないため，許容性に欠けている可能性がある。さらには，なぜ博士が実験を“不必要”だと考えるのかという理由が

示されていないため，根拠としての強度がきわめて低い。"誰か"が主張する呼吸器の違いに博士が同意しているような印象が示されているが，明確ではない。暗示的な4つ目の前提は，自明の原則と考えられるため許容できるだろう。少なくとも成熟した合理的な人なら許容できる前提である。

　この議論は優れた構造を持っているが，関連性と許容性を備えた前提は1つしかないため，結論を受け入れるには十分性の基準を満たしているとは言えない。行う価値がある実験だと医学部が想定していることに対する効果的な反論が含まれていれば，もう少し高く評価できる議論になったかもしれない。しかしそういった反論の前提が欠如しているうえ，関連性，許容性，そして十分性の基準を満たしていないため，優れた議論ではないと判断できる。

## 投書 E

私は，アメリカの国旗を燃やすことを憲法で禁止しようと動いている人がいることに懸念を抱いています。この動きが出てきたのは，星条旗を燃やすことは言論の自由の1つとみることができるとの判決を，最高裁が下したからです。言論の自由は憲法修正第1条で保障されています。

私は国と，国を象徴する星条旗を愛しています。国旗を冒涜（ぼうとく）するような行為を見たいとは思いません。例えば国旗をシャツや水着代わりに使うことも許せません。一方で，私はこの国で謳歌（おうか）できる自由を，平和的な方法で国を批判する自由も含めて，愛しています。私は国旗を燃やすことで批判の気持ちを表現したいとは思いませんし，他の人もそのような行為をしないことを願っています。しかし，国や政府の政策を批判する権利は憲法で保障されています。このような方法で意見を表現する自由を制限するような憲法の改正を行い始めると，連邦政府の庁舎内では国を批判してはいけないだとか，独立宣言の写しに唾を吐きかけてはならないなど，他の自由の形を制限しようとする人が出てくる可能性があります。そのときもそのような行為を禁止するために憲法を改正するのでしょうか？　それは健全な民主主義にとってよくないことです。

大統領やその他の指導的立場にいる人々に対して，憎悪に満ちた発言や虚偽の発言，あるいは中傷のような発言をする人もいます。しかし，彼らにはそれを行う権利があります。国のリーダーや政策を批判する批評家には賛同できないこともありますが，そういった表現をしたことで国が深刻なダメージを受ける

とは考えられません。どのような方法であれ，現状を批判したことによって政策やリーダーたちによい変化が現れれば，逆に国の力が強化されると思うのです。

　この議論の結論は明示されていないが，投稿者が国旗を燃やすことを禁止する憲法改正に反対していることは明白である。再構成すると以下のようになるだろう：

1. 憲法は言論の自由を保障している（前提）
2. 最高裁は，国旗を燃やすことは言論の自由の一種と解釈できるとの判断を下した（前提）
3. 意見を制限なく表現できる自由のほうが，平和的な方法やそのような方法で表現されている主張を制限することよりも大切である（前提）
4. 国旗を燃やすことの禁止によって言論の自由を憲法で制限することは，言論の自由に当たる他の行為も改憲して制限するという動きを誘発しかねない（前提）
5. そのような憲法上の制限の動きの加速は，健全な民主主義という観点からはよくないことである（前提）
　　　［なぜなら，言論の自由をさらに制限する動きだからである］（暗示的な補完前提）
6. 国旗を燃やすなど他の不快な方法で国を批判することは，国に深刻な被害を及ぼさず，むしろ国を強くする（反論の前提）
　　　なぜなら，批判によって国は改善されていくと考えられるからである（補完前提）
　［したがって，国旗を燃やすことを憲法で禁止するべきではない］（暗示的な結論）

　この議論の構造は優れていて，すべての前提が国旗を燃やす行為について憲法を改正すべきかどうかという問題に関連していると考えられる。最初の2つの前提は疑いのない事実であるため，許容性について疑問はない。民主主義における言論の自由の原則の重要性についても疑いの余地はほとんどないため，

合理的な人は3つ目の前提も受け入れるだろう。

国旗を燃やすことを禁止するために改憲したい人々も含む多くの人は，4つ目と5つ目の前提と補完前提も受け入れるだろう。そこでは，国旗を燃やすこと以外の不快な表現方法を制限したいと考える人が出てくるだろうが，言論の自由を支持する健全な民主主義にとって望ましい結果にはならないことが説明されている。

6つ目の反論の前提は，国旗を燃やすことを禁止する憲法改正を推し進めようとする人々の主たる議論に対して反論している。そういった人々は，国旗を燃やすという行為が国に対してダメージを与えると主張しているが，それを裏付ける証拠がない。そのため，主張を単に否定するだけで反論としては十分と言えるだろう。国にダメージを与えるという証拠を提示する責任は，そう主張する人々にある。この反論の前提（と補完前提）では，どのような方法であれ，政治に対する批判は公共の利益になることが多いとしていて，この意見について欠点を見つけることは難しい。

この優れた構造を持つ議論は，関連性と許容性を備え，種類，強度，数の側面から見ても十分と言える前提を示している。争点における他の立場の擁護者からの予想される批判に対しても効果的に反論している。優れた議論の5つの基準をすべて十分に満たしているため，優れた議論だと判断して結論を受け入れるべきだろう。

論争での問題点において優れた議論を見極めることができれば，意見の違いを解決する方向性が見える。しかし論理的な話し合いで最も難しい作業の1つが，いつどのようにして話し合いを終えて，問題が解決したと判断するかである。特に，自分の議論が最も優れているとみなされない場合に，降参して最も優れている議論を受け入れることは，多くの人にとっては困難を伴う。話し合いを中断して判断を保留し，後日話し合いを再開したいと思うこともあるだろう。しかし知的行動の規範によれば，特定の場合でのみ判断の保留が適切となる。

# 11. 判断保留の原則

*優れた議論で支えられた立場がない場合，あるいは2つ以上の立場が同じ強*

度で支えられているような場合，多くの場面では争点に関する判断を保留すべきである。早急な決断が必要な状況であれば，判断の保留がもたらす結果に関する実質的な利害を比較し，それに基づいて決断を下さなくてはならない。

　適切な証拠があまりに不足していて裏付けのある判断ができないときは，その問題に関しては判断を保留し，さらなる証拠が出てくるのを待つしかない。しかし，この保留という手段は，難しい決断をしたり未知の領域に踏み込んだりすることの恐怖を回避するための賢明な方法とみなされるべきではない。
　議論の強度が拮抗しているという2つ目の条件についても同じことが言えるかもしれない。こういった状況は実際には非常に珍しい。5つの基準を使って判断すれば，ほとんどの場合で1つの議論は他の議論より優れているからである。
　もちろん判断を保留できない問題もある。中絶するかどうかなど，決断を迫られる状況や問題が重大な場合は，判断を行わなかった場合の実質的な影響を考慮して決断する必要がある。

## 12.　解決の原則

ある立場に関する議論が，結論を正当化するに十分な関連性と許容性を満たした複数の根拠を伴う健全な構造を持ち，議論やそれが支える立場が受けうるすべての深刻な批判に対する効果的な反論を含んでいる場合，問題は解決したとみなすべきである。その議論が他の立場を支える議論と比較してこれらの基準をよりうまく満たせていないと示されないかぎり，その議論の結論を受け入れ，問題は解決したとみなす義務がある。ただし，もし議論の欠陥が後になって見つかって，それが支える立場の長所について新たな疑義が浮上するような場合には，さらなる検討と解決のために，問題を未解決の状態へと戻さなくてはならない。

　合理的な話し合いの目的が，最終的に何を信じ何を行うべきかを決めることであるならば，もっと多くの議題が解決していていいはずである。世の中にはたくさんの優れた議論がある。優れた議論が問題を解決へと導くのであれば，

なぜもっと多くの問題が解決されていないのだろうか。例えば，国旗を燃やすことを禁止する憲法改正についての議論が優れているとわかったならば，問題は解決するのではないかと思える。同性愛者の権利や地球温暖化，天地創造説と進化論の論争，性差別の問題なども解決するはずである。しかし，議論が構築され，それが優れたものであるのに，論争が続いている状況がある。一部の人が優れた議論を認めないがために，さらにどれだけ論争を続けなくてはならないのだろうか？

　残念なことに，賛否のある問題が合理的な解決にまで至ることは非常に少ない。これを疑うなら，自分が最近，議論の力によって重要な問題に関する意見を変えたのはいつかを考えてみてほしい。真実の追究者にとっては，優れた議論を目の当たりにして自分の意見を変えることは難しい行為ではないはずである。

　なぜそれが起こらないのだろうか。なぜ問題は解決しないのだろうか。それには複数の理由が考えられる。議論の参加者の一部が，その問題について客観的になれないのかもしれない。あるいは，論理的には納得しても，心理的には納得していないという場合があるかもしれない。議論に参加するグループが，論理的に不注意であったり明瞭に考えていない可能性もある。参加者の一部が，明確に示している問題とは別のものを擁護したいという，秘密の計略を抱えているのかもしれない。問題の解決策を見つけるよりも勝ちたいという気持ちが強いがために，お互いが素直になれないのかもしれない。さらには参加者同士が根深い不和（deep disagreement）を抱えている可能性もある。つまり，明示的には取り上げられていない根本的で潜在的な思い込みによって意見が分かれているのかもしれない。残念なことに，今挙げたような理由では，対立を解決へと導かないことを正当化できない。どの理由も知的行動の規範に示された原則のうち1つ以上に違反しているからである。

　もちろん，相応の理由があって解決されていない問題もある。結論を導き出すには証拠が弱すぎるとか，あるいは一方が効果的な反論を探し続けているのかもしれない。そういった理由があると，論争をやめて既に存在する議論の結論を選ぶことを躊躇するかもしれない。しかし，その結果どうなるのだろうか。すべての決断に100％の自信を持つことは現実的にあり得るのだろうか。ほとんどの場合でこれは考えにくい。優れた議論の5つの基準をすべて完全に満た

す議論は少ない。しかし，重要度がきわめて高い問題は，ある時点で決断を下さなくてはならない。我々には論理的，現実的な理由から，優れた議論の条件を最もうまく満たしている議論が裏付ける立場を受け入れる義務がある。そうでなければ，現実世界では「それは完全な証明ではない」と主張することはほとんど常に可能であるため，すべての問題は未解決のままにできる。これまで本書も含めて多くの人々が，優れた議論であることを判断するための客観的規準を示してきた。論の分かれる問題を議論の力によって解決することは明らかに可能である。裁判官や陪審員はそのようなことを日常的に行っており，我々にできないはずはない。相手が自分よりも優れた議論を提示したなら，結論を受け入れて問題は解決したとみなすことをお勧めする。

　一方で，どんな議論であっても，その裏付けが永久に有効であるとみなしてはならない。優れた裏付けがあると認められた立場に対し，新たな疑問が浮上するような証拠が新しく出てくる可能性は常に存在する。その場合には，さらなる検討を行うことが適切である。過去に優れていると認められた議論が裏付けている立場への固執が，状況が変わった場合に問題を再検討することの妨げとなってはならない。問題を再検討する時点でも，可謬の原則や真理追究の原則は最初に議論を検討したときと同じように重要である。

　ただし，新たな疑問は，これまで浮上した疑問が形を変えたものであってはならない。問題を再検討するのは，それまでに考慮されなかったまったく新しい証拠や，証拠の新たな解釈が出てきたときだけである。さもなければ，以前と同じ証拠に固執して解決を遅らせるためだけに再検討するという，解決の原則の最悪な形の違反になる。

## 課　題

1. 現在見解の分かれる社会，政治，道徳，宗教，あるいは美に関する問題についての立場を裏付ける議論で，この 1 週間以内に読んだり聞いたりしたものを挙げよ。そのような議論は，新聞や雑誌の投書欄，社説，論説，演説，広告，講義，インターネット，仲間との会話から見つけることができるはずである。その議論をコピーやプリントアウトして，自分自身で行った分析とは別のページに貼り付けよ。元の議論はコピーして授業内でディスカッションしたり，さらに分析してもよい。

　寛容の原則と自分の言葉を使い，結論と前提を区別して議論を標準形式に再構成せよ。結論が明示的・暗示的な前提と矛盾しない最も明瞭な形に整えなくてはならない。暗示的な前提や結論は括弧に入れ，議論の各要素の役割を明記すること。

2.　本章の「議論に基準を適用する」の項目のなかで提示した手順に従い，課題１で再構成した議論が優れた議論の５つの基準を満たしているかどうか検討せよ。さらに，本章で説明した議論を強化するヒントを使い，構造や前提をどのように修正したら強度が上がるか示せ。議論の質を５段階評価（きわめて優れている，優れている，普通，劣っている，きわめて劣っている）で評価せよ。

3.　解決の原則を守ることがなぜ難しいのか，クラスのなかで話し合え。優れた議論の基準をすべて満たしていれば，全参加者がその結論を受け入れなくてはならないのだろうか？

4.　本章で紹介した国旗を燃やすことを禁止する改憲についての議論が，優れた議論の基準すべてを満たしていることに同意するか？　同意しないなら，どの基準を満たしていないと思うか。もし，どの基準にも違反していないと結論付けたなら，結論を受け入れる心の準備はできているか？　その理由を説明せよ。

# 第4章
# 誤謬とは何か

## 概要

### この章で学ぶこと

・誤謬とは，"優れた議論の5つの基準"のいずれかに反するものであり，名称のあるすべての誤謬は違反している基準ごとに分類できることを理解すること

・誤謬を含む議論を建設的に突くために，自壊を誘う議論や論外な反例，反証のメソッドを巧みに使うこと

## 誤謬論

　誤謬とは，優れた議論の基準を満たしていないものである。つまり，以下の項目のうち1つ以上に起因する議論の欠陥である：

・議論の構造的欠陥
・結論と関連のない前提
・前提の許容性の基準を満たさない前提

・結論を裏付けるのに総合的に不十分な前提
・議論への予想される批判に対する効果的な反論の欠如

　この誤謬の概念は，私自身の議論研究から明らかになったものであり，一般的なものではない。聞き手を求める結論へと導けない議論は，"優れた議論の5つの基準"を満たしていないだけではない。そのような議論は1つの基準を様々なやり方で違反することもあるが，同じ基準の違反として共通の特徴を持つ。一部の基準の違反は非常によくみられるため，すでに名前がついている。論理学者たちはこれまで，共通する誤りの特徴に緩やかに基づいて，"名前のついた誤謬"を分類してきた。彼らにとって，誤謬とは議論のなかで単に避けるべき間違いであり，優れた論者ならやるべきでないことの1つにすぎない。しかし，そのようなアプローチは誤謬と優れた議論の特徴との関連を不明瞭にするばかりか，論調が否定的で，すべての誤謬との間の論理的なつながりを欠いている。

　適切に確立された誤謬論は，優れた議論を構築する鍵となる。それは劣った議論を見抜く能力を養うだけでなく，優れた議論とはどのようなものかを理解するという，より重要な能力を身につける役に立つ。つまり的確な誤謬論とは，優れた議論の特徴と関連する，建設的なアプローチである。そしてよく知られている名称のある誤謬や名称のない誤謬のすべてを，"優れた議論の5つの基準"のいずれかに違反するものとして論理的に関連付けることができるものなのである。

　誤謬のある議論は通常，一見すると優れた議論であると我々を惑わす外見を呈する。実際，誤謬（fallacy）という英語は，ラテン語や古フランス語で"だますこと"や"偽りの"という意味を持つ単語が語源となっている。なぜ私たちがよく誤謬に欺かれるのかが，この名称からもわかる。もちろん，意図的に欺こうとはしていない論者もいるだろう。しかし，誤りが意図的であるかどうかは重要な問題ではない。論者の意図とは関係なく，誤りは誤りなのである。

　ほとんどの場合，誤謬は議論を作成して提示した人が犯す誤りである。しかし，聞き手が推論の欠陥を見抜けず，受け入れるべきでない結論を受け入れてしまえば，議論の受け手にも誤った推論について非がある。質の低い議論を優れた議論として受け入れた人は，事実上その議論を自らが提唱しているのと同

じであるため，その欠陥に対する責任を負う。それは，優れた議論の結論を受け入れた人が，事実上同じ議論を示したとみなされ，優れた思考者だと評価されるのと同じである。

# 名称のある誤謬・ない誤謬

　欠陥のある推論の特定のパターンを名前で特定できることは重要である。推論の誤りがあまりに一般的で名前までついているものなら，議論においてその誤りに遭遇したときにそれが誤りだろうと考えた自分の判断に自信を持てるはずである。特定のパターンを持つ推論が議論の専門家によって誤謬であると明確に特定されていて，しかも名前までついているということは，心強いことである。

　ある議論について「非論理的である」とか「何かがおかしいようだ」と指摘しても，問題を取り除くことにはさほど役立たない。体調が悪い人が医者に診てもらって，「体調不良ですね」と言われるのと同じである。健康問題を効果的に治療するには，まずはその問題を診断しなければならない。特定可能な症状や既知の健康問題に精通している医者であれば，正しく診断して適切に対処できる可能性が高い。

　推論における問題の診断と対処についても同じことがいえる。推論の問題に効果的に対処するには，まずその問題を特定しなくてはならない。これはつまり，何がその議論を誤謬を伴うものにしているのかを正確に特定することである。推論における欠陥パターンの特徴に精通していれば，間違いを正しく特定し，効果的に対処できる可能性が高まる。

　だからといって，名前がついていなければ誤謬でないというわけではない。実のところ，実際の議論に登場する誤謬のほとんどには名前がない。さらには，議論の価値を判断するにあたって，誤謬の名称を知っていなければならないわけでもない。第 3 章で検討した 5 つの投書にも名前のついた誤謬を含むものがあったが，特定の誤謬や名前のついた誤謬にほとんど言及せずに評価することができた。このことからも，議論の価値を評価するにあたり，必ずしも誤謬の名称を覚えて知っている必要はないことがわかる。"優れた議論の 5 つの基準"

のいずれかに違反している可能性の高い議論の特徴を理解できれば十分なのだが，誤謬の名前や特定可能なパターンを認識できれば，間違いを発見するのがもっと容易になる。とはいえ，たとえすべての誤謬の名称を忘れてしまったとしても，本章で示す誤謬の理論は包括的であり，5つの基準を知っているだけで，議論評価の一生もののスキルを身につけることができる。

# 誤謬の分類

すでに説明した通り，本書に登場する誤謬は，優れた議論の基準ごとに分類されている。つまり本書が取り扱う誤謬は，構造的欠陥，関連性のない前提，許容できない前提，不十分な前提，予測される批判に対する効果的な反論の欠如，という分類に分けることができる。名前のある誤謬のなかには，共通の特徴があるためサブカテゴリーに分類できるものもある。例えばさまざまな論点先取の誤謬があり，それらは同じ基本的な間違いを犯しているものの，そのそれぞれは間違いの犯し方によって区別される。

よく知られた各誤謬を"優れた議論の5つの基準"ごとに分類し，さらにそのなかでサブカテゴリーに分類した（右の表「誤謬論」を参照）。一般的に，"不適切な前提の誤謬"と"演繹的推論の誤謬"は，構造に関する誤謬のなかに分類される。"無関係な前提の誤謬"と"関係のない訴えかけの誤謬"は，関連性に関する誤謬に分類される。"言語的混乱の誤謬"と"根拠なき思い込みの誤謬"は許容性に関連する誤謬に，"根拠欠如の誤謬"や"因果関係の誤謬"は十分性に関する誤謬に，そして"反証の誤謬"や"対人論証の誤謬"，"脱線の誤謬"は反論の有効性に関する誤謬に分類される。

誤謬のなかには，優れた議論の基準の複数に違反しているものもある。その場合は，最も深刻に違反している基準によって分類されると解釈するとよい。複数の基準に違反するよい例が，"対人論証（ad hominem）の誤謬"である。対人論証の誤謬を用いた議論は，議論の内容ではなく論者個人に向けられる。論者個人に対する主張がたとえ真実であっても，それは論者の議論が示そうとする結論の真偽を評価するにあたって考慮すべき事柄ではなく，無関係の前提と認識すべきである。とすると，対人論証の誤謬は，関連性の基準に違反する

表　誤謬論

| 構造 | 関連性 | 許容性 | 十分性 | 反論 |
|---|---|---|---|---|
| **不適切な前提の誤謬** | **無関係な前提の誤謬** | **言語的混乱の誤謬** | **根拠欠如の誤謬** | **反証の誤謬** |
| 論点先取 | 発生論の誤謬 | 多義の誤謬 | 不十分なサンプル | 反証の否定 |
| 多重質問 | 合理化、言い訳 | 曖昧語法 | 代表的でないデータ | 反証の無視 |
| 論点先取の定義 | 誤った結論の導出 | 誤解を招く強調 | 無知に訴える論証 | 揚げ足取り |
| 矛盾する前提 | 誤った根拠の提示 | 不当な対照 | 反事実的な仮説 | **対人論証の誤謬** |
| 前提と結論の矛盾 | **関係のない訴えかけの誤謬** | 漠然とした表現の誤用 | 格言の誤謬 | 人格攻撃の誤謬 |
| 規範的前提の欠如の誤謬 | 無関係の権威者に訴える誤謬 | 差異なき区別 | 二重基準 | 井戸に毒を盛る |
| **演繹的推論の誤謬** | | **根拠なき思い込みの誤謬** | 重要証拠の除外 | お前だって論法 |
| 前件否定の誤謬 | 衆人の意見に訴える誤謬 | 新しさに訴える誤謬 | **因果関係の誤謬** | **脱線の誤謬** |
| 後件肯定の誤謬 | 力や脅迫に訴える誤謬 | 連続性の誤謬 | 必要条件と十分条件の混同 | 藁人形論法 |
| 中名辞不周延の誤謬 | 伝統に訴える誤謬 | 合成の誤謬 | 同 | 燻製ニシンの誤謬 |
| 端名辞不周延の誤謬 | 私利に訴える誤謬 | 分割の誤謬 | 因果の過剰な単純化 | 笑いや嘲笑に訴える誤謬 |
| 換位の誤りの誤謬 | 感情に付け込む誤謬 | 不当な選択肢 | 前後即因果の誤謬 | |
| | | である‐べきであるの誤謬 | 原因と結果の混同 | |
| | | 希望的観測 | 共通する原因の無視 | |
| | | 原則の誤用 | ドミノの誤謬 | |
| | | 中間の誤謬 | ギャンブラーの誤謬 | |
| | | 不当な類推 | | |

ものともみなすことができる。しかし，議論ではなく論者を攻撃することのより深刻な過ちは，自分の議論に対する批判に対処しようとしない姿勢や，反論を回避しようとする姿勢である。したがって，この誤謬はまずは無効な反論の例として分類されるべきなのである。

第5章から第9章では，それぞれの章に"優れた議論の5つの基準"のうちの1つを割り当て，それに違反している誤謬を取り扱っている。共通する特徴に基づいて誤謬を分類しているが，それぞれに注意深く迫り，正確な定義を示している。その定義を暗記するのもいいが，各誤謬の際立った特徴を捉え，自分の言葉に置き換えて理解するほうが大切である。

本書では，従来使われてきた誤謬の名称にはこだわっていない。例えば，昔から使われてきたラテン語の名前で紹介しているのは，"前後即因果の誤謬（post hoc fallacy）"と，"人格攻撃の誤謬（abusive ad hominem fallacy）"だけである。これらは通常の会話のなかで比較的なじみのある名称だからである。一般的に，名前から議論の誤りの特徴がわかる名称をつけようとしており，一部は従来の名称を見出しとしていない。

# 誤謬を突く

欠陥のある推論を突く戦略はいくつか考えられる。具体的な方法は各誤謬の説明に記載したが，そのなかでも特筆すべき3つの方法がある。

## ◇ 自壊に追い込む方法

1つ目は，欠陥のある議論を自壊させる方法である。議論を標準形式に再構成して欠点を白日の下にさらすことで自壊に追い込む方法が，時に誤謬を突く最も簡単な方法である。多くの場合，この方法によって指摘できる推論の欠陥は，議論の評価に精通していない人でも認識できることが多い。

例

ケイト：リサのブラームスのピアノ協奏曲第2番の演奏はひどかったわね。

リズ：なんで？

ケイト：ブラームスが意図した弾き方をしていなかったからよ。

　この議論を標準形式に再構成すると，説明が不要なほどに欠陥が明白なものとなる。

1. ［作曲家の意図に沿っていない演奏は優れているはずがない］（暗示的な美的前提）
2. リサのピアノ協奏曲第２番の演奏はブラームスの意図に沿っていなかった（前提）
したがって，リサの演奏は優れていなかった（美的結論）

　ケイトが議論の結論を導き出すために，１つ目の前提で暗示的な美的原則を使ったことは明らかである。しかしそれを明確にすると，明らかに許容性を満たさず，ケイト本人も撤回したいと思うかもしれない。その美的原則が少数にしか受け入れられないのは，多くの人々が演奏家に対して芸術作品を独自に解釈することを期待し，それが高く評価されるようになったからである。さらには，多くの場合で我々は作曲家の意図を知らない。よって，１つ目の前提は，明示されると成熟した合理的な人には許容されないだろう。この議論の結論の根拠として挙げられているのはこの疑わしい前提だけであるため，許容性の原則に反しており，優れた議論とはいえない。

### 例

ハロルドは結婚後わずか３カ月で大麻を吸い始めた。妻にそそのかされたに違いない。

これを標準形式に再構成すると以下のようになるだろう：

1. ハロルドは最近結婚した（前提）
2. 大麻を吸い始める前に妻と結婚した（前提）
3. ［ある出来事の前に起きたことはその出来事の原因である］（暗示的な前提）

　したがって，ハロルドは妻のせいで大麻を吸い始めた（結論）

「ハロルドが大麻を吸い始めたこと」と「妻を迎えたこと」がつながってい
るとみなすには，論者が「ある出来事の前に起きたことはその出来事の原因で
ある」と暗に想定していなければならない。しかし，この暗示的な前提を明示
すると，論者本人もすぐに欠点に気づくだろうし，撤回したいとさえ思うかも
しれない。一瞬でも立ち止まって考えていれば，主張が明らかに間違っている
ことに気づけたはずである。ある出来事が他の出来事より時間的に前に起こっ
たからといって，先行する出来事が他の出来事の原因であると信じる理由には
ならない。この暗示的な主張がハロルドの大麻使用に関する結論を裏付ける決
定的な前提であるため，議論は自壊する。

### 例

教師や教授は団体交渉をしようとしてはならない。実際，団体交渉を行ってい
る教師は非常に少ないのが現状だ。我々教職に就く者は，団体交渉にはほとん
ど興味がないのである。

標準形式に再構成して検討してみよう：

1. 教師や教授は現状では団体交渉を行っていない（前提）
2. 団体交渉に興味を持っている教師は少ない（前提）
3. ［現在慣例であることは今後も慣例として続くべきである］（暗示的な道
　　徳的前提）
　　したがって，教師や教授は団体交渉に参加するべきではない（道徳的結論）

　議論を標準形式に変換することで，暗示的な3つ目の前提が明示される。成
熟した合理的な人は，「現在慣例であることは今後も慣例として続くべきであ
る」というきわめて疑わしい決めつけを進んで受け入れることはないだろう。
この決めつけを他のことには適用したがらないはずである。この暗示的な主張
が結論を裏付ける主たる前提であるため，議論は自壊する。
　他者の議論を標準形式に再構成し，欠点のある箇所を白日の下にさらすこと

で，第三者を説得することはできるかもしれない。しかし，悪い議論であると論者に明確に示すという，望んでいた自滅的な効果が常に得られるわけではない。その場合は2つ目の方法を試す必要があるだろう。

## ◇ 論外な反例を提示する方法

　欠陥のある推論を突く2つ目の方法は，論外[訳注1]な反例を提示する方法である。これは，専門用語やルールに頼らずに推論の欠陥を示す，創造的かつ効果的な方法である。論理学者が使う専門用語や区別などに精通していない人や，そういったものに嫌悪感がある人に対して特に有効である。

　この方法を使って相手の議論の欠点を示したい場合は，相手の欠陥のある議論と同じ形式やパターンの議論を単に構築すればいい。その際に注意したいのは，明らかに間違っている結論，あるいは突飛な結論を示すことである。優れた議論が明らかに間違った結論につながることはまれなため，まねて作られた議論について詳しく説明しなくても，相手は欠陥に気づくはずである。そしてまねた議論に欠陥があるのであれば，まったく同じ推論パターンを使っている相手が当初示した議論にも欠陥があると示すことができる。2つの議論の推論パターンが本質的に違わないことを相手に説明すれば，相手も自らの議論の欠点を論理的に認めるざるをえない。

　この方法を使えば，ほとんどの欠陥のある議論を突くことができる。例えば相手が"中名辞不周延の誤謬"を犯したとしよう。この誤謬は妥当でない演繹的推論を行っているため，優れた議論の構造の基準に違反している。

> 例
>
> 「ダンはマルクス主義者に違いない。だって彼は無神論者だろう？　マルクス主義のイデオロギーには無神論が含まれていて，マルクス主義者が無神論者だということは一般的に知られていることだ」。

---

訳注1　ここでいう論外とは「議論の範囲外の」という意味ではなく，「バカげた」や「話にならない」の意。

標準形式に再構築すると以下のようになるだろう：

 1. マルクス主義者は無神論者である（前提）
 2. ダンは無神論者である（前提）
 したがって，ダンはマルクス主義者に違いない（結論）

 2つの前提はいずれも真である。優れた議論の基準をすべて満たす優れた演繹的議論であれば，真である前提から偽の結論は導き出されない。それでは，この議論の結論は真だろうか？　議論が健全な構造を持つと確信できないかぎり，この疑問の答えを出すことはできない。このとき，耳慣れない演繹的論理のルールを持ち出さずして議論の構造が間違っていることを示すには，同じ構造的な誤りを持つ議論を作ればいい。その際，結論は明らかに間違っているか論外なものでなければならない。例えば以下のような議論が考えられる：

 1. 図書館にある書物はすべて紙でできている（前提）
 2. ダンが揚げている凧は紙でできている（前提）
 したがって，ダンの凧は図書館の書物である（論外な結論）

 同じ推論パターンをもつマルクス主義に関する議論と同様に，凧の議論でも2つの前提は真であるが，マルクス主義者の議論で示されている推論と同じパターンの推論から，明らかに間違っている論外な結論が導き出されている。正しく構築された演繹的議論では，前提が真でありながら結論が偽であることはあり得ないため，この凧の議論の推論パターンは構造的に間違っていると考えられる。そして，凧の議論の推論パターンはマルクス主義者に関する議論の推論パターンと同じであるため，マルクス主義者に関する議論も構造的に間違っているということになる。「ダンの凧は図書館の書物である」と結論づけられないのと同様に，「ダンはマルクス主義者に違いない」とは結論づけられないのである。

 次に，この方法をいわゆる“連続性の誤謬”を犯している議論にも適用してみよう。この誤謬は，明言されていないきわめて疑わしい推測によって主張を裏付けているため，許容性の基準に違反しているものである。

例

「胎児は生まれた瞬間に人間であることは間違いないね？　そして，出産の瞬間に突然人間になるのではない。つまり，胎児は生まれた瞬間に人間であるのに，その 1 分前や 1 時間前，1 日前，あるいは 1 カ月前は人間ではなかったというのはおかしいだろう。胎児の成長過程で，非人間から人間に突然変化する瞬間はここだと合理的に示すことはできない。だから，胎児は受胎の瞬間でも出産の瞬間でも，同じように人間だといえる」。

標準形式に再構成すると以下のようになるだろう：

1. ［受胎と出産は，小さな差異の連続によってつながっている両端である］（暗示的な前提）
2. 受胎から出産までの 9 カ月間に，胎児が突然，非人間から人間に変化する特定の瞬間はない（前提）
   ［なぜなら，小さな差異によってつながっている正反対のものや両端にあるものは，同じであるといえるからである］（暗示的な補完前提）
3. その両端の間のどこかの時点で突然別のものになったという主張は，恣意的あるいは不合理である（前提）
4. 胎児は出産の瞬間には人間である（前提）
   したがって，胎児は受胎の時点で人間である（結論）

　この議論の構造は健全であるように見えるため，前提の許容性を検討して結論が真であるかを判断する。その検討方法の 1 つとして挙げられるのが，上の議論と同じような前提を使った論外な議論を構築して，明らかに論外な結論が導き出されるかを見極める方法である。

　例えばこのような議論が考えられる。「気温が 37.8℃ であれば暑いことは間違いないね？　そして，37.8℃ になった瞬間に突然暑くなるのではない。つまり，37.8℃ より 0.01℃ 低い状態，0.05℃ 低い状態，0.1℃ 低い状態は暑くないというのはおかしいと思うんだ。0℃ から 37.8℃ の間で突然気温が暑くなる瞬間はここだと合理的に示すことはできない。だから，気温が 0℃ でも 37.8℃ でも，37.8℃ と同じぐらい暑いといえる」。

　もし胎児に関する議論を構築した論者が，気温に関する議論のなかに共通する欠点を見いだせず，議論の深刻な欠陥に気づけないのなら，さらに標準形式に落とし込んでみる必要があるだろう：

1. ［0℃と37.8℃は小さな差異の連続によってつながっている両端である］（暗示的な前提）
2. 0℃から37.8℃に至るまでの間に，気温が"暑くない状態"から"暑い状態"に突然変化する特定の瞬間はない（前提）
    ［なぜなら，小さな差異によってつながっている正反対のものや両端にあるものは，同じであるといえるからである］（暗示的な補完前提）
3. その両端の間のどこかの時点で突然変化したという主張は，恣意的あるいは不合理である（前提）
4. 気温37.8℃は暑い（前提）
   したがって，0℃は暑い（論外な結論）

　2つの議論の前提は，主題以外は同じである。胎児に関する議論に出てきた受胎と出産が，0℃と37.8℃に置き換えられただけである。しかし気温に関する議論は，論外な結論に至っている。それでは，論外な結論を導き出した問題のある前提はどれなのだろうか。最も受け入れがたい前提は，2つ目の前提の暗示的な補完前提である「小さな差異によってつながっている正反対のものや両端にあるものは，同じである」という部分だろう。「連続体の両端は同じものである」というこの主張については，すぐに複数の反例を示すことができる。例えば，間に連続的な小さな差異があったとしても，背の低い男性と背の高い男性では明らかな違いがあり，哲学の成績がAであることとFであることには明らかな差がある。よって，合理的な人であれば，この小さな差異でつながった両端に違いがないとする前提は，明示化されたら受け入れることはできないだろう。気温に関する議論のなかで非論理的な前提が非論理的あるいは誤った結論を導き出しているのであれば，同じ前提が胎児に関する議論のなかでは真となる結論を導き出すとは考えにくい。このように考えてみると，胎児に関する議論の結論は，気温に関する議論の結論に比べればそれほどおかしく見えないかもしれないが，実際には致命的な欠陥を抱えていることが

わかる。

　　例

コトレル上院議員：「アンドリュース上院議員は，アフガニスタン戦争の予算削減案への支持をまだ表明していない。彼は反対しているとみなしてよいだろう」。

　もしコトレル上院議員が，「支持を表明していない」という前提から「アンドリュース上院議員が予算削減に反対している」という結論を導き出すことができるのであれば，アンドリュース上院議員は赤十字や結婚，母性，神，達筆であることのどれに対しても支持を表明していないため，それらにも反対しているに違いないという論理が成り立ってしまう。しかしそのような結論は論外なものであり，コトレル上院議員が行っている議論は "無知に訴える誤謬" である。

　論外な議論の例を考え出すのは難しいこともあるため，よくある名前のついた誤謬については例を覚えておくといいかもしれない。この後の各章にある「誤謬を突く」ではそのような例を複数紹介している。

　相手に間違いを突きつける "論外な議論" 戦略を使いこなせるようになることは簡単ではない。相当な量の実践と想像力，そして欠陥のある推論のよくあるパターンについての深い理解が必要である。しかし，相手が犯した誤謬が複雑な性質を持つ場合は，それを専門用語で説明するよりも，論外な議論を例に挙げたほうが容易で効果的なこともある。

## ◇ 反証を示す方法

　欠陥のある議論を突く 3 つ目の方法は，議論の最も重要かつ疑わしい前提の許容性を問うものである。というのも，議論が成功するかしないかは，前提が許容性をどれほど満たすかによることが多いためだ。結論を裏付ける重要な前提が 1 つしかない議論であれば，その前提が受け入れがたいと示すことによって，結論は合理的に受け入れるべきではないと示すことができる。よってこの場合には，前提の信頼性を打ち砕くこと，あるいは前提の信頼性に深刻な疑義

を生じさせることが目標となる。そうすれば，結論の価値も疑わしくなってくるからである。

　前提の許容性を弱める方法はいくつかある。例えば，最も重要な前提に対する反例を示す，議論が裏付けようとする主張が誤っているという強力な反証を示す，関連分野の信頼できる権威者による反対の証言を提示する，問題となっている出来事に関する矛盾する目撃証言を示す，などである。

### 例

相手がこのような議論を提示したとしよう。「ハクトウワシを狩ったり捕えたりすることは違法ではなくなった。連邦政府が 2007 年にハクトウワシを絶滅危惧種のリストから抹消したからだ。だから君は先週，ワシを傷つけてしまったが，それで問題になることはないよ」。

　ここで1940年に制定されたハクトウワシ・イヌワシ保護法（最終改正1978年）を示せば，ハクトウワシやイヌワシを傷つけることは依然として違法であり，10万ドル以下の罰金と懲役 1 年が科されることがわかる。法律という証拠は，違法ではないと主張する前提を打ち砕き，その前提によって裏付けられている結論は受け入れられないことになる。

### 例

ビーチで引き波や離岸流に巻き込まれた場合，泳ぎが得意でも不得意でも，速やかに陸を目指して泳ぐべきである。これが深刻な結末を回避する唯一の方法だ。もし流れに巻き込まれて沖に流されてしまったら，泳ぎが得意な人でも流れに逆らって泳ぐことで疲弊し，溺れてしまうだろう。

　この議論の誤謬を突くには，最も重要な裏付けとなる前提が間違っていることを示せばよい。陸を目指して一直線に泳ぐことは，深刻な結末を回避する方法ではない。離岸流に精通した専門家によると，このような場合に陸を目指して泳ぐことは最もやってはいけない行為である。泳ぐよりも速い速度で沖に流されるため，泳ぎが得意な人でも離岸流に逆らって泳いで陸に到達することはできない。そのようなことをすれば，体力を失って溺れてしまうだろう。離岸

流に巻き込まれた場合は，海岸線に対して平行に泳いで離岸流から脱出し，その後に陸に向かって泳ぐべきである。この議論の最も重要な前提を効果的に突くことで，論者が主張する結論を無効にするだけでなく，誰かの命を救えるかもしれない。

　まとめると，欠陥のある推論を突く主要な方法は3つある。

①議論を標準形式に再構成し，疑わしい部分を明確にさらすことによって自壊を誘う方法

②対象となる議論と同じ欠点を持つ議論を構築し，それが明らかに論外な結論に至ることを示す方法

③議論のなかで最も重要な前提に対して反例を示したり，間違っているという反証を示すことで，その許容性を攻撃する方法

# 誤謬ゲームのルール

　討議は，スポーツや他のアクティビティと同じように，一定のグラウンドルールに基づいて行わなければならない。しかし，ここで私が考えているグラウンドルールとは，効果的で論理的なディスカッションのルールではない。それは12の原則としてすでに説明してある。ここで私がいうグラウンドルールとは，正々堂々と戦うスポーツマンシップのことである。討議を行う相手と友好的な関係を保つためにも，以下のルールに従うことをお勧めする。

　1つ目は，誤謬発見器にならないことである。欠陥のある推論について中途半端に知っている人のなかには，他者の発言の中の誤謬を発見することに取りつかれてしまう人がいる。討論のあらゆる議論やポイントを疑うのである。そのような姿勢をとっていると，相手と距離ができてしまう。私の論理学の授業を受講した学生のなかにも，友人や親，他の教授との関係が以前より悪くなったと言ってくる人がいる。その理由はもしかしたら，友人や知り合いとの他愛のない会話の中でもすべての誤謬を見つけて，鬼の首を取ったように指摘するようなことをしているからかもしれない。

　2つ目は，相手に推論の欠点を指摘するのは，優れた議論の基準に違反したことで根拠のない結論に達したと確信した場合や，結論を受け入れがたい理由

を説明したいときだけにすることである。議論の根幹に大きく関係がない疑問点をいちいち指摘していると，討論の進行を妨げたり，本題から議論を脱線させてしまう。

　3つ目は，自分自身の誤謬を指摘された際には，それを認めて考え方を適切に修正しよう。弁解したり，勘違いされたと主張して，指摘を否定したり言い逃れをしようとしないことである。負け惜しみを言うのはよそう。

　最後に，できれば"誤謬"という言葉は一切使わないほうがいい。推論で間違いを犯したことを相手に伝えるために，何も「ほら，それ誤謬だよ！」などと叫ぶ必要はない。誤謬の名前は統一されていないことが多く，専門用語を嫌う人もいる。そのため，欠陥のある推論パターンに焦点を当てるのが得策である。想像力を駆使し，相手との間に溝を作らず，相手が不要な恥ずかしい思いを感じないように推論過程の誤りを指摘できる方法を考えよう。私たちが目指しているのは，誤謬を犯した瞬間を捉えることではない。大切なのは，人々がより明瞭に思考できるように手助けすることなのである。

## 課　題

1. 最近遭遇した論理的に誤った推論を含むと思われる会話や講義，演説を標準形式に再構成したうえで，それが違反している"優れた議論の5つの基準"を挙げよ。その推論パターンに独自の名称を与えよ。
2. 第5章〜第9章の終わりにある"ジムへのeメール"のうち，1通目（第5章の課題Ⅵ）を読め。これは宗教についての哲学的検証に対する攻撃を見てきた長年の経験に基づき，ジムの父親が書いたという設定で私が創作した内容であり，課題として使う目的のために作成した。全5通のeメールには，本書で紹介した60の誤謬がそれぞれ1回だけ登場する。メールのなかの数字は，その直前に誤謬があることを示している。ジムの父親の議論は誤謬を犯しているようにあなたには映るか？　もし間違っていないと思うものがあったのなら，欠陥のある推論を見抜くのがいかに難しいかを体験したことになる。というのは，実際にはジムの父親が提示した議論のすべてが欠陥のある推論だからである。
3. ジムへの1通目のeメールで父親が犯した11個の誤謬について，自分の言葉でいかなる誤りを犯しているのかを説明したうえで独自の名前を与えよ。

# 第5章

# 構造の基準に違反する誤謬

## 概要

### この章で学ぶこと

- 優れた議論の構造の基準に違反する誤謬の本質的な特徴を，自分の言葉で定義・説明すること
- 日常会話で欠陥のある推論に遭遇したときに，構造の基準に違反する誤謬であることを認識して名称を特定し，説明すること
- 相手が構造の基準に違反する誤謬を犯した場合に，その欠陥のある推論を効果的に突き，修正を手助けすること

### 6. 構造の原則

優れた議論の1つ目の基準。ある立場に賛成あるいは反対の議論を行う者は，良質な議論の基本的な構造要件を満たした議論を提示しなくてはならない。その構造要件とは，結論を支持する根拠が最低でも1つ存在し，規範的な議論であれば規範的な前提がなくてはならないことである。また，優れた議論で用いる根拠は互いに矛盾したり結論と矛盾したりしてはならず，結論が真であると仮定してはならない。さらに，妥当でない演繹的推論を行ってはならない。

本章では，優れた議論の構造の基準に違反している誤謬を紹介する。つまり，構造上の欠陥があるために，前提から結論が"必然的"あるいは"蓋然的"に導き出されない議論のことである。よってこれらの誤謬を含む議論は，優れた議論であれば行っていること，すなわち結論を受け入れるための優れた理由を提供することができない。構造的誤謬を含む議論では許容可能な結論を導き出せず，そうすべきでもないということを，各誤謬を扱うなかで説明していく。

本章に登場する誤謬は構造的欠陥を伴うものであり，その発見は一般に議論の内容に関する知識によらない。議論の主要な要素を記号に置き換えると，議論の形式・構造のみを見ることになる。そうすることで，その議論の前提から結論を導き出すことが不適切だと通常はわかる。

本章では複数の構造的誤謬を取り上げている。"不適切な前提の誤謬"は，適切に構成された議論の条件を満たさない前提を使っている誤りである。"演繹的推論の誤謬"は，演繹的論理の確立されたルールに反する誤謬である。

# 不適切な前提の誤謬

構造的に健全な議論に求められる前提を用いていない議論は，少なくとも6種類ある。"論点先取の誤謬"は，論者が確立しようとする結論そのものを前提として使っているものである。"多重質問の誤謬"は，同意の得られていない争点に関してまだ問われていない質問への特定の答えを論者が暗に仮定し，別の質問をするものである。"論点先取の定義"とは，前提のなかで鍵となる言葉について疑わしい定義を用い，論者の結論がその定義ゆえに真となる効果をもたせるものである。"矛盾する前提の誤謬"は，互いに両立しない前提を提示することで，いかなる結論をも導き出す可能性をなくすものである。"前提と結論の矛盾の誤謬"は，結論と矛盾する前提を用いるものである。"規範的前提の欠如の誤謬"は，規範的判断を裏付ける議論において，それとわかる規範的前提を提示していない誤りである。

## ■ 論点先取 （begging the question）

**定義：**議論の結論として提示されているのと同じ主張を，明示的あるいは暗示的に前提として使うこと。

　論点先取の議論には，結論の裏付けとなるものが一見すると存在する。しかし，証拠となるべき"前提"は，実際には結論を言い換えただけの偽物である。定義上，議論とは，1つ以上の他の主張によって裏付けられた主張である。"他の"を"異なる"と言い換えるならば，論点先取の議論ではその"異なる"主張が実際には存在しない。よって論点先取の議論には，結論を裏付ける前提がないという構造上の欠陥がある。前提の関連性や許容性の問題ではなく，前提が"他の"主張になっておらず，実際にはそれは前提ではない。そのため，論点先取の誤謬は優れた議論の条件を満たしていないのである。

　時に**循環論法**（arguing in a circle）とも呼ばれる論点先取の誤謬は，最も遭遇しやすい誤謬かもしれない。例えば，自分の親友が自分の元恋人とデートすることは倫理的に許せるかといった道徳上の問題について話し合っている際に，「間違っているものは間違っているんだ」と主張する人に出会ったことがあるだろう。このような循環論法は，論点を先取りしている。つまり，争点となっている問題について論ずるというよりも，その問題についてある立場を仮定している。論点を先取する者は，「間違っているから」という以外の理由は挙げずに，相手に「間違っている」という主張を受け入れてもらおうとしている。優れた議論は裏付けとなる前提を必要とするが，論点を先取する議論はそのような前提を欠いている。

　この誤謬は，先に述べたように，議論の内容に関する知識がなくても見破ることができる。標準形式で表すと以下のとおりである：

　A である（前提）
　したがって，A である（結論）

　もちろん，実際にこれほどわかりやすく循環的に論ずる人はほとんどいない。現実的には，結論が真だと暗に前提が想定している場合が多いだろう。例えば，「地獄に落ちたくないから，神は存在する」と論ずる者がいると考えてみよう。だが，地獄に落ちる心配をしているということは，その人を地獄に落とす神が

存在しているとすでに想定していることを意味する。「神は存在する」という結論の議論は，「神が実在し，神を信じない人を地獄に落とす」と述べる前提では支えられない。

　前提のなかに結論が明示的に含まれている場合は，別の言い回しの同意語を使っていることが多い。そのため，議論の循環性に気づくことが常に簡単だとは限らない。長い演説や長文の論考などで誤った前提と結論が離れて配置されている場合は，察知するのが特に難しい。

　その他に論点先取の誤謬が起こる例として，論者が意図的であれ不注意であれ，まさに争点となっている問題に対して特定の立場を想定するような論点先取的な言葉を使って論ずる場合がある。例えば，中絶の道徳的許容性について意見が分かれていて，その議論の主な論点の１つが「胎児は人間と見なされるべきか」であるとしよう。もし議論の参加者が胎児を“赤ちゃん”と終始呼ぶなら，争点になっている問題について論点を先取りしている。その議論は事実上，「胎児は人間の赤ちゃんであるため，胎児は人間である」と主張している。このように議論を整理すると，“赤ちゃん”という言葉の使用が，なぜこの議論を欠陥あるものにするのかが明らかになる。議論では結論の裏付けとなる理由を挙げなくてはならないので，言葉の巧妙な使い方によって前提と見せかけた結論を議論の中に潜り込ませるべきではない。

　その他のよく知られた論点先取の誤謬として，論者が質問のやり方によって争点への答えを“植えつける”というものがある。この手の論点先取は**誘導質問**（leading question）と呼ばれる。例えば，スクラッグス教授が学生に，「最優秀教師にレイフ教授を推薦しようなんて思っていないよね？」と言ったとする。この質問によってスクラッグス教授は，学生に至ってほしい結論，つまりレイフ教授を推薦しないという結論を植えつけている。レイフ教授を推薦すべきではないということは暗示的な前提として示されているが，レイフ教授が不適格な理由は説明されていない。

**例**

論点先取の最も単純でわかりやすい形は，結論の言い換えにすぎない前提が１つだけ用いられているものである。次の議論を考えてみよう：「野卑で品位のない言葉でつづられた公立学校の教科書を採用することは道徳的でない。なぜ

なら，子ども達が下品な言葉や無礼な言葉，汚い言葉を耳にすることは間違っているからである」。この議論では " 間違っている " という言葉は " 道徳的ではない " ことを指していて，" 下品な言葉や無礼な言葉，汚い言葉 " は " 野卑で品位のない言葉 " と同じ意味であるため，議論の形式は「A だから A である」とわかる。

**例**

ディラン：この大学は学生に対して父権主義的だね。
ローマン：なぜそう思うの？
ディラン：だって学生を子ども扱いするからさ。

　この議論でディランは大学が父権主義的だということの理由を述べたつもりかもしれないが，実際には結論のキーワードである " 父権主義 " の定義を提示しているに過ぎない。ローマンが求めたのは父権主義の定義ではなく，大学が父権主義的だというディランの主張の理由である。しかし，ディランは理由を述べずに主張の内容を別の言葉で説明しただけである。

**例**

「グールズビー氏は有能な音楽評論家とは言えない。なぜなら特に無調音楽を含むあらゆる現代音楽について偏見を持っているからだ。彼が現代音楽を嫌う理由は，自分にそれを的確に評価する能力がないからなのだ」。

この議論の循環性は，構造を明確にするとわかりやすい：

　　グールズビー氏は現代音楽に対して偏見を持っている（前提）
　　　なぜなら現代音楽を的確に評価する能力がないからである（補完前提）
　　したがって，グールズビー氏は無能な音楽評論家である（結論）

　前提を裏付ける補完前提では，グールズビー氏は「現代音楽を的確に評価する能力がない」と言っているが，これは「無能な音楽評論家である」という結論と同じことである。つまりこの議論では，グールズビー氏は無能な音楽評論

家であるという主張が，グールズビー氏は無能な音楽評論家であるという前提
で裏付けられている。

## ▶誤謬を突く

　論点先取の誤謬を突くには，「議論の"前提"が結論と同じことを述べてい
るだけだ」と単刀直入に指摘するのもいいが，その場合は前提と結論の両方で
述べられている主張を慎重に特定しなくてはならない。必要であれば標準形式
に再構成すれば，前提と結論が実際は同じ主張をしていることが明確になるだ
ろう。

　論外な反例を提示する方法もある。例えば，「読書は楽しいね。だってこの
うえなく楽しみをもたらしてくれるから」と言えば，類語で表現された前提が
結論と同じ主張をしていることがわかり，議論が何の主張も確立していないこ
とを理解してもらえるだろう。

　しかし論点先取の誤謬を指摘するうえで最も効果的なのは，「誤謬を犯した
相手が使った言葉が，論点のオープンな話し合いを妨げている」と指摘するこ
とだろう。例えば，「互いの同意の下で行われる近親相姦は不道徳であるかど
うか」という話し合いを考えてみる。話し合いの参加者がその行為を「とんで
もない」や「嘆かわしい」あるいは「許しがたい」などの言葉を使って表現し，
しかもそれを単に描写的なものだと純粋に信じているとしよう。この場合，論
者の言葉の論点先取的な特徴を指摘し，重要な問題に対して雌雄を決する際に
は，描写的あるいは中立的な言語を使うように特別の努力をしなくてはならな
いと主張するとよい。

　論点先取をする者が「明らかに」や「10歳児でもわかる」あるいは「バカ
でも知っている」などの言葉を使ってきた場合にも，及び腰にならないことが
非常に重要である。この類いの言葉を使う論者は，争点に関してそもそも話し
合いや検討の必要などないと思っていて，こうした言葉で自身の意見に対する
攻撃を回避しようとしている。このような手口にやり込められないためには，
「私には明らかでないのですが」などと言って，世間知らずで無知なふりをす
るのも手だろう。

　論点先取の誤謬の一種である誘導質問を突くには，誘導質問をしている者が
争点を正しいと決めてかかるように求めていることを指摘し，それには別途裏

付けが必要と考えていることを伝えよう。

　多くの場合，論点先取や循環論法を使う者は，自分の議論の結論が真実だと実際に想定していることに容易に同意するだろう。というのは，そういった論者は，自身の結論が真であると純粋に確信しているからである。しかし議論においては，見解の分かれる主張の真偽に関する個人的な信念や確信は，その主張の裏付けの証拠として使うことはできないと，論者に念を押さなくてはならない。

## ■ 多重質問（complex question）

**定義：**未解決の問題に関する問われていない質問に対して，確固たる答えがすでに出ていると不適切に決めつけて形成される質問。あるいは一連の質問のすべてに同じ答えが返ってくると決めつけて形成される質問。

　ほとんどの質問は，問われていない質問への答えを決めつけているという意味では多重質問である。例えば「アカデミー賞候補はいつ発表されるのだろうか」と質問した場合，前提として発表があることを決めつけている。しかし誰も，それが多重質問だとか，暗に誤った議論を始めているなどといって咎めはしないだろう。質問者の仮定を相手が受け入れると信じるに足る理由が質問者にあれば，その質問は誤謬ではない。多重質問が誤謬になるのは，問われていない未解決の質問への答えを質問者が決めつける場合である。例えば，「君はまだ所得税をごまかしているのか？」という質問を考えてみよう。相手が脱税者ではない場合，あるいは少なくとも脱税を認めていない場合，相手は認めがたい仮定を受け入れないかぎり質問に（「はい」「いいえ」のいずれかで）答えることができない。

　多重質問にはもう1つのタイプがある。相手が一連の質問のすべてに同じ回答をすると決めつけるものである。例えば，「今夜家まで送ってもらえないかと思っているんだが，途中で食料品の買い物にも付き合ってくれないか？」という質問では，質問者は相手がこの複合質問中のそれぞれの質問に同じ答えをすると決めつけている。同じ答えが必ず返ってくると信じる理由が質問者にないかぎり，これは多重質問に該当する。

　どちらのタイプの多重質問にも，論点先取の誤謬と似た構造的誤りがある。論者あるいは質問者は，答えが確定していない問題について特定の立場を仮定し，答えが確定していない同じ立場を裏付ける前提として，その仮定を用いるのである。「所得税」と「送ってほしい」の例を標準形式に再構成したものを見てほしい。

　　君は所得税をごまかしている（前提）
　　したがって，君は所得税をごまかしている（結論）

　　君が今夜家まで送ってくれるということは，今夜途中で買い物にも付き合ってくれるということである（前提）
　　したがって，君が今夜家まで送ってくれるということは，今夜途中で買い物にも付き合ってくれるということである（結論）

　これらの議論は明らかに構造的欠陥を持っていることがわかる。前提が結論とまったく同じであるため，結論の証拠となる前提が不在である。

### 例

多重質問の誤謬で最も一般的なのは，明示的な質問と暗示的な質問の2つが含まれているものである。ある学生が大学2年生のルームメイトに次のような質問をしたとする。「どの学生クラブに入会するんだい？」。あるいは，母親が30歳の息子を心配して，「いつごろ落ち着いて結婚するつもりなの？」と聞いたとする。どちらの質問でも，暗示的な質問については「はい」と答えることを質問者は想定している。つまり，前者の質問では2年生のルームメイトが学生クラブに入会するものと決めつけており，後者の質問では息子が結婚するものと決めつけている。

### 例

次は，複数の質問をあたかも質問が1つであるかのように扱っている多重質問である。「ハミルトンさんとホワイトさんの結婚式とその後の披露宴は来週土曜日の午後にジョンソン市で開かれると思ってたんだけど，あなたとナン

シーは出席する？」

　この一見普通の質問には，実は少なくとも 7 つの異なる質問が含まれている。①あなたは結婚式に参列するのか。②あなたは披露宴に出席するのか。③あなたの妻のナンシーは結婚式に参列するのか。④あなたの妻のナンシーは披露宴に出席するのか。⑤結婚式はジョンソン市で行われるのか。⑥結婚式は土曜日なのか。⑦結婚式は午後なのか。このうちいくつかの質問については答えが「はい」で，その他については答えが「いいえ」かもしれない。しかし当初の質問は，単に「はい」か「いいえ」のどちらかで答えることが求められているかのように質問されている。もちろん，7 つの質問すべてに「はい」あるいは「いいえ」と答える人もいるだろう。しかし，7 つの質問について別々に「はい」か「いいえ」の答えがある場合，その組み合わせは 128 通りにもなる。もし結婚式と披露宴が別の日にあるとしたら，組み合わせは 256 通りになる。それにもかかわらず分割して質問を行わない場合，質問者は 7 つの質問のすべてに同じ答えが返ってくると仮定している。

　例

「なぜ両親が離婚した子どもは，離婚していない夫婦に育てられた子どもよりも情緒的に不安定なのだろうか？」。これは多重質問である。質問者は疑わしい主張，つまり親が離婚した子どもは親が離婚していない子どもよりも情緒的に不安定だという主張を仮定している。この主張が確立されなければ，この事態の説明を求める質問が適切に問われることはない。実際，この暗示的な主張が間違いであると示されれば，間違った主張の説明を求める質問は意味をなさなくなる。しかしながら当初の質問では，暗示的な仮定が間違っている可能性は考慮されていない。よって，回答者は質問に答えることによって根拠のない仮定を認めるように求められている。

## ▶誤謬を突く

　多重質問の誤謬を突く方法はいくつかある。1 つ目は，質問に単刀直入に「はい」あるいは「いいえ」で答えないことである。もしはっきり答えない理由を質問者が理解できていないようなら，こう聞いてみればいい：「お隣さんの猫

に毒を盛ろうとするのはもうやめたんですか？」。質問者はこちらが指摘したい点に気づくだろう。

2つ目の方法は，質問のなかで問題をはらんでいる仮定を指摘し，その仮定には議論の余地があると伝えることである。併せて，それについて自分にはいつでも議論する準備があると伝えることも重要である。

3つ目の方法は，もし問題が重要であるなら，質問を適切に分割して，それぞれの質問に個別に答えたいと主張することである。結局のところ議会運営の規則ですら，"質問を分割する"動議には高い優先順位が与えられているのである。

# ■ 論点先取の定義 （question-begging definition）

**定義**：経験的な結論を支持するために，疑わしい定義を経験的な前提に見せかけて使うこと。これは問題となっている経験的な主張を定義によって真とする効果を持つ。

論点先取の定義の誤謬は，**経験的な前提**（empirical premise）と**定義づけの前提**（definitional premise）を混同することが原因で起こる。定義づけの前提とは，議論のなかで重要な言葉の意味を単に定義するものである。適切な定義は，一般的な用語の使われ方か，その道の権威者の考えか，あるいはその両方に基づかなくてはならない。一般的な使われ方でもなく，その道の権威者の考えでもないものは，疑わしい定義と考えてよい。

一方で経験的な前提は，観察に基づく主張，あるいは事実に関する主張を行う。これは現実世界における物事に関する主張であり，経験的証拠によって修正されたり確認されたりする。経験的な主張の真実性や許容性は，我々の感覚に基づく経験や，その道の権威者の証言，適切な実験の結果などと一致するかどうかで判断される。

経験的な結論を導き出す優れた議論には，経験的な前提が必要である。意図的にしろそうでないにしろ，経験的な前提の代わりに定義づけの前提を使ってしまう論者は，論点先取の定義の誤謬を犯している。経験的な前提と見せかけた定義づけの前提は，「定義によって真実である」という状態を作り出し，経

験的な結論を裏付けるものとして不適切に使われる。実際のところ，定義づけの前提は結論の経験的な裏付けにはならないため，経験的な前提に見せかけた定義づけの前提が含まれている議論は，構造的欠陥を持っている。

　この誤謬を見つけるヒントは少なくとも2つ挙げられる。1つ目は，論者が"経験的な"前提だと主張するものに対して反対の証拠を受け入れない場合である。これは前提が経験的なものではないことを疑う理由になる。もう1つは，例えば「真のニューヨーカーはピザをフォークで食べない」など，"真の"や"本物の"あるいは"正真正銘の"などの修飾語がキーワードに付随している場合である。論者がある言葉を通常とは異なる自らの方法で定義したいと強く考えていたとしても，前提の用語の定義が，経験的な結論を定義によって真とする効果を持つ場合には，論点先取の定義の誤謬が犯されている。そしてその議論が不正に導いた結論は，前提からは導出されない。

### 例

ビリアナとケボークが，キリスト教徒はアルコール飲料を飲むかどうかについて話しているとしよう。ビリアナは多くのキリスト教徒が実際にアルコールを飲んでいるという確固たる経験的な証拠を示したが，ケボークは「真のキリスト教徒ならアルコールを飲まない」という理由を挙げて反論する。この場合ケボークは，この論題を経験的な問いとしては扱っていないことが明らかである。ケボークは「キリスト教徒はアルコールを飲まない人だ」と定義し，アルコールを飲む"キリスト教徒"はキリスト教徒ではないとしている。しかしケボークのキリスト教徒の定義は，その言葉の通常の用法とも，宗教の権威者の考えとも違っている。それだけでなく，このきわめて疑わしい定義を「キリスト教徒はアルコールを飲まない」という議論の前提として使うことで，経験的な論点を先取りしている。ケボークは，経験的主張を支える経験的な証拠がないため，疑わしい定義づけの前提を使ってそれを裏付けようと誤って試みたのである。

### 例

エリックは「真実の愛は決して離婚で終わることにはならない」という経験的な主張をしている。離婚に至った真実の愛の例を挙げると，それは真実の愛ではないとエリックは主張する。このときエリックは，真実の愛ではない"証拠"

は，離婚に終わったからだとしている。エリックの判断は，「離婚に至った婚姻関係は真実の愛ではない」というものであるため，定義によって争点を決着させようとしている。そのため，彼の主張に反する経験的な証拠は受け入れられないものとなる。このように，反対の証拠を提示したのにそれが否定された場合，経験的な前提だと論者が主張するものは実は定義づけの前提であることが明らかになる。エリックの議論は標準形式に再構成すると，その欠陥が浮き彫りになる：

　真実の愛とは，離婚や別離に終わらないものと定義される（前提）
　したがって，真実の愛は離婚や別離に終わることはない（結論）

　真実の愛とは離婚に終わらないものだとエリックが定義したいのであれば，実に疑わしい定義だとしてもそれは本人の自由である。しかし，真実の愛に関する経験的な結論について合理的な人々を納得させたいのであれば，彼は不可思議な定義づけの前提をあたかも経験的な前提であるかのように提示してはならない。

### 例

数年前に共和党から民主党にくら替えした人気政治家について，何人もの批判者，特に共和党員から，その人は"本物の"共和党員ではなかったのだとの批判が上がった。本物の共和党員はくら替えなどしないという。この場合，批判者が"本物の"共和党員ではない"証拠"として唯一提示するのは，この政治家がくら替えしたという事実である。しかし，この主張に反する証拠の提示は許されなかった。つまり，"本物の"共和党員は離党などしない人のことだと定義されているのである。ここでは適切な経験的前提が提示されていないため，「本物の共和党員は離党しない」という経験的主張の議論には，構造的な欠陥があるとわかる。

## ▶誤謬を突く

　論者が議論内で論点先取の定義を用いていることを疑うのなら，論者に対してその前提は定義的なものか経験的なものかを聞いてみるといい。もしこの質

問に対して論者が混乱するようであれば，定義づけの前提と経験的な前提の違いを説明する。その際には，経験的な結論を導き出す優れた議論には少なくとも1つの経験的な前提が必要であり，この前提は批判されたり反証を提示される可能性があることもあわせて説明する。前提が経験的なものであるかどうかを検証する方法の1つとして，前提の反証となる証拠を論者が挙げられるか聞いてみるとよい。それができないか反証の例を挙げようとしないならば，その前提は定義づけの前提である可能性が高い。

　前提が定義づけのものだとわかったら，明らかにそれは反証による修正の対象にはならない。しかし論点先取の定義を用いる者は少なくとも，より一般的な定義やその道の権威者の考えに基づく定義に対して，自分の疑わしい定義を擁護する準備くらいはしておくべきである。話を前に進めるためには，より適切な定義を提示して，論者が提示した定義のほうがそれより優れていると考える理由を尋ねよう。また，論者が提示した定義が多くの人に受け入れられると思うか，あるいは出版されている辞書に載っている定義に近いものかを聞いてもよいだろう。必要ならば，論点に決着をつけるために一緒に辞書を調べてみるのも手である。ただし最終的に適切な定義について論者と合意できたとしても，議論の経験的な結論には経験的な前提が必要である。論者がそれを提供できないのであれば，その議論には構造的な欠陥がある。

## ■ 矛盾する前提（incompatible premises）

**定義：**互いに整合性のない前提や両立しない前提から結論を導き出そうとするもの。

　しっかりと作られた議論では，互いに矛盾する前提から結論は導き出せない。なぜなら，互いに矛盾する前提の1つは不適切な前提であり，議論の構造のまとまりを損なうものだからである。この構造的な欠陥の特徴は，議論の形式を注意深く見ればわかる：

1. Aである（前提）
2. Aではない（前提）

[導き出せる許容可能な結論はない]

　相反する前提を含む議論では，どちらの前提も真であると仮定されているが，**"無矛盾律**（A であり A でないことはあり得ない）"によれば，いずれかが確実に間違っている。そのような前提を用いた議論は，優れた議論とはなりえない。というのは，優れた議論は誤った前提を含んでいてはならないが，両立しない前提が存在する場合には，少なくともその一方が間違っているためである。

### 例

いわゆる哲学における"悪の問題"と呼ばれるものを取り扱う議論を見てみよう。「もし神が全知であるのなら，神はこの世の悪を知っている。もし神がすべてを愛するのであれば，悪を阻止したいと思うだろう。そしてもし神が全能であるのなら，悪を阻止できる。そして神は全知で，すべてを愛し，全能であるため，悪は存在しない（not E）。なぜなら，神は悪を知っていて，悪を阻止したいと願い，悪を阻止できるからである。しかし，悪ははびこっている（E）」。つまり E であり E ではないと言っているため，これらは両立しない前提の事例であり，ここから何らかの結論を導き出すことはできない。

### 例

巷で知られた道徳論に，両立しない前提の誤りを暗示的に示すものがある。倫理学のいわゆる"神の命令理論（Divine Command Theory）"は，「ある行為が正しい理由は，神が正しいと言うからだ」とするものである。神がそう言うからそうなのである。人間が守るものとして神が与えた十戒はそれにあたると，この理論の擁護者は主張する。もし神が違う内容の十戒を与えたのであれば，それが人類の従うべきルールであるというのである。「それでは神が盗みや殺人を働けと信者に命令できた可能性もあるのか」と問われた擁護者は，「そのような行為は間違ったことであるため，神は絶対にそんな命令はしない」と主張する。この議論は両立しない前提を含んでいる。まず，「神は，何が正しいか断言することで正しいことを創造し，決定する」と論者は主張している。その一方で，「ある種の行為は間違っているのだから，神が正しいと断言するはずがない」と論者は述べている。この主張の構造を整理しよう：

1. 神が断言するという理由によってのみ，ある行為は正しいか間違っている（A）（前提）
2. 窃盗のような行為は，正しいと神は断言しない（反論の前提）

　なぜなら，そういう行為は道徳的に間違っているからである（補完前提）

　［そのような間違った行為は，間違いだという神の断言以外の何らかの理由で，間違っている］（not A）（暗示的な補完前提）

［許容できる結論は導き出せない］

　相反する 2 つの前提を成り立たせることは不可能である。論者が 1 つ目の前提で主張しているように，何が正しいのかを神が断言することで決めるのなら，神が断言するまで間違っていることは何もない（A）。しかし論者は反論に用いる 2 つ目の前提とその明示的・暗示的補完前提で，何らかの別の基準に基づいて間違っているために，神が正しいとは断言しない行為があると主張している（not A）。

### 例

政治家が，「減税をするとともに現状の行政サービスを維持あるいは改善しますから，ぜひ投票してください」と言うのは，誰でも聞いたことがあるだろう。もしその政治家が「税制や歳入出構造に他の変更は何も加えない」と約束するのなら，1 つ目の前提と 3 つ目の前提は両立しないように見える。減税をする（A）か，行政サービスを現状維持するかのどちらかであるが，行政サービスを維持することは減税しないこと（not A）を暗示的に含意している。しかしながら，A と not A は両立しない。そのため，この両立しない前提からは許容できる結論を導き出すことはできない。

## ▶誤謬を突く

　互いに矛盾する前提の誤謬は構造上の誤謬であるため，この誤謬を犯す人への最善の対応は，矛盾する前提を A と not A に置き換えることによって，何も許容できる結論が導き出せないのは何故か論証することだろう。もし論者が「A であり A ではないことはあり得ない」という無矛盾律についてよく知らな

い場合は，このルールを互いに受け入れることが，意味のある知的会話の必要条件であることを簡単に説明するといい。論者がそれを理解してくれたなら，議論を完全に破棄するか，何らかの形で前提間の矛盾を解消する方法を見つける必要がある。論者が無矛盾律を受け入れない場合，意味のある討議はできないと考えたほうがいいだろう。

　前提同士が矛盾する議論を提示する論者は，明確な結論を提示しないのが一般的である。それは，結論が暗示的だが明らかだと考えているからかもしれない。しかしながら，互いに矛盾する前提を含む議論では，結論はまったく明確ではない。そのため，論者に前提からどのような結論を導きたいのかを聞いてみるのも手である。論者が結論を導くなら，おそらく矛盾している主張の1つだろう。その場合，なぜその前提を選び，もう1つのほうを選ばなかったのかを聞いてみよう。論者が選択した理由をあげるのに窮するならば，合理的な裏付けのない，恣意的な選択だったのではないかと指摘するとよい。それでも論者が前提は矛盾していないと主張するのであれば，矛盾していない理由を説明する責任は論者にあることを教えてあげよう。

## ■ 前提と結論の矛盾 （contradiction between premise and conclusion）

**定義：少なくとも前提の1つと矛盾する結論を導き出すこと。**

　前提と矛盾する結論を導き出す議論は，構造上の欠陥を有する。前提での主張と結論での主張の両方が真にはなりえないからだ。前提同士が矛盾している場合と同様に，無矛盾律（AでありAでないことはありえない）によって前提と矛盾する結論は導き出せない。そのため，前提が不適切であると判断できる。議論の形式を見れば欠陥がわかる：

1. Aである（前提）
2. Bである（前提）
したがって，Aではない（結論）

　この形式の議論の結論（not A）と１つ目の前提（A）は共に真にはなれないため，この議論は“not A”という結論を不適切に導いており，構造的欠陥がある。

### 例

神の存在証明に関する因果関係の議論は，前提の１つと矛盾する結論を含む議論の典型的な例と言えるだろう。それは以下のような議論である．

1. すべての物事には原因がある（A）（前提）
2. 我々は無限に過去をさかのぼることはできない（前提）
   なぜなら，もし因果関係の過程が始まっていないのならば，我々はここに存在しないからである（補完前提）
3. 我々はここに存在している（前提）
   したがって，因果関係のない第一原因があり，それが神である（not A）（不可能な結論）

　神は原因なく発生した第一原因であるという結論（not A）は，すべての物事には原因があるという１つ目の前提（A）と明らかに矛盾する。論者がこの議論の内容を別の方法で解釈できないかぎり，この結論を導き出すことはできず，議論には構造的な欠陥があると考えられる。

### 例

アンジェラ：私はアメリカ人だからやりたいことは何をやってもいいの。私たちの祖先は，自由を手に入れるために戦って死んでいった。何をすべきで何をすべきでないかなんて，誰にも私にいうことはできない。

メーガン：でも法律っていうものがあるでしょう，アンジェラ。スピード違反は駄目だし，他人のお金を盗むのも駄目なことでしょう？

アンジェラ：もちろん法律には従うべきよ。でも政府は私に何をしろとはいえないわ。

　前提では「政府は私に行動について命令できる」，すなわち法律は守るべきとしながら，結論では「政府は私に何をしろと命令できない」と主張している

ことになり，両立しない。

### 例

中絶の論争に関する議論のなかには，前提に反する結論を導き出しているものがある。例えばジンジャーが，「すべての人命は尊く，私たちには奪ってはならない責務がある（A）。しかし中絶は人命を奪う行為であるため，間違っている。ただしレイプが関わる中絶は例外である（not A)」と主張したとする。レイプによって芽生えた命を奪うことは問題ないと結論付けることによって，すべての人命は尊く奪ってはならないという1つ目の前提と結論は矛盾する。もし矛盾する結論を導き出すことをジンジャーが避けたいなら，レイプという例外をなくすか，1つ目の前提にある"すべての"という箇所を変更すると，議論の構造的な欠陥をただすことができる。

### ▶誤謬を突く

前提と結論の矛盾という誤謬は構造上の欠陥であるため，この誤謬を起こす人への最善の方法は，関連する前提と結論をAやnot Aに置き換えて結論が明確に前提の1つと矛盾していることを示すことである。無矛盾律を無視するような論者でないかぎり，矛盾を受け入れて議論を破棄するか，矛盾を解消する方法を見つけようとするはずである。

## ■ 規範的前提の欠如の誤謬（fallacy of the elusive normative premise）

**定義：**それとわかる規範的前提を裏付けとして使わずに，道徳判断，法的判断，あるいは美的判断を導き出すこと。

規範的判断を下すための優れた議論には，その判断の理由となる，より一般的な規範的前提が必要である。事実に関する主張や定義的な主張のみを使って規範的判断を導き出すことはできない。言い換えれば，"である"の前提や経験的前提から，"べきである"という規範的な結論を導き出すことはできない。"べきである"という規範的な結論は，"べきである"という前提からしか導き

出せない。焦点となっている議論の一部に規範的前提が見当たらないのであれば，その議論は構造的な欠陥をはらんでいると判断すべきである。規範的な議論に適切な前提が使われていないからである。

### 例

ウェルズ教授

教授の歴史の授業の成績を受け取りました。D という成績は，授業での僕の努力が正確に反映されたものだとは思えません。欠席が多かったことは認めますが，中間テストや期末テストのために猛勉強しました。期末テストの成績はわかりませんが，とてもよくできたと思います。レポート課題を提出しなかったのは，締め切り時に体調をひどく崩していて図書館に通えなかったからです。そして期限を過ぎてしまえば受け取ってもらえないと思いました。ウェルズ教授，僕は今学期最善を尽くしましたし，以前よりよくやっていたことに同意いただけると思います。このクラスで C 以上の成績を取れなければ，僕は秋に大学野球チームの一軍に参加できません。4 回以上の欠席でペナルティーがあることはシラバスに書かれていましたが，今学期に何度も休んだのは体調を崩したからであり，それを罰するのは間違っていると思うのです。

ジョン・ハリス

　ジョンは特定の道徳的判断を明確には示していないが，寛容の原則をもってこの議論を読めば，「ウェルズ教授は成績を C に変更するべきだ」という考えが示唆されている。道徳に関する議論では，実際の道徳的結論をはっきりと示していないことが多い。それは論者が，自分の道徳的議論の質の低さを認識していることもあるためである。ジョンはおそらく，暗示的な道徳的結論を明示すると深刻な欠陥が浮き彫りになり，議論が崩壊することをわかっていたのだろう。この議論の最も深刻な欠点は，道徳的前提が見当たらないことである。道徳的前提が何であるかがこの議論ではまったく明らかではないが，もしそれを明示していれば，議論は多少なりとも改善されていただろう。提示された議論は，受け取った成績に対する不満についてのとりとめのない文章である。そこには適切な道徳的前提が不在であるため，優れた議論の構造的条件を満たしていない。

裁判官殿

私には司法制度と呼ばれるものが理解できません。あなたは子どもの親権を
父親に与え，私には月額600ドルの養育費をその父親に支払えと命じました。
彼は良い仕事についており，養育費は必要ありません。彼の新しい恋人も働い
ています。私の子どもたちを養育する十分な資金を持っているのです。それに，
子どもたちが2週に一度会いに来るときに，私は子どもたちに洋服を買うこ
ともあります。私は子どもをお腹で9カ月育てるという自分の役割を果たし
ました。月に2回しか会えないのに金銭的なサポートまで求められるべきで
はありません。

　この論者は法廷で主張しているため，法的な議論を構築しようとしていると
考えよう。しかし，法的な結論を導き出せるようないかなる法律にも訴えてい
ない。「未成年の子どもがいる場合には，両方の親に金銭的責任が発生する」
という州法があると仮定すると，この議論はその法に反する。それでも議論を
成り立たせたいならば，州法の異なる解釈を考え出すか，彼女が養育費を支払
わなくてもいいという別の州法を探さなくてはならない。しかし，そもそもこ
の議論には法的根拠が不在であるため，法的な議論として適切に構築されてい
ない。

例

1987年に公開された映画『ダーティ・ダンシング』は史上最高の映画の1つ
だ。風光明媚なバージニア州のブルーリッジ山脈で撮影され（ただし脚本によ
るとニューヨーク州北部のキャッツキル山地が舞台），若い世代の人生や，上
の世代との衝突，下層階級のリゾートスタッフとエリートたちの衝突を描いて
いる。体が動き出すような素晴らしい音楽と，外見も内面も魅力的な数々のス
ターたちによる実に驚異的なダンスも見どころだ。特にジェニファー・グレイ
は最高で，この登場人物によって映画が成り立っているとさえ言える。すでに
11回も観ているが，まだ何度も観たい映画だ。

　映画『ダーティ・ダンシング』の芸術的価値に関するこの議論を読んで，頭

をひねる読者もいるだろう。"史上最高の映画の 1 つ" だと評する特徴は何なのだろうか。美に関する判断は，明確に表現して裏付けることがきわめて難しい。だからこそ多くの人が議論するのを諦めるか，そもそも議論しないことを選び，「見る人次第」という意見に落ち着いてしまうのである。

　この議論を注意深く検討しても，結論を裏付ける一般的な美的原則は見つけられない。それが明確に不在で，前提と結論の間に結びつきがないことは，標準形式に再構成することで際立つだろう：

1. 『ダーティ・ダンシング』に登場する景色は美しい（前提）
2. 世代間や階級間の対立を描いている（前提）
3. 魅力的な音楽と素晴らしい振り付けが見どころである（前提）
4. 外見も内面も魅力的な登場人物がたくさん登場する（前提）
　したがって，この映画は史上最高の映画の 1 つである（美的判断）

　この議論では前提から結論を導き出せないが，問題は議論に美的判断を導き出すための美に関する前提がないことである。例えば論者は，映画評論サイト「Rotten Tomatoes」で 88 という視聴者の高評価を得ていることを取り上げて，自分の判断が非常に多くの人々とも共有されているという前提を用いることができただろう。これは映画の価値を示す際にしばしば使われる，一般的な美的前提である。しかし，映画を観に行く人は映画を高く評価しがちであるため，このやり方を用いて "好かれている" 映画の『ダーティ・ダンシング』が "史上最高の映画の 1 つ" であるという主張を導くことはできないだろう。他にも美的基準として，映画評論の専門家によって長きにわたって高評価されているという事実を使う方法がある。しかし前出のウェブサイトによると，映画評論家による評価は 68 である。とはいうものの，この議論を成り立たせるための美的前提を探すことは私たちの仕事ではないし，そういった前提が見つかるとも思えない。結局，我々の結論としては，「『ダーティ・ダンシング』に関して提示されている議論は，その美的判断を導き出すための適切な美的基準を伴っていない」ということである。

## ▶誤謬を突く

規範的前提の欠如の誤謬を突くのに最も有効な方法は，やはり規範的議論を標準形式に再構成することだろう。そうすれば，一般的な規範的前提がない場合には規範的結論を導き出せないことを決定的な形で示せる。

ほとんどの規範に関する議論にははっきりとした規範に関する前提がないため，評価するのは難しい作業になる。識別可能な規範的前提が存在する議論でも，"暗示的"であることが一般的である。ここで最大限に寛容な心をもってその暗示的な前提を明確にすれば，規範的前提のかけらも見つからないような議論の評価に時間をかけなくてすむ。

いずれにせよ，どんなに論者をいらつかせることになるとしても，規範的判断を導き出すには適切な前提が必要であることを譲ってはならない。法的判断や美に関する判断を議論することは専門家に任せるのが最善かもしれないが，道徳的判断は誰しも行わざるを得ないし，そういった判断を支える優れた議論の作成は専門家に任せることができない。私たちが何を信じて何を行うべきかについて道理にかなった判断をしようと日々努力するなかで，道徳に関する判断を裏付けることは最も重要な課題の１つである。

## 課　題

I.　**不適切な前提の誤謬**：以下の議論について，①不適切な前提を特定し，②推論がなぜ構造の基準を満たしていないのか説明せよ。この課題ではそれぞれの誤謬について２つの例が示されている。アスタリスクの付いている問題については，巻末に解答例を載せた。

1.　デイビッドが同僚のリチャードにこう言った。「いつになったら勇気を振り絞ってウォルマートでは買わないという道徳的決断を下すんだい？」

*2.　ショーン：犯罪者特有の心は更生させられない。刑務所は時間と資源を無駄遣いしている。

　　ジーニー：それは違うわ。服役したことで完全に更生した人たちを知っているもの。

　　ショーン：そういう人たちはそもそも本当に犯罪者特有の思考回路を持っていたわけではないのだろうね。

3. 今夜の気温は氷点下みたいだから，僕らのアメフト観戦は中止だよね？

4. 人間の命は尊い贈り物であり，誰にも奪う権利はない。殺人を犯すということは，その贈り物を破壊することである。だから人間の命を奪った者に対する死刑に賛成だ。

5. フィッシャー上院議員の地元有権者がこう尋ねた。「あなたは我が国の兵士たちを支援し，大統領の防衛予算を承認しますか？」

*6. 空港勤務の運輸保安局の職員に私の陰部を触る権限などありません。私はこの国の善良な国民であり，何かを爆破などするはずがないでしょう。私には犯罪者同様に権利があるはずです。

*7. タバナー教授：進化的発展は，最適の生物が生き残ることを示してきた。
　　生徒：どのように示されたのですか。
　　タバナー教授：生存しているということは，最適者であるということだろう？
　　学生：そうだと思いますが，最適者だけが生存しているとどうしてわかるのですか。
　　タバナー教授：生存できなかった生物よりも生存できた生物のほうが生存競争で勝ち抜く能力が上だったんだよ。

*8. 私は人間の知識に関する真理は，真理にたどり着く方法はないという懐疑論にあると考えます。したがって，真理を探すことは諦めるべきでしょう。

9. セレステ：ずっと考えてきたんだけど，正気なら自殺などしないという結論に達したわ。
　　クリス：君の友達のローラが自殺をしたとき，君を含む多くの人が驚いたよね。でも彼女は気が狂っているわけではなかった。
　　セレステ：彼女は正気に見えたけど，きっと私たちは本当の彼女を知らなかっただけよ。

*10. 大麻を吸うことについて，私が間違っていて，君が正しいと誰が言えるんだい？何が正しいかは個人が決めることで，私は大麻を吸うことについて非道徳的だとはまったく思わない。だから君は間違っている。

11. スーパーの試食ってあるでしょう？　買う気がないのに食べるのはどうかと思うの。だって食べたら買うつもりがあるという間違った印象をお店に暗示的に与えてしまうじゃない。

12. ベン：エド，君の問題はね，既成概念にとらわれていることなんだよ。矛盾するアイデアはばかげていると考えてしまっている。

124

エド：そうかもしれないね。無矛盾律は知的議論において不可欠な条件だからね。

ベン：それはばかげているね。西洋的な考え方だよ。矛盾する主張には意味がないと考える理由はないよ。

エド：そうだね。矛盾する主張は意味を成さないね。

ベン：そうじゃなくて，矛盾していても意味を成す場合があるっていうことだよ。

エド：そう思うと言ったんだ。矛盾していると意味を成さないって。

ベン：お前どうしたんだ？　言ってることが意味不明だよ。何が何だかわからない。

エド：そのとおり！

# 演繹的推論の誤謬

　演繹的推論の誤謬は，しっかり確立された演繹的推論のルールに反する。このような誤謬は数えきれないほど存在するが，本書では条件的推論と三段論法的推論で最も一般的な誤謬のみを扱う。条件的推論の誤謬に踏み込む前に，まず条件的推論の性質について説明する。

## ◇ 条件的推論

　条件文，すなわち「もし〜ならば〜」の文では，"もし"の後に来る部分が**前件 (antecedent)** と呼ばれ，"ならば"の後に来る部分が**後件 (consequent)** と呼ばれる。優れた条件的議論は**前件肯定 (affirming the antecedent)** あるいは**肯定式 (modus ponens)** と呼ばれる議論であり，以下のような形をとる：

1. もしAならばBである（前提）
2. Aである（前提）
したがって，Bである（結論）

　この優れた条件的議論では，2つの前提が真であれば，結論は真でなくては
ならない。すべての優れた演繹的議論と同様に，結論が前提から論理的必然性
をもって導き出される。

　他にも**後件否定**（denying the consequent）あるいは**否定式**（modus
tollens）と呼ばれる優れた条件的議論があり，以下の形式をとる：

1．もし A ならば B である（前提）
2．B ではない（前提）
　したがって，A ではない（結論）


　前件肯定と同様に，この健全な構造を持つ議論において2つの前提が真であ
れば，結論も確実に真である。優れた演繹的議論では，結論は前提から必然的
に導き出されるからである。


## ■ 前件否定の誤謬（fallacy of denying the antecedent）

**定義:** 条件的前提における前件を否定したうえで，結論で後件を否定すること。

　条件的前提の前件を否定し，結論で後件を否定するものは，構造に欠陥のあ
る条件的議論である：

1．もし A ならば B である（前提）
2．A ではない（前提）
　したがって，B ではない（結論）


　条件的推論におけるルールの1つに，「条件的前提の前件を否定する前提か
らは，何の結論も導き出せない」というものがある。そのような議論が誤謬を
犯している理由は，前件を否定して後件を否定することで，B をもたらす理由
が A だけではないことを論者が見落としているためだ。B が真になる理由は
A 以外にも複数あることが一般的であり，A は B が真であることの十分条件
かもしれないが "必要条件" ではないかもしれないのである。A を否定するこ

とでBも真ではないという結論を導き出すと，論者は「BにとってAが"必要条件"である」，つまり「AはBを引き起こす唯一のものである」と誤って思い込んでいることになる。このような議論では，仮に前提が真であったとしても，構造に致命的な欠陥があるため，結論を導き出せない。

**例**

「もし私がヘビースモーカーだったら，喫煙によって私の寿命は短くなるだろうね。だから私はタバコを吸いたくないんだ。私は健康で長生きするはずさ」。ここでのB，つまり寿命を短くすることを引き起こす要因は複数考えられる。しかし論者は，ここでの前件である喫煙だけがその要因であると限定し，寿命を縮めるものは喫煙しかないかのように扱っている。この議論の欠陥は，標準形式に再構成することで明確になる：

1. もし私がタバコを吸うなら（A），私の寿命は短くなる（B）（前提）
2. 私は喫煙しない（not A）（前提）
   したがって，私の寿命は短くならない（not B）（結論）

**例**

「死刑が重大な犯罪の抑止力となるのであれば，死刑は正当化されるだろう。しかし，死刑に抑止効果はないので，死刑は正当化できない」。この誤謬は"他の理由が見えない誤謬"と名付けたほうがよいかもしれない。この議論でも，他の前件否定の誤謬と同様に，後件の理由になる物事は複数ある。この事例では，犯罪の抑止力の他にも死刑を十分に正当化する理由があるが，論者は抑止力が死刑を正当化する唯一の理由であるかのように扱っている。他にも理由があるため，前提中の前件に当たる抑止効果の否定から，後件に当たる死刑の正当性を否定する結論を導き出すことはできない。

**例**

「レーン教授は期末試験で合格できれば，単位を与えると言っていた。私は期末試験で合格できなかったから，単位を落としたのだろう」。ここで注意したいのは，レーン教授は「単位を得られる唯一の方法は期末試験に合格すること

だ」とは言っていない点である。実際に単位を取る方法としては，期末試験で及第点を取ること以外にも方法があるのかもしれない。期末試験で及第点を取ることは単位を得るための十分条件かもしれないが，必要条件ではない。したがって，期末試験で不合格だった，すなわちこの議論のように合格できなかったと前件を否定するだけでは，単位を取れなかったという結論を導き出すことはできない。

## ▶誤謬を突く

以下のような論外な反例を挙げれば，前件否定の構造的欠点を明確に示すことができるだろう：

1. もしジェシーが犬なら，ジェシーは動物である（前提）
2. ジェシーは犬ではない（前提）（前件の否定）
したがって，ジェシーは動物ではない（結論）（後件の否定）

この議論の結論は偽である。構造上健全な議論であれば，真である前提から偽の結論を導き出すことはできない。この議論の場合，2つの前提が真であったとしても結論は偽となる。例えばジェシーが猫であり，猫は動物だからである。犬であるということは動物であることの十分条件かもしれないが，必要条件ではない。これは，犬以外にも動物が無数にいることを考えればわかるだろう。したがって，この“犬”に関する議論の形式には欠陥がある。論者は自分の議論が同じ構造を持つのなら，それにもまた欠陥があると進んで同意すべきである。

先に述べたように，この誤謬を指摘するうえで，“他の理由を無視する誤謬”であると指摘すると効果的な場合がある。特に論者が，「条件的前提の前件を否定するような前提からは，何の結論も導き出せない」というルールを難しすぎると感じたり，衒学的だと考えているような場合には，この方法が有効だろう。

## ■ 後件肯定の誤謬（fallacy of affirming the consequent）

**定義:**条件的前提における後件を肯定したうえで，結論で前件を肯定すること。

この条件的議論の構造的な誤謬は，条件文の後件を肯定して，結論で前件を肯定するものである：

1. もし A ならば B である（前提）
2. B である（前提）
したがって，A である（結論）

条件的推論のルールの１つに，「条件的主張の後件を肯定する前提からは，何の結論も導き出せない」というものがある。そのような議論が誤謬であるのは，後件を肯定してから前件を肯定することで，論者は A が B を成立させる唯一の理由ではないことを認識していないためである。B が成立するためには，A 以外にも十分条件が存在するかもしれない。つまり，B が真であるためには A が必要であるとは限らない。しかし，論者は B を肯定して A が真であると結論付けることによって，B を成立させるのは A だけであると誤って仮定している。そのため，B が真であれば，A も真であるとしてしまっている。B が真であれば A も真であるに違いないという結論は導き出せないため，前提が真であったとしても，議論の構造には欠陥があるのである。

例

この誤謬は刑事裁判において検察側がよく犯す誤りである。「被告が妻の殺害を計画していたのであれば，妻に多額の保険金をかけているはずでありますが，実は，陪審員の皆さん，被告はまさにそうしていたのであります。このことから皆さんは結論を導き出せるはずです」。このようなケースで保険金がかかっていたということは状況証拠（circumstantial evidence）と呼ばれ，他の証拠とともに検察側が被告の有罪を主張するための帰納的議論に使われることがある。しかし，この例における演繹的議論はしっかりと構成されておらず，検察官の主張する結論には論理的必然性がない。それどころか，後件肯定の誤謬の典型になっている。再構成すればその欠陥は明確だろう：

1. もし夫が妻の殺害を計画しているのなら（A），妻に保険金をかけているはずである（B）（前提）

2. 夫は多額の保険金を妻にかけていた（B）（前提）

したがって，夫は妻を殺害した（あるいは少なくとも殺害を計画した）（A）（結論）

　検察官は，配偶者に保険金をかける十分な理由が他にもたくさんあることを無視して，保険金をかけるのは殺害を計画している場合のみであると誤って決めつけている。

### 例

「SAT（米国の大学進学適性試験）で非常にいい点が取れれば，いい大学に入れるだろう。君は難関校のセンター大学に合格したのだから，SATの点数もよかったはずだ」。この議論ではいい大学に入る唯一の方法はSATで高得点を取ることだとしているが，いい大学に入るには普段の学業成績やスポーツあるいは芸術の才能など，他にもさまざまな条件が存在している。

### 例

「私は久々に赤身肉を食べると体調が悪くなる。今朝は胃の調子が悪かったから，昨日の夕食にレストランで食べたスープに赤身肉が入っていたに違いない」。これも“他の理由が見えない誤謬”と言ったほうがわかりやすいかもしれない：

1. もし私が赤身肉を食べたなら（A），体調が悪くなる（B）（前提）
2. 私は体調が悪くなった（B）（前提）

したがって，私は赤身肉を食べたに違いない（A）（結論）

　後件を肯定し，結論として前件を肯定することによって，論者は体調不良の理由は赤身肉を食べたこと以外にあり得ないとしている。これは明らかに間違っている。

## ▶誤謬を突く

　論外な反例を提示することは，どんな場合でも誤謬を突くよい方法である。

後件肯定の誤謬については，次のような反論を提示してみるといいかもしれない。「デイマー教授の著書を読んだのなら，誤謬を認識して的確に突くことができるはずだ。誤謬を認識して的確に突くことができていたから，君はデイマー教授の著書を読んだに違いない」。ちょっと待ってほしい。本書と同じような内容を説明している書籍が世の中に他に存在しないとでもいうのだろうか。もしこの例でうまくいかなければ，先に出した"ジェシー"の論外な反例を使って，後件を肯定してみるといい：

1. もしジェシーが犬ならば，ジェシーは動物である（前提）
2. ジェシーは動物である（前提）（後件の肯定）
   したがって，ジェシーは犬である（結論）（前件の肯定）

この形式を見れば，ジェシーが猫であることを知らなかったとしても，結論が偽であることに気づくだろう。

## ◇三段論法的推論

代表的な演繹的推論の2つ目は，三段論法的推論である。この推論の特徴と，最も一般的な2つの誤謬について理解するには，三段論法の構造や三段論法で使われる4種類の命題，周延の性質，そして三段論法的推論の2つの主要なルールについてまず知っておくことが重要となる。

まず，**三段論法（syllogism）**は，2つの前提と1つの結論の合計3つの命題で構成され，必ず3つの名辞が使用される。**名辞（term）**とは，命題のなかの主語や述語として登場する概念や分類などを指す。例えば「すべてのジャガイモは野菜である」という命題では，名辞は"ジャガイモ"と"野菜"である。各名辞は，主語か述語として議論のなかで必ず2回登場する。名辞の1つである**中名辞（middle term）**は，2つの前提のそれぞれに現れて前提間に関係を作るが，結論には現れない。その他の2つの名辞は**端名辞（end term）**と呼ばれる。1つの端名辞が一方の前提のなかに，もう1つの端名辞は他方の前提のなかに現れ，両方の端名辞は結論の主語あるいは述語として現れる。

次に，三段論法的推論では4種類の命題がある。それぞれが主語と述語で構

成され，A，E，I，O と名付けられている：

A 型命題は，全称肯定命題である（例：すべての学生は裕福である）
E 型命題は，全称否定命題である（例：すべての学生は裕福ではない／裕福な
　学生は存在しない）
I 型命題は，特称肯定命題である（例：ある学生は裕福である）
O 型命題は，特称否定命題である（例：ある学生は裕福ではない）

　全称命題のしるしとなるのは，"すべての (all)" か "まったく〜ない (no)"（ま
たはそのいずれかと同じ意味のことば）である。特称命題のしるしとなるのは，
"ある (some)" という，少なくとも 1 つ以上だがすべてよりは少ないを意味
することばである。肯定命題の "A 型" と "I 型" という名称は，「私は肯定する」
を意味するラテン語 "affirmo" の 1 つ目と 2 つ目の母音が由来である。否定命
題の "E 型" と "O 型" という名称は，「私は否定する」を意味するラテン語 "nego"
の 1 つ目と 2 つ目の母音に由来する。
　3 つ目のこととして，主語や述語の名辞が**周延されている（distributed）**
とは，その主語や述語の名辞が現れる命題が，「その名辞で表されるすべての
物事にかかわる主張をしていること」である。例えば，「すべての学生は裕福だ」
という A 型の命題では，すべての学生にかかわる主張がなされているが，す
べての裕福な人々にかかわる主張はなされていない。周延の実際とは，次のと
おりである。全称命題（A 型あるいは E 型）の主語名辞は常に周延され，否
定命題（E 型あるいは O 型）の述語名辞は常に周延される。その他の名辞は
周延されない。これを覚えておくためには "AsEbInOp" という一風変わった
文字列を記憶しよう。この文字列に埋め込まれた規則は次のようになる。A 型
では主語名辞（subject term の s）のみが周延され，E 型では両方の名辞（both
terms の b）が周延され，I 型ではどの名辞（neither term の n）も周延されず，
O 型では述語名辞（predicate term の p）が周延される。
　4 つ目に，正しく作成された三段論法には 2 つの主要なルールが適用される。
1 つ目として，中名辞は少なくとも 1 度は周延されなければならない。2 つ目
として，結論で周延される端名辞は，前提の 1 つでも必ず周延されなければな
らない。

三段論法の構造，４種類の命題の型，周延の性質，そして２つの主要ルールを踏まえて，しっかりと作成された三段論法的議論を標準形式で表現すると以下のようになる：

1. すべての教授は有能である（A 型の命題）（前提）
2. すべての有能な人物は不当な低賃金をもらっていない（E 型の命題）（前提）
  したがって，すべての教授は不当な低賃金をもらっていない（E 型の命題）（結論）

三段論法を標準化するもう１つの方法は，すべての名辞を記号で表すことである。中名辞と端名辞を表す記号は通常，主語名辞や述語名辞の最初の文字である。上の例であれば，教授(professors)という名辞はP, 有能な人々(competent people) という名辞は C，不当な低賃金を払われている人々（underpaid people)はUという記号に置き換えられる。命題の主語と述語の間にはA, E, I, O を（太字で）表記して，命題の型を表す。この方法で上の議論を表現すると以下のようになる。

P（**A**）C（前提）
C（**E**）U（前提）
────────────────────
　したがって，P（**E**）U（結論）

三段論法の議論の名辞をこのように記号で表すと，妥当な演繹的議論のルールのどれかに違反していないかがわかりやすくなる。この例では，中名辞は有能な人々（C）である。なぜなら，前提に２回現れ，結論には現れていないからである。端名辞は，教授（P）と，不当な低賃金を払われている人々（U）である。いずれも前提のなかに１度ずつ，結論にも１度ずつ現れている。１つ目の前提は A 型であるため，周延のルール AsEbInOp に則れば，主語名辞のみが周延される。２つ目の前提は E 型であり，主語名辞と述語名辞の両方が周延される。結論も E 型であるため，主語名辞と述語名辞の両方が周延される。

　この議論は構造上健全または妥当な議論である。それは，妥当な三段論法の２つの主要ルールに則っているからである。中名辞である有能な人々（C）が

前提のなかで少なくとも 1 回周延されるため，1 つ目のルールはクリアしている。この中名辞は 1 つ目の前提では周延されていない。中名辞は 1 つ目の A 型の前提では述語として現れているが，A 型で周延されるのは主語のみであるためだ。しかし，この中名辞は 2 つ目の前提で周延されている。中名辞は 2 つ目の E 型の前提のなかでは主語であり，E 型では主語と述語の両方が周延されるためだ。さらに，この議論は妥当な，もしくはしっかりと作られた三段論法の 2 つ目のルールも満たしている。それは，結論で周延される端名辞は，前提でも周延されなくてはならないというものである。結論は E 型であるため，教授（P）と不当な低賃金を払われている人々（U）という両方の端名辞が周延されている。また教授（P）は A 型である 1 つ目の前提のなかで主語として現れていて，不当な低賃金を払われている人々（U）は E 型である 2 つ目の前提のなかで述語として現れているため，いずれも周延されている。

## ■ 中名辞不周延の誤謬（fallacy of undistributed middle term)

**定義：**前提の中名辞が 1 回も周延されていない三段論法で結論を導くこと。

　中名辞不周延の誤謬が犯されるのは，中名辞が前提のなかで 1 回も周延されていない三段論法的議論によって論者が結論を導き出すときである。中名辞が 1 回も周延されていない前提からは何の結論も導き出すべきではなく，これは致命的な構造的欠陥を抱える三段論法である。

### 例

「一部の哲学者はディスカッションの進行が不得意であり（I 型），この大学の一部の教授は哲学者であるため（I 型），この大学の少なくとも一部の教授はディスカッションの進行が不得意であることがわかる（I 型）」。これ以降は理解を助けるために，各命題の後に A 型，E 型，I 型，O 型と明記する。この議論を標準形式に再構成してみよう：

1. 一部の哲学者はディスカッションの進行が不得意である（I 型）（前提）

2. この大学の一部の教授は哲学者である（I型）（前提）
したがって，この大学の一部の教授はディスカッションの進行が不得意である（I型）（結論）

さらにこの議論を記号で表現すると，以下のようになる。PH＝哲学者（philosophers），PDL＝ディスカッションの進行が不得意な人（poor discussion leaders），PR＝教授（professors）：

PH（**I**）PDL（前提）
PR（**I**）PH（前提）
──────────────
したがって，PR（**I**）PDL（結論）

中名辞の教授（PH）はI型である1つ目の前提の主語であり，I型である2つ目の前提の述語となっている。周延のルールAsEbInOpによれば，I型ではいずれの名辞も周延されないため，この中名辞はいずれの前提でも周延されていない。しかし，妥当な三段論法のルールでは中名辞は少なくとも1回は周延されなければならないため，議論は中名辞不周延の誤謬を犯している。このルールを引き合いに出さなくても，すべての哲学者についての主張がないことは明確である。そのため，1つ目の前提で言及されている"一部の哲学者"のうちの誰かが，2つ目の前提か結論で言及されている"この大学の一部の教授"に含まれているかどうかを知るすべがない。したがって，「この大学の教授にディスカッションの進行が不得意な人がいる」とは推論できない。

**例**

「民主党支持者は，社会で最も恵まれていない者に手を差し伸べる（A型）。イエス・キリストも常に最も恵まれていない者に手を差し伸べていた（A型）。イエス・キリストは民主党支持者だったに違いない（A型）」。D＝民主党支持者（democrats），CLA＝最も恵まれていない者に手を差し伸べる（care about the least advantaged），J＝イエス・キリスト（Jesus）：

D（**A**）CLA（前提）

J（**A**）CLA（前提）
***
したがって，J（**A**）D（結論）


　妥当な三段論法のルールによると中名辞は 1 回以上周延されている必要があるが，ここでの中名辞 " 最も恵まれていない者に手を差し伸べる（CLA）" は，2 つの A 型の命題に述語として現れているため，いずれの前提においても周延されていない。さらには，" 最も恵まれていない者に手を差し伸べる（CLA）" すべての人々に関わる何の主張もなされていないことも明らかである。したがって，自らを民主党支持者（D）と呼び，最も恵まれていない者に手を差し伸べる（CLA）人々の誰かが，イエス（J）とされる最も恵まれていない者に手を差し伸べることを大切にする者（CLA）に含まれているのかを知るすべがない。そのため，この議論には構造的欠陥があり，イエスが民主党支持者であったか推論はできない。


### 例

「クー・クラックス・クラン（KKK）の支持者は銃規制に反対している（A 型）。共和党員は銃規制に反対している（A 型）。だから一部の共和党員は KKK の支持者のはずである（I 型）」。SK = KKK の支持者（supporters of the Ku Klux Klan），AGC ＝銃規制に反対する人々（people against gun control），R ＝共和党員（republlcans）：


SK（**A**）AGC（前提）

R（**A**）AGC（前提）
***
したがって，R（**I**）SK（結論）


　この議論の前提からは，「一部の共和党員は KKK の支持者である」という結論を導き出すことはできない。実際のところ，構造的欠陥がある議論であるため，いかなる結論も導き出せない。" 銃規制に反対する人々（AGC）" という中名辞は，A 型の命題の述語であるため周延されていない。" 銃規制に反対する人々（AGC）" 全員に関する主張がないため，結論の端名辞同士を関連付

けることができない。言い換えれば，KKK の支持者（SK）で銃規制に反対する人々（AGC）が，共和党員（R）で銃規制に反対する人々（AGC）の中に含まれているかどうかを知るすべがないのである。

### ▶誤謬を突く

　中名辞不周延の誤謬を犯す論者の多くは，周延という概念や妥当な三段論法のルールに精通していない。そのため，「あなたは中名辞を周延していない」と相手に単に指摘してもそれほど効果的ではない。また，あなたが中名辞の周延や，妥当な三段論法のルールについて精通していない場合，この誤謬が実際に犯されたことに確信が持てないだろう。論外な反例を提示する方法は，そういった議論が誤謬を犯していると立証するのにとても効果的である。しかし，三段論法の仕組みを理解することで，より賢明かつもっと自信をもって論外な反例を提示できる。そうすれば，相手の議論で用いられている誤った推論と同じパターンの，前提が真でありながら結論が明らかに偽である三段論法の論外な反例を使って相手に対応できるだろう。「教授は本を読む。子どもは本を読む。したがって，教授は子どもである」といった反例を使ってみるとよいだろう。

## ■ 端名辞不周延の誤謬（fallacy of illicit distribution of an end term）

**定義：**結論で周延されている端名辞が前提で周延されていない三段論法で結論を導くこと。

　三段論法で適用される主要ルールの２つ目は，三段論法の結論で周延されている名辞は，前提の１つでも周延されていなければならないというものである。言い換えると，結論を裏付ける根拠あるいは前提は，端名辞が表すすべての物事にかかわる主張をしなくてはならない。これができていない議論には構造的欠陥がある。

### 例

「ある状況で関連する事実を無視する人々は，判断を誤る可能性が高い（A 型）。

すべての刑事裁判の陪審員は,関連する事実を無視しない(E 型)。したがって,すべての刑事裁判の陪審員は判断を誤らない(E 型)」。

この議論を標準形式に再構成すると以下のようになるだろう:

1. ある状況で関連する事実を無視する人々は,判断を誤る可能性が高い人である(A 型)(前提)
2. すべての陪審員は,関連する事実を無視する人ではない(E 型)(前提)
   したがって,すべての陪審員は判断を誤らない(E 型)(結論)

　この議論を記号で表してみると,三段論法のルールを適用しやすくなる。IRF ＝関連する事実を無視する人々(people who ignore the relevant fact),CFJ ＝判断を誤る人々(people who are likely to come to a false judgment),JM ＝陪審員(jury members):

IRF(**A**)CFJ(前提)
JM(**E**)IRF(前提)
───────────────
　したがって,JM(**E**)CFJ(結論)

　この例の誤謬は,端名辞の 1 つである "判断を誤る人々(CFJ)" が結論の述語で周延されているが,前提では周延されていないことである。結論は E 型命題なので両方の端名辞が周延されるが,前提では "判断を誤る人々(CFJ)" は A 型命題の述語として現れて周延されないためである。そのため,この事例はしっかりと作成された三段論法のルールに違反している。さらには,陪審員に判断を誤らせる理由は事実の無視以外にあることも指摘されるべきだろう。

▮ 例

「すべての道徳的に正しいことは正当である(A 型)。しかし,最大多数の人に最も正しいことをもたらす行動の一部は正当ではない(O 型)。したがって,一部の道徳的に正しい行動は,最大多数の人に最も正しいことをもたらす

138

行動ではない（O型）」。MR ＝道徳的に正しいこと（what is morally right），J ＝正当である（just），BGG ＝最大多数の人に最も正しいことをもたらす行動（actions that would bring about the greatest good for the greatest number of people）：

MR（**A**）J（前提）
BGG（**O**）J（前提）
――――――――――――――――――
したがって，MR（**O**）BGG（結論）

　端名辞の"最大多数の人に最も正しいことをもたらす行動（BGG）"は，O型の命題である結論の述語であるため，結論で周延されている。しかし，その端名辞は，2つ目の前提ではO型の命題のなかで主語であり，周延されていない。これは三段論法の2つ目のルールに違反している。したがって，「一部の道徳的に正しい行動（MR）は，最大多数の人に最も正しいことをもたらす行動（BGG）ではない」という結論は導き出せない。

### 例

「新築の家はとても高価だ（A型）。一方で新築の家はエネルギー効率が高い（A型）。だからエネルギー効率の高い家は高価だ（A型）」。これはそうとは限らない。NC ＝新築の家（newly constructed homes），EX ＝高価だ（expensive），EE ＝エネルギー効率が高い家（energy-efficient homes）：

NC（**A**）EX（前提）
NC（**A**）EE（前提）
――――――――――――――――――
したがって，EE（**A**）EX（結論）

　この議論の結論はA型であるため，そのなかに主語として現れる端名辞であるエネルギー効率が高い家（EE）はすべてのエネルギー効率が高い家について述べている。一方でこの端名辞は，A型である2つ目の前提では述語として現れていて，周延されていない。つまりすべてのエネルギー効率が高い家にかかわる主張は何もしていない。よってこの議論には構造的欠陥があるため，

「すべてのエネルギー効率が高い家は高価である」という結論は導き出せない。

## ▶誤謬を突く

　端名辞不周延の誤謬を突くには、いずれかの前提で周延されていない名辞は結論で周延されないというルールについて単に言及する方法がある。あるいは、前提でその・一・部・に・つ・い・てしか言及していないのに、結論ではそのすべてについて言及していると指摘してもよい。同じ欠陥を持つ、真の前提から一目で偽とわかる結論を導き出すような論外な反例を提示するのもいいだろう。以下の例は、刑事裁判の陪審員に関する議論とまったく同じ構造的間違いを持つ議論である：「すべての父親には子がいる（A 型）。すべての母親は父親ではない（E 型）。したがって、すべての母親には子がいない（E 型）」。

## ■ 換位の誤りの誤謬（fallacy of false conversion）

**定義**：条件的前提における前件と後件を入れ替えて、あるいは全称肯定の前提や特称否定の前提における主語名辞と述語名辞を入れ替えて、入れ替えた後の前提が入れ替え前の前提の真理値を維持すると結論づけること。

　前提が条件的な主張をし、結論がその前提の前件と後件を転換するような結論を導き出す議論は、換位の誤りの誤謬を犯している。そういった議論は、「換位前の前提での真理値は、換位後の結論では維持されない」という演繹的論理学のルールに違反しているのである。例えば、「照明のスイッチを入れて明かりが灯れば、電球は正常である」という主張が真であっても、「電球が正常であれば、照明のスイッチを入れることで明かりが灯る」という主張は真ではな・い・。換位後の主張が真になるには、スイッチが壊れておらず電気も通っていて、配線が切れていないなどの他の要件が満たされていないといけない。

　条件的主張は、全称肯定つまり A 型の主張と同じである。そのため、全称肯定の前提を持つ議論でも、主語と述語を入れ替えて、入れ替えた後の主張が真であると結論はできない。例えば、「すべての生物学者は科学者である」は真であるが、「すべての科学者は生物学者である」は真ではな・い・。特称否定つまり O 型の主張も転換することはできないが、あまり一般的に見られる換位

の誤謬ではない。

　一方で，全称否定つまりE型と，特称肯定つまりI型の前提において主語と述語を入れ替えても，換位の誤りの誤謬にはならない。その理由は，名辞が前提でいかに周延されているかに関係する。すでに説明したように，名辞（主語，述語，前件，後件）が前提で周延されるとは，その名辞で表わされる物事の全部にかかわる主張がなされている場合である。名辞が周延されないとは，その名辞が表す物事の全部にかかわる主張はなされていない場合である。全称否定の前提と特称肯定の前提では，主語名辞と述語名辞は均等に周延される。つまり，名辞は両方とも周延されているか，両方とも周延されていないかである。しかし，全称肯定の前提と特称否定の前提では，主語名辞と述語名辞は不均等に周延される。つまり，一方の名辞が周延され，他方は周延されない。均等に周延された前提は，名辞を入れ替えても真理値は維持される。しかし不均等に周延された前提は，名辞を入れ替ると真理値が維持されない。


### 例

「両親によってきちんと育てられた人であれば，他者を尊重する。だから他者を尊重する人は，両親にきちんと育てられたに違いない」。この前提は条件的主張であり，結論は前件と後件を入れ替えているため，前提の想定する真理からは結論が導かれないことがわかる。


### 例

「すべてのヘロイン中毒者が大麻の吸引からヘロイン中毒に至ったのであれば，大麻を吸引する人はいずれヘロイン中毒者になると結論づけられる」。標準形式にしたこの議論は，単純だが誤謬を犯している：

　すべてのヘロイン中毒者は当初大麻を吸引していた（前提）
　したがって，すべての大麻を吸引する人はいずれヘロイン中毒者になる（結論）

　この議論の全称肯定の前提の想定する真理から，前提の主語と述語を入れ替えたものが真だと結論づけることはできない。

例

「キリスト教徒であれば，他者を愛し大切にする。だから，他者を愛して大切にする人は，キリスト教徒を自称していてもいなくても，キリスト教徒である」。この議論の前提を構成する条件命題が真であったとしても，その入れ替えが真であるとは結論づけることはできない。

## ▶誤謬を突く

　論外な反例を提示すれば，全称肯定命題における主語と述語の誤った換位が論理的な欠陥を導くと，相手に確証を与えることができるはずである。例えば，「すべてのリンゴは果物である」という命題の主語と述語を入れ替えた，「すべての果物はリンゴである」が真だという人はいないだろう。条件的命題の換位の誤りを指摘するには，次のような論外な議論を用いて，その欠陥を明確に示せるかもしれない。「ある人がアメリカの大統領ならば，その人は少なくとも35歳であり，アメリカ人として生まれている。一方で，ある人が少なくとも35歳でアメリカ人として生まれていたとしても，その人は必ずしもアメリカの大統領ではない」。

## 課　題

II. 演繹的推論の誤謬：以下の議論について，①演繹的推論の誤謬を特定し，②なぜ構造上の基準を満たしていないのかを説明せよ。この課題ではそれぞれの誤謬について2つの例が示されている。アスタリスクの付いている問題については，巻末に解答例を載せた。

1. ピカソの『ゲルニカ』に美術的価値があるのなら，多くの人によって評価されるに違いないし，実際に評価されている。だからあなたがどう思おうと，素晴らしい芸術作品であることに変わりない。

2. 地球が球状であることがわかっているのは，球体は必ず曲線状の影を作るからであり，我々は月食で地球が月に曲線状の影を落とすことを発見している。

3. この大学の優秀な教師は誰も終身雇用権がない。終身雇用権のある教員は，全員政治的には非常に保守的である。少なくともこの大学の優秀な教師は誰一人として保守的ではないとわかる。

*4. 法律を守る人は警察のお世話になることがないため，警察のお世話になったことのない人は違法行為を行ったことがないと考えるのが筋が通っている。

5. 議会に強力で精力的な指導力があれば，この移民法案に対する大統領の拒否権を覆すことができるだろう。しかし議会の指導力はそのような強さを示してきていないため，大統領の拒否権を議会が覆すことはできない。

*6. ほとんどの道徳的に正当化できる行為は非暴力的で，ほとんどの市民的不服従[訳注1]による行為は暴力的でないため，少なくとも市民的不服従による行為の一部は道徳的に正当化できる。

*7. シェリー：この成人向けの映画を観に行くところを母親に目撃されたら恥ずかしい。

サラ：目撃されるはずないわ。だってお母さん，今週末は遠出するんでしょう？この映画を観に行って恥ずかしい思いをすることなんてないよ。

8. 一貫性のある教授は必ず生徒に適切な成績を付ける。もしあなたの成績が適切なら，その教授には一貫性があるはずだ。そんな教授なら安心だね。

*9. エスターは哲学入門の単位を落としたら学校をやめると言っていた。彼女は退学したから，きっと哲学の単位が取れなかったんだろうね。

*10. 正しく推論する能力を身につけたいと心から思っている人は，真剣に論理学を学ぶはずだ。論理学を真剣に学ぼうとする人はこの本を読む。したがって，この本を読む人は適切に推論する方法を心から学びたいと思っている人である。

III. 構造の原則に違反する誤謬：以下の議論について，①本章で取り上げた誤謬のなかから当てはまる誤謬を特定し，②なぜ構造上の基準を満たしていないかを説明せよ。この課題ではそれぞれの誤謬について2つの例が示されている。

1. 友達や家族が携帯電話にメッセージを残せるように設定して，帰宅後や電源を入れたときにすぐに返事をできるようにしていないなんて，道徳的に無責任だ。設定していたら，もし非常事態のように何か重要な問題についてすぐに連絡を取りたいことがあっても，数分おきに電話をかけなくていいじゃない。

2. フレデリックさん，特別な選挙資金を私が集めるのは何ら問題ないはずですよ。もし私がその寄付金を個人的な目的に使っていたとしたら，それは不道徳的な行

訳注1　市民的不服従（civil disobedience）とは，平和的な抗議の一環として，不当と思われる法律に違反すること。

為です。でも私は個人的な目的には一銭も使っていません。だから私は何も悪いことはしていないんです。

3. 店員がお客さんに向かってこう言った。「デザートは何になさいますか？」

4. 大統領には行政特権を理由として情報を開示しないことができるが，閣僚の一員は大統領ではない。したがって，いかなる閣僚も特別検察官に情報を渡さない理由として行政特権を持ち出すことはできない。

5. 彼がパートナーを銃撃する計画を立てていたのなら，銃を手に入れなくてはならない。彼は最近銃を購入したことがわかっている。だから彼はパートナーを殺す計画を立てていたのだろう。

6. この学科の生物学の教授は全員博士号を持っているので，生物学の博士号を持っている私にもこの学科で教える資格がありますよね？

7. 嘘をつくことは信頼を傷付けることであり，健全な人間関係に水を差すものだ。そのことは，成長のさなかの子どもに誠実に接していない親を何度も見てきてわかっている。だからこそ，子どもに決して嘘をつかないことが大事なのだ。もちろん，サンタクロースなどについては例外だ。真実を理解するにはまだ早いということもあるので，子どものためにも真実を少しはぐらかすのがいい。

8. 企業の独占を規制する法的措置は明らかに公益にかなっている。特定のサービスや商品の製造・流通を一企業が完全に支配することを防ぐような法的措置があれば，コミュニティにとって確実にプラスになるからである。

9. ジョイ：早く夏になってビーチに行きたいね。去年の日焼けが跡形もない。
　デニス：でも必ず日焼け止めを塗ったほうがいいのはわかっているよね。
　ジョイ：もちろん塗っているよ。塗らなかったら皮膚がんになりかねないからね。
　デニス：じゃあ，皮膚がんにならないほうが日焼けできないことより好ましいよね。
　ジョイ：そうだね。でも日焼けしないのにビーチに行く意味ある？

10. 18歳全員に投票権がある。もちろん，投票権をもつ人のなかにはその権利を行使しない人もいる。よって，権利を行使しない18歳の人もいる。

11. ドーン：もし男性が本当にその女性を愛しているのなら，外で仕事はさせないはずよ。
　エレノア：でもあなたの娘さんは教師でしょう？　しかも夫に愛されている。
　ドーン：娘の夫は愛しているかのように振る舞っているだけで，疑わしいわね。だってもし彼が本当に娘を愛しているのなら，一人で家計を支えるはずよ。

12. 猫が不凍液をなめたら死んでしまうとインターネットで先週読んだんだ。昨日の夜に猫を家の外に出したら, 今朝ガレージで死んでいた。きっと車の不凍液を何らかの方法でなめてしまったんだろう。もしかしたらラジエーターが熱くなりすぎて不凍液が流れ出てしまったのかもしれない。

13. クライアントが株式仲買人に対してこう言った。「君が取引に失敗して失った5,000ドルをいつ返してくれるんだ？」

14. 幸せでない人の一部は自殺する。一部の金持ちも自殺する。ということは, 一部の人にとってお金をたくさん持っているということが幸せにつながるわけではないのだろう。

15. ダーク：僕はずっとバプチスト派で, 聖書の内容は文字通り真実だと信じている。
    グレッグ：でも聖書にはいくつか矛盾する点がある。例えば創世記には２つの非常に異なる創造の説明が出てくるし, 他の物語や出来事についても食い違っているものがある。
    ダーク：記述に食い違いがあるからといって真実でないとは言えないだろう。

16. 適応力のある人が自殺しないのであれば, 自殺をしない人は適応力があると考えられる。

17. 分譲地に住んでいるのなら, 庭の草を伸び放題にしているのは倫理的に間違っている。手入れの行き届いた近所の庭と比べて, お宅の庭はひどいもので, ご近所の人たちはそれが目に入るのを嫌がっている。

18. スコットは家にいないのだろう。「明かりがついていたら家にいると思っていいよ」と言っていたけど, 明かりがついていない。

19. 殺人を犯したり性的暴行を加えたりした犯罪者には極刑を科すのが正当だ。そのような罪を犯す人を死刑に処す正当な理由はたくさんある。

20. 最低賃金の引き上げを支持する人のほとんどは民主党支持者だ。しかし食料の生産に携わる人々が最低賃金の引き上げに賛成していないということは, その人たちは民主党支持者ではないということである。

21. 無から何かを創造することはできない。少なくともそのような現象は確認されていない。つまり, 存在しているすべてのものは, 何か別のものから作られているはずだ。しかし宇宙が存在する前は, 何もなかった。したがって, 神が宇宙を創ったのだ。

22. レトソン教授：すべての哲学的問題は解決可能だ。
    ケイコ：でも美の本質を理解するということについてはどうですか？　この哲

　　学的問題は未解決です。
　　レトソン教授：それは哲学的問題ではないのだよ。
　　ケイコ：なぜ哲学的問題ではないのですか？
　　レトソン教授：哲学的問題は解決可能だが，その問題は解決できないからだよ。

Ⅳ．過去 1 週間に読んだり聞いたりした，最近議論を呼んでいる社会的，政治的，道徳的，宗教的，あるいは美に関する問題についての議論を提出せよ。それをコピーあるいはタイピングしなおしたものをノートに貼り，別のページにその分析を記せ。分析では議論を標準形式に再構成し，"優れた議論の 5 つの基準"に照らし合わせて評価すること。構造の基準に違反する誤謬があれば，その誤謬を明記する。そして第 3 章の「議論を強化する」を参照しながら，より強い議論へと改善せよ。

Ⅴ．本章で取り上げた構造の原則に違反する誤謬それぞれについて，例を探すか作り上げてインデックスカードに記し，誤謬を突く戦略を記せ。

Ⅵ．第 4 章の最後に，"父"が大学生の息子のジムに宛てて書いた 5 通の e メールの 1 通目を読む指示があった。そのメールは本章と，以降の 4 つの章の終わりにある。以下の 1 通目のメールでは，本章で取り上げた 11 の誤謬を父親が犯している。それぞれの誤謬が登場するのは 1 度だけである。メールのなかの数字は，その直前に誤謬があることを示している。それぞれどの誤謬に当たるか特定せよ。

ジムへ

　順調に大学の講義を受けているかな？　特に哲学の講義が気になって，メールを書くことにした。先週，お前が感謝祭で帰省したとき，特に日曜日のミサの最中とその後に様子がおかしいことに父さんと母さんは気づいた。哲学の講義を受けて，信仰心が揺らいでいるのではないかね？

　父さんも大学で哲学の講義を受けたから，多くの哲学者が，信仰も他の物事と同じように，何らかの根拠によって裏付けられるべきだと主張してくることを知っている。父さん自身も，信仰は根拠によって裏付けられるし，裏付けられるべきだと考えている。でも自分の信仰心とは相容れないような考え方を示す根拠に直面したときは，信仰心によってその根拠を退けている①。真の信仰というものは根拠で裏付けられる必要がないし，私の信仰心は本物なのだよ②。

　実際，神が存在するかどうかを疑うのは間違っていると父さんは思う。人間ごときが証明を要求するとき，自分は神と対等だからそんな疑問を抱く権利があると思いこんでいるんだよ③。

　多くの哲学者が神の存在を疑うが，真の信仰心を持っている人は神の存在を疑ったりはしないのだから，哲学者には真の信仰心がないんだろうね④。無神論者は神の存在を疑うものだが，哲学者も疑うのだから，本人たちが認めようと認めなかろうと，哲学者というものは無神論者なんだろう⑤。

　皮肉なことに，その哲学者たちが愛してやまない論理というものは，有神論的な結論を導き出すのだよ。例えば，もし神が存在するならば，自然の法則に反するような，説明のできないことや奇跡的なことが起きるはずだ。そしてそういった現象は昔から実際に目撃されている。だから神は存在するに違いないんだ⑥。もし数々の奇跡が起きてなくて，無数の人々が宗教的な体験をしていなければ，父さんだって神の存在を疑うかもしれないが，そういったことは実際に起きているのだから，神が存在することに何の疑問もないのだよ⑦。

　神の存在についてまだ疑っているかもしれないから，この話もしよう。神の存在を否定する人は，何が正しくて何が間違っているかを決めるにあたって神が何らかの役割を果たすということを明らかに否定しているのだろうね。もしお前の哲学の教授が，道徳観というものに神が何らかの役割を果たすことを否定するならば，彼は明らかに無神論者だよ⑧。

　もし神が存在しなければ，道徳の基盤がないじゃないか。何が正しくて何が間違っているかは神が決めてくれるのだよ。神の意を知ることができなければ，人間には道徳規範がなくなってしまう。もちろん，神がどう考えておられるのかわからない問題もあるし，そのときは我々自身で考えて決めればいいんだ⑨。例えば，不法移民に恩赦を与えることについて神がどう考えておられるかはわからないが，我々が頭を使えば，不法移民に恩赦を与えるのは明らかに間違っているとわかるね。だってすでに不法入国した者に在留権を与えてしまったら，より多くの人々が不法に入国しようとするじゃないか⑩。

　とにかく，行きつくのはとても単純な質問だ。こういった風にいいたくはないが，父さんも母さんもお前のことがとても心配でならない。自分の心に聞いてみなさい。神の存在を疑問視したり，神の存在を否定したりすることによって，永遠の天罰を受けることになってもいいのかね？⑪　お前にとっては話しにくい話題かもしれないが，父さんは言わなきゃならないと思ったんだ。返事を待っているよ。

父より

VII. eメールのなかの１パラグラフを選び，ジムになったつもりで父親の欠陥のある推論に対する返事や反論を記せ。誤謬の名称を出さずに，それぞれの誤謬を指摘せよ。本章の「誤謬を突く」から学んだスキルを活用して，失礼な言い方や無神経な言い方をせずに主張してみよう。相手が父親であることを忘れずに。

# 第6章

# 関連性の基準に違反する誤謬

## 概要

### この章で学ぶこと

- 優れた議論の関連性の基準に違反する誤謬の重要な特徴を，自分の言葉で定義，説明すること
- 日常会話や話し合いで関連性の基準に違反する誤謬に遭遇したときに，欠陥のある推論パターンを認識して名称を特定し，説明すること
- 相手が関連性の基準に違反する誤謬を犯した場合に，その欠陥のある推論を効果的に突き，修正を手助けすること

### 7．関連性の原則

*優れた議論の2つ目の基準。ある立場に賛成あるいは反対の議論を行うために根拠を示す者は，その根拠の真偽が結論の真偽の何らかの証拠となるもののみを提示しなければならない。*

　本章で取り上げる欠陥のある推論パターンは，関連性の原則に違反する誤謬である。それはつまり，結論の真実性や価値に無関係であったり，無関係の要

因に訴える前提を使った議論である。**関連がある**（relevant）とみなされる前提や主張とは，それを受け入れることで結論を信じることに寄与したり，結論に有利に作用したり，結論の価値に何らかの影響を与えるようなもののことである。**関連していない**（irrelevant）前提や主張とは，それを受け入れても結論の価値に何の影響もなく，何の証拠も提供せず，何のつながりもないようなもののことである。

　関連性の原則に違反する誤謬は，①無関係な前提と，②無関係な訴えかけの2つに分類できる。無関連な前提を含む議論は，前提から結論を導き出せないことを意味する**不合理な推論**（non sequiturs）と呼ばれることが多い。他にも，前提と結論との間につながりがまったくないため，その間を移行するには大きな隔たりを飛び越える必要があることから，**論理の飛躍**（argumentative leap）と呼ばれることもある。無関係な訴えかけを用いる議論とは，結論の価値に一見何らかの影響があるかのように見えるが実際にはそうではない要素や考えを利用して，結論を裏付けようとするものである。

# 無関係な前提の誤謬

　無関係な前提の誤謬は，結論に何の関係もない前提を使っている議論や，結論を裏付けることに失敗している議論を指す。その例の1つ目に挙げられるのが，ある物事の性質が時間とともに変わったにもかかわらず，過去の状態を示して現在における結論を裏付けようとするものである。これは"発生論の誤謬"と呼ばれる。2つ目は，論者がアイデアや行動について本当の理由を明かしたくないがために，真の理由とは異なる一見妥当な前提を持ち出して自己の立場を正当化しようとする誤謬である。これは"合理化（言い訳）"と呼ばれる。3つ目は，論者が特定の考え方に導こうとして根拠を提示したにもかかわらず，その根拠が裏付ける結論とは別の結論を導き出すもので，"誤った結論の導出"と呼ばれる。逆に，最初に主張をして，その裏付けとはなりえない根拠を提示する"誤った根拠の提示"という誤謬もある。ここに挙げたすべての誤謬において，結論の真偽に前提は関連性がない。

# ■ 発生論の誤謬（genetic fallacy）

**定義：**ある物事を当初の状態で評価し，時とともにその性質を変えた重大な変化が起こったことを無視して，その評価を現在における結論を支える根拠として使うこと。

　発生論の誤謬を使う人は，アイデアや人物，行為，制度などの重要性を当初の状態で評価し，その後に起きた発展や変化によって現在の状態が変わったことを無視しようとしている。つまり，ある物事の元の状態や以前の状態における肯定的評価あるいは否定的評価を，そのまま現在の状態に当てはめようとしているのである。発生論の誤謬は，起源とされる物事に基づいて特定の行為を禁止する宗教指導者などに見られることがある。例えば，一部の保守的な宗教団体は，「ダンスはもともと異教のカルト教団がその神をあがめるために行っていたものだから禁止する」と論じている。仮にこれが本当にダンスの起源であったり，ダンスが異教徒の崇拝方法であったりしたとしても，今の時代に高校の卒業記念のダンスパーティーに参加するかどうかの議論でこの根拠を持ち出した場合には，関連性が疑問視されるのは当然だろう。

　発生論の誤謬は，「前提は結論の真実性や価値に何らかの影響を及ぼすものでなくてはならない」という関連性の基準を満たさない推論パターンである。物事のもともとの状況での価値に関する前提は，現在の状況での主張とは関連しないことがあるため，そのような前提を使って主張の受容・拒否の根拠とする議論には欠陥があると考えていいだろう。

例

「私はドン・リチャードを何においても推薦しないね。私は彼を幼いころから知っている。小学校も同じだったんだ。彼はとんだ怠け者だよ。何ひとつ任せられやしない。自分の住む州の知事になるなんて考えたらゾッとするよ」。

　この論者はドン・リチャードが小学校のときからまったく変わっていないと考え，彼が成熟した大人に育った可能性や，当時とは違う人物に成長した可能性を考慮していない。

例

「結婚指輪をしようなんて思っていないよね？　結婚指輪はもともと女性が夫から逃れることを防ぐために足首に巻かれていた鎖を象徴していることを知らないの？　あなたがそんな性差別的な行為を容認するような人だとは思っていなかった」。

　結婚指輪をしたくない理由はいろいろとあるだろうが，男女差別的な起源といわれていることだけを理由に結婚指輪の交換を拒否するのは論理的に不適切だろう。この議論を標準形式に再構成すると以下のようになる：

1. 結婚指輪はもともと，夫が妻の足首に巻いた鎖の象徴であった（前提）
2. ［その象徴的な意味合いは，現在も当時と同じである］（暗示的な前提）
3. そのような行為は男女差別的である（前提）
したがって，現在結婚指輪をしている人は男女差別的な行為を行っている（結論）

　2つ目の前提は明らかに間違っていて受け入れがたいため，1つ目の前提は関連のないものと判断されなくてはならない。物事の過去の状態や当初の意味合いが現在では変わってしまって当初のようでないならば，それらは現在の物事の評価に関連しないからだ。3つ目の前提は1つ目の前提とつながっているため，議論のどの前提も関連性があるとは言えず，結論を導き出せない。

例

「リード先生がとてもいい婦人科医だということは聞いている。でも私が女性なら彼には診てもらいたくないね。私は彼と同じ高校に通っていたんだが，彼は当時高校で一番のアダルトビデオコレクションを誇っていたんだ」。

　この論者は医師が青年だったころの否定的な評価を根拠として，彼の医師としての現在の評価を下そうとしている。

## ▶誤謬を突く

　ある考えや物事の起源や当初の評価を考慮の外におくように相手を説得することは簡単ではない。強い感情的な要素が伴っている場合にはとりわけ難しい。例えば，昔の恋人から友人がプレゼントされた洋服を客観的に評価することがどれほど難しいかを考えてみてほしい。物事がもともとどのようなものだったかという要素は，その評価を大きく左右する傾向がある。それでも，そのような要因は現在の物事の価値を評価するにあたっては無視するよう努力することが重要である。相手が過去のことを現在の評価に用いている場合，物事の現在の状態について好ましくないと思っている部分や評価できると思っている部分を挙げるように相手に求めるのがいいだろう。

　物事の価値とその起源を区別することが適切であることを示すには，例えば交際期間の長いパートナーを巡る，次のような感情の問題を考えさせるとよい。もし出会いや初めてのデートが周囲の手の込んだいたずらだったり，あるいは人違いによって成り立っていたとしたら，パートナーに対する現在の感情は変わるだろうか？　始まりが好ましいものではなかったとしても，それは現在の関係の価値判断には関係ないはずである。このことについて納得してくれたなら，他のことについても同じように区別して考えてくれるだろう。

　何かの始まりが現在の状態とは関係ないことを説得するにあたり論外の反例が必要なら，次の例をお薦めする。「ジョンは素晴らしいシェフだというけど，彼は子どものころ砂や土を使ってパイを作っていた。だから彼が作るものは食べたくないよ。何が入っているかわからないからね」。ジョンが子どものころに泥のパイを作っていたことが現在の料理の腕前に関係するとは誰も考えないだろう。しかし形式だけを見れば，残念ながら一部の人が納得してしまうような議論と同じなのである。

## ■ 合理化，言い訳（rationalization）

**定義**：もっともらしく聞こえるが大抵の場合は偽りの理由を使って特定の立場を正当化しようとするが，その立場はそれよりも正当性の低い根拠によって裏付けられていること。

　合理化の誤謬は，論者が使う見せかけの前提が結論の真理に関係がないという意味で，関連性の原則に違反していると考えるとうまく説明がつく。論者が提示する前提は，実は結論を導き出すための本当の根拠ではないため，結論とは関連性がない。恥ずかしさからか恐怖からか，あるいは別の不明な理由があって，論者は本当の根拠を隠しているのである。

　つまり合理化は，優れた推論を装った，偽りの議論の一種である。優れた議論では，証拠から信念や結論が導き出される。合理化の誤謬では，信念を決定した後に，証拠が後付けされる。合理化では，疑わしい見解や行動が論理的にきちんとしているかのように見せかける前提を持ち出すのである。

　この誤謬の一部は，許容性の原則に違反しているとも解釈できる。前提は，他の根拠に由来する信念や行動を裏付け，支えるためだけに"捏造"されたものであるため，許容性の基準を満たせない可能性が高い。そうであれば，結論を裏付ける根拠としては二重の意味で欠陥があると言えるだろう。


　　例

大学で哲学を専攻する4年生のゼイヴィアがバックナー教授にこう言った。「LSAT（ロースクールの入試）ではいい結果を出せませんでした。試験が苦手なんです。試験では僕の本当の能力を測れません。しかも試験の前日に実家から悪い知らせもあったんです。次はもっといい結果が出せると思います」。

　ゼイヴィアは合理化しようとして，LSATでよい結果を出せなかったことについてもっともらしい理由を述べたつもりだろうが，その理由には中身がなく，根拠として使えるだけの重みをもたない。ゼイヴィアは恥ずかしい気持ちを隠すだけでなく，LSATのひどい点数によって教授に与える悪い印象を和らげようとしたのだろう。標準形式に再構成すると以下のようになる：

1. 僕は試験では結果を出せない（前提）
2. 試験では僕の真の能力や素質を測れない（前提）
3. 僕は試験の前日に悪い知らせを受け取った（前提）
　したがって，今回の試験でよい結果が出せなくても仕方がない（結論）

　ゼイヴィアは哲学専攻の４年生である。これまで多くの試験を受けてきたはずで，それなりの結果を出してこなければ，４年生にはなっていないはずである。もし何らかの理由があって試験では結果を出せないのであれば，それはすでに教授の知るところであり，わざわざ述べる必要もないはずである。

　ベテランの教授なら，「実家から悪い知らせを受けた」という理由は疑わしく，「試験では結果を出せない」という理由が響かなかった場合のバックアップの理由だと捉えるだろう。バックアップの理由が登場することは，合理化が行われていることを示唆するよいヒントである。この分析は辛辣で無神経だと感じる人もいるかもしれない。しかし，合理化と見える議論に対処する際には，試験結果がよくないことの偽の理由の向こう側にある真の理由を見抜くためにそれぐらいの分析が必要であることを覚えておいてほしい。実際の理由としてはLSAT 試験の一部が難しすぎたことなどが考えられ，ゼイヴィアは次に試験を受ける際にその部分で高得点を取れるように対策する必要がある。しかし，ゼイヴィアが嘘の理由を主張し続けるかぎり，他の人がゼイヴィアの試験結果を的確に理解できないだけではなく，彼が次回の試験で得点を伸ばせない可能性さえある。

**例**

恋人を若い女性に奪われたソフィアがこう言った。「そもそも別れようと思っていたのよ。彼といても退屈だったし。もっと早く別れるべきだったけど，何だか彼がかわいそうで」。

　ソフィアは恋人との関係が終わってしまったことを乗り越えようとしている。その別れを自分がより受け入れやすいものにするために，自分自身に対して，あるいは話を聞いてくれる誰かに対して，別れを正当化できる嘘の理由を後付けしたのである。

**例**

「いとこの結婚式にやっぱり参列すればよかったのかな。でもそんなに仲がよかったわけじゃない。しかも花嫁にも１度しか会っていないから，僕のことも覚えていないだろう。それに結婚のプレゼントも何を買っていいかわからな

かった。夫婦に必要なものはすべて持っていると聞いたし。とにかく参列者も多かったし，僕がいなくても寂しさなんてなかったはずさ」。

この程度の合理化は誰もが経験したことがあるのではないだろうか。結婚式に参列しなかった本当の理由は，もっと言いにくいものだったのだろう。もしかしたらプレゼントを買うのが惜しかったのかもしれない。着飾るのが面倒だったり，テレビで野球を観たかったのかもしれない。つまり，例の中で挙げられた理由は，結論とほとんど，あるいは何の関係もないのである。

## ▶誤謬を突く

合理化の誤謬を犯している相手には，本当の議論が提示されていないと信じる理由があることを伝えよう。相手の行動や考えの本当の理由を単刀直入に聞いてもいいが，おそらく相手は面目を保つために合理化しているのであるから，ありのままには話してくれない可能性が高い。合理化を行う論者には守りたい利益があり，本当の理由を明らかにすることでその利益を失う恐れがあるのである。よって，ゼイヴィアの入試の議論と同じように，論者が提示した議論の問題点を指摘することに注力したほうがいいだろう。

論者に対し，「その前提が間違っているか関係のないものだと証明されても，それによって裏付けられた信念や行動を主張し続けるのか」と聞いてみるのもいい。もし論者がイエスと答えたなら，提示した前提が結論に関連しておらず，議論に欠陥があることを論者自身が認めたことになる。もし論者がノーと答えたなら，論者が提示した前提が偽であるか関連性がないことを何らかの形で示し，論者の真意を問いただそう。この方法が成功すれば，論者が信念を捨てたり行動を変えたりするという最善の結果につながるかもしれない。

合理化は意図的な不誠実さに由来するものと解釈できる。したがって，論者は信念や行動に関する関連性のない嘘の理由を提示したとして，道徳的に恥をかくべきなのかもしれない。しかし，我々の主たる目的は本当の議論の質を評価することであるため，論者の不誠実さを暴くよりも，本当の理由を見つけることに労力を費やすべきである。

# ■ 誤った結論の導出（drawing the wrong conclusion）

**定義：議論のなかで提示された証拠では裏付けられない結論を導き出すこと。**

　誤った結論の導出という誤謬は，証拠から焦点がずれていることから**的外れの誤謬**（fallacy of missing the point）と呼ばれることも多い。結論が証拠の最も重要な部分からずれているのである。つまり，ある結論についての優れた根拠が提示されているにもかかわらず，論者がそこから誤った結論を導き出すケースである。提示された根拠から結論が導き出されたように見えたとしても，実際にはその根拠は一定の関連性があると思われる他の結論を裏付けている。根拠は提示された結論の真理や価値とは関係していないため，議論は関連性の基準に違反しているとみなされる。

　このように間違った結論を導き出したり，証拠の重要な部分からずれた結論を導き出したりする推論のなかには，故意に行われるものもある。それは例えば，被告を性的暴行で有罪と主張する検察官が提示した証拠が，別の結論，つまり性的暴行の凶悪さを示すものであった場合などである。このとき検察官はもちろん，証拠が実際に支持する暗示的な結論（性的暴行が凶悪な犯罪であること）ではなく，明示的に述べた結論（被告が性的暴行で有罪であること）を陪審員が導出するように願っている。しかし，これによって有罪判決が下されてはならない。もしここで陪審員が有罪という結論を受け入れるのならば，陪審員自身も間違った結論の導出の誤謬を犯していることになる。

　注意深く議論を構築しなかったために間違った結論を導き出してしまう場合もあるが，論者のわずかな，あるいは無意識の先入観が原因となることが多い。ある結論が真実であってほしいと願うあまり，提示した証拠が支えていない結論を導き出してしまうのである。例えば，論者が社会における女性の不公平な扱いについて懸念を感じているとする。その場合，論者はある特定の男女平等法案を嘆願する裏付けとして，社会におけるあらゆる女性への差別的な行為を列挙するかもしれない。しかし，それは我々の文化が男女差別的であることの証拠にはなるかもしれないが，必ずしもその特定の男女平等法案を可決することの根拠にはならない。

例

テキサス州のソドミー法<sup>訳注 1</sup> に関する最高裁の判決が出た後にジョージ・W・ブッシュ元大統領が会見を開いた際に，「同性婚についてどう思うか」という質問が出た。ブッシュ大統領は，「結婚は神聖なものであると信じているため，男女間で行われるべきだと考えている」と答えた。大統領の発言を議論と捉えるならば，標準形式に落とし込むと以下のようになる：

結婚は神聖なものだと私は信じている（前提）
したがって，婚姻関係は男性と女性の間で結ばれるべきものと私は信じている（結論）

　大統領の議論において，結論への流れは不快な論理の飛躍になっている。「結婚の神聖さ」と「婚姻関係は男女間で結ぶべきものである」ということのつながりを示す理由がまったく提示されていない。寛容の原則をもって“神聖さ”を“神の力による”あるいは“神が定めたもの”と解釈したとしても，追加の前提やさらなる説明がないかぎり，結婚の神聖性に関する主張と，それが男女間のものであるべきという大統領の議論の結論の間のつながりは明確でない。もちろん，この争点について大統領は有権者を意識して綱渡りをしていることぐらい，ほとんどの人がわかるだろう。いずれにせよ，ブッシュ元大統領は唯一の前提から明らかに誤った結論を導き出したといえる。

例

「公立学校の教師の評価は現在，管理者がときおり形だけの確認を行っていればまだよいほうであり，非常に不適切である。能力のない教師であっても，教育現場から排除する効果的な方法がないのが現状だ。したがって，教師とは有期契約を結び，教師は任期満了となったら求職市場へ戻り，通常の手続きに則って新たな職を探すべきである」。

　教師を有期契約で雇うことの正当な理由は他にあるのかもしれないが，この

例で提示された証拠からその結論を導き出すことはできない。導き出せるより
適切な結論は，例えば，無能な教師を解雇する正当な根拠を提供できる評価制
度を導入すべきだということだろう。

### 例

「記者の役割は公衆に情報を提供することである。そして正義がなされるには
公衆が広い見識を持っていることが必要であるというのは，我々すべてが知る
ところである。しかも，公職にある人物が真実を伝えず疑わしい行動をとった
りした場合には，記者がその背景にある事実を掘り起こして公開することに
よって，公職にある人々が誠実に務めを果たすことを促すのである。したがっ
て，情報源を明らかにしないという理由だけで新聞記者を投獄することは，著
しく不公正である」。

　この議論で提示されている証拠は，新聞記者が読者にとって有益で重要な
サービスを提供しているということを示している。しかしながら，裁判所が記
者に対して不公正であることの裏付けにはなっていないため，提示された証拠
から導き出されたものとしては結論は不適切である。

## ▶誤謬を突く

　この誤謬を突くには，論者が結論を修正できるように，提示されている証拠
から正しく導き出すことのできる結論を指摘するのがよいだろう。しかし，証
拠から間違った結論を導き出してしまったことを論者が認めないことも予測さ
れるため，どの証拠からどんな結論が導き出せるかを根気強く納得させること
が重要である。もし論者が，証拠が指し示す"正しい"結論には興味がなく，
当初の結論に固執するようであれば，その結論にはまったく別の根拠が必要で
あることを指摘しよう。

　もちろん，この場合も論外の反例を使うことができるので，例を挙げておこ
う。「あなたと私は好みが同じだし，1 人よりも 2 人で暮らしたほうが安くあ
がるし，相乗りで通勤もできる。だから結婚しましょうよ」。

# ■ 誤った根拠の提示（using the wrong reasons）

**定義：不適切な根拠をもって主張を裏付けようとすること。**

　この誤謬は，"誤った結論の導出"とは逆の誤謬であると説明するのが最良だろう。"誤った結論の導出"と，"誤った根拠の提示"の違いは，議論のなかでどこに重きが置かれているかに注目すればわかる。もし論者が，自ら提示した証拠について的外れな解釈をしているのであれば，誤った結論の導出である。一方で，論者がある結論を裏付けようとして，不適切な証拠を提示している場合は，誤った根拠の提示である。誤った結論の導出の場合は通常，前提を提示した後に誤った結論が導き出される。一方で誤った根拠の提示では，誤った証拠が提示される前に結論が述べられる。この2つの誤謬が混同されがちなのは，標準形式にすると似通ってしまうからである。しかし，標準形式にする前の議論を見れば違いは明らかである。

　なぜ論者は結論に対して間違った根拠を提示するのだろうか。単に不注意からくる場合もあるだろう。論者が既に結論が真実だと確信しているがために，関連していそうな根拠すべてが裏付けになるものと勘違いしてしまうのである。また，結論を述べて議論を始めたものの，それを支持する適切な関連性を満たす根拠を見つけることができなかったという場合もある。

　誤った根拠の提示という誤謬は，政治的な討論でみられることが多い。特に，政府による事業や政策に反対する議論によく登場する。例えば，特定の目的を達成することができないという理由から，事業や政策に反対する議論を聞くことがある。しかし，そもそもその特定の目的が，その事業や政策によって達成が見込まれるものでないものであれば，間違った根拠で批判していることになる。つまり論者が勝手に事業の目的や果たすべき機能を設定し，それを達成できないとして批判しているのである。どの事業や政策，法案にも，立案者自らが認める限界というものがある。さらには，実行に移された際に，最も理想的な結果を生み出せる事業はほとんどない。したがって，最も理想的な結果にならなかったからといって，悪い評価を与える理由にはならない。他の目的を達成できている場合や，他の重要な機能を果たしている場合には特に，それが完全に悪いものとは評価できない。特定の事業に反対する正当な理由や適切な根

拠は存在するのかもしれないが，それはその事業の現実的な目標や役割と関連していなければならない。そうでなければ，その事業に反対する判断は誤った根拠を提示していることになるだろう。

例

「特定の年齢グループは，タバコの宣伝の対象に入れるべきではない。タバコはがんを引き起こすと指摘されており，お金のかかる生活習慣であり，タバコの煙を我慢せざるを得ない家族や友人などを不快にさせている」。この議論を標準形式に再構成すると以下のようになるだろう：

1. タバコはがんを引き起こすと指摘されている（前提）
2. タバコは高価である（前提）
3. 副流煙は他者を不快にする（前提）
  したがって，特定の年齢グループに対してタバコを宣伝するべきではない（結論）

標準形式にすると誤った結論の導出の誤謬のように見えるが，元の議論では論者が最初に結論を述べて，その結論を不適切な根拠で裏付けようとしているのが明らかだった。ここで挙げられている根拠はタバコを吸わないことの理由としては適切かもしれないが，この議論の結論の裏付けとしては関連性に乏しい。「特定の年齢グループに対してタバコを宣伝すべきではない」という結論を導き出すためには，まったく違った根拠が必要である。

例

次の会話は哲学を専攻するオーウェンと，彼を批判するリンの会話である：
オーウェン：何を専攻するか迷っているなら，哲学を検討してみるといいよ。ほとんどの問題について明確かつ効果的に考える方法を学べる。それに知識や倫理，宗教，美に関する問題など，すべての人類が直面する基本的な考え方についての洞察力を与えてくれるんだ。
リン：哲学は時間の無駄よ，オーウェン。哲学が今挙げた問題を解決すると思っているの？

オーウェン：全部じゃないかもしれないけど，一部の問題の答えは出せるさ。

リン：どの問題が解決済みなの？　2400年前にソクラテスが答えを出そうとしていた同じ問題について，現代の哲学者たちもいまだに答えを探しているんじゃない？

オーウェン：君の言う通り，ソクラテスはたくさんの問題を特定したが，そのほとんどの答えを見つけることができなかった。

リン：じゃあなんで何も解決しない学問を勉強して時間を無駄にしているの？

　リンが理解していないのは，彼女が勝手に哲学の目的と設定したことを，哲学者は哲学の課題であるとは主張していないということである。哲学に対してリンが勝手に設定した目的を達成できないからといって，哲学を勉強して「時間を無駄にすることをやめるべき」という理由にはならない。リンは哲学の勉強が時間の無駄であるという結論を裏付けるのに，誤った根拠を示している。

**例**

銃規制法案を批判する人は，「法案によって犯罪者が銃を使って罪を犯すことは防止できないため，規制には意味がない」という。だが，これは間違った根拠を使って銃規制法案に反対しようとしている。銃規制法案を推進する人は，犯罪防止という観点において法案が発揮する効果は限定的であることを理解している。重大な罪を犯す者が，銃の販売規制や登録制度に影響される可能性が低いこともわかっている。これらの限界を理解したうえで銃規制法案は提示されているため，そのような理由から規制を批判することは公平性と関連性を欠く。銃規制法案は，例えば家庭内のいざこざを解決する手段として銃を手に取りやすい環境を減らすといった，別の重要な作用を見込める可能性がある。さらには，銃の事故による死者を減らす効果もあるかもしれない。よって，限界はあるにせよ，銃を規制する法案を可決することには意義深い理由があると，推進者は考えているのである。銃規制法案に反対したいのであれば，法律が施行されてもそれが目指す機能が果たされない，あるいは法案と対立する重要な原則があるといった理由を提示すべきである。

## ▶誤謬を突く

　誤った根拠を提示するという欠陥を持つ推論については，論者が提示した結論には同意できるが，根拠に同意できない状況が多い。その際には論者に対し，「あなたの考えは興味深いし正当な裏付けもできそうだが，いま挙げた根拠は違うと思う」と伝えるといいかもしれない。より関連性が高く適切な根拠を示すのもいいだろう。

　ある事業や政策に批判的な人が見当違いな目標や機能を設定してそれらを不当に評価することを避けるには，その事業や政策が達成しようとする目的の範囲をできるかぎり明確にするべきである。そして聞き手に対し，その事業や政策に限界があることは理解していると可能なかぎり繰り返し言及するのもいいだろう。そうすれば批判者による不当な攻撃を避けることができるかもしれない。それでも相手が批判をやめないなら，相手が主張を誤って解釈し，誰も主張していない主張を攻撃していることを指摘してあげよう。

## 課　題

I.　**無関係な前提の誤謬**：以下の各議論について，①無関係な前提の誤謬の種類を特定し，②関連性の基準にいかに違反しているか理由を述べよ。本節に登場した各誤謬が2回ずつ登場する。アスタリスクの付いている問題については，巻末に解答例を載せた。

*1.　3年生の新しい先生として，カレン・コックスを採用すべきだ。この地域に住んでいるし，この学校に子どもを通わせている。それに子どもとかかわることが好きで，PTAにも積極的に参加している。

*2.　妊娠している花嫁は純白のドレスを着るべきではない！　純白のウエディングドレスは純潔を表すものだ。そういう意味で，デブラ，あなたには着る資格がない！

3.　誘われたとしても行かなかったよ。あんなやつらと一緒にすごすなんて時間がもったいないし，この冬はすでに2回もスキーに出掛けているから。

*4.　僕は『プレイボーイ』誌を購読しているけど，それは素晴らしい記事を読むためだよ。先月号にもイラク戦争に派遣された退役軍人がPTSDに苦しんでいるという読み応えのある記事が載っていた。

*5.　博士号を持っていない人の多くが，博士号を持っている人よりも優れた教師だ。

博士号を取得したからといって，よい教師になれるとは限らない。だから，化学科の教員として博士号を持っている人を雇うことには反対だ。

6. ヘンリー：ダイエットをやめたんだ。結果が出なくてね。

   リチャード：でも効果が出ていると思っていたよ。10キロ近く痩せたんじゃない？

   ヘンリー：痩せたことは痩せたんだけど，社会生活のほうが全然改善していないんだよ！

7. 息子はボーイスカウトに入れない。だってもともとは自警団的な組織として発足したことを知らないの？　しかも軍の偵察マニュアルに沿って子どもたちを訓練していた。スカウトという言葉は軍の偵察活動を意味するの。自分の子どもがそんな組織に入るなんて私は許さないわ。

8. 学校の成績からは，どんな学生なのかをほとんど知ることができない。企業や大学院が学生を選考にかける際，成績証明書を参照してある科目でBマイナスを取ったことがわかったとしても，その科目で学生が具体的にどのような成果を上げていたのかはほとんどわからない。だから成績判定には単純な合否方式を用いるべきだと考えている。

# 関係のない訴えかけの誤謬

問題になっている主張の真実や価値とは無関係な要因を引き合いに出して結論を裏付けようとする誤謬には，複数の種類がある。例えば，実際は権威者ではない人の権威に訴えたり，争点について多くの人が抱いている見解に訴えるものがある。あるいは情動面に働きかけようとするものもある。従来のやり方への訴えや，脅迫や強要によって相手に主張を受け入れさせようとする訴え，相手の利益に狙いを当てた訴えがある。さらには，他者の強い感情や態度，先入観などを利用して，主張や行動を受け入れさせようとする訴えもある。

## ■ 無関係の権威者に訴える誤謬
　(appeal to irrelevant authority)

**定義：**その領域の権威者でない人や正体が明かされていない権威者，考え方の偏った権威者の意見を引き合いに出して，主張を裏付けようとすること。

　ある分野における権威者とは，その分野の知識にアクセスできる人や，訓練や能力によってその知識から適切な推論ができる人のことである。加えて，健全な判断を下したりそれを率直に述べたりすることを妨げるような先入観や利益相反がない人物であることも要求される。

　ある分野で有能な権威者の発言などを使って，その分野に関する主張を裏付けようとすること自体に不適切なところは何もない。しかし，上記の条件を満たさない「権威者」の発言などを議論の根拠とする場合，その議論は誤謬とみなされる。

　この誤謬の最も典型的な例は，ある分野の権威者の発言を，その人の専門分野外の議論に使うものである。例えば，芸能人やアスリートの発言を自動車のマフラーや除草剤についての主張を裏付けるために使ったり，宗教的な発言を裏付けるために生物学者の発言を利用したり，政治家を結婚や家族についての専門家として扱ったりする場合である。実際，有名で高名な人物の発言は，ありとあらゆる分野に関する主張の根拠として挙げられることが多い。その好例が広告である。

　素性が明かされていない権威者は，実際に有能かどうか決定しようがないため，疑わしい。その権威者が誰であるのかがわからなければ，その発言を根拠として認めるべきかどうか判断するすべがない。よって，そのような権威者の主張は関連性を満たさない。

　また，考え方の偏った権威者を持ち出すのも不適切である。たとえ適切な訓練を積み，適切な能力を持ち，あるいは適切な立場にいる人物であったとしても，議論されている問題にその人の利害が左右されるのであれば，その人物の発言は疑いをもって見るべきである。

　主張の根拠として，資格のない権威者や素性が明らかでない権威者，あるいは考え方の偏った権威者の発言を使う論者は，結論を裏付ける証拠を提示していないことになる。同程度の能力があって偏見のない 2 人の権威者が相反する証言をしている場合は，どちらの証言も採用しないのが適切な対応である。いずれかの主張を採用するのであれば，独立した証拠がなければならない。

> ## 例

「環境汚染に関する不正行為について，政府が無関係であるとは言えない。アメリカの水質汚染の 50 パーセントは政府系機関に責任があると書いてあった」。この無関係な権威への訴求の議論を標準形式にすると以下のようになる:

1. アメリカの水質汚染の 50 パーセントは政府に責任があると，情報源は定かではないが書いてある（前提）
2. ［水質汚染は悪いことである］（暗示的な道徳的前提）
   したがって，政府はアメリカの飲み水を不当に汚染している（道徳的結論）

　アメリカにおける水質汚染のほとんどについてアメリカ政府に責任があることは事実なのかもしれないが，根拠として提示された主張の発言者が不明であるため，この議論の結論の論拠を信ずる理由はない。問題になるのは論者の誠実さではなく，議論の質である。最初の前提は，証拠として採用すべき人物の発言であるかどうかがわからないため不適切である。したがって，この議論の結論を裏付けるとも裏付けないともいえない。

> ## 例

「この新カリキュラム案を採用すべきだ。大学の理事会が満場一致で支持している。大学の運営を任された人々は，大学にとって最良のカリキュラムを知っているに違いないからだ」。

　実質すべての大学で，理事会はカリキュラムの決定を当該分野の専門家集団である教員に任せている。大学の理事会は財政や組織に関する問題については専門家かもしれないが，カリキュラムの専門家ではない。よって，カリキュラムを採用する根拠として理事会による支持を挙げることは無関係の権威者に訴える誤謬であり，優れた議論の関連性の基準に違反している。

> ## 例

「上院議員，もし FBI が許可されていない行為や不法行為を行っていると主張するのであれば，真相を究明するために FBI の長官と職員に証言してもらいま

しょう。FBI の活動に関する問題ですから，長官や部門の責任者に証言しても
らうのが最も適切です」。

　FBI の活動に関する調査のほとんどについては，FBI の長官や部門責任者と
いった権威者に聞くのが適切だろう。しかし，この例で扱っているのは FBI
が不正な活動をしているのではないかという問題であり，長官自身がそのこと
に関与している可能性もあるため，その証言を採用できるかは疑問である。

## ▶誤謬を突く

　ある主張を支える議論が，権威者の身元を出さずに根拠を示しているのであ
れば，その身元を明かすように求めるのが第一歩となるだろう。論者が権威者
の身元を明かしてくれれば，標準的な手順で議論を評価できる。論者が権威者
の身元を明かすことができず，特に対象となっている問題が重要なものであれ
ば，その証言は結論の裏付けにはならないと判断すべきである。
　権威者の考え方が偏っているかどうかについて考える場合は，「その人は偏っ
ている」という主張によって情報源を無意味であると性急に判断を下すべきで
はない。残念ながら，どのような権威者であっても，その考え方が偏っている
と判断できる理由を見つけたりでっち上げたりすることはよく行われる。偏見
さえなければ権威者であると考えられる人に対して「偏見がある」と指摘する
のは，偏見の可能性が明らかで，真実の発見を妨げる可能性がある場合に限る
べきである。名前の挙がった権威者に関して利益相反を疑うのであれば，その
権威者が偏見を持っているとか不誠実であるとか非難せずに，疑われる利益相
反について説明するといい。そうすれば少なくとも利益相反の有無について議
論できる状況を作れるだろう。
　もし畑違いの権威者が引き合いに出されているのであれば，論外な反例を
使ってみるのも手である。例えば，「ヘインズの下着に関する主張を裏付ける
ためにマイケル・ジョーダンの証言を使うことはないよね？」と聞いてみよう。
ジョーダンは下着の専門家だと論者が思っていないかぎり，根拠の不適切さを
理解してくれるだろう。「それとこれとは話が違う」と言われたなら，具体的
にどのあたりが違うのか理由を説明するように求めよう。
　最後に，議論の根拠に偉人の名前が出たからといって信じるのはよくない。

ウィリアム・シェイクスピア，エイブラハム・リンカーン，キリスト教伝道師
ビリー・グラハム，マーティン・ルーサー・キング・ジュニア，天文学者カー
ル・セーガンなどの高名な偉人たちが精通している分野はきわめて限られてい
る。彼らはそれ以外の分野について権威者として発言する立場にはない。

## ■ 衆人の意見に訴える誤謬（appeal to common opinion）

**定義：**単に大多数の人々が受け入れているという理由で，ある主張を受け入れ
させようとすること。あるいは，きわめて少数にしか受け入れられていないと
いう理由で，ある主張を拒否させようとすること。

　この誤謬はバンドワゴン効果の誤謬（bandwagon fallacy），あるいはラテ
ン語では人々の合意（consensus gentium）とも呼ばれる。バンドワゴンと
いう表現は，サーカスのパレードで音楽隊の乗った車に皆が群がるように，「あ
る考えや行動を皆が受け入れているから正しいに違いない」と主張されること
に由来する。consensus gentium は"人々の同意"という意味である。大多数
あるいは少なくとも多くの人々によって受け入れられている主張は，真実であ
るとか信じるに値すると思ってしまいがちである。しかし，ある考え方や主張
の真実や価値は，それを支持する人の数に左右されるものではない。
　私たちは，映画館の前に長蛇の列ができていればいい映画なのだろうと思う
し，駐車場に多くの車が駐まっていたらそのレストランはおいしいのだろうと
思ってしまう。しかし覚えておかなくてはならないのは，大衆は正しい判断を
することで名高いわけではない。レストランが混んでいる理由としては，おい
しい高級フランス料理のフルコースが食べられるからということ以外の理由も
考えられる。
　結論の裏付けとして多くの人が支持している・支持していないという事実を
持ち出す議論は，無関係な訴えかけを用いている。優れた議論の条件では，結
論の真実や価値に関連する要素を裏付けとして論者が使うことが求められるた
め，この議論は優れた議論とはいえない。

### 例

「日焼けマシンが安全でないならば，何百万人ものアメリカ人が毎週使うわけないだろう。それと同じように，太陽はいわれるほど肌に悪くないはずだ。みんな太陽を目当てに毎年ビーチに出掛けるんだ。ビーチに出掛けてホテルやビーチハウスで過ごす人なんていないよ」。

　多くの海水浴客や日焼けサロン愛好家が真実だと思っていることは，実際にそれが真実であるかどうかとは関係がない。多くの日焼けしたい人が実際に行っている行動から，この問題について何かを推測すべきでもない。標準形式に再構成して考えてみよう：

1. 何百万人ものアメリカ人が日焼けを目的に毎週日焼けサロンに通ったり毎年海に出掛けたりしている（前提）
2. 多くの人が実践していることが有害であるわけがない（前提）
　したがって，日焼けサロンやビーチで日焼けすることは，肌にとって悪くはない（結論）

　標準形式に再構成して2つ目の前提を明示したことにより，示された前提から結論を導き出せると考える人はいないだろう。この主張に対する反証は，飲酒運転をする人がたくさんいることなど枚挙にいとまがない。これが議論を再構成するメリットの1つである。標準形式になって内容が明確になった議論を見ただけで，深刻な欠陥が一目でわかるはずである。

### 例

「大麻は完全に悪いとはいえない。昨日のウォール・ストリート・ジャーナルに掲載された調査会社ギャラップの調査によると，アメリカの成人人口の60％以上が大麻は問題ないと答えている」。

　大麻の有用性や危険性を世論調査で確認することはできない。世論調査で人々の考えや行動がわかったり，今後行いそうな行動を知ったりすることはできるが，考え方，主張，行動の価値について，調査からはほとんど何も導き出

せない。

例

「レディー・ガガの新作アルバムを買おうと思うの。もう１カ月以上もチャートで１位になってるから，いいアルバムに違いないわ」。

　多くの人が何をしているかや何を考えているかといったことが示すのは，多くの人が何をしているかや何を考えているかにすぎない。新作アルバムの質はもとより，問題になっているものの質については何も示していない。

## ▶誤謬を突く

　この論法は，誰もが使いたいと思う魅力的なものである。そのため，「大勢あるいは大多数の人々が認めていたとしても，それを根拠に何か推測できることはない」と，日々自分に言い聞かせなくてはならないかもしれない。ある主張が真実かどうか，あるいは肯定されるべきかどうかに関して，世間の意見は関係がない。

　この誤謬を使う論者に対しては，世論は変わりやすいものであると再認識してもらおう。これを理解してもらうためには，まずは半年の間に世論が変わった問題についての信頼性の高い世論調査を探す。そして，世論を用いて論じている人に，世論調査が11月に行われたか４月に行われたかで，ある主張の真実性や行動の正しさが左右されることが適切であると思うか，聞いてみるといい。

　それでも論者が納得しないのであれば，科学や歴史の分野で多くの人が信じて真実だとされていたことが，後に誤りと判明したことや，その逆の事例を示そう。その論者が過去に，「大勢に支持されているからといって正しいとは限らない」と判断した経験をもつのであれば，それを思い出させるのも手である。多くの人々が信じていることは根拠にならないということを，その論者が最近正しく判断できた事例をもとに提示するのである。

# ■ 力や脅迫に訴える誤謬 （appeal to force or threat)

**定義：** ある主張を相手に受け入れさせるために，証拠を提示するのではなく，受け入れなければ好ましくない状態になると脅迫すること。

「ある行動をとることや，逆に行動しないことが甚大な結果につながる」と指摘することは悪いことではない。その指摘によって態度を適切に改める人もいるかもしれない。しかし，もし「何らかの好ましくない行動や事態が発生する」と言って相手を脅迫して，自分の主張を受け入れることを強いるのならば，論者は優れた議論の関連性の基準に明らかに違反する無関係の訴えかけを行っている。

　この誤謬の1つとして挙げられるのが権威主義（authoritarianism）である。権威主義とは，権力や影響力を使って自らの主張や他者の主張を受け入れさせようとするものである。本来評価されるべき該当分野での能力や知識，専門性ではなく，権力や影響力を理由に説得が行われる。この場合に使用されているのは，信念の真実性や行動の正しさを示す関連性のある根拠ではなく，脅迫に満ちた服従の要求である。

　力への訴えはほとんどの場合，特定の考え方へ導くというよりも，何らかの行動に導くために用いられる。例えば全米退職者協会（AARP）のロビイストが議員に対して，その議員の選挙区には AARP に加入する1万人の有権者がいることを述べたうえで，特定の法案に賛成するように言ったとする。この暗黙の圧力は，法案に賛成することが正しいかどうかとは関係がない。圧力をかけることによって望んだ結果が得られたとしても，それは優れた議論の結果ではない。このロビイストの議論は，提示した（脅しを含む）前提が法案の価値とは関連していないため，優れた議論とは言えない。

### 例

大学院の指導教官が，指導対象の学生に対して博士課程継続の見返りに性的な要求をするといったセクハラの事例を聞いたことがある人も多いだろう。このようなケースで，指導教官は要求の正当性について被害者を説得したのではない。説得したのは，プログラムを継続するには指導教官である自分の協力が必要だということだけである。そのため議論の質は悪いが，脅迫的な効果はあるかもしれない。その質の悪さを示すために標準形式に再構成してみよう：

1. 私はあなたとセックスしたい（前提）
2. ［私はあなたの今後のキャリアを実質的に完全に左右する立場にある］（暗示的な前提）
3. ［あなたは今後のキャリアを諦めたくないはずだ］（暗示的な前提）
4. ［もし私とセックスしないのなら，あなたのキャリアを私が諦めさせることになる］（暗示的な前提）
したがって，あなたは私とセックスをするのだ（結論）

　このような議論で要求の正当性に納得する人は1人もいないだろう。しかし，脅迫は想像以上に要求への同意を生みだす。つまり，このような議論は結果を手に入れる有効な手段になるかもしれないが，暗示的に訴求された前提に関連性はなく，優れた議論ではない。

　**例**

以下の会話も権威主義の例である。
学生：ボルトウッド教授，今夜のゲスト講師による講演になぜ出席しなくてはならないのでしょうか？　授業時間外ですし，シラバスにも載っていませんでした。
ボルトウッド教授：私が決めたからだよ。

　学生が尋ねているのは課外授業に出席しなくてはならない理由だが，ボルトウッド教授の返答は権威主義的である。単に教授という権力を使って学生たちを従わせようとしている。つまり適切な根拠で要求を裏付けずに暗示的に脅迫しているため，教授は誤謬を犯している。

　**例**

ある女性経営者が地元紙の編集長に対し，その地元紙に多額の費用を払って広告を出していると述べたうえで，彼女が飲酒運転で逮捕されたことは掲載されないのが望ましいと言った。

　これは明らかな脅迫の例である。この経営者は広告を減らす可能性があると

暗示的に脅迫しているが，それ以外に自らの逮捕を掲載しないほうがいい理由は述べていない。脅迫は，何かをしたり何かをしなかったりすることの適切な理由にはならない。脅迫は効果的かもしれないが，論点の価値とは無関係であるため，本来効果があってはならないものである。

### ▶誤謬を突く

　脅迫の圧力に耐えるのは難しいこともある。自分の弱点を突いてくるような脅迫者であればなおさらである。このような不当な訴えかけをはねのけられるかどうかは，言われた側の身体的・経済的・職業的な安全や安定の感覚によるかもしれない。しかし，少なくとも相手が圧力や脅迫を使っているということは明確に示さなくてはならない。その方法の１つとしては，「あなたの要求をのまなければあなたに何をされるかはわかっていますが，その要求に私にとってのプラスの理由はありますか」と述べることが挙げられる。

## ■ 伝統に訴える誤謬（appeal to tradition）

**定義**：証拠ではなく，特定の伝統に対する人々の畏敬の念や敬意を利用して主張を受け入れてもらおうとすること。特に，より重要な原則や問題がかかわっているときに試みられる。

　伝統的な方法を大切にするのは，それに対する心地よい気持ちや温かい気持ちのためかもしれない。だからといって，特により重要な原則が問題になっている場合には，伝統的な方法が最善であるとする理由にはならない。過去に対する愛着心は，多くの人が持つ心地よいものである。多くの伝統によって重要な社会的機能が維持されていることも事実である。また，これまでの英知が活かされている伝統であれば，社会的交流によって生み出される問題にいちいち新たな解決策を考え出すという大変な作業からも解放してくれる。

　しかし，多くの伝統に暗いマイナスの側面があることも事実である。当初は正当な理由があったとしても，現代では適切でない場合もある。強力な伝統によって不正義が見過ごされ，よりよい方法の導入が妨げられることもある。特定の行為が伝統となっているという事実は，それが賢いやり方か愚かなやり方

かを示すものではない。より重要な原則が問題となっているのでなければ，伝統に訴えることは誤謬でもなく懸念すべきことでもない。しかし，伝統に固執することによって正しい情報に基づいた熟考から編み出された解決策が妨げられる恐れがあるならば，その伝統が持つ長所と短所の重みを比べなくてはならない。もしある伝統が深刻なマイナスの側面や有害な特徴を有するならば，伝統であることは二次的な問題である。より重要な検討事項がある場合に伝統に訴えて相手を説得しようとする議論は，無関係の根拠で説得を行う誤謬である。

**例**

「エイミー，あなたとダンがなんで息子さんに割礼を施さなかったのか理解できないわ。伝統なんだからやるものでしょう？　男児ならユダヤ教徒じゃなくても，私たちの文化では割礼を施すものよ。ダニエルが成長して他の男の子と同じでないと理解できるようになったら，どんな理由で割礼をしないと決めたとしても，そんなことは一切関係なくなるのよ」。

　この議論を標準形式にしてみよう：
1. 我々の文化では男児は伝統的に割礼を受けるものである（前提）
2. 割礼を受けていない男児はいずれそれを恥ずかしく思うようになる（前提）
3. ［より重要な何かに反することがなければ，伝統は守るべきである］（暗示的な道徳的前提）
4. ［より重要な問題はない］（暗示的な前提）
　したがって，親は息子に割礼を受けさせるべきである（道徳的結論）

　ユダヤ教徒ではない男児に割礼を施す理由として挙げられているのは，割礼が伝統であるということである。しかし，このケースで伝統に訴えることは不適切である。なぜなら，伝統の安心感よりも優先されるべきより重要な問題が複数あるからである。まず，割礼を行う当初の宗教的理由は，ユダヤ教徒ではない親にとっては検討すべき関連性のある理由ではなくなっている。2つ目に，割礼が健康によいとする見解は医療の専門家によって支持されなくなっている。3つ目に，男児の体にメスを入れるこの行為には，相当な身体的苦痛と金銭的負担が伴う。4つ目に，2つ目の前提には信頼できる根拠がないというこ

とがいえる。伝統の安心感は，これらのより重要な問題を凌駕するほど強固な
ものではないと考えられる。

### 例

「でもクリステン，私たちの家系は代々南部バプティストの教会員なのだよ。
おじいちゃんは南部バプティストの牧師だったし，おじさんも 2 人が南部バ
プティストの牧師だ。お母さんの実家だって南部バプティストだ。それなのに
メソジスト派の教会に通おうとしているなんて理解できないよ」。

　クリステンの父親は，家族のしきたりに関する複数の例を挙げている。しか
し，家族のしきたりを重んじる気持ちにしか言及しておらず，より重要な教会
そのものの特徴や神学的な側面については何も触れていない。

### 例

「私が公立学校に通っていたときは，毎日授業が始まる前にお祈りをささげて
いた。私にとってはすごく意味があることだった。子どもたちの学校でお祈り
がないのは理解できない」。

　最高裁は，「公立学校でのお祈りを州政府が義務化することは"宗教の樹立"
に当たる」との判決を下している。この例では，関連するより重要な原則であ
る最高裁判決に対する反論を述べておらず，伝統の心地よさだけをよりどころ
にしている。

### 例

「バージニア州立軍事大学は，女性の入学を許可するべきではなかった。ストー
ンウォール・ジャクソンが教壇に立っていた時代から，この大学は男子のみの
大学だった。私の父親はこの大学出身で，朝鮮戦争に出征し命を落とした。今
では女子も入学できると父が知ったら激怒するだろうね」。

　この主張については伝統よりも重要な問題が複数ある。まず，バージニア州
立軍事大学は税金で運営されている州立大学であり，性別に関係なくすべての

州民に入学する機会が均等に与えられるべきである。2つ目に，この大学は過去の入学指針において女性を差別的に扱っていた。3つ目に，そのような方針は許されないとの判決が裁判で下されている。つまり，どれほど伝統に思い入れがあったとしても，これらの政治的・道徳的そして法的側面が伝統を上回ることは明らかである。

## ▶誤謬を突く

まず相手に伝えるべきことは，伝統的なやり方それ自体が間違っているわけではないという点である。自分だって従来のやり方のほうが落ち着くこともあると認めてもいいかもしれない。他に重要な問題がなければ，家族のしきたりや文化的伝統を守ることは推奨されるべきことだろう。しかし，もしその伝統よりも重要な問題が存在するのであれば，伝統を変えるか廃止する理由になりうることも指摘しよう。そのような場合，過去に対する思い入れは，現在何を行うべきかを考えるにあたって関連性をもたない。

# ■ 私利に訴える誤謬（appeal to self-interest）

**定義：**より重要な問題が関係しているにもかかわらず，相手の個人的状況や利益だけに訴えかけることで，特定の主張を許容したり拒否したりするように説き伏せること。

より重要な問題があるにもかかわらず，個人の状況や利益に訴えかけて主張を通そうとする議論は，結論に対して適切な裏付けを提供していない。この場合に“より重要な問題”とみなされるのは，他者に重大な影響を及ぼしたり，現在および未来において社会に大きな影響を与えたりするものを指す。

私たちは日常的に，自分自身や家族，そして友人の人生や幸福に利するものは何かと考えたうえで決断・行動していて，それ自体は間違っていない。自分の利益がより大きな問題とぶつかったりそれを無視したりしなければ，自分の利益を考えることは適切といえる。しかし，より重大な問題がかかわっているときに個人の状況のみに訴える議論は，優れた議論の関連性の基準に違反するものである。ある公共政策案がその人の私的な生活に及ぼす影響は，その政策

案の価値を判断するにあたっては関係ない。例えば，ダフィー上院議員がワシントン DC に 2 件目の家を持っていることが，2 件目の家の住宅ローンの金利を税控除の対象から除外する法案の可否を決める理由になってはならない。もしダフィー上院議員がこの法案を通すことで経済の活性化や福祉の向上に貢献すると考えるのであれば，支持すべきである。

　皮肉なことに，個人的な状況や願望を理由に相手を説得しようとする人のなかには，相手が他の問題について自分の利益だけを理由に受け入れたり拒否したりした場合，それは論理的・道徳的に問題があると考える人もいる。慎重に考慮する場合には，この誤謬を犯す人でさえ，影響がより広範囲に及ぶ問題について個人的な状況や利益を考慮して判断することは間違っているとわかっているのだろう。

　この誤謬は道徳的な問題であり，論理上の問題ではないと考える人もいるだろう。自己の利益や道徳的な利己主義は，道徳哲学の専門家や有徳な人生を送っている人々から否定的に見られる道徳論の一種に含まれることは間違いない。しかしこれは論理的な問題でもある。議論の対象や結論を出すべき問題が，多くの人々の生活に影響する社会問題の解決や，社会の大多数あるいは全体に適用される政策についての結論に関するものである場合，特定の個人の利益を考慮することは論点をはずしている。問題の性質を考えれば，個人の利益を考慮すべきではないことがわかるはずである。

### 例

「所得税と譲渡所得税を減税する共和党の法案になぜ反対するのかわからない。あなたの収入ならこの法案が施行されれば大きく得するだろうし，所有する不動産や株を売るなら譲渡所得税が低いほうが手元に残る金額が多くなるはずだ」。標準形式に再構成してみよう：

1. 共和党の法案では所得税と譲渡所得税が減税される（前提）
2. この法案が施行されればあなたの利益になる（前提）
   　なぜなら，あなたは高収入を得ているし，譲渡所得税を支払わなくてはならない事態が想定されるからである（補完前提）
　したがって，あなたも法案に賛成するのが得策である（結論）

　論者が議論を提示している相手にとっては税率が低いほうが得かもしれない
が，それを上回る重要な問題が関連している。所得税や譲渡所得税を下げるこ
とで，政府の重要なプログラムが縮小されたり財政赤字が増えたり，あるいは
より深刻な経済的問題が起きるという影響が考えられる。個人的な利益は魅力
的かもしれないが，公共政策に関する法案の価値を判断するにあたっては関連
がない。

### 例

「ビーマー教授，本当に新しいカリキュラム案に公に反対する気ですか？　大
学の学長や学部長がかなり強く推している案ですし，あなたはまだ終身在職権
を得ていないのですよ？」

　この論者は，ビーマー教授の新しいカリキュラム案への反対を取り下げても
らいたいがために，ビーマー教授の個人的な利益に訴えている。教授が終身在
職権を得たいことは間違いないだろうし，学長と学部長がそれに大きくかかわ
ってくることは明白なので，この議論では学長や学部長との関係を悪くしな
いことがビーマー教授の利益になると暗示的に主張している。しかしより重要
なのは，教授の私利がどうであれ，そのカリキュラム案が承認されるべきもの
かどうかということである。

### 例

外国語を必修科目として維持することを求める大学の教員が，外国語を必修科
目から外そうという提案に反対するように別の教員を説得しようとする会話：
「クラウス教授，外国語が必修科目からなくなってしまえば，外国語を履修す
る学生が減ってしまうことがおわかりにならないのですか。あなたのスペイン
語を専攻や副専攻に選ぶ学生が減り，クラスが成り立つ人数が集まらなくなる
かもしれませんよ。そうすればあなたは職を失う可能性もあります」。

　すべての学生が外国語を履修すべきかどうかについては，それに関連する要
素を検討して決めるべきである。クラウス教授の授業に人が集まるかどうかと

いうことや，教授がクビになるかもしれないということは，ここでは関係ない。

### ▶誤謬を突く

　もし誰かが自分の個人的な状況や利益に訴えかけてきたら，自分の利益とは関連しない根拠を挙げてもらえるよう相手に求めれば，討議をポジティブな方向に向けられるだろう。その際には，問題になっている主張の真実性や正当性について検討したいのであって，論題は自分の私的な利益になるかどうかではないと明確に説明するべきである。そして相手が優れた議論を提示したならば，それが自分の利益になるとしても遠慮せずに堂々と結論を受け入れるべきである。

## ■ 感情に付け込む誤謬（manipulation of emotions）

**定義：**証拠を提示せずに，相手の感情に付け込んである主張を受け入れさせようとすること。

　この誤謬は**大衆受け狙い**（playing to the gallery）と呼ばれることもある。ここでいう"大衆"とは鋭敏でない一般人のことであり，強い感情や先入観に訴えかけられると簡単に左右されてしまうような人々のことを指す。ある見解に対して合理的な議論が存在しない際，このような訴えは，証拠ではなく強い思い入れによって特定の考えや行動を思慮なく受容させることにつながる。しかしながら，他者の感情を利用することは，優れた議論の関連性の基準に違反している。優れた議論においては，結論の真実や価値と関連する，あるいはそれに有利に働くような根拠が必要だからである。

　感情に付け込む誤謬には，名前が付くほど一般的な誤謬が５つある。"同情に訴える誤謬"，"ご機嫌取り"，"連座の誤謬"，"集団への忠誠心に訴える誤謬"，"羞恥心に訴える誤謬"である。不適切な形の同情への訴えは，最も一般的な感情に付け込む誤謬かもしれない。この誤謬は，より重要な原則や問題が関係している際に，適切な証拠ではなく相手の同情に訴えることで主張を受け入れてもらおうとするものである。

　**同情に訴える誤謬**（appeal to pity）は，事実問題を解決するにあたっては

絶対に使ってはならない。根拠をもって事実に関する主張を肯定あるいは否定することと，誰かを落胆させたり悲しませたり，何らかの精神的苦痛を感じさせるのではないかと考えることは，明らかに別問題だからである。しかし，ある行動の可否を判断するにあたっては，誰かを傷つける可能性を考慮することが適切な場合もある。このような思いやりに訴えかけるようなケースは，暗示的に道徳的原則に訴えかける道徳的議論である場合が多い。この場合，同情を誘う状況を説明することは，適切な道徳的考慮を促すものになる。しかし，適切かつ正当性の高い道徳的前提が関連しない場合に同情に訴えかけることは，人々の寛大な気持ちや他者への思いやりを悪用するものであり，より関連性のある原則や問題を無視するか，少なくともそれらを矮小化するものである。このようなケースにおいて同情への訴えは誤謬となる。

　ある主張を受け入れてもらうために，根拠を示さずに必要以上に相手を褒めたたえる**ご機嫌取り**（use of flattery）も，関連性を欠く訴えかけである。相手を高く評価すること自体はもちろん誤謬ではないが，それが議論における証拠の代わりに使われた場合には誤謬になる。

　**連座の誤謬**（guilt by association）とは，ある考えを相手に受け入れてもらうために根拠を提示する代わりに，「評判の悪い人や，相手が嫌っていたり通常意見が一致しない人々によって，相反する考え方が支持されている」と主張するものである。相手が個人的に敵視する人やイデオロギー的に対立する人と関連付けられることを避けるために，論者の考えを受け入れるように仕向けるのである。しかし，嫌いな人と関連付けられることを避けるために何かを信じたり行ったりしなくてはならないと強制されることに理由はない。好きな人とは常に意見が同じであり，嫌いな人とは常に意見が異なると考えるのは間違っている。

　**集団への忠誠心に訴える誤謬**（appeal to group loyalty）も，感情に付け込む誤謬の一般的な例である。誰であっても，家族やクラブ，学校，スポーツチーム，教会や宗教団体，企業や国など，何らかの団体の一員だと考えているだろう。そして多くの場合,我々はその団体に忠誠心を感じているものである。しかし，より大きな原則あるいは重大な原則が問題になっている場合には，忠誠心を根拠にすることは間違っている。より重要なグループへの忠誠心のために，重要度の低いグループへの忠誠心を捨てなくてはならない場合もあるだろ

う。あるいは，すべてのグループにとって重要となる問題の選択肢を考えるにあたっては，自分が所属するいかなる特定グループに対する忠誠心をも捨てなくてはならない場合も考えられる。

最後に紹介するのが**羞恥心に訴える誤謬**（appeal to shame）である。社会的あるいは道徳的に不適切な行動をとってしまった場合，我々はそれを恥じるものである。しかし，羞恥心を利用して感情に付け込もうとする行為では，我々が間違ったことや不適切なことをしておらず，恥ずかしく感ずる理由がないときに，特定の立場に不賛成だったりそれを検証しようとするのは恥ずかしいことだと思わせることにより，特定の考え方を受け入れさせようとする。

**例**

「お客様は株式市場をよく理解されているようですから，証券会社としての私たちの役割を説明すると退屈されるでしょう。事前に十分に調べて弊社のことを理解しているからこそ，ここにいらっしゃるのだと思います。本日はどのようなご用件でしょうか？」

この担当者は取引相手となる可能性のある人に対し，株取引で証券会社を利用することの価値に関連する根拠をまったく提示していない。しかし，よほど動じない人でないかぎり，このようなお世辞を並べ立てられた後に，「ちょっと待ってください，手数料はいくらですか？」とか，「その手数料には取引量が一定以上など，何らかの条件はありませんか？」とは聞けないだろう。

**例**

ウェイン：フレッド，君は僕の親友だろ。僕には本当に仕事が必要なんだ。6週間前にこの放送局の料理番組をクビになってから，毎日仕事を探しているんだけど全然見つからない。あの料理番組の仕事は僕に自信を与えてくれた。でもそれを失ってしまった。君は報道部の責任者なんだから，僕をニュースライターとして雇ってくれよ。僕はニュースを書けるよ，絶対に。

フレッド：だけどニュースライターは募集していないんだよ，ウェイン。間に合っているんだ。

ウェイン：わかったよ。でも次の仕事が見つかるまで何か仕事をくれよ。

フレッド：ウェイン，ニュースライターを雇うなら，このレジュメの中から選ぶよ。みんな放送ジャーナリズムの学位と経験を持っている人たちだ。君にはどちらもないだろう？

ウェイン：でも友達じゃないか，フレッド。友達としてお願いだよ。

フレッド：君を雇ったとしても，間違った理由で雇うことになってしまう。

この短い会話は，誰かを雇用する際の正当な根拠を明らかにしている。つまりまず人材を募集していること，そして必要な資格を満たしている人物であるということである。それこそが，このケースにおいての "より重要な問題" ということになる。その人が友達であって仕事を探しているということだけでは，雇う正当な理由にはならない。

### 例

「集団での性的暴行を目撃したことは問題ではないんだ，グロリア。疑いが掛けられているのは君の義理の弟なんだぞ。証言台に立って見たことを洗いざらいしゃべるなんてやるべきじゃない。自分の証言で親族が 20 年間投獄されることになってもいいのか？」。標準形式にすれば，論者が家族に対する忠誠心に訴えかける方法でグロリアを説得しようとしていることがわかるだろう：

1. 性的暴行の容疑者は君の義理の弟である（前提）
2. ［君は義理の弟が罪を犯したことを知っている］（暗示的な前提）
   ［なぜなら君はその場を目撃した，あるいは少なくとも彼が罪を犯したことを知っているからである］（暗示的な補完前提）
3. ［君は証言台に立って嘘をつくか真実を話すかを選べる］（暗示的な前提）
4. 真実を話せば君の親族は 20 年間投獄されるかもしれない（前提）
5. ［家族に対して忠誠心があるのであれば，嘘をつくべきである］（暗示的な道徳的前提）
   したがって，君は目撃証言をするにあたり嘘をつくべきである（道徳的結論）

このケースでグロリアの忠誠心に訴えるのは不適切であるが，グロリアの親族である論者はグロリアの家族に対する気持ちに付け込もうとしている。グロ

リアが誤謬に気づかなければ，誤審に加担する可能性がある。このケースにおいては家族への忠誠心を守るかどうかということよりも，誤審に加担するかもしれないことのほうが重大な問題である。

　　例

次の会話は最近耳に入ってきた男女の会話だが，羞恥心を利用して相手を操ろうとする典型的な例である。自動車のドアを開けなかった男性に対して怒っている女性が言った。「まともな男はレディにドアを開けるものよ！」。この場合，女性は自分が "レディ" であること以外に，なぜ男性がドアを開けなかったことによって恥じたりまともでないと思ったりしなくてはならないのかの根拠を示していない。

　　例

「ウィザーズ上院議員に投票するなんて信じられない。全米の同性愛者グループが彼を支持しているのに」。

　相手が同性愛者を嫌う人であれば一種の連座の誤謬に訴える作戦は成功するかもしれないが，それは正しい手段ではない。そのような誤謬に満ちた主張を受け入れてしまう人は，感情によって相手を操ろうとする論者と同じように非合理的な思考をしている。

## ▶誤謬を突く

　感情に付け込む誤謬は無知な人や批判能力のない人に対しては最も有効な手段であるが，思慮深い人々であっても巧みに感情に付け込む議論に説得されることがある。よって，そのような訴えかけによって合理的な判断を下すプロセスを歪められないよう努力することは，誰にとっても大切である。またそれと同じぐらい重要なのは，我々の気持ちや姿勢を悪用しようとする論者に適切な根拠を述べたと思わせてはならないことである。

　ご機嫌取りの誤謬の場合，お世辞を言ってくる相手を罵倒する必要はなく，意見の価値や行動の正当性を判断するにあたってお世辞が影響しないようにすればいいだけである。そのお世辞がある行動を引き出すためのものだとわかっ

184

ていても，お世辞に対しては感謝を示し，主張を注意深く判断するために必要な適切な質問をすればよい。

　同情に訴えかける誤謬については，同情する気持ちがあるとオープンに認めたうえで，「それでも正しい裏付けのある判断を下すにあたっては，同情心が影響しないようにする」と論者にはっきり説明することも手である。ある提案を同情心から受け入れてしまうと，より重要な問題を犠牲にしたり，根拠から最も強固だと思える主張を支持できなくなることを明確に言うべきである。

　「"敵"に同意するとは何事だ」と論者が主張する連座の誤謬への対処法は2つある。1つ目は，「正しい根拠さえあるならば，"敵"と自分の意見が同じになることに対して何とも思っていない」と伝える方法である。2つ目は，連座の誤謬を繰り返し使って相手の説得を試みようとすると，不合理な状態になってしまうことを教えよう。"敵"の気まぐれや行動によって自分の考えや行動の価値をころころ変えるべきなどとは，論者も言いたくないはずである。もしこれが正しいのならば，他者の意見が変わるたびに自分の気持ちを変えなくてはならなくなってしまう。

　最後に，関連のない訴えかけを行う議論は，関連性に関する検討を行うことによって大きく改善できることがあるため，論者に対して議論を修正することを勧めるといい。もし論者が感情に訴えかけずに主張を裏付けることができないのであれば，話し合いを主導して争点となっている主張の価値を論者が真剣に検討できるようにしてあげよう。

## 課　題

II．関係のない訴えかけの誤謬：以下の議論について，①関係のない訴えかけの誤謬の種類を特定し，②なぜ関連性の基準に違反しているのか説明せよ。本章で説明した誤謬がそれぞれ2回ずつ登場する。アスタリスクの付いている問題については，巻末に解答例を載せた。

*1．レイチェル，彼に投票することはできないわ。確かにあなたが言う通り，あの民主党候補もいいとは思えない。でも私たちはずっと民主党の支持者だったじゃない。共和党の候補に投票する自分を許せない気がする。私の家族も許してくれないと思うわ。

*2. キム，なんで結婚後に僕の姓に変えないなんて言うんだ？　結婚後に君が名字を変えることを拒否するなんて，僕が恥ずかしい思いをするじゃないか。そんなふうに僕を見下すなら，別れたほうがいいとすら思うよ。

*3. 教区学校（宗教団体と関係する初等・中等教育の学校）への助成金になぜ反対するの？　私たちの学校で資金が不足していることは知っているでしょう？　教区学校への助成金を認める法案が可決されなければ，多くのカトリック系学校が廃校に追い込まれるわ。

*4. リゾートのタイムシェア<sup>訳注1</sup> の営業担当：「フロリダまで無料で飛行機に乗せて，ゴールドクラウンリゾートに3食付きで3泊させて，ディズニーワールドまで案内したのに，タイムシェアを契約してくれないのですか？」

*5. 裁判官，チェンバレン博士は立派な精神科医であり，被告の家族とは長年の友人関係にあります。被告人の事件当時の精神状態について証言できる唯一の人だと考えます。

6. ティム，アナポリス海軍兵学校に行きたいなんて冗談だろ？　家族はみんな陸軍出身だ。お前の兄弟も父親もおじさんも，おじいちゃんさえもだ。みんなウェストポイント陸軍士官学校の卒業生で，それが一族の誇りなんだよ。

*7. 結婚するのに旦那さんの姓に変えないそうね。最近の調査によると，この国で結ばれた婚姻関係の85パーセントで，女性が夫の姓に変えているわ。こんなに多くの人がそうしているんだから，間違ったことであるはずがないでしょう。

8. 新しいレストランの開店を許可する建築規制の特例には反対だ。うちの店から客が流れて売り上げが減ってしまうよ。

9. この大学の教職員が私の議会再選を支持してくれないなら，大学がずっと要望している高速道路の出口の新設は当分ないだろうね。大学に直結する出口車線が欲しいんだったと記憶しているが。

10. 最優秀教員はラリー教授に授与するべきだ。去年に奥さんが亡くなってから様子が変わってしまった。最優秀教員を受賞すれば元気づけられるはずだ。ラリー教授はいつも寂しそうだ。今年はきっとつらかったんだろう。それにラリー教授は悪い教師ではないしね。

11. マサチューセッツ州の有権者の大多数が，同州における銃規制法案に反対票を投じた。つまり銃規制はよくないということだ。

---

訳注1　リゾート物件などを一定期間単位で購入して共同所有する契約システム。

12. バーバラ：この国では結婚相手の家族の介入が離婚の一番の理由なんだって。

　　テレサ：そうなの？　どこで知ったの？

　　バーバラ：昨日のオプラ・ウィンフリーの番組で言ってたのよ。

Ⅲ. 関連性の原則に違反する誤謬：以下の議論について，①本章で取り上げた誤謬のうちどれに当たるか特定し，②なぜ関連性の原則に違反しているか説明せよ。本章に登場した各誤謬がそれぞれ 2 回ずつ登場する。

1. 結婚式でお父さんだけでなくお母さんとバージンロードを歩くらしいわね。お母さんとバージンロードを歩くなんて，身内だけでなくても，そんなの聞いたことないわよ。結婚式には参列者が期待するものがあるの。これまで執り行われてきたように執り行えばいいのよ，ビバリー。

2. モントゴメリーコーチ，今シーズンは息子にも意味のある場面で十分に出場してもらいたいのです。新しい競技場の施設に 5 万ドルを約束しましたが，それを再検討するようなことはしたくありませんよ。

3. ボブ，君はコーチとして，1 年生の選手の成績の必要条件を引き下げる新しいNCAA ルールに賛成だと思っていた。そうすればより多くの学生の中から選考できるし，推薦制度のない本校としては，とにかく助けになることは全部歓迎したいんだ。

4. クローディア：私，ウエイト・ウォッチャーズに週2回, もう1年以上も通ってるの。

　　マイク：減量プログラムは他にもいろいろあるのに，なんでそこを選んだの？

　　クローディア：ウエイト・ウォッチャーズによると，安全かつ効果的に減量できるプログラムはウエイト・ウォッチャーズしかないんですって。

5. エモリー＆ヘンリー大学には絶対に行かないわ。だって昔は男子校だったでしょう？　私たち女子が男子と同じ権利や特権を得られるとは思えないもの。

6. 公衆衛生局長官は，プールで一緒に泳いだだけでは AIDS はうつらないと言っていた。だけど誰も信じていない。

7. マットに勝たせてあげたんだよ。最近体調がすぐれないし，暑くてもう試合をやめたかったんだ。しかも朝食以降何も食べていなかったし。

8. どんなに頑張って勉強しても，試験で結果を出せないの。勉強の範囲がいつも間違っているみたい。だからもう勉強せずに試験に臨もうかと思う。

9. 私は死刑を強く支持している。犯罪者を更生させようとする現在のプログラムは結果を出せていない。受刑者や仮出所者は出所しても刑務所に戻ってくるようだ。

10 お巡りさん，私の車を止めたのは職務を遂行しようとしていたからでしょうし，あなたのようなお巡りさんが増えれば交通事故も減るでしょう。それに私も反省しています。違反切符を切らずに何とかできませんか？

11. このコミュニティには新しいプールが必要だ。水泳は心血管の強化に最も効果的な運動の 1 つだし，特別な装備もいらない。しかも一生涯続けられるエクササイズでもある。

12. 今学期に倫理学のクラスで単位が取れなかったのは，先生に嫌われていたからだ。授業中に反対意見を言ったからかもしれない。他の学生のテストを見せてもらったけど，答えはほとんど同じなのにみんなの点数のほうが高かった。それに私の両親は今年難しい問題に直面することが多くて，私も学業に専念しづらかった。

13. ジェフ，国立公園の入園料金の値上げについて議員に手紙を書こうよ。反対票を投じさせるんだ。値上げ案が可決されれば，次の夏に南東部の国立公園に一緒に行く予定のキャンプが予算オーバーになってしまう。

14. キャシー，アスパルテームが入っている甘味料はどんなものでも体に悪い。DNA も壊すってこの前聞いたよ。

15. お母さんがこの学校に通っていたころ，ソロリティ（女子学生クラブ）でいじめがあったらしいよ。そんな卑劣な行為に加担するのは嫌だから，ソロリティには入らないことにする。いじめは間違っているわ！

16. 死刑に反対する人がいるのは知ってるけど，死刑が道徳的に間違っているとは絶対に言えないね。結局，アメリカ人の 70 パーセント以上が死刑を認めているのだから。

17. 父さんと母さんはお前にワシントン＆リー大学に行ってほしいんだ。授業料を出してもらいたいなら，この大学にするんだな。

18. ビタミン剤は私たちの食事を補う重要な補助栄養素です。食事で摂れなかった栄養を補ってくれます。だから毎日ビタミン C をさらに 500 ミリグラム摂るべきです。

19. 僕たちの学生クラブの誓いの儀式を変更しろなんて，大学は本気で言っているのかな。入会希望者の根性を試すためにもう 50 年以上も同じ方法で行ってきた。僕の父も同じ儀式を 30 年前に受けて入会している。そんな歴史に規制をかけるなんて間違っているよ。変えるなんてあり得ないね。

20. アイリス：医療費は年々高くなっているのよ，シェリー。嫌だけど政府の保険に入るべきかもしれない。メディケアは高齢者にとっては悪くなさそうだし，退

　　役者には退役軍人健康庁による保険もよさそうよ。
　　シェリー：どうかしちゃったの？　それってバラク・オバマやリベラル系の民主
　　　党議員が何年も前から通そうとしていた医療保険制度じゃない。

IV.　過去1週間に読んだり聞いたりした，現在の社会，政治，道徳，宗教，あるい
は美に関する問題についてある立場を擁護する議論を選んで，標準形式に再構成し
たうえで"優れた議論の5つの条件"に従って評価せよ。構造の基準や関連性の基準
に違反している誤謬があれば明記すること。そしてその意見とは違う意見を擁護す
る最も強力な議論を構築せよ。

V.　本章で取り上げた関連性の原則に違反する誤謬それぞれについて，例を探すか作
り上げてインデックスカードに記し，誤謬を突く戦略を記せ。

VI.　父親が息子のジムに宛てた5通のeメールの2通目には，本章で取り上げた関
連性に関わる10の誤謬が登場する。それぞれの誤謬が登場するのは1度だけである。
メール中の数字は，その直前に誤謬があることを示している。それぞれどの誤謬に
当たるか特定せよ：

ジムへ
　eメールにすぐに返信してくれてありがとう。哲学の講義で信念が揺らいでいない
と知って安心した。そして地獄への恐れが神を信じる唯一の理由ではないというこ
とにも同意する。でも，地獄に落ちる可能性が少しでもあるなら，熱心な信者にな
るいい理由になると思うがね。地獄に落ちるという取り返しのつかない過ちは避け
たほうがいいリスクだ①。その反対に，神を信じることによって個人にもたらされ
る恩恵を軽くみないほうがいい。神が素晴らしい出来事を起こしてくれることも些
細とは言えないものだが，何よりも永遠の幸せも保証してくれるんだ②。
　この時代にはこの時代の信仰の捉え方があるのはわかるが，父さんがいま説明し
たような考え方を信じているのは，親に教えてもらったことでもあり，親がその親
から教えてもらったことでもあるからだ。だからお前にも同じように理解してくれ
ることを望んでいる③。実のところ，なぜ今の若者は父さんのような経験をできな
いのかわからないね。私が学生のときは，誰も宗教を学校などから排除しようとし
ていなかった。毎朝先生と共にお祈りをささげていたし，それに抗議する人はいな

かった。昔のようにやってはならない理由はないはずなんだがね④。

　でも，多くの知識人と呼ばれる人たちは神を信じようとしない。なぜなのか理解できないね。先週の日曜日のニューヨークタイムズ紙に載ったギャラップの最新調査によると，アメリカ人の 96 パーセントが神の存在を信じているんだ。重力を信じている人もそんなにいないだろうに！　父さんにとって神が存在していることは考えるまでもないことだ⑤。私は科学に精通しているわけではないが，この素晴らしき世界がいきなり出現するとは思えないんだよ。昨日の説教で牧師がこう言っていた。人間の精神のようなものが“出現”するには数兆年もの試行錯誤が必要で，進化や偶然によって生まれるはずがないのだよ⑥。

　でも父さんが神の存在を信じる一番の理由は個人的なものだ。母さんと父さんが出会って，お前のような息子を授かり，家族として素晴らしい時間を過ごしてきた⑦。思うようにいかなかったこともあったし，父さんの祈りが届かないように思えたこともあったが，だからといって神が存在しないというわけではないし，神が父さんの祈りを聞いていなかったり父さんの幸せを願っていなかったりしたわけではないんだ。父さんの信仰心が不十分だったり，神がよりよい人生の道を用意してくれていたりしただけだ。父さんにとって何が最善かは，神のほうがよく知っているのだよ⑧。

　父さんは総じて健康で生きてこられたし，ビジネスでも成功してきたし，支えてくれる友人や家族に恵まれた。そのことから，アブラハムやイサク，ヤコブの信じた神の存在を信じている⑨。

　信仰に関しては自分で自分の結論を見つけなくてはならないのは当然だが，お前が正しい道を選び，父さんと母さんが子育てに失敗したと思うような結論に至らないことはわかっている。ジム，いま何を思っていようと，哲学上の疑念によって信仰に対する考え方を変えて家族を落胆させることはないと父さんは信じている。昨日母さんとこの件について話したが，お前に何が起きているんだろうと母さんは泣いていたよ。去年の秋に大学へと旅立ったときと同じように，確固たる信仰心をもって帰ってくることを信じている⑩。

　長くなってすまないね。時間があるときに返信してくれ。

父より

VII.　e メールのなかの 1 パラグラフを選び，ジムになったつもりで父親の欠陥のある推論に対する返事や反論を記せ。誤謬の名称を出さずに，「誤謬を突く」から学んだスキルを活用すること。

# 第7章

# 許容性の基準に違反する誤謬

## 概要

### この章で学ぶこと

・優れた議論の許容性の基準に違反する誤謬の重要な特徴を自分の言葉で定義・説明すること
・日常会話や話し合いで欠陥のある推論に遭遇したときに，許容性の基準に違反する誤謬であることを認識して名称を特定し，説明すること
・相手が許容性の基準に違反する誤謬を犯した場合に，その欠陥のある推論を効果的に突き，修正を手助けすること

## 8. 許容性の原則

*優れた議論の3つ目の基準。ある立場に賛成あるいは反対の議論を行う者は，成熟した合理的な人に受け入れられそうで，かつ許容性の標準的な基準を満たす根拠を示さなくてはならない。*

　本章に登場する誤謬はすべて，許容性の基準に違反する前提を使っているものである。許容性を満たす前提とは，理にかなった判断ができる人なら

······
受け入れるべき前提である。本書第3章では，前提を受け入れるべきか却下するべきかを決定するために，"前提の許容性の6つの基準"と"前提の非許容性の6つの条件"を定めた。

　前提の許容性の6つの基準は以下のとおりである：
1. 適切な専門家のコミュニティにおいてしっかり確立され，広く認められた主張。
2. 自分の個人的な観察や，別の適切な観察者の異論のない証言によって確認されている主張。
3. 議論のなかで適切に裏付けられた主張。
4. その道の権威による異論のない主張。
5. 他の優れた議論の結論。
6. 議論のなかで理にかなった仮定だと思われる比較的重要性の低い主張。

　前提の非許容性の6つの条件は以下のとおりである：
1. 適切な専門家のコミュニティにおいて一般的に異論のない確立された主張と矛盾する主張。
2. その分野の権威の見解に反する主張。
3. 自らの観察や他の適切な観察者による異論のない証言と整合性がない主張。
4. 議論のなかで適切に裏付けされていない／裏付けできない疑わしい主張。
5. 自己矛盾している主張や言語的な混乱を招く主張，あるいは不明確な言葉や未定義の言葉をキーワードとして使っている主張。
6. 言明されていないきわめて疑わしい想定に基づく主張。

　前提の許容性の基準のうち少なくとも1つに当てはまり，どの非許容性の条件にも当てはまらない前提は，許容できるものとみなしてよい。
　本章で取り上げる許容性の原則に違反する誤謬は，"言語的混乱の誤謬"と"根拠なき思い込みの誤謬"の2つのグループに分類した。

# 言語的混乱の誤謬

　言語的混乱の誤謬とは，前提で使われている重要な語句の意味が不明確なものである。非許容性の条件では，言語的な混乱を招く前提は許容できないものとされる。意味がわからないものを許容できないことは当然である。優れた議論の基準には許容可能な前提を備えていることが含まれているため，明確に理解できない前提を使っている議論には欠陥がある。

　議論がうまく機能しないような言語的欠陥は，一般的に複数考えられる。つまり，

・1 つの議論のなかで同じ語句の意味を変えて，2 つの異なる意味で使う場合（"多義の誤謬"）
・2 通り以上に解釈される語を使いながら，どの意味を意図しているのかを明確にしない場合（"曖昧語法"）
・論者がある語句を誤解を招く形で強調して話すことで，相手に論拠なき結論を導き出させる場合（"誤解を招く強調"）
・聞き手側が話し手の語句を強調して捉えて，裏付けのない対照的な主張を導き出す場合（"不当な対照"）
・明らかに漠然とした表現から根拠なく明確な結論を導き出す場合，あるいは漠然とした表現を使って主張を裏付けようとする場合（"漠然とした表現の誤用"）
・2 つの物事に実質的な違いがないにもかかわらず，別の言葉を使って区別を行う場合（"差異なき区別"）
などである。

## ■ 多義の誤謬（equivocation）

**定義：**議論のなかで 2 つの異なる意味として使っている語句を，ずっと同じ意味で使っているかのように装い，相手に根拠のない結論を導出させること。

　優れた議論では，使用される語句は議論のなかで同じ意味を保たなくてはな

らない。もし意味が途中で変わるのであれば，それがわかるようにしなくては
ならない。多義の誤謬を犯す人は，意図的であれ無意識であれ，議論の途中で
キーワードの意味を変えて使っている。議論が長くなる場合には意味の変化が
簡単に隠れてしまうため，特にこの誤謬を発見するのが難しくなる。

　ある語句の担っている機能が，ある場所と別の場所で異なるような議論を構
築する論者は，相手に根拠のない結論を導き出させることがある。同じ言葉が
使われているため適切な根拠に裏付けられているように見えるが，実は同じ言
葉が異なる意味で使われているため，実質的には結論は裏付けられていないパ
ターンである。前提が結論を裏付けるには，議論の構成要素間に論理的なつな
がりがなければならないが，キーワードの意味が揺らぐとそのつながりが分断
される。このような混同は前提を許容できないものとするため，前提から結論
を導き出すことはできない。


　　例

「ギャンブルは合法化されるべきだ。なぜなら人はギャンブルを避けられない。
ギャンブルは人生の一部である。自動車に乗ることや結婚するといった決定を
するたびに，人はギャンブルをしている」。

　ギャンブルを合法化するというこの議論で最初に登場した"ギャンブル"と
いう言葉は，運のゲームあるいはゲーム装置の使用を指している。しかし2回
目以降に登場したギャンブルは，人生においてリスクを取ることを指している。
キーワードの意味が議論内で統一されておらず，1つ目と2つ目のつながりが
ないため，前提からは何も導き出せない。標準形式に再構成すると以下のよう
になる：

1. 人々は毎日ギャンブルをしている［リスクを取る］（前提）
2. ギャンブルをする［リスクを取る］ことは人生の一部である（前提）
3. そのようなギャンブルをする［リスクを取る］ことは避けられない（前提）
4. ［避けられないことは合法化すべきである］（暗示的な道徳的前提）
　したがって，ギャンブル［運のゲームである賭博］は合法化されるべきであ
る（道徳的結論）

　この議論に納得してしまいそうになる人もいるだろう。もし本当にギャンブルが避けられないものならば，当然合法化されるべきである。しかし，前提から結論に移行する過程で言葉の意味が変わるなら結論は導出されない。この議論にはまさにその欠点がある。

### 例

「信仰からある種の物事を受け入れている我々に対して反論してくる人は，我々と同類である。そういった人々も，我々と同じく信仰に頼っている。つまり，彼らの見解は，科学に対する絶対的な信仰に基づいているのだ」。

　このよく聞く議論を展開する人は，"信仰"という言葉の意味を議論の途中で不適切に移行させている。1つ目の"信仰"は，専制的に選ばれた人や宗教的な書物の権威をよりどころにする絶対的な真実とされるものを，理由や証拠を無視して信じる気持ちである。2つ目の"信仰"は，絶対的な真実は生み出さないものの，優れた議論や新たな証拠によって常に修正され続ける信念を生み出す手順を指す。したがって，根拠や証拠を重視する人々を「私たちと同類である」とする結論は導き出せない。

### 例

「私の大学のアドバイザー（授業履修について相談を受けて助言する教員）は，議論する方法を学べるから論理学を履修すべきだと提案した。でも，そうでなくても人々は議論しすぎているから，そんなことを学ぶ授業を取っても世の中が悪くなるだけだ」。

　1回目の"議論する"は，証拠と健全な推論によって主張を丁寧に裏付けるプロセスのことを指している。2回目は個人間の口論や不快な言い合いの意味で使われている。このように言葉の意味を移行させてしまうと，「論理学は人と言い争うことを学ぶ学問だ」という根拠のない結論が導き出されてしまうかもしれない。

## ▶誤謬を突く

多義が含まれる議論に対応する方法は少なくとも３つある。１つ目は，問題のある語句を特定して，同じ議論のなかで２つのまったく異なる意味で使われていることを指摘する方法である。論者が言葉の意味を変えるような使い方をしたかどうかで意見が一致しない場合は，問題の語句が議論のなかでどのように使われているか，それぞれ正確に定義するよう求めればよい。論者が異なる説明をするようであれば，誤謬が証明されたことになる。

２つ目の方法は，問題の言葉に関して，論者が本来使いたかった意味で使われていると思われる最初の登場箇所を特定する。そしてそれがどのような意味で使われているかを明確に表現し，その同じ表現を２つ目以降に登場した部分に当てはめてみる方法である。もしそれによって前提が結論と矛盾したり，議論が意味を成さなくなったりしたら，同じ言葉を異なる意味で使う前提が受け入れられないこと，その議論が優れたものでないことが明らかになるだろう。

多義を含む推論の誤謬を指摘する３つ目の方法は，論外な反例を提示する方法である。前提が真のシンプルな議論で，各前提のなかでキーワードが異なる意味で使われているものを作成しよう。例えば以下のような反例が考えられる：

1. man［人類］だけが合理的である（前提）
2. 女性は man［男性］ではない（前提）
   したがって，女性は合理的ではない（結論）

英語の man には "男性" という意味と "人類" という意味があるため，明らかにおかしな結論が引き出されている。このような例を出せば，多義によって発生した混乱のために結論を導き出すことができない，あるいは根拠なき結論を導き出してしまうことを，論者も理解してくれるだろう。

## ■ 曖昧語法（ambiguity）

**定義：**２つ以上の異なる解釈が可能な語句や文法構造を，どの意味で使っているかを説明せずに主張や議論に用いて，相手を根拠のない結論へと導くこと。

　もし前提に複数の解釈があり，そのどれを意味しているのかがわからない場合，意味が不明確あるいは不明な前提であるため，許容性を満たさない。結論の真偽には前提の許容性がかかわるが，意味のわからない前提は許容できないため，適切な結論を導き出すことはできない。

　この誤謬には 2 通りある。1 つ目は，論者が議論の前提の 1 つにおいて，2 つ以上の意味をもつ語句を使う場合である。言葉やフレーズの意味についての混乱であることから，**意味的曖昧性**（semantic ambiguity）とも呼ばれる。言葉のほとんどには複数の意味があるため，複数の意味をもつ言葉を使うこと自体は誤謬ではない。誤謬となるのは，その複数の意味のうちどの意味で使っているのかが文脈上明確でない場合である。言葉の意味が不明確であることで，聞き手や読者が結論をまったく導き出せなかったり，意図していない意味で聞き手や読者が理解して，間違った結論や不適切な結論に達することが起きる。意味的曖昧性は，曖昧な語句の意味を明確にすることで修正できる。

　2 つ目は，統語的構造によって 2 つ以上の意味に正当に捉えることができるものである。これは**統語的曖昧性**（syntactical ambiguity）や**文意多義**（amphiboly）と呼ばれる。統語的曖昧性で一般的なのが，不明確な代名詞の使い方である（例：フレッドは父親と決して議論しないときがある。それは彼が酔っているときだ）。他にも，わかるだろうとして言葉が省かれている省略構文（例：セバスティアナは夫よりもハイキングすることが好きだ），不明確な修飾語句（例：1 時間で追試を受けなくてはならない），"唯一"の不注意な用法（例：私たちは唯一アメリカンエクスプレスのトラベラーズチェックを扱っている），"すべて"の不注意な用法（例：ダグが釣ったすべての魚の重さは 3 キロあった）もある。統語的曖昧性は，文法的な構造を変えないと改善できないという点で，言葉の意味を明確にすれば解決する意味的曖昧性とは異なる。

　意味的曖昧性や統語的曖昧性を含む前提は許容できないものである。結論を裏付けるものが曖昧な前提しかない場合，導き出せる結論はない。

### 例

数年前，教員仲間のフレッドと私は午後の遅い時間に行われた会議を終えて，キャンパスを後にしようとしていた。家は歩いて帰れる距離にあったが，雨が降っていたため私は彼にこう言った。「車で帰りたい気分だ」。すると彼は「ああ」

と言った。私たちは駐車場に歩いていった。そこで判明したのは，私は彼に車で送ってほしいと思って言ったのに対し，彼は私が車で送ってあげると言ったと解釈していたことである。雨の中，私たちは車のほとんど駐まっていない駐車場でそれぞれ違う車を探しながら，曖昧さについて学んだものである。私の「車で帰りたい気分だ」という発言をフレッドの解釈で捉えると，標準形式は以下のようになるだろう：

1. エドが車で送ってくれるという（前提）
2. 私はその提案を受け入れた（前提）
3. ［エドは車で来ていなければ「送ってくれる」と言うはずがない］（暗示的な前提）
［したがって，エドの車は駐車場にあるはずだ］（暗示的な結論）

しかしながら，私は自分自身の統語的曖昧性を持つ質問を次の１つ目の前提のように考えていたため，まったく違う議論になる：

1. フレッドは送ってほしいという私の提案を受け入れてくれた（前提）
2. ［車で来ていないのに「送ってほしい」という提案を受け入れるはずがない］（暗示的な前提）
［したがって，フレッドの車は駐車場にあるはずだ］（暗示的な結論）

私の質問に統語的曖昧性があったため，どちらの議論の結論も裏付けられないことになる。私がもっと注意深く質問を構築していれば，気まずい状況にはならなかっただろう。しかし，フレッドも曖昧さを放置したことになる。統語的曖昧性のある私の質問の意味が明確にされないかぎり，私もフレッドも駐車場で何を探すかについて結論を導き出してはならなかったのである。

**例**

ある学生が自分のアドバイザーにこう言った。「前の学期は論理学と哲学入門を履修しました。今期はもっと楽しい授業を受けたいです」。これを聞いた教育担当者は，学生が論理学と哲学入門を楽しかったと感じたと判断し，哲学系

の授業を受けるべきだと助言すべきなのだろうか。それとも，学生が哲学系の授業よりも楽しい授業を受けたいと思っていると判断し，哲学系を避ける方向で助言すべきなのだろうか。この学生の統語的曖昧性を含む発言の真意を確認しないかぎり，アドバイザーはどんなアドバイスをするべきかについて結論を導き出してはならない。

### 例

最近の大学の発表には意味的曖昧性が含まれていた。そこには，「今期の残りの期間の女性向けのセキュリティはキャンセルになりました」とだけ書かれていた。大学のセキュリティ（防犯）担当者が辞任したばかりだったので，女子寮における防犯対策が行われないという意味なのか，それとも女性向けの安全講座がキャンセルされたのかがわかりにくい。さらなる説明がなければどちらとも言えない。

## ▶誤謬を突く

　曖昧語法の誤謬では，まず問題の語句や構文を特定し，可能なら論者に意図した意味を聞くといいだろう。なぜ意味を聞いているのか，理由をしっかり伝えよう。「重箱の隅をつつくようなことを言うな」と反応されても，ひるまずに聞くべきである。議論の重要な部分を理解できなければ議論の質は評価できないのだから，理解できないことを尋ねるのは必要な行為である。

　もし論者が不在ですぐに意味が明確にならない場合は，論者の状況や物事の考え方から意図された意味を推測してみよう。論者の状況がわからないのであれば，結論は出さないほうがいいかもしれない。もしどうしても結論を出さなくてはならないのであれば，意図された意味を推測して，それに基づいて暫定的な結論を出しておく。結論が暫定的であることをしっかり意識していれば，さらなる情報や明確な説明を得た際に簡単に変更できる。

　最後に，曖昧性がないのに曖昧だと間違って糾弾しないよう注意しよう。文脈から言葉や文の正しい解釈が明確になるのであれば，曖昧語法の誤謬は犯されていない。議論の内容を故意に無視したり注意深く検討しなかったりしたために，語句や文が曖昧だと不当に解釈する人は，いわば**偽の曖昧さ**（false ambiguity）という論理的過ちを犯している。例えば，リラが「ピザを無料で

お届け」という看板を見て，「あれじゃピザを無料で食べられるのか，配達料が無料ということなのかわからない」と言ったならば，それは偽の曖昧さとなるだろう。なぜなら，ピザが無料でないことぐらいわかるからである。

　もし文脈的に議論の内容が十分に明確であるにもかかわらず，相手が不適切な結論を導き出したうえで批判してきても，萎縮することはない。言明や話し合いの内容がその不適切な解釈を裏付けていないことを示して，できるかぎり早急に相手のほうに責任があることを示すべきである。

## ■ 誤解を招く強調 （misleading accent）

**定義：**ある問題や主張に関する語句あるいは特定の側面を，不適切に，あるいは普通とは違った形で強調することによって，相手を根拠なき結論に導くこと。また，他者の主張の一部を本来の文脈から切り出して，もともとの意図とは違う意味で使う場合も，この誤謬に含まれる。

　誤解を招く強調の誤謬は宣伝や見出しなどによく見られるが，一般的な会話にも含まれる。見出しは，記事の中身が導き出すものとは違った結論を読者に引き出させる可能性がある。商品の宣伝で，品質は強調されているが法外な価格に言及がなかったり，あるサービスのメリットを強調しつつも重要なデメリットには触れていなかったりする場合がある。ニュース記事で，ある裁判に関する一方の主張だけを取り上げて，もう一方の主張が取り上げられていない場合などがある。これらすべてのケースにおいて，書き手や話し手が問題の一部のみを強調し，読者や聞き手に根拠なき結論を導かせている。

　不適切な強調の最も一般的な例の１つとして挙げられるのが，全体から一部の言葉や叙述だけを取り出して，主張の重要な文脈上の意味や，主張に付与された留保条件を省く場合である。特定の語句を元の文脈から切り取って用い，相手を偽の結論あるいは根拠なき結論に導くような混乱を招く形や誤解を生む形の前提は，許容性を満たさない。

　誤解を招く強調の誤謬のもう１つの例は，往々にして悪評を与えるような特定の結論へと相手を導くために，巧妙に一部の言葉を強調し，結論をはっきりと言わずに暗に示唆する方法である。この方法によって暗示的な主張が真であ

るかのような印象を与えるが，その根拠は示されないばかりか，論者はそのような主張の責任をとらない。この当てこすりは，人やグループ，思想などを批判する際に，明確な主張や非難を支える根拠が少ない場合やまったくない場合に使われる手口である。この場合，証拠の欠如を埋め合わせるために，示唆という手段が使われている。論者は，示唆した結論が許容されないものであったとしても，相手に受け入れさせたいと思っている。"それとなくほのめかされた主張"は明確には示されないため，それだけを根拠に結論を導き出すべきではない。単なるほのめかしは優れた議論の許容可能な前提とはならない。

### 例

ほのめかしの威力は，たいてい話者の口調によって決まる。
モニカ：トーニャとジェームズはまだ付き合っているのかしら。
パム：ジェームズは付き合ってるって言ってるけどね。
モニカ：そうなの？　トーニャには他に誰かいるの？

　パムの主張は，ジェームズは今もトーニャと付き合っていると信じているというものである。しかしパムの言い方が示唆しているのは，トーニャのほうはそう思っていないことをジェームズは知らないということである。もっと言えば，ジェームズの知らないところで別の男性と付き合っている可能性である。このようなほのめかしや暗示的に示唆されているものを明示することは難しいが，パムの議論を標準形式に再構成すると以下のようになるだろう：

1. ジェームズはトーニャと1対1の関係で付き合っていると思っている（前提）
2. ［トーニャがそうは思っていない，あるいは違った行動をしていることをジェームズは知らない］（暗示的な前提）
［したがって，ジェームズとトーニャは実際には1対1で付き合っているわけではない］（暗示的な結論）

　ここでの暗示的結論は，2つ目の暗示的前提に基づいている。モニカは2つ目の前提でパムが提示した根拠なき"示唆"を，許容性のある主張だと不適切

に受け入れている。パムの言葉の意味は混乱を招くものであるため、モニカはパムが望むような結論を導き出してはならない。何かを示唆するコメントは優れた議論の許容性を満たす前提にはなりえないため、ここでは2人とも誤解を招く強調の誤謬を犯している。

例

激戦だった州知事選の候補者の1人が次のような発言をするのを聞いたとしよう。「候補者の1人が違法団体から資金援助を受けていたと知っていたら、投票結果は変わっていたかな？　私の対立候補の資金がどこから来ているか調べてみるといい。きっと驚くだろうね」。話者は対立候補について裏付けが必要な告発はしていないが、示唆されていることは明確である。

例

最近、新聞に次のような見出しが出た：" ロサンゼルスの枢機卿、性的虐待を謝罪 "。この見出しを読んだだけなら、カトリック教会の枢機卿が自ら行った子どもに対する性的虐待について謝ったのだろうと思うかもしれない。しかし記事を読むと、この教区の聖職者が行っていた性的虐待を巡る集団訴訟について教会が支払うことになった 6.6 億ドルの和解金を受け取る多くの人々に対して、枢機卿が謝罪したという内容だった。

例

ある父親が3人の子どもを育てるにあたって直面した問題について語り、長女について「彼女は私の言うことを聞かないのです」と、" 彼女 " を非常に強調して言った場合、他の2人の子どもは言うことをよく聞くと結論づけてしまうかもしれない。もしそれが真実でないならば、" 彼女 " を強調することによって相手を誤った結論に導いたと非難されても仕方がない。

例

デイグル教授がフェリシアのルームメイトのロンダに電話し、「フェリシアがもし課題を当日中に提出しなければ、受け取らない」と伝えたとしよう。この場合にロンダがフェリシアに、「デイグル教授は課題をもう受け取らないって」

と言った場合には，深刻な誤解を生む強調の誤謬となる。ロンダは教授のメッセージの最も重要な部分を省いている。メッセージの全体が伝達されれば，フェリシアは急いで課題を仕上げて数時間で提出しなければならないという結論に達しただろう。しかし，重要な "もし" 以下の部分が抜けているため，もはや課題を仕上げる必要はなくなったという，まったく異なる結論に至ってしまうのである。

## ▶誤謬を突く

　ほとんどの場合，議論や主張で不適切に強調されていると思われる部分を指摘して，より大きな文脈でそれが何を意味しているか説明を求めるとよい。誤解を生む強調によって間違った結論に流されることを予防する対策もある。強調されていると思われる発言については，常により大きな文脈は何かを考えたり，相手に確認したりするといい。疑わしい見出しやタイトルに惑わされないようにするためには，可能であれば結論を出す前に記事を最後まで読むべきである。少なくとも見出しやタイトルだけで何らかの結論を導き出すことには慎重になるべきである。

　当てこすりやほのめかしの類いを前提で使う論者は，往々にして自分が示唆した明言されていない主張の責任を負いたいとは思っていない。その場合は，強調によって示唆されていることから導き出せる結論を述べて，それを正当化できるか相手に尋ねよう。暗示的な主張を受け入れる場合には，必ず根拠に納得していなければならない。暗示的な主張にも明示的な主張と同様に，裏付けが必要である。もし論者が主張を正当化することをためらうようであれば，論者にその暗示的な主張を捨てるか，少なくとも示唆による影響を弱める努力をすべきだと主張しよう。

　「不確かなら聞け」というルールに従うのが一般的に賢い方法である。理解できないことや不適切に強調されたと疑われることについて尋ねることを恥じる必要はない。懐疑的である，あるいは無知と思われるリスクを冒すほうが，根拠なき結論に達するよりもましなのである。

## ■ 不当な対照 （illicit contrast）

**定義：** 聞き手側が話し手や書き手の使った語句を不適切に強調し，関連はあるものの根拠のない対照的な結論に達すること。

　この誤謬で不適切な強調を行うのは，話し手ではなく聞き手である。聞き手や読者が間違った強調から文脈からは正当化されない方法で主張を解釈してしまうという意味では，“偽の曖昧さ”の誤謬に似ている。しかし，不当な対照の誤謬では，暗示的な対照的主張が提示された証拠がないにもかかわらず，聞き手のほうが，話者が対照的な主張を指し示すかのような強調を行ったと主張する。つまり聞き手のほうが，話者の主張の意味を変えてしまう何かを不適切に足しているわけである。例えば話者が，「論理学の教師はとても賢い」と言ったとしよう。この発言を受けて聞き手が，「他分野の教師は賢くない」と暗示的に述べていると推測したなら，話者の主張を不適切に拡大解釈していることになる。聞き手は，話し手が言う「X は Y に当てはまる」を，「X は Y の対極にあるものについては当てはまらない」と拡大して解釈している。聞き手は，話し手の主張を不適切な形で強調して解釈したことによって，根拠のない対照的な主張を不当に推論したのである。

例

不幸な恋愛を経験した若い女性が，「男性というものは無神経な獣だ」と主張したとしよう。この主張から，彼女が男性と女性を暗示的に対置し，「女性は男性と比べて無神経ではない」と述べていると解釈することは誤謬である。おそらく，この若い女性は男女の違いを述べたかったのではなく，最近別れた男性について感情的に主張しただけだと推測できる。もっと言えば，たとえ彼女がすべての男性は無神経だという意味で言っていたとしても，女性が無神経か否かについて彼女がどのように考えているかは，何も推測できない。

例

あるカトリックの司祭が自らの教区に所属する幼い男の子たちに対して“裁量を発揮”していることが判明し，それに対処する司教が教区の全司祭に対して

「幼い男の子たちを食い物にする司祭は罪深い」と警告を発したとしよう。この状況において，「幼い女の子や女性と性的関係を持つことは罪深くない」と司教が示唆していると考えることは誤謬である。

### 例

次に紹介するのは，私が 2 人の娘と数年前に交わした会話である（娘の 1 人は本書でこの会話を紹介することを好ましく思っていない）：

父：シンシア，そのドレスはダイアナのものじゃないのか？

シンシア：今は私のよ。ダイアナがくれたの。もう小さくて着られないからって。

父：君にとてもよく似合っているよ。

ダイアナ（部屋の向こう側から）：私には似合ってなかったっていうの？

　ダイアナの議論を標準形式に再構成すると以下のようになる：

1.　父は私のお古のドレスが・シ・ン・シ・ア・に似合っていると言った（前提）
2.　［父は私には似合わなかったとは明言していないが，暗示的に私には似合っていなかったと言った］（暗示的な前提）

　したがって，父は私にはあのドレスが似合わないと思っていたに違いない（結論）

　この短い家庭内の会話のなかでダイアナは不当な対照の誤謬を犯している。私のシンシアに対するコメントのなかの“君に”の部分を強調して解釈し，私が「ダイアナには似合っていなかった」と主張したと不適切に拡大解釈したのである。しかし，実際のところ私は“君に”の部分を強調してはいなかった。単にシンシアに似合っていることを述べただけであり，シンシア以外の人に似合うかどうかについて暗示的に主張してはいなかったのである。

### ▶誤謬を突く

　この誤謬では，話者が主張の一部を強調して疑わしい対照的な結論に誘導していると，誤解した聞き手が暗に誤って主張している。そのため，文脈や声の抑揚のためにそのような解釈となったことを立証する責任は相手（聞き手）に

あると力説すべきである。もちろん，話者には常に「決してそんな対照的な主張は口にしていない」と主張できるアドバンテージがある。しかし相手は，話者が実際にそれを明確に主張したわけではないことをわかっている。問題は，話者が暗にそのような主張をしていたのかどうか，そして話者がそのことを擁護できるかどうかなのである。

　もし暗示的に対照的な主張をしたと誤解されたなら，率直にそれを否定するか，少なくとも議論に応じる意思があることを表明すべきである。もう1つ重要なのは，暗示的な主張をしたことを否定することと，その対照的な主張自体を否定することは，まったく別の問題であると明確に説明することである。

## ■ 漠然とした表現の誤用（misuse of a vague expression）

**定義：**漠然とした表現によって主張を裏付けようとすること。または他者の使う意味や適用範囲が不正確な語句に対して明確な意味を割り当て，不当な結論を導き出すこと。

　漠然とした表現を使うこと自体は間違っていない。ほとんどの人がはっきりしない言い回しを日々使っている。重要な問題が絡んでいないかぎり，そのような表現は往々にしてうまく機能するものである。誤謬となるのは，漠然とした表現が誤って使われた場合である。

　漠然とした表現の誤用には2種類ある。1つ目は，ある主張を裏付けるにあたって，漠然とした表現を前提のキーワードとして使う場合である。前提の非許容性の条件に従えば，理解不能な前提は他の主張を裏付けるものとして使えない。そして，前提中のキーワードの意味が不正確であれば，前提を正しく理解することはできない。また，その前提に対して反論することも不可能になる。漠然とした言葉の意味する範囲がわからなければ，それを含む前提に対する効果的な反証を示すこともできない。例えば，「過労を強いられている」と主張する従業員に反論する場合，ここで使われている“過労”という言葉が正確に何を意味するかを知って初めて，それに対する反証が相手の主張を弱めたり否定したりする効果を持つかどうかがわかる。

　漠然とした表現の誤用の2つ目は，他者が使った明らかに不明瞭な表現から，

非常に限定的な結論を導き出す場合である。他者が使った不明瞭な表現について本来の意図を知ることは難しいことが多いため，その表現範囲を明確にする行為は恣意的なものとなりがちである。そして恣意的に解釈された前提から導出された推論は，一定の恣意性が含まれることになる。

　意味が不明瞭あるいは不明確なキーワードを含む主張は，他の主張の裏付けには使えないうえ，そこから限定度の高い主張を導き出すこともできない。そのような主張を含む前提は許容できない。

**例**

バージニア州南西部で数年前に起きた公立学校の教科書に関する論争では，「ある特定シリーズの教科書を使うことは，公立学校は“道徳教育”を取り入れなくてはならないという州法に違反する」という批判が教育委員会に寄せられた。「品のない言葉が使われていたり，登場人物が道徳に反する行為を行ったりするような物語を読ませることは，生徒に道徳に反してよいと教えることであり，州法が定める義務と正反対のことを行っている」という主張であった。この議論を標準形式に再構成すると次のようになるだろう：

1. 公立学校は“道徳教育”を目標として追求することが州法で定められている（前提）
2. 不適切な言葉遣いや道徳に反する行為が出てくる作品を生徒に読ませることは，州法に反する（前提）
   なぜなら，そのような作品は“不道徳教育”である，あるいは不道徳に振る舞っていいと教えることだからである（補完前提）
3. ［教育委員会は州法に従うべきである］（暗示的な前提）
   したがって，公立学校の生徒にそのような作品を与えるべきではない（結論）

　この議論では，“道徳教育”という漠然とした言葉にきわめて疑わしい解釈が与えられている。この解釈を厳格に適用すると，ほとんどの文学作品が違法となってしまうだろう。聖書でさえ人々が不道徳な行為を行う物語が出てくるため，読むことができなくなる。もちろん“道徳教育”という言葉は簡単に定義できる言葉ではないし，誰もが納得するような正確な説明ができるわけでは

ないが，少なくともこの批判のなかで"道徳教育"に与えられた意味は恣意的であり，その前提は受け入れられない。

**例**

数年前の大学教員の会議で，大学の入学者数が経営危機に陥りかねない水準になっていると学長が切り出した。そして，「落第点を取って中退するような成績の悪い学生により寄り添うことで，学生の在籍率を改善できるかもしれない」と話した。するとある教員が憤然として，「及第点に満たない学生に単位を与えろというなら辞職する！」と叫んだ。つまりこの教員は，学長の発言中の"成績の悪い学生により寄り添う"という部分について，限定的な解釈をしたわけである。もちろんこれまでの経験から，"より寄り添う"という言い回しが"及第点に満たない学生に単位を与える"ことを示す婉曲表現であると信じる根拠があるのであれば，教員の解釈は正当化できるだろう。しかし，このケースにおいてはそう信じる根拠はなかった。

**例**

もう何年も前の話だが，ポルノを巡る最高裁の判決で，ポルノとされるかどうかはコミュニティの基準に従って判断されるべきとの見解が示された。"ポルノ"も"コミュニティの基準に従って"も，はっきりしない表現である。どちらの表現を根拠としても，限定的な結論を導き出せば漠然とした表現の誤用の誤謬を犯すことになるだろう。例えばオースティンが，「ポルノ的なものを鑑賞することは不道徳である。ポルノとは，1人以上の人が性的な行為を行っている写真や映画，あるいはライブショーのことを指している」と述べた場合，1人以上の人が性的な行為を行っている写真や映画，あるいはライブショーを鑑賞することは不道徳であると判断できる。だが2つ目の前提には問題がある。オースティンが明らかに不明瞭な表現にきわめて緻密な定義を与えたからである。最高裁でさえ，ポルノが何を指すかを特定することに消極的な姿勢を取った（あるいは特定できなかったと言ってもいい）。"コミュニティの基準に従って"とまでしか言えなかったのである。もしオースティンが，何がポルノであるのかは"コミュニティの基準に従って"判断されるべきであるとした最高裁判決を使って自分が考えるポルノの定義を弁護するのであれば，まずは"コ

ミュニティの基準に従って "ということが正確に何を示すのかを定義しなくてはならない。しかし，これはこのうえない難題である。ここではとりあえずそれを，「ある郡のすべての成人の半数以上が受け入れるもの」とオースティンが定義したとしよう。しかし成熟した合理的な人々であれば，最高裁がポルノに関する判断を下す際に，このようなきわめて限定的な定義を前提にしていたとは考えないだろう。これほど簡単に定義できるのであれば，最高裁も明示したはずである。したがって，オースティンは漠然とした表現の誤用を二重に犯したことになる。我々にできるのは，議論に使う漠然とした言葉の定義を注意深く定め，聞き手や読者がその定義を受け入れて，結果として結論も許容してくれることを願うことぐらいかもしれない。

## ▶誤謬を突く

　ほとんどのケースでは，漠然とした表現の誤用には曖昧語法の場合と同じ対策を取れる。つまり，表現の意味をさらに明確化するか定義するよう相手に要求するのである。もし言葉の適用範囲を明確に特定できないのであれば，より正確な意味を説明してもらう。そしてその説明された正確な意味が，文脈のなかで適切であるかを判断する。問題が重要であり，論争を続けたい場合は，これは特に重要なプロセスである。もし重要な問題でないならば，意味の不正確さは無視してもよいだろう。

　自分がこの誤謬を犯すことを避けたい場合は，重要な問題や見解の分かれる問題を取り扱う際には可能な限り不正確な言葉を避けるよう注意しよう。漠然とした言葉は，別の言葉に置き換える。少なくとも通常の使い方では意味が漠然とした言葉については，自分が意図する使い方を明確に伝えるために意味を限定する。

　もし自分が言葉を限定的に使用していない場合，相手のほうが限定的な定義を与えるかもしれない。漠然とした表現があると，人は明確な定義を与えたくなるものである。例えば誰かがあなたに，「汚染問題が本当に心配だというなら，次の土曜日の高速道路でのごみ拾いに参加するよね」と言ったとする。ここでは "汚染問題" に対するあなたの心配について，その人は過度に限定した意味を与えている。そのような限定的な意味があるという結論に至る正当な理由がないため，ごみ拾いへの参加を仕向けようとする相手の作戦に怖気づく必要は

ない。自分が発した言葉の意味を，相手の定義に合わせる必要はないのである。

　相手が漠然とした言葉を含む重要な言明を使って特定の主張を裏付けようと
している場合は，その前提が許容可能か検討すべきである。漠然とした言葉の
意味が定義・特定されないままでは，論者が提示した根拠の証拠としての価値
を判断できないと指摘すればよい。

## ■ 差異なき区別（distinction without a difference）

**定義：** ある行動や立場が，言語的に区別された別の行動や立場と実質的な違い
がないにもかかわらず，別の語句を使うことによって別物だと主張すること。

　この誤謬が最も登場しやすいのは，論者が正当化できない意見を持っていた
り疑わしい行動をとっていたりする場合に，それに伴う後ろめたさを軽減させ
たい場面だろう。この場合論者は，異なる言葉を使って説明することで，自分
の立場や行動が正当化できない意見や行動とは違うものであると区別しようと
する。もちろん，使う言葉の意味を定義する自由は誰にでもある。しかし，論
者が与えた新たな意味が元の意味と変わらないのであれば，区別を試みても違
いを生むことはできない。この誤謬は論者が自らの立場や行動に対する異議を
受けて反論しようとした際に犯される場合が多いが，論者が区別と呼ぶものに
は実際の違いがないため，効果的な反論にはならない。

　混乱を招く前提は許容できるものではないため，前提に含まれるキーワード
の意味の根本的混乱をよりどころとする議論が優れたものであるはずがない。
差異なき区別の誤謬については，論者が異なると言い張る2つの主張に差異を
見出せないため，明らかに混乱が存在する。2つの主張が実質的に同じと信じ
る根拠もある。よって，その2つの主張が異なるとする前提は疑わしく，許容
性を満たさない。

　　例

「フェミニズムに反対しているわけじゃない。ただ男性が家長であるべきだと
心から信じているだけだ」。この議論を標準形式に再構成してみよう：

1. 私は男性が家長であるべきだと信じている（前提）
2. ［フェミニスト的な考え方を持つことと，男性が家長であるべきだという
   考え方を持つことに矛盾はない］（暗示的な前提）
したがって，私はフェミニズムに反対しているわけではない（結論）

　この論者は，フェミニズム運動に反対していることを隠そうとしているのだろう。論者は 2 つ目の暗示的な前提で「1 つ目の前提と結論は矛盾していない」と暗に主張しているが，矛盾していることは明らかである。「矛盾していない」と言い張っても，1 つ目の前提と結論を矛盾なしにはしない。論者は差がないものを別物として区別しようとしている。このような主張は混乱を招くだけでなく，間違っている場合もある。この場合では少なくともフェミニスト的な考え方への誤解が露呈していると言える。混乱を招く前提は許容できないため，この議論から結論を導き出すことはできない。

### 例

あなたの義理の兄弟がよいドライバーであるかどうかで議論しているとしよう。一般的に“よいドライバー”といえば，運転に集中して交通ルールを守る人だと言えるだろう。しかしこの義理の兄弟は道路上で起きている他の出来事に気を取られることが多く，頻繁に振り返って同乗者に話しかけるため，重要な標識を見落としたりそれを適切に守れなかったりすると仮定する。ここで「よいドライバーではない」という主張に対して，義理の兄弟が「僕は悪いドライバーではないよ。ただ道路に集中できないだけだ」と言ったならば，彼は現実的に差異のないことを違うものであるかのように主張していることになる。彼は悪いドライバーであり，叱責への効果的な反論になっていないことがわかる。

### 例

「この問題は聖書に書いてあることに基づいて判断すべきである。私たちや学者や神学者が聖書に書いてあると思っていることに基づいて判断するべきではない」。

　ラジオでこう意見を述べた牧師は，おそらく重要な違いを示したと思ってい

るのだろうが，実際にはまったく違いを示せていない。聖書に解釈が必要であるならば（実際に聖書には解釈が必要だが），聖書を読むすべての人が解釈を行っている。聖書だけでなくどんな読み物であっても，学者や神学者，一般人，あるいは先ほどラジオで説教した牧師などの誰かによって解釈されないかぎり，何も意味しない。したがって，"聖書に書かれていること"と，"聖書に書かれていると誰かが言っていること"を明瞭に区別することはできない。このケースにおいて牧師は，"聖書に書かれていること"を伝えていると思っていることは明らかである。しかし実際には，彼もまた聖書について自分が解釈したことを伝えているにすぎない。

## ▶誤謬を突く

　多くの人が，つけようとしている区別が真の区別ではないことを理解していないように思われる。そのため，この誤謬を突くには，まずは論者の言う区別になぜ差がないのかを，できるかぎりうまく説明するべきである。論者が使った言葉は違うかもしれないが，意味は同じであることを示すのである。論者はそれに対して異議を唱えることが多いが，その場合には主張された区別が意味的にどう違うのか説明を求めるとよい。例えば，他のドライバーが合図を出さないとか進路を妨害したなどの理由から，ラリーが運転中に無礼なジェスチャーをしたり暴言を吐いたりするなどの怒りの行動を示したため，それは"ロードレイジ（運転中に怒りから行う報復行為）"だと指摘したとしよう。するとラリーは，自分の行為はロードレイジには当てはまらないと反論する。この場合，ラリーは，相手が危険な運転や失礼な行為を行ったのだから，自分の怒りは正当であると主張するだろう。相手の行動に関するラリーの説明は正しいかもしれない。しかし，失礼なジェスチャーをしたり暴言を吐いたり威嚇したりすることが正当化されるとラリーが思うからといって，ラリーの行動がロードレイジではないことの根拠になるのだろうか。正真正銘の違いがあるのであれば，それを示す責任はラリーにある。

　差異なき区別の誤謬では，ほとんどの場合で前提と結論の矛盾の誤謬が起きていることは特筆すべきである。例えば，ラリーはロードレイジとは運転中に怒りに起因する行動をとることであることには納得し，自分が運転中に怒りに起因する行動をとっていたことも認めているが，自分はロードレイジを行って

いないと結論づけている。ラリーの結論は明らかに前提と矛盾している。差異なき区別の誤謬の矛盾について論者を納得させられない場合は，次の論外な反例について言い逃れできるかどうか聞いてみよう。「書き写したりしてないさ。記憶を呼び起こすために彼女の答案をちょっと見ただけだ」。

## 課　題

I.　言語的混乱の誤謬：以下の議論について，①言語的混乱の誤謬の種類を特定し，②許容性の基準にいかに違反しているのか説明せよ。本章で説明した誤謬がそれぞれ 2 回ずつ登場する。アスタリスクの付いた問題については，巻末に解答例を載せた。

1.　ナンシー：大学のカフェテリアの決まりに関するハンドブックに「終日適切な服装をすること」と書いてある。

　　ポール：守らなかったらどうなるっていうんだ？　追い出されるのか？　カフェテリアで食事するのにジャケットとネクタイをつけるわけがないだろう。

*2.　見えないけど感じることによって風の存在がわかるのと同じように，神は存在する。見えないけど，その存在を感じるのだから。

*3.　ジョリー：お父さんに宿題の計算問題について教えてほしいと言ったら，できないって。

　　セラ：それは変ね。私のときはすごく教えてくれたけど。

*4.　嘘なんてついてないよ。真実を少し誇張しただけさ。

*5.　ロビン：今日は気分がいいな。

　　ジェリー：昨日まで具合が悪かったなんて知らなかった。

*6.　ロン・ディスについてはリベラルであること以外知らなかったから，彼には投票しなかったよ。軍に批判的な議員を増やすのは嫌だからね。

7.　ローラ：ソフィアの料理教室は来週からだって。

　　ジョン：僕も参加したいな。彼女は教えるのがうまいのかな？

8.　アニータ：ロレインは今年のチャリティーショーを手伝ってくれるのかしら。

　　アニー：私たちのミーティングには参加するみたいだよ。

9.　この国の司法制度では有罪が確定するまでは無罪と推定される。よって，大統領の安全保障顧問ウィリアム・スミスに関する捜査は，無実の男の評判を傷つけようとするメディアと上院による試みだったというわけだ。

*10.　郡の新聞の見出しには「5 万の患者に医師 2 人」と書かれているが，記事は郡

> の約 5 万頭の家畜に対して獣医が 2 人しかいないという内容だった。
> 11. あなたの信頼を裏切るようなことはしていない。私はただ，あなたの言ったことを両親に伝えるべきだと思っただけ。
> 12. シャンドラ：今夜は出掛けるべきじゃないと思う。私は学業に対して真剣だし，今夜は勉強しなきゃいけないの。
>     デパキ：学業に対して真剣じゃなくて悪かったね。

# 根拠なき思い込みの誤謬

　このセクションで紹介する誤謬は，きわめて疑わしいが時として一般的に流布している思い込みを前提として使うものである。第 3 章や本章のはじめで取り上げた"前提の非許容性の 6 つの条件"でも述べているとおり，言明されていないきわめて疑わしい思い込みに基づく主張は，前提として受け入れてはならないものである。

　「新しいもののほうがよい」とか「全体に言えることはその一部にも当てはまる」といった根拠なき思い込みの多くは，真実味を帯びているため社会通念としてかなり定着している。そしてそれらは特定の文脈では真実になりうる。しかし問題なのは，別の文脈や状況においては明らかに間違っているということである。新しいもののほうがよいという思い込み（"新しさに訴える誤謬"）に加え，両端の間の連続体における微小な差異はほとんど影響ないとする思い込み（"連続性の誤謬"）や，部分に言えることは全体にも当てはまるとする思い込み（"合成の誤謬"），全体に言えることは部分にも当てはまるとする思い込み（"分割の誤謬"）などがある。さらに，選択肢は一般的に 2 つであり，その一方が正しいとする思い込み（"不当な選択肢の誤謬"）も挙げられる。そうであるから，そうであるべきだとする思い込み（"である - べきであるの誤謬"）や，そうあってほしいので，そうであるとする思い込み（"希望的観測"）などもある。さらには，ルールや原則には例外が存在せず，1 つの例外によってそれを覆すことが可能であるとする思い込み（"原則の誤用"）や，両端の

中間的な立場は中間であるから最も正しいとする思い込み（"中間の誤謬"），ある点において似ているものは他の点においても似ているとする思い込み（"不当な類推"）も挙げられる。これらよく見られる思い込みが正しいとされている状況下では，議論を進めてはならない。

　根拠のない，または許容できない思い込みを裏付けとする前提を含む議論については，標準形式に再構成して一見真実に見える思い込みを明示することによって，欠点を明確にできる。思い込みをはっきりと示すだけで，その非許容性について論者に納得してもらうのに十分な場合もある。議論の重要な前提を裏付ける唯一の論拠が根拠なき思い込みであるならば，その前提は受け入れられないものであり，結論を裏付けるものがなくなってしまう。

## ■ 新しさに訴える誤謬（fallacy of novelty）

**定義：** 新しいアイデア，法律，政策，あるいは行動が，それが新しいからという理由だけでよりよいものだと思い込むこと。

　新しいという理由だけで必然的に価値があるものは存在しない。どんなアイデアや法律，政策，あるいは行動であっても，新しいという特徴とは別の支持根拠が必要である。新しいものは何であってもよりよいと想定する推論パターンは，馬鹿げた結論に至ることになる。よりよいものを求めている我々としては，現状のやり方への代替となる提案はすべて許容しなければならなくなるからである。しかし，このような推論は一般的に行われている。例えば，教会に通う人々なら，新しい牧師が来れば教区の問題が解決すると一度は思ったことがあるだろう。あるいは，新しい政権が発足すれば国の問題が解決するのではないかと思ったことがある人も多いだろう。しかし，「新しいもののほうがよい」という思い込みに基づく主張はかなりの頻度で根拠によって否定される。

　新しさに訴える誤謬を含む重要な前提は根拠のない思い込みで裏付けられているため，本章のはじめに示した"前提の非許容性の6つの条件"のうちの1つに当てはまる。したがって，優れた議論における許容可能な前提とはならない。

> **例**

「去年の野球チームの成績は2勝18敗と散々だった。でも今年は新しいコーチが来たから成績が上がるに違いない」。標準形式に再構成したものを見てみよう：

1. 去年の勝敗成績はひどかった（前提）
2. 今年はコーチが新しい（前提）
3. ［新しいもののほうがよいに決まっている］（暗示的な前提）
   したがって，今年はよい成績を収められるに違いない（結論）

ここでは3つ目の前提が，根拠のない受け入れられない仮定である。成績は上がるかもしれない。しかし，変わらなかったり下がることも考えられる。コーチが新任であること以外の情報がないかぎり，成績がどうなるか言えることはない。

> **例**

「オーナーが代わりました」という看板を掲げているレストランやガソリンスタンドを見かけることがあるが，これには料理やサービスが前よりもよくなると人々に伝える意図があることが多いようである。しかし，実際にそうなる根拠は示されていない。もし料理やサービスが改善されたと期待してそのような看板の店をひいきにするなら，看板を掲げた人と同様に，我々も新しさに訴える誤謬を犯していることになる。

> **例**

ドブキンス学部長が，納得しない教員を説得するためにこう言った。「将来直面する試練に立ち向かうためには，新しいカリキュラムを導入しなくてはなりません。なぜ授業を改善しようとする私たちの努力に協力してくれないのか理解できませんよ」。この学部長は，カリキュラムが新しいということ以外，優れているという根拠を示していない。つまり新しいということが，カリキュラムを導入する理由として十分だと思い込んでいる。慎重に検討することを教えるアカデミズムのメンバーが "新しいから" という理由だけでカリキュラムの

導入に賛成するなら皮肉ではあるが，学部長が教員に求めているのはまさにそういうことなのである。

### ▶誤謬を突く

　新しさに訴える誤謬を突くのは容易ではない。それは広告業界が，"新しいこと"は"改善された"や"よりよい"と同じ意味であるという考え方を世間に植えつけたからである。もちろん，既存のものを改善することを第一に考えて，新しい製品や政策，アイデアを生み出すことにエネルギーが費やされていると考えることに理がないわけではない。しかし，「多くの新しいものが改善されたものであるようだ」という事実から，「すべての新しいものは改善されたものである」という結論を導き出すことは間違っている。

　とすれば，この誤謬を犯す人に対しては，単に新しいからという理由で商品やアイデアがよりよいと考えることは間違っていると伝えなくてはならない。その 1 つの方法としては，相手も納得するような，以前よりも明らかに悪くなったか，少なくとも改善が見られない新しいアイデアや商品を例に挙げることが考えられる。このような論証ができれば，「新しいもののほうがよい」という論者の思い込みに対して疑いが持ち上がり，物事の価値を決めるにあたって新しさを考慮することはやめようと思ってくれるかもしれない。

## ■ 連続性の誤謬（fallacy of the continuum）

**定義：**両端の間の連続体におけるわずかな移動や差異は無視できるもので，その連続体上の複数の点を区別することは不可能か，少なくとも恣意的であると思い込むこと。

　この誤謬が関連する根拠のない思い込みはきわめて一般的であるが，その疑わしい側面を納得してもらうことは簡単ではない。この誤謬は「程度の問題だ」とか，「小さな差は実質的な違いを生み出さない」といった言葉を伴うことも多い。このような考え方はしばしば，「対極にあるもの（正反対にあるもの）は，間にある小さな差異で結ばれているかぎり実際は同じものである」という不合理な結論を導く。これは，正反対や対極にあるものをつなぐ連続性の間に任意

の区別や区切りを作ることの重要性を認めない行為である。

　この誤謬を理解しやすくする言い方としては、「わらをあと1本載せてもラクダの背骨は折れないだろう」という考えから、**ラクダの背骨の誤謬（camel's back fallacy）**と呼んでもいいかもしれない[訳注1]。「The Last Straw（最後の1本のわら）」というゲームを遊んだことがある人は、最後の1本のわらがラクダの背骨を折ることがあると理解できるだろう。このゲームでは、各プレーヤーに"わら"として非常に軽い木製の棒が配られる。そしてプレーヤーは順番に1本ずつラクダ（もちろんオモチャのラクダで、一定以上の重みが載ると背中部分が折れるようになっている）の背中に据えられたかごに棒を入れていき、ラクダの背を折ってしまったプレーヤーが負けとなる。軽い1本の棒によって、それまで耐えていたラクダの背が折れてしまうのである。つまり、ラクダの背が折れるかどうかの違いを作るのは、1本のわらなのだ。これと同じように、多くの場合、連続体上のあるカテゴリーとその反対カテゴリーの間で明確な線引きがたとえ難しくても、その区別は可能である。例えば、暖かい夜が寒くなるのはどの時点なのか？　少女が女性になるのはいつか？　暖かい夜と寒い夜には明確な違いがあり、同様に少女と女性にも違いがある。場合によってはそういった違いを決めることが恣意的に感じられるかもしれないが、往々にして違いを認めることは適切であり、必要なこともある。少なくとも、連続したものの区別ができないと決めつけてしまうことは誤りである。

　この誤謬はその昔、**顎ひげのパラドクス（fallacy of the beard）**と呼ばれていた。この表現は、「何本のひげがあれば顎ひげがあると言えるか」という議論に基づくものである。"顎ひげがあると言えるひげの本数"を決めることには恣意性が感じられて気の進む作業ではないかもしれないが、顎ひげがあることとないことには大きな違いがある。実際は、連続体のなかで一定の区切りを決めることは可能であり、時にはそれを決めなくてはならない。例えば、警察官はドライバーがスピード違反をしていたかどうか決めなくてはならないが、その区切りが設定できなければ誰もスピード違反で捕まらないことになる。

---

訳注1　the straw that broke the camel's back（ラクダの背骨を折ったわら）という英語表現があり、「累積的な効果を出現させるきっかけとなった最後の小さな出来事」、「我慢の限界を超える最後の一押し（堪忍袋の緒が切れる）」といった意味の慣用句として使用される。

　連続性の誤謬における暗示的な想定——小さな違いは重要でない，あるいは微小な差によってつながっている連続体上の両端は大きくは変わらないと考えること——は，裏付けや根拠に欠ける思い込みである。よって，この誤謬をよりどころとする前提は許容性を満たさず，優れた議論の一部としては使えない。

### 例

クレジットカードの月額支払いが少し増えたからといって大きな違いではないと考える人は意外と多い。

アリス：今は携帯電話の機種代にそんなにお金をかけられない。

クリス：クレジットカード払いにすればいいんじゃない？

アリス：でも月々の支払いはすでに 300 ドルなのよ。

クリス：月額にして 20 ドルぐらいしか増えないよ。

アリス：でも月々の携帯の使用料も払わなきゃいけない。そうするとさらにプラス 75 ドルよ。

クリス：それもクレジット払いにすれば？　そんなに変わらないよ。

この議論を標準形式に再構成してみよう：

1. 新しい携帯電話の機種代をクレジットカード払いにすると，月々の支払いが 300 ドルから 320 ドルに増える（前提）
2. 携帯電話の使用料 75 ドルをクレジットカード払いにすると，月々の支払いは約 400 ドルになる（前提）
3. ［連続するものにおける小さな差が及ぼす影響は無視できる］（暗示的前提）
したがって，新しい携帯電話を買っても大丈夫である（結論）

　もしこの推論に納得して，アリスが携帯電話やその他のものを購入してしまったなら，すぐにクレジットカードの限度額や月々の支払いで困ることになる。「もう少し」が大きな違いになるのである。

### 例

連続性の誤謬を使った議論は説得力の高いものになる。この誤謬をしっかりと

学んだ学生でさえも，次のような発言をすることがある。「ガイア教授は心理学の学生全員の最終的な平均点に 5 点ずつ加点した。5 点を加点するなら，6 点でもよかったはずじゃないか。そうすれば僕も単位をとれたはずだ。5 点と 6 点の差はほとんどないと言っていい。それなのに，そのわずか 1 点の差が単位を取れるか取れないかの違いになったんだ。ティムの平均点は加点後に 60 点になって，僕は 59 点だった。彼は単位を取れたのに僕は取れなかった。でもティムが僕よりも心理学をわかっていると言えるのかな」。実際のところ，59 点だった学生が 60 点だった学生と比べて心理学に関する知識が著しく少なかったというわけではないだろう。しかし，実務的な理由から，対極の状態（つまりここでは心理学について知識があるかないか）を区別するために線を引かなくてはならないのである。

### 例

ダイエットをしたことがある人なら，あるいは禁煙を試みたことがある人ならば，「最後にドーナツを 1 つ食べても，あるいは最後に 1 本タバコを吸っても大した違いにはならないよ」と言われて信じたことがあるだろう。

### ▶誤謬を突く

　連続性の誤謬を使った推論は，例えば "金持ち" といった不明瞭な言葉について定義するように論者に言うと，誤りを露呈させることができる。まずは "金持ち" と称されるには米ドルにしていくらの資産を持っていなくてはならないのか聞いてみる。論者が提示した金額を X として，そこから例えば 1,000 ドルなどの少なめの金額を引き，X − 1,000 ドルは金持ちなのかどうかを聞いてみる。論者は確実に「金持ちだ」と答えるだろう。そうしたらさらに 1,000 ドルを引いて金持ちに値するかどうか聞くことを繰り返す。論者は「金持ちだ」と言い続けるだろうが，これを繰り返していればいずれは X − X も金持ちであるという主張に同意することになるが，これは不合理な主張である。「小さな違いは重要ではない」という思い込みは，このような方法によって簡単に崩せることに論者も気づくだろう。そして自分の議論でも同じ考え方が示されており，同様に不合理な結論に至ることを理解できるはずである。

　わずか 1 本のわらによってラクダの背骨が折れることを受け入れざるを得な

い状況に追い込まれた論者は，連続するものを区別することが可能であり，時には区別が必要であることを受け入れるはずである。同じように，スピード違反の基準を 1 マイル上回ったことで判事が有罪と正当に判断することはあるし，成績平均点のわずか 1,000 分の 1 の差で大学を卒業できない場合があることも理解してもらえるはずである。

# ■ 合成の誤謬（fallacy of composition）

**定義：** 部分に当てはまることは全体にも当てはまると思い込むこと。

　合成の誤謬で使用される暗示的な前提，つまり一部に当てはまることは全体にも当てはまるという考えは，裏付けや根拠のない思い込みである。この仮定は一部の場合には真であると言えるかもしれないが，一般的な主張として許容できるものではない。さらにはこのような根拠のない思い込みに基づく明示的あるいは暗示的な前提も，許容すべきものではない。

　この誤謬が主に発生するのは，全体を構成する部分の特定の関係性によって，部分の特性が全体の特性に当てはまらない場合である。例えば，あるアメフトチームに所属する各選手がきわめて優秀であっても，チームとして優れていると推測する十分な理由にはならないだろう。各選手がそれぞれ高い個人スキルを持っていても，何らかの理由でそのスキルがチームプレーに効果的に活かされていなければ，優れたチームを生み出せないかもしれない。「部分の集まりが全体なのだから，部分に言えることは全体にも言える」と単純に考えることはできない。このような思い込みは，部分同士がどのように関係し合い，作用し合い，影響し合うかによって，全体の特性が変わるということを無視している。

　合成の誤謬を，集団の少数の特性を基にして，その集団全体について何らかの結論を出すことと混同してはならない。後者の誤謬は，根拠の不十分さが関連する誤謬である。しかし合成の誤謬は，「全体を形成する各部分の特性は全体の特性と同じと推測していい」とする根拠なき思い込みを用いている。

　合成の誤謬のなかには簡単に理解できるものもある。例えば，ローレンスが友人のポールにこう言ったとしよう。「ポール，君と僕はお互い 2 人で何かを

することが好きだし，バーバラと僕も一緒に過ごすのが好きなんだ。だから3人で旅行に出掛けたら絶対に楽しいよ」。次のような幼い子どもの発言のなかの誤謬もすぐにわかるだろう。「オレンジジュースはおいしいし，ブラン・シリアルもおいしい。だから牛乳の代わりにオレンジジュースをシリアルにかけたら絶対においしいと思う」。一方で，簡単に気づくことができないものもある。

**例**

「ポー教授とウォーデン教授は来春，科学哲学の授業を共同で教えるようだ。本学の優秀な教員である2人だから，素晴らしい授業になるだろう」。この議論を標準形式に再構成してみよう。

1. ポー教授とウォーデン教授はある授業を共同で教えることになった（前提）
2. 二人はそれぞれが優秀な教師である（前提）
3. ［授業はしっかりと教えられるだろう］（暗示的な前提）
   ［なぜなら，一部に対して言えることは全体に対しても言えるからである］（暗示的な補完前提）
4. ［しっかりと教えられる授業はよい授業である］（暗示的な定義的前提）
   したがって，この授業はよい授業になるに違いない（結論）

もしポー教授とウォーデン教授が大学の世界で言われるいわゆる"優秀な"教師であるならば，彼らが共同で教える授業はつまらないものになるかもしれない。なぜなら，多くの教師は，授業の場を自分1人で完全にコントロールできるから"優秀"なのである。共同で教える授業となると，自分1人でクラスをコントロールできるわけではない。もちろん，2人の教師がチームを組んで教えた場合によい結果を出せない理由は他にも考えられる。とにかく，全体とその部分の関係性を扱う前提の論拠として，一部に当てはまることは全体にも当てはまるだろうという暗示的な仮定を使う人は，許容性を満たさない前提を使っている。

**例**

「この大学の聖歌隊の秋のオーディションには100人以上が応募した。30人

の素晴らしい歌い手を選出できたので，今年の合唱団の質は上がるはずだ」。
この発言をした聖歌隊の指揮者はもっと現実を知るべきである。優れた部分が
集まれば優れた全体になると誤って思い込んでいる。聖歌隊が優れたものにな
らない可能性は複数考えられる。例えば，一部の歌い手の声の質が，他の歌い
手の声の質とうまく合わない可能性がある。その結果，聖歌隊の歌声はきわめ
て平凡なものになってしまうかもしれない。

　例

この誤謬を含む日常会話を聞いたことがある人は多いだろう。
「ダンは素敵な若い男性だしレベッカも素敵な若い女性だ。2 人が結婚すれば
素敵な夫婦になる」。
結婚という名の全体は，その構成要素の総体以上のものである。よって，全体
としての夫婦関係については，素敵な人と素敵な人が結婚したからといって素
敵な夫婦になるとはいえない。

## ▶誤謬を突く

　全体の特性が，それを構成する部分の特性と常に異なるわけではないことも
覚えておくべきである。もしあるボウルから注がれた飲み物のすべてが酸っぱ
いのであれば，そのボウルに入っていたのは酸っぱい飲み物だと結論付けるこ
とは完全に正当化できる。このケースにおいては，一杯の飲み物を同じボウル
から注がれたその他すべての飲み物と混ぜたとしても，全体の味や特性が変わ
ることはない。
　とすれば，場合によっては，部分についての事実が全体についての主張の根
拠になる。部分が根拠となる場合も確かに存在するため，この誤謬を突く際に
は，相手がなぜ部分を根拠に全体の特性について結論を導き出したのかわかる
と理解を示すのも手である。それと同時に，この理解できる思い込みがおかし
な結論につながる例を説明してもよい。例えば，ジュリーが素敵なブラウスと
すてきなスカート，そしてすてきな靴を持っていたとしても，すべてを同時に
身に着けると必ずしも美しい装いになるわけではない。模様や色が合わなくて
全体としては不格好になりうる。

# ■ 分割の誤謬（fallacy of division）

定義：全体に言えることはそれを構成する部分それぞれにも言えると思い込むこと。

　分割の誤謬は合成の誤謬の反対である。この誤謬は，部分に当てはまることはそれが構成する全体にも当てはまるという思い込みに基づく前提を用いるのではなく，全体に当てはまることはそれを構成する部分にも当てはまるとする根拠なき思い込みに基づく前提を用いる。しかし見てきたとおり，全体とそれを構成する部分では事情が大きく異なる場合がある。

　分割の誤謬では，全体についての"一般化"に基づいて，それを構成する部分について何らかのことを推測する場合もある。このケースで全体の特性が部分にも当てはまると考えてはならないのは，全体の特性が多くの部分の特性をもとにした統計的な一般化にすぎない場合である。そのような一般化された全体の特性は部分の多くに当てはまるが，どの部分に当てはまるかに関しては知るすべがない。そのため，追加の根拠がないかぎり，全体の特性が部分のすべてまたは特定のものを正確に示すと想定するのは誤りである。

### 例

ある高校３年生が，少人数で居心地のいい授業が好ましいとしてマンモス校であるバージニア大学への入学を拒否したとしよう。これが分割の誤謬に当たるのは，大規模な大学には大人数の授業しかないとは言い切れないからである。この議論を標準形式に再構成すると以下のようになるだろう：

1. 授業が大人数の大学には通いたくない（前提）
2. ［バージニア大学は大規模校だ］（暗示的な前提）
3. ［バージニア大学の授業は大人数である］（暗示的な前提）
   ［なぜなら，全体に当てはまることはそれを構成する部分にも当てはまるからである］（暗示的な補完前提）
   したがって，バージニア大学には通いたくない（結論）

　3つ目の許容できない前提の根拠は，暗示的な補完前提が示す裏付けのない思い込みであり，優れた議論の許容性の基準に違反している。仮に大規模な大学には大人数のクラスがあるということが統計的に真実だったとしても，大規模な大学のすべての授業や特定の授業が大人数であるとは必ずしも推測できない。

例

ジョージはハンサムかもしれないが，鼻や口などの特定のパーツだけを取り出すと，単体ではよいパーツとは言えないかもしれない。顔全体に言えることがパーツ単体には必ずしも当てはまらないということである。

例

一般的に人間は意識を持つ存在であるが，その全体としての特性を，体の一部やそれぞれの細胞に当てはめることは間違っている。

## ▶誤謬を突く

　分割の誤謬への対策は，合成の誤謬への対策と似ている。場合によっては部分に関する主張の根拠が全体に関する事実に基づくことはありうるので，全体の特性に基づいて部分の特性に関する結論を導き出したことは理解できると相手に伝えよう。そしてそのような理解できる思い込みがおかしな結論につながる例を挙げる。例えば，多様な地理的特徴を持つアメリカの一部であるからといって，ある特定の州が地理的特徴において多様であると結論づけることは間違っているなどである。

　全体についての一般化を基に，その部分についての結論を導き出すことについて反論する場合，次のような例を使うのもよいだろう。「コンピューターは統計的に見て使用開始から3年間は故障しないからといって，君のコンピューターが使用開始から3年以内に故障しないと主張するのは間違っている」。分割の誤謬には2種類があると説明したが，共通しているのは，全体に当てはまることはそれを構成する部分にも当てはまるという暗示的かつ根拠のない思い込みを用いて，部分に関する主張を裏付ける前提としている点である。

## ■ 不当な選択肢 （false alternatives）

**定義：** ある問題や状況に対する選択肢の数を極端に制限したうえで，そのうち1つが真である，あるいは正当であると思い込むこと。

　不当な選択肢の誤謬は，**黒と白の誤謬** （black-and-white fallacy） と呼ばれることもあるが，単に黒か白かという両極端に限定した考え方だけを指すものではない。この誤謬は，すべての妥当と考えられる選択肢を考慮したり認識したりせずに，問題を過度に単純化するものである。あるいは，選択肢の数を極端に制限する場合もこの誤謬に含まれる。このような形で選択肢を狭め，その制限された選択肢のなかに正しい答えあるいは真実があるはずだと想定する根拠なき思い込みは，許容性を満たさない。

　答えが二者択一であるという思い込みが有効なのは，互いに"矛盾するもの"を扱っている場合のみである。矛盾するものとは，その間に段階が存在せず，XであるかXではないかのどちらかしかないものである。よって，この場合には選択肢を2つに限定することは適切である。つまり一方の選択肢が真であり，他方の選択肢は偽である。ある言葉とその否定語の間に中間点はなく，例えば熱いか熱くないかだけである。

　不当な選択肢の誤謬は，反対のものを矛盾するものとして不適切に扱うために起こることが多い。矛盾するものとは違い，反対のものの間には無数の段階があり，たくさんの中間点がある。例えば，熱いと冷たいがその関係にある。そしてその両端がいずれも間違っているという状態もありうる。しかし，そこで熱いか冷たい状態しかないというのであれば，不当に制限した選択肢のなかに正しいものがあるとみなしているため，不当な選択肢の誤謬に当たる。

### 例

サリバ教授が，「中絶は道徳的に正しいか間違っているかのどちらかであり，中絶は人類が行うべき義務だと論ずる人はきわめて少ないであろうから，中絶は間違っているに違いない」と主張したとしよう。暗示的に，サリバ教授は道徳的に正しいことを「道徳的に義務がある」と定義し，道徳的に間違っていることを「道徳的に禁止されている」と定義している。これは不当な選択肢の誤

謬に当たる。例えば，「道徳的に許容される」といった他の選択肢をただの 1 つも考慮していないためである。"正しい"と"間違っている"という言葉は，その中間が存在する反対または対当として捉えるべきである。しかしこれを中間点のない矛盾として捉えたことにより，根拠のない二者択一に至ってしまったのである。この議論に組み込まれた根拠のない思い込みは，標準形式に再構成すると明確になる：

1. 中絶は道徳的な義務（正しいこと）か，道徳的な禁止事項（間違っていること）のどちらかである（前提）
2. ［この 2 つしか道徳的選択肢は存在しない］（暗示的な前提）
3. 中絶することを道徳的な義務だと考える人はいない（前提）
したがって，中絶は道徳的に禁止される（結論）

2 つ目の根拠のない前提では，中絶は道徳的に（好ましくはないが事情によっては）許されるという選択肢を排除しているため，結論を導き出すことはできない。

### 例

反対を矛盾として捉えてしまう誤謬は，イエス・キリストの有名な発言のなかにもみられる。「私の味方でないならば，私の敵に違いない」。「有神論者でなければ無神論者である」という主張も同じである。いずれの主張も中立的な考え方や不可知論を受け入れていない。

### 例

従来の有神論者が，「我々の知る生物の棲む世界は神が創造したか，そうでなければ純然たる偶然によって生まれたかである」と主張するのはよくあることである。そして我々の住む世界が単なる偶然から生まれた可能性はきわめて低いため，神が創造したのだと結論づける。しかしこのような議論は，自然淘汰というもっともと思われる選択肢を論者が考慮していないため，不当な選択肢の誤謬を犯している。論者は選択肢を矛盾であるかのように 2 つに絞り，一方が偽であれば他方は真であると想定している。しかしこの 2 つの選択肢は

矛盾ではなく，それ以外の可能性がまったく存在しないものではないため，そのような推論はできない。3つ目の選択肢である自然淘汰は，偶然によるものという選択肢とは大きく異なる。自然淘汰は，追跡可能な諸要因のきわめて複雑な因果過程であり，我々の生きる世界ができる主原因として合理的に提示できるものである。

## ▶誤謬を突く

　純粋な二者択一の状況はきわめてまれである。もしそのような状況に直面したら，多少疑いの目をもって見るべきである。もちろん，本当にそれ以外の可能性がまったく存在しない二者択一の矛盾のケースであれば話は別である。しかし，たとえ論者には見えていないとしても，実際には2つ以上の選択肢が存在することが多い。

　制限された選択肢を基にした議論を突くには，提示された選択肢では，すべての検討に値する可能性が考慮されているのか論者に聞いてみよう。もし論者が他の選択肢を思いつけないか，考えることに後ろ向きであれば，可能性のある選択肢をいくつか挙げて，なぜそれらを検討に値する選択肢として採用しないのか聞いてみる。すべての検討に値する選択肢を検討してはじめて，そのなかのどの選択肢が根拠や優れた理由で最も効果的に裏付けられているかを決定することになる。

## ■ である‐べきであるの誤謬（is-ought fallacy）

**定義：** 現在行われていることは，行われるべきことだと思い込むこと。また，現在行われていないことは，行われるべきでないと思い込むこと。

　である‐べきであるの誤謬は，道徳的・価値的含みにあふれている。この誤謬では，ある行いの状態が「現在そうなっているから」という理由だけで理想的あるいはそうあるべきだとみなされる。この場合，その行いの現状や，あるべき姿の適切さを裏付ける根拠はまったく示されない。単純に，その行いが現在行われているならば正しいはずであり，いま行われていないならば正しくないはずだと想定しているのである。

　この誤謬を“伝統に訴える誤謬”と混同してはならない。伝統への関連性の基準を満たさない訴えの場合は，過去に価値を見出して現状を維持すべきであるとするのに対し，“である‐べきであるの誤謬”では，現状を維持すべき根拠として「現状そうであるから」という理由からのみ主張を行う。現在行われているということが，その行いの適切さを示す十分な証拠であると思い込んでいるのである。

　この誤謬を“衆人の意見に訴える誤謬”とも混同してはならない。衆人の意見に訴える誤謬は一般的に，多くの人々が真実と思っているということを根拠に，特定の主張が真実であるという議論を打ち立てようとする。しかし，“である‐べきであるの誤謬”は，ある政策や行いが現在採用されているものであるから正当だと主張する。

　「現在行われていることは行われるべきことである」という根拠のない思い込みを含む前提は，許容性を満たさない。あるやり方がいま採用されているという事実は，それが採用されるべきか否かに対して何の根拠も与えない。

### 例

アマンダ：リック，春休みはパリに行こうよ。

リック：フランスには行かないほうがいいと思うんだ。毎年行ったことのない国に行っているじゃないか。フランスにはもう行った。

リックの議論を標準形式に再構成すると，以下のような構造になるだろう：

1. 春休みにはいつも行ったことのない国に行くことになっている（前提）
2. ［これまで行ってきたことは行い続けるべきである］（暗示的な前提）
3. フランスにはすでに行っている（前提）
　したがって，次の春休みはフランス以外の国に行くべきである（結論）

　標準形式にしたことによって，2つ目の前提で示された根拠なき思い込みが明確に示された。根拠のない思い込みに基づく前提は許容性を満たさないため，アマンダとリックがこれまで春休みには行ったことのない国に行っていたということは，今後もそうするべきだということの理由にはならない。

### 例

「息子よ，大麻は違法だ。問題ないなら違法になることはない。なぜわからないんだ？」。大麻の販売や所持が違法だという事実は，それが違法であるべきことの理由にはならない。「現在違法であることは違法であるべきだ」という一般的な想定を合理的に正当化できる方法を見つけることは，きわめて困難だからである。この例では父親がその暗示的な想定の真実性のみを根拠としているため，議論は成り立たない。大麻が違法とすべき悪いものであるとする結論を導くためには，よりよい議論を考えるべきである。

### 例

「でもお巡りさん，ここに駐めていたからといって違反切符を切るのは駄目でしょう？　みんな駐めているのに違反を取られたことはありません。私も数カ月前からこの場所に駐車しています。この通りで＜駐車禁止＞という標識を守っている人は誰もいません」。標識を守らなくても大丈夫だった場所であることは，標識を守らなくていいことの根拠にはならない。同様に，道路交通法をこれまで適用していなかったからといって，適用すべきでないことの根拠にはならない。

## ▶誤謬を突く

　優れた議論には必ず，その結論を裏付ける根拠や適切な理由が必要である。もしある政策や行動の正当性を示す証拠や理由として「現状そうであるから」ということしか示されないのであれば，論者が言うそのような"証拠"は証拠ではないため，結論を裏付ける適切な根拠を示すように求めよう。もし論者が適切な根拠を示せたのなら，その政策や行動を評価する段階に入ることができる。

　実例を挙げるならば，「人々が性別を理由に差別を受けているということは，男女差別を今後も行ってよいということの理由にはならない」と説明するといい。しかし，もし論者が，性別によって異なった扱いを受けるべきだと他の根拠をもって思うのであれば，それこそがしっかりとした評価の対象となるべき根拠である。

　論外な反例が必要な場合があるかもしれない。この誤謬に関しては自分でも

よい例を思いつくかもしれないが，例を 1 つ挙げておこう。「ほとんどのドライバーが制限速度をオーバーしているのだから，速度制限に違反するべきだ」。この例を提示されれば，"である - べきであるの誤謬" を犯しがちな人であっても，間違いに気づくだろう。

## ■ 希望的観測（wishful thinking）

**定義：**何かが真であってほしいと思うから，それが真である，あるいは真になると思い込むこと。また，何かが真であってほしくないから，それは真ではない，あるいは真にはならないと思い込むこと。

　「こうであってほしい」と願うこと自体は間違っていない。しかし，特定の結果を希望することは，それが正しいという結論を裏付ける前提として使う場合には誤謬になる。根拠のない思い込みをよりどころとする前提は決して許容性を満たすものではない。

　希望的観測の含まれた議論の核となる前提には，ある特定の主張に対する気持ちや思い入れが，その主張の真実性や価値の裏付けになるという思い込みがある。実際，人々が持つ強い信仰心やイデオロギー的信念の多くは，それらが真実であってほしいという激しい願いの上に成り立っている。希望的観測を，**信念の誤謬**（fallacy of belief）や**信仰の誤謬**（fallacy of faith）と表現する人もいるほどである。「X を信じるのであれば，X は現実になる」という発言を聞いたことがあるだろう。「信じれば，" 信じた者にだけ " それは現実になる」と言われることもある。何かを願う力によって，それを実現させるための努力が促進されることはあるかもしれない。しかし，単に何かを信じるだけでそれが真実になることはない。

　希望的観測の誤謬は，不適切な前提の誤謬に含まれる " 合理化 " と区別がつきにくい場合がある。合理化をする人々も希望的観測を持つ人々も，ある主張が真実になってほしいと願っている。しかし，合理化をする人々が関連性のないニセ物の前提によって主張を裏付けようとするのに対し，希望的観測を持つ人々は「真実であってほしいと願うことによってそれは真実になる」という暗示的な根拠のない思い込みのみに基づく前提で主張の裏付けを行おうとする。

232

**例**

イギリス人神学者による死後の世界についての次のような議論がある。「ほとんどの人が死後の世界があってほしいと望んでいるので，死後の世界はあるはずである。死後の世界が存在することを願うのは，まさに人間の本性の一部である。もし死後の世界がないのであれば，なぜ人々は死後の世界があってほしいと願うのだろうか」。この議論を標準形式に再構成してみよう：

1. ほとんどの人が死後の世界があることを願っている（前提）
2. ［人々が真実であってほしいと願うことは，真実であるか，真実になる］（暗示的な前提）
   したがって，死後の世界は存在する（結論）

　仮に死後の世界の存在をほぼすべての人間が願っていたとしても，皆の願いがかなわない可能性もあるし，願いのかなわない多くの例が存在するといえるしっかりした根拠もある。例えば，多くの人が「もっとお金が欲しい」と願っていることを考えてみよう。たとえその願いが普遍的なものであったとしても，何かがこうであってほしいと願ったからといって，それが現実になるわけではない。

**例**

「夫は10年以上行方不明になっているのだけど，生きていると信じているの。夫が死んでいるはずはないのよ」。夫は生きているかもしれないが，夫が生きていてほしいという妻の願いは，彼が生きている主張の根拠にはならない。

**例**

「この世の中には誰にでも完璧な結婚相手がいる。誰もが完璧な結婚を望んでいるわ。完璧な結婚を一生懸命追求すれば，完璧な結婚を手に入れることができるのよ」。何かが起きてほしいという願いは，時にその実現に影響を与えることがある。しかしそれは，自分が直接的かつ積極的に状況にかかわる場合に限られる。そういった場合でも，我々が完全に状況をコントロールできることはまれである。特に結婚といった複雑なものであればそう言える。

## ▶誤謬を突く

　希望的観測の誤謬を突く方法の1つは，問題となっている論者が願う主張と反対の主張を支える強い根拠を示し，その根拠を検討してもらうことである。願いの強い論者は，何とか反論しようとするだろう。しかし反論するにあたり，願望という根拠のみに頼ることをあきらめなければならないかもしれない。そうすれば，結論を裏付ける前提として願いではなく適切な根拠や理由が提示されているのかという点に議論が戻る。

　もう1つの効果的な方法は，もし可能であれば論者の結論を否定して，その唯一の"根拠"は自分がそう願っているからだということを述べる方法である。つまり論者と同じ"根拠"を使って，論者の結論を否定するのである。2人の結論は互いに矛盾し，矛盾する主張がどちらも正しいことはあり得ないことから，どちらかが間違っていることになる。どちらが間違っているかという議論は，うまくいけば願望とは関係ない，別個の根拠を協力して評価するという過程へと進むだろう。

　最後に，論外な反例を示す方法もある。例えば，論者の願いに基づく議論は，ある女性が「自分は妊娠していてほしくないと願っているため自分は妊娠していない」と言い張ることと何の違いがあるのかと聞いてみよう。

## ■ 原則の誤用（misuse of a principle）

**定義：**ある原則やルールを，例外はないと思い込んで，特定の事例に適用すること。あるいは1つの例外を理由に，原則やルールを否定しようとすること。

　我々が採用している原則やルールにはほとんどの場合で例外が存在する。原則の誤用を行う論者はこの事実を無視して，原則には例外がないという根拠のない決めつけを行う。誤用が起きるケースは2つ考えられる。1つは，原則が適用される範囲で考えられる理にかなった例外を論者が考慮せず，原則が意図していない状況にそれを当てはめてしまうケースである。

　2つ目のケースは，特異な例や例外の存在は，原則やルールの誤りを立証したり，それらを否定するものだと決めつける場合である。特異な状況は，確立された原則やルールの一般論としての真実性や価値には必ずしもマイナスの影

響を与えないということを，論者は理解していない。実際のところ事実はおそらく逆である。「例外の存在を指摘することで原則を否定した」と主張する人に向けられる反論，すなわち「例外がルールを証明する」という一見不可思議な言い方のほうが正しい。"例外"という言葉を使っている時点で，ルールとは実用的な目的のためのものであり，ほとんどの場合において有効なものとして機能することを間接的に示しているのである。

「一般的なルールや原則には例外がなく，例外の存在によってルールや原則は否定される」と想定する前提は，ルールや原則の特質を誤解している。事実上すべての原則やルールは本来人間の経験に基づく一般化であり，絶対的なものとして捉えられることを意図していない。この誤謬はまれな状況や偶発的な状況を扱うため，**偶然の誤謬（fallacy of accident）**と呼ばれることもある。しかし名称が何であれ，原則やルールに例外は存在しないと想定する前提を用いる議論は，優れたものではない。

### 例

フールさんが住宅街にある自宅で中古車販売のビジネスを展開しようとしている。彼女は，自宅は彼女の所有するものであり，そこで何をしようと勝手であるから，区域の利用制限は適用されないと主張している。フールさんの議論を標準形式に再構成してみよう：

1. 居住用不動産で中古車販売のビジネスを展開したい（前提）
2. これに関連する原則は，自分の所有地で何をしようと勝手であるということである（前提）
3. ［この原則に例外はない］（暗示的な前提）
したがって，自分の所有地で中古車販売のビジネスを展開してもいいはずである（結論）

自分の所有地において一般的には何をしてもいいという原則には多くの人が同意することだろう。しかし，所有地の使い方についていかなる制限も合法的にかけられないと主張するのは，この原則の誤った解釈といえる。例えば，裏庭の砂場とバーベキュー用オーブンの間で小さな養豚場を始めるようなことに

なれば，近所の家に迷惑をかける可能性がある。この例では 3 つ目の暗示的な前提で「提示した原則に例外はない」としているが，それは根拠のない決めつけであり，許容性を満たしていない前提である。

### 例

成人向け映画を上映するドライブイン映画館の規則が「18 歳以下の入場はお断り」であるとして，観客が睡眠中の幼児を連れているからといって拒否するのはルールの誤用になるだろう。このルールはそのような状況に当てはめようと思って導入されたものではないからである。

### 例

原則の誤用の 2 つ目のケースの例として挙げられるのは，「嘘をつくことは間違っている」という原則に反論するために，「心理カウンセラーが患者の秘密を洩らさないように必要な嘘をつくことは正しい」という指摘をするような場合である。しかしこの例外からは，「嘘をつくことは間違っている」という道徳的原則が誤りだとか悪い原則だという結論を導き出すことはできない。この例外が示すのは，道徳に関する原則は対立することが多々あり，そういった場合，その状況においてどちらの原則の重要度や優先順位が高いかによって通常は選択をしなければならないということである。

## ▶誤謬を突く

　原則の誤用を指摘する方法の 1 つは，相手と共にその原則やルールの目的を慎重に検討することである。そして，成人向け映画の例のように，目的を損なわない例外であれば許容性を満たすものもあることを示す。さらには区域の例のように，その原則よりも重大な対立する原則がある場合は，例外は適切とみなされることを示すべきである。

　もう 1 つの方法は，相手も同意するような一般的な原則を探し出し，その原則の例外で相手も同意するようなものを見つけることである。例えば，「親には子どもにとって最善と思える方法で子育てをする責任がある」という原則については相手も同意するだろう。しかしながら，「親が体罰を使うことは許されない」という原則にもおそらく同意するだろう。この子育ての原則における

妥当な例外を相手が理解できたなら，相手が誤用している原則にも例外がある可能性を認識してくれるはずである。

## ■ 中間の誤謬（fallacy of the mean, fallacy of moderation）

**定義：**両極の間の中道あるいは中間的な考え方が，単に中間的であるという理由で最も優れているとか正しいと仮定すること。

　この誤った考え方の別名は，**中道の誤謬**である。ある問題におけるいくぶん中間的な立場は，「中間であるという理由だけで最もよい」と想定されることが多い。実際，そういった考え方は，残念ながら社会通念になっている。しかしある立場が穏健であること自体は，その価値とは何ら関係がない。穏健な考え方が最善であったり，最も正当化できたりする場合もあるだろう。しかし，極端な解決策や急進的な解決策と言われるものが最も正当性が高い場合も多い。いずれにせよ，中間の立場が必ず最善であるとする根拠のない思い込みは許容性を満たさない前提であり，そのような前提が用いられた議論は優れた議論とはなりえない。

　難しい状況においては，妥協することが唯一の実践上の解決策となる場合もあるだろう。例えば，長引く貧困や紛争に関しては，妥協が必要かもしれない。そのような場合に妥協によって解決を導くことは誤謬ではない。しかし，妥協策が妥協策であるがゆえに最も優れていると主張することは誤謬である。

### 例

レイは中古の冷蔵庫を探しており，中古用品店でちょうどいいサイズのものを見つけた。売値は 300 ドルだが，レイは 200 ドルで売ってほしいと頼んだ。金額に差があるので，レイは"差額をそれぞれが譲って"250 ドルでどうかと提案した。

　この議論を標準形式に再構成すると，レイの根拠のない思い込みが浮き彫りになる：

1. この中古の冷蔵庫を店側は 300 ドルで売ると言っている（前提）
2. 僕は 200 ドルなら払う（前提）
3. ［中間が常に最も正しい，あるいは最善である］（暗示的な前提）
したがって，公平な適正価格は 250 ドルである（結論）

　レイにとってこの妥協案は公平に思えるかもしれないが，最も正当化できる案ではない可能性がある。店側はこの冷蔵庫にすでに 240 ドルのコストをかけており，穏当な利益を上げたいと思っているかもしれない。一方で，中古家電市場では 250 ドルもしない代物かもしれない。そうであれば，レイが最初に提案した 200 ドルが相応の価格の可能性もある。いずれにせよ，3 つ目の暗示的な前提は根拠のない想定であり，許容性を満たさないため，議論自体も優れているとはいえない。

　　例

「人間に関するすべての事柄が，それ以前の要因によって引き起こされた必然的な結果であるという考え方は理解に苦しむのだが，かといって人間がそれまでの経験からくる要因とはまったく無関係に行動できるとも思えない。つまり，私は決定論も非決定論も擁護できない。最も正当化できるのはこの 2 つの間にある考え方だろう」。これは哲学を学び始めた学生が直面する一般的なジレンマだが，何らかの中間的な考え方を見つけても解決しない問題である。決定論と非決定論は互いに矛盾する。すべての事柄が決まっているか，すべての事柄が決まっているわけではないか，この 2 つしかないのであり，中間点はなく妥協案は存在しない。

　　例

イスラエルとパレスチナの問題については, 時に次のような議論が提示される。「パレスチナの見方もイスラエルの見方も極端である。よって，何らかの妥協案が最善策である」。この問題を解決するには妥協が必要なことは確かだろうが，妥協が最善策であるとは言い切れない。

## ▶誤謬を突く

　ある問題について論者が中立の立場を示し，中立的な立場は評価されなくてはならないと主張したとしよう。そのような場合には，中立的であるということには触れずに自らの主張を正当化できるかどうか,論者に聞いてみるといい。仮に実践的な理由から，妥協的な主張を問題解決のために最終的に受け入れることになったとしても，相手には妥協策が必ずしも最も正当化できるものとは限らないことを明確に伝えるべきである。これは負けを認めていないのではなく，最善の議論に裏付けられた意見こそが最善であると考える人にとっては当然の見解である。

　中間の誤謬を直接攻撃しても効果がないのであれば，論外な反例を試してみよう。例えば，投票するにあたっての最善の方法は，中立的な立場をとってそれぞれの政党に平等に票を入れることだろうか。論者は，一部の政党には自分の票を平等に与える価値がないと考えるはずである。そうしたら，論者の主張する「中立の立場が最善である」という根拠のない前提には一票を投じられないと伝えよう。

## ■ 不当な類推（faulty analogy）

**定義：** 2つの物事に1つ以上の類似点があるならば，他の重要な側面においても必ず似ているに違いないと決めつけ，その類似点の些末さや相違点の重要性を認識しないこと。

　不当な類推の誤謬を犯す人は，類似点があるもの同士は他の点でも必ず似ているという根拠のない思い込みから，比較した対象となったいずれかの事例についての疑わしい結論を導き出す。問題は，その類似点が些末で表面的であったり，重要な部分では違いがあるのを考慮しないことである。つまり，議論で取り上げている問題点と関連する相違を認識していないのである。

　例えば，ある従業員が仕事を早く切り上げて帰宅し，出社も遅く，休み時間を人より長くとり，家のプリンター用にインクカートリッジを会社から持ち帰っていることについて，道徳的に間違ったことをしているかが問題になっているとしよう。このような行為が道徳的に間違っていることを示すために，あ

る人が「会社の金庫から金を盗むのと同じことをしているようなものだ」という主張を行ったとする。しかしこれは明らかに間違った主張である。問題となっている従業員の行為が間違ったものだという優れた類推による議論を成立させるなら，従業員の行為と金庫からお金を盗む例の間に，多くの重要かつ関連性のある "類似点" を指摘しなくてはならない。またそれだけでなく，重要で関連性のある "相違点" がないことも示さなくてはならない。

　仮に類推による議論の前提が重要な類似点を正確に指摘していて，さらに重要な相違点がわずかであったとしても，類推は問題を含んでいる可能性がある。本来類推は，何かを示唆するものにすぎない。2 つの物事を優れた形で類比していたとしても，いずれかの物事についての結論を導き出せるほど強力な説得力を持つことはまれである。そのため，論者は問題となっている主張について，別の証拠も提示できるように準備しておかなくてはならない。

### 例

グロスマン教授が次のような発言をしたとしよう。「ある人が 1 種類だけの音楽を聴いたり，1 種類だけの食べ物を食べるのならば，その音楽や食べ物にすぐに飽きるだろう。食や音楽は，種類が豊富だからこそ楽しくて豊かな経験になるのである。よって，結婚という形で人生の残りの間，1 人のパートナーとしか性的関係を持てないと，楽しみや豊かな経験を期待することができない」。グロスマン教授の類推を標準形式に再構成すると，根拠のない決めつけが明らかになるだろう：

1. いつも同じものを食べ，同じ音楽を聴き続けていると，すぐに飽きがくる（前提）
2. 種類の豊富さが食べることや音楽を聴くことを楽しくて豊かな経験にする（前提）
3. ［我々は同じような楽しくて豊かな経験を性的関係にも求めている］（暗示的な前提）
4. ［類似点のある物事は他の点においても似ている］（暗示的な前提）
　したがって，1 人の配偶者に限定するのではなく，複数人と性的関係を持つことが，その経験をより楽しく豊かなものにする（結論）

グロスマン教授の議論は冒頭においては説得力があるかもしれないが，優れた議論にするには比較されている物事が重要な側面で似ているということを示さなくてはならない。より具体的に言うならば，特定の人とだけ性的関係を持ち続けることが，特定の食べ物しか食べないことや，特定の音楽しか聴かないことと本質的に違いがないことを示さなくてはならない。しかしながら，人間関係はきわめて複雑であり，あらゆる可能性を秘めている。そのため，食べ物や音楽を限定するデメリットが限定的な性的関係にも当てはまると説得することは難しいだろう。つまり，この類推は失敗しているのである。

**例**

ある人が，試験での教科書の持ち込みを擁護する次のような議論を提示したとしよう。「精神科医が『精神疾患の診断・統計マニュアル（DSM）』を参照して難しい診断を行うことに反対する人はいないでしょう。それなら，難しい試験を受ける学生が教科書を使うことがなぜ許可されないのでしょうか？」。比較された2つのケースには類似点がほとんどない。類似点と言えるのは，問題を解決するにあたって書物を参照するという行為だけのように見える。それ以外に類似点は見当たらない。問題の2つの行為はまったく違う目的を持っている。一方は人の知識を測るという目的があり，他方には精神科医が患者の健康問題について診断を下したり診断を確認するのを補助するという目的がある。さらに言えば，医師免許のある精神科医という立場を考えると，精神科医の基礎的な知識はすでに検証済みである。

**例**

「タバコを吸うことはヒ素を摂取しているのと同じだ。どちらも死の原因になることが共通している。あなたもヒ素を摂取したいとは思わないだろう。そうであれば同じようにタバコも吸わないほうがいい」。

ヒ素の摂取とタバコを吸うことは共に死との因果関係が指摘されているが，死亡との因果関係の性質については重大な違いがある。ヒ素は一度に大量に摂取すると即死するが，タバコは大量に吸うことによって長期的に体に悪影響を及ぼしたり病気を引き起こしたりして，結果的に早死にを引き起こす可能性が

あるといわれている。前者は人を確実に即死させるが，後者は統計的に，即死させることもなければ確実に死に至らしめるわけでもない。よって，この類推には欠陥がある。

## ▶誤謬を突く

不当な類推の効力を削ぐ最も効果的な方法の1つが，論者が導き出そうとする結論と直接矛盾する反論の類推を提示することである。例えば，グロスマン教授の食べ物と音楽に関する議論に対しては，以下のような類推が考えられる：「子どもや生涯の友人との関係のように，楽しくてなじみのある安心できる物事によって得られる居心地のよさや気持ちのよさを，人は生涯にわたって維持したいと思うだろう。よって同様に，居心地のよさや気持ちのよさを感じる一人の人生の伴侶との楽しくて安心できる関係こそ，生涯にわたって大切にして維持すべきものである」。この反論の類推にも欠陥があるかもしれないが，少なくともグロスマン教授の類比的推論が決定的ではないことを示唆できるはずである。

著しく質の低い類推に直面して効果的な反証の類推を思いつけない場合は，不当な類推中の最大の弱点を指摘するとよい。つまり，2つの類比されているケースの類似点があまり重要でなかったり取るに足りないということや，重大な相違点があることを指摘するのである。いずれの問題があっても，争点の主張について何ら推論は導けない。何よりも，不当な類推を巧みに使う人に，単に2つの物事の興味深い類似点を指摘するだけでその一方に関する主張を裏付けることができると思わせてはならない。

## 課　題

II.　根拠なき思い込みの誤謬：以下の議論について，①根拠なき思い込みの誤謬の種類を特定し，②いかに許容性の原則に違反しているのか説明せよ。本章で説明した誤謬がそれぞれ2回ずつ登場する。アスタリスクの付いている問題については，巻末に解答例を載せた。

*1.　毎朝コーヒーを飲まなくては活動できない人は，毎日アルコールを飲まないとやっていけない人と同じである。

242

\*2. 州警察がスピード違反者を捕まえるために覆面パトカーを使うことが許されるのであれば，そして友達にサプライズで誕生日会を開くために嘘をつくことが問題ないのであれば，人をだますことは道徳的に間違っているとなぜ言えるのだろうか。

3. タイヤをパンクさせられるほど自分が嫌われているとは思えないね。それだけは確かだ。だから無差別の犯行か，人違いだと思う。

\*4. なぜこの小説を現実離れしているとして批判したんだい？　現実に起こりえない事件なんて１つも出てこないじゃないか。

\*5. 肉を食べる人は動物を殺すことを暗に認めているわけだ。だったら人間を殺すことも認めてもいいはずだ。だってある動物と別の動物を線引きすることはできないのだから。

\*6. バージニア大学は全米屈指の大学だから，哲学科も素晴らしいに違いない。バージニア大学の大学院に行って哲学を学んだらどう？

\*7. 私に言わせれば，この地域でより強いチームと対等に戦うためにうちのアメフトチームにはもっと資金をつぎ込むか，そうでなければチーム自体を廃止するしかない。

\*8. マキシン：ジーン，考える時間をちょうだい。セックスするかどうかは重大な決断なのよ。これについては合理的な決定をしたいの。
ジーン：いいかい，マキシン。セックスするかどうかなんて合理的に決めるものじゃないよ。

\*9. 誰も神の存在を証明できない。ただ神が存在することを信じて受け入れれば，あなたにとって神は実在する存在になる。

\*10. 裁判官：2人の主たる証人から相容れない矛盾した証言がありました。よって，真実はその中間にあると結論付けざるを得ません。

\*11. ジョージ：僕はデカフェのコーヒーはいらないよ。味が好きじゃないんだ。
ミルドレッド：でもこれはおいしいわよ。だって新発売だもの。

12. 男子寮や女子寮を異性に対して24時間開放すべきだと言っている学生もいれば，異性は終日立ち入り禁止にすべきだという学生もいる。だったら，例えば正午から夜中の12時までの12時間だけ開放するのがいいのでは？

13. 民主党は国民皆保険を支持しているのだから，民主党の代議員であるボブ・ジョンソンも国民皆保険を支持しているに違いない。

14. 人間の体の組織は歳を取るにつれて活発さが失われ最終的には死に至るので，

政治的な組織も発足から時間が経つほど活発さが失われ，いずれ死に至ると考えることは道理にかなっている。

15. 悲しむ子どもに対して母親がこう言った。「メンフィスの新しい家に到着して落ち着いたら，気分も晴れるから」。

16. リゾートのマネージャー：申し訳ございませんが，犬はここには入れません。いかなる動物も持ちこめない規則になっていますので。

　　マーク：でも目が不自由な妻の盲導犬なんです。

　　リゾートのマネージャー：申し訳ございません。私の仕事はルールを順守することであり，ルールを作ることではないのです。

17. あなたが大統領選でマケインに投票したのは彼が共和党の候補者だからなのか，それとも国境の警備を厳しくして移民問題に対策を打つと約束したからなのか，教えてください。

18. なぜ議会でいまだに中絶に助成金を出すべきか，あるいは中絶を利用しにくくなるように制限するべきか議論しているのかわからない。中絶は 40 年前から合法なのに。

19. 評議員会がこの機関の問題について優れた判断と対処を見せてくれると信じている。各メンバーは，それぞれのビジネス上の問題において優れた判断と対処をすでに見せているのだから。

20. 農場経営者が息子に向かってこう言った。「息子よ，あそこにいる生まれたての子牛を毎日 1 回持ち上げていたら，筋肉が鍛えられて成牛になったときにも持ち上げられるようになる。子牛の体重は 1 日にわずかしか増えないし，そのわずかな差がお前の持ち上げる力に対して大きな差を及ぼすとは思えない。今日持ち上げられるなら，明日だって持ち上げられるはずさ」。

Ⅲ.　**許容性の基準に違反する誤謬**：以下の議論について，①本章で取り上げた誤謬のうちどれに当たるか特定し，②なぜ許容性の基準に違反しているか説明せよ。本章に登場した各誤謬がそれぞれ 2 回ずつ登場する。

1. 新しい教授がきたら私だって微分積分で単位が取れるはず。

2. “man” という単語は人類全体を指す代名詞としてずっと使われてきた。今変えなくてはならない理由が見つからない。

3. 政府は福祉政策を支援せざるを得ない。政府は一般の福祉を促進する責任があると憲法に明確に記されている。

4. 君の言うことは信じられないな。ボビーはそんなことはしない。彼女は僕を愛しているんだ。裏切るわけがない。君が言うように彼女が浮気していたら，僕と彼女の間の素晴らしい関係が壊れることになる。彼女は僕のすべてなんだよ，チャド。彼女がそんな仕打ちをするはずがない。

5. 検閲を支持しているのではない。道徳的に好ましくない読み物に触れないように学生たちを守っているだけです。

6. 呼び出し音は鳴るのに出ないんだ。ダイアナは寝ているか留守なんだろう。

7. ベティ，遅くならないように帰ってきなさいと言ったでしょう？　それなのに夜中の12時に嫌々帰ってくるなんて。信頼できると思ったのに，違ったようね。

8. エディ：なぜ自分の部屋に電話を引くのに両親の名前と住所を書かなきゃいけないんですか？

   電話会社の担当者：あなたは学生ですよね？　すべての学生さんには親の情報を提供してもらっています。それが弊社の方針です。

   エディ：でも私は43歳の大学院生ですよ。

   電話会社の担当者：規則ですので。

9. パトリック：共和党が上院の環境関連法案に加えた変更によって法案が骨抜きになった。

   ウォース：民主党が過半数を握っているはずなのに，なぜ変更を加えられたの？

10. 弁護人が判事に対して：「女性は一般的に男性よりも子育てに長けていますし，幼い子どもには子育てのできる親が必要ですから，親権は私のクライアントのパワーズ夫人に与えるべきです」。

11. 自分が浮気をしたことの理由として，妻も浮気をしていたと主張するロバートがこう言った。「イエス・キリストは言ったよ，“目には目を”と！」。

12. 一部の調査によると，子どもは毎日平均3.5時間テレビを観ている。多くの親はテレビを30分と制限している。私からすれば，どちらの数字も極端だ。1日3.5時間は観すぎだし，30分に制限することは厳しすぎる。だから2時間ぐらいが一番いいと思う。

13. このカーブでの法定速度は時速25マイルだと標識に書いてありますが，時速25マイルが安全ならば，時速30マイルでも問題ないでしょう。だって25マイルと30マイルには大きな差はないのですから。

14. ジェラルドはとても魅力的だし，デビーも魅力的だから，それはかわいい子どもが生まれるでしょうね。

15. 株式を購入する人は馬券を買う人と同じだね。実際に大金を得られることはほとんどないのに金を賭けているんだ。

16. ジェイミー：ジェド，最近怒りっぽくなっているけど，どうしたの？

    ジェド：君は怒りっぽくないっていうのか！

17. デブラ：引き出しに入れていた 50 ドル，どこに行ったんだろう。

    ジーニー：ベニータに聞いてみたら？　朝から買い物に行っていろいろ買ってきてたよ。

18. 誰も時速 65 マイルのスピード制限を守っていない。みんな少なくとも 70 マイルは出している。だからスピード制限を 5 マイル上げればいいんだ。

19. ザンダー：マツダの新モデルを運転したんだけど，日本車というのは素晴らしいね。

    ビクトリア：なぜアメリカの車をけなすの？　アメリカも素晴らしい車を作っているのに。

20. ラルフ，君と僕は昔からの友達だけど，政治について話したことはなかったね。それで君はどっちなの？　民主党？　それとも共和党？

21. 調停委員会は争いを解決するにあたりどちらかの肩を持つべきではない。学生と大学側の間で起きていた問題を仲裁するはずだった調停委員会が，大学側に有利な判断をして学生を停学処分にした。それで調停と言えるのか？

22. 父が集中治療室に入っている。予後のとても悪いがんだけど，きっと打ち勝つに違いない。父は強い人だから。数カ月後には庭の芝刈りをしているに決まっている。

23. 昨晩アンジーとはデートしてないよ。一緒に食事をして映画を観ただけだ。

24. ケンタッキー大学の生物学科は質の高い教育で全米で有名だ。その卒業生が生物学の講師に応募してきた。彼女を雇うべきだよ。あそこの卒業生なんだから間違いない。

25. ナオミ：ポール，教会に誘ってくれてうれしいんだけど，私は信心深くないの。

    ポール：そうなの？　君とは数年前からの付き合いだけど，無神論者だとは知らなかった。

26. 接客係：運転免許証を拝見してもよろしいでしょうか。

    グレース：運転しないので持っていないんです。パスポートはありますけど，それでいいですか？

    接客係：申し訳ありませんが，当店では運転免許証をご提示いただけないとお

酒をご注文いただけないのです。

27. バリー：妻が妹と一緒に食料品店に入るわけがない。彼女は 1 週間以上髪の毛を洗っていないんだ。

デニス：君の奥さんは妹さんを車に残して入店したのでは？

28. 長老派とメソジスト派が教会や神学的な観点で異なる見解を持っていることは知っている。でもなぜ 1 つの宗派にまとまることができないのかがわからない。どちらも完全なる真実を手にできているわけではないと考えるのが妥当なのだから，神学的な物事を最もよく理解するためにはそれぞれが少しずつ妥協しなくてはならない。

29. ようやく優秀な医者がこの町に来る。サウスメインに来月開業する新しい内科医にかかりつけ医を代えようと思う。すでに予約もした。

30. テレサとフレッドが結婚するって？　私が知っているなかでも最も不幸な部類に入る 2 人が結婚して，幸せな結婚になるとは思えないよ。

31. 誰が大統領になっても変わらないと思う。この国は機械みたいなもので，誰が操作していようと本質的には同じように動くようにできている。

32. 昨晩クラブの店番が中に入れてくれなかったことにまだ腹が立っているよ。2 週間後には 21 歳になるんだ。入れてくれてもいいじゃないか。18 歳とか 19 歳で入れてくれと言っているわけじゃないのに。

IV. 過去 1 週間に読んだり聞いたりした，現在の社会，政治，道徳，宗教，あるいは美に関する問題についてある立場を擁護する議論を選んで，標準形式に再構成したうえで "優れた議論の 5 つの条件" に従って評価せよ。構造の基準や関連性の基準，あるいは許容性の基準に違反している誤謬があれば明記すること。そしてその問題について最も正当性の高い見解を擁護する最善の議論を構築せよ。

V. 本章で取り上げた許容性の原則に違反する誤謬それぞれについて，例を探すか作り上げてインデックスカードに記し，誤謬を突く戦略を記せ。

VI. 父親が息子のジムに宛てた 5 通のメールの 3 通目には，本章で取り上げた許容性の基準に違反する 16 の誤謬が登場する。それぞれの誤謬が登場するのは 1 度だけである。メールのなかの数字は，その直前に誤謬があることを示している。それぞれどの誤謬に当たるか特定せよ。

**ジムへ**

　返信のなかに哲学の授業によって道徳的な信念は何も変わっていないと書いてあったね。つまり宗教的な信念の一部は変わったのだと私は推測している①。これにはとても動揺している。私のこれまでのメールは明らかに効果がなかったというわけだ。

　これまで話した内容を少し振り返ってみよう。1 通目では，哲学者というものは宗教も含めたすべてに根拠があるべきだと考えていると書いた。お前の哲学の教師もそう思っているのだろう②。だが，信仰心を基に神を信じるしかないのだよ。それが宗教というものだ③。そして本物の信仰心は気乗りしない態度や中途半端ではいけないのだ，ジム。それは「妊娠しているようなもの」というのと同じだ。妊娠はしているか，していないかしかない。それと同様に，信仰心は持っているか，持っていないかのどちらかしかない④。完全なる信仰心以外は信仰心がないのと同じだ。すべてか無かなのだ！⑤

　私は最初のメールで，信仰心と合理的な思考は完全に分離する必要はないと言ったね。実際のところ，人々が完全に不条理なものを信じることを防ぐために，一定の論理を使うことは適切だが，哲学者たちのようにやりすぎるべきではないということなんだよ。一番いいのは，論理と信仰心が中間で折り合うことだ⑥。

　だが興味深いのは，哲学者は信仰心について偽善的であるというか，矛盾を内包しているということだろう。だって科学への"信仰心"に基づいて見解を示すのだからね。つまり私の信仰心よりも自分の信仰心のほうを好んでいるというだけなんだ⑦。彼らの間違った信仰心によると，何かを信じるには根拠がなくてはならないようだが，本物の信仰心を持つ人はそのような考え方に染まらないように注意しなくてはならない。一度心を許してしまえばそれを急に止めることなどできず，根拠を求めることに完全に降伏することになる⑧。だからそういった論争にはかかわらないのが一番いいんだ。信仰は自明であり，それを裏付ける根拠など必要ないという原則を受け入れれば，根拠を使おうとするあらゆる行為はその原則に反することになる⑨。

　お前もわかっているだろうが，父さんは哲学者を認めていない。自分たちは深くものを知っていると考えているのかもしれないが，実際にはそっでもない。例えば，お前の哲学の教師が提示する神への信仰心への批判は，どれも決定的あるいは圧倒的な議論ではないはずだ。つまりその議論全体も決定的ではないか不適切なものなのだ⑩。もちろん哲学者は，「キリスト教徒であり哲学者であるということも可能だ」

と言ってお前をだまそうとするだろう。だがイエス・キリストは言ったんだ，「人は2人の主人に仕えることはできない」と⑪。

　これまで常々言ってきたことだが，信仰心の深い人々は聖書の説くことに従うべきだ。それは聖書に本当に書かれていることであり，哲学者や一部の神学者が言っていることではない⑫。聖書で神は自分を信じよと言っているし，父さんは信じている。そうすることで神は私たちを守り，祈りを聞き入れ，幸せで満たされた人生を送れるようにしてくれるのだ⑬。それこそ誰もが人生で求めることであり，このような普遍的な願いが間違っているとはどうしても思えないのだよ⑭。

　ジム，父さんはこうしろと命令するつもりはない。だが哲学を学び続けるというのなら，次の学期は違う先生の下で学びなさい。別の先生なら宗教の問題についてどうとらえるべきか，よりよい考え方を示してくれるだろう⑮。

　クリスマスの休暇で帰省したときに，もっと語り合えることを楽しみにしている。母さんもよろしく伝えてくれと言っている。もう気付いているだろうが，父さんはこういった話題について語るのが母さんよりも好きなんだよ⑯。

愛をこめて
父より

VII. eメールのなかの1パラグラフを選び，ジムになったつもりで父親の欠陥のある推論に対する返事や反論を記せ。誤謬の名称を出さずに，「誤謬を突く」から学んだスキルを活用すること。

# 第8章
# 十分性の基準に違反する誤謬

## 概要

### この章で学ぶこと

・優れた議論の十分性の基準に違反する名称のある誤謬の重要な特徴を，自分
　の言葉で定義・説明すること
・日常会話や話し合いで欠陥のある推論に遭遇したときに，十分性の基準に違
　反する誤謬であることを認識して名称を特定し，説明すること
・相手が十分性の基準に違反する誤謬を犯した場合に，その欠陥のある推論を
　効果的に突き，修正を手助けすること

### 9．十分性の原則

*優れた議論の４つ目の基準。ある立場に賛成あるいは反対の議論を行う者は，*
*関連性と許容性を満たす適切な根拠を複数提示する努力をしなくてはならな*
*い。提示する根拠は数的にも強度的にも，結論の受容を正当化するために十分*
*でなくてはならない。*

　本章で紹介する誤謬は，結論の受容を正当化するには前提が不十分な過ちで

ある。前提が不十分な状態は2通りが考えられる。1つ目は，その前提を許容するのに十分な補完前提による裏付けがない場合である。これは許容性の基準に関する前章において議論したとおりである。2つ目は，関連性と許容性を満たす複数の前提を合わせても，結論を受け入れるに足る証拠が種類や数，強度の観点から不足していると判断される場合である。

　本章では主に2つ目に該当する誤謬を取り扱うが，この2つの十分性の誤謬は同じものとも理解できる。なぜなら，補完前提で裏付けられた特定の前提は，議論内部の議論の結論だからである。つまり，前提を裏付けるために補完前提を提示することは，議論の結論を裏付けるために前提を提示することと同じプロセスであり，いずれにおいても前提が総合的に関連性と許容性を十分に満たしていることが求められる。

　十分性の原則に違反する誤謬は，①根拠欠如の誤謬と，②因果関係の誤謬の2つに大別できる。

# 根拠欠如の誤謬

　実際に示された数々の議論を分析してみると，その多くで証拠が不足しているか，まったく存在しないことがわかる。最も一般的な根拠欠如の誤謬は説明が不要なほど明らかなものであり，誤謬に名前が付いているわけではないが，ここで触れないわけにはいかない。その誤謬とは，広告主や広報担当者が一般の人々に繰り返し犯してほしいと願うものであり，**名前や記述から推論する誤謬** (fallacy of inference from a name or description) とでも呼べるかもしれない。「人物や物に付随する記述的な語句や識別するための語句が，その人物や物についての結論を導き出すのに十分な根拠である」と勘違いする誤謬である。例えば，ある商品に"徳用サイズ"と書かれているから「実際にお得なのだろう」と思い込んだり，ある大学が自らを"南部で一番の大学だ"と主張しているから「南部で一番の大学なのだろう」と思い込んだりする人は，まったく根拠がない状態で結論を導き出している。この誤謬はあまりに明白であるため，人々が最も陥りやすい誤謬であるということぐらいしか述べることはない。

これから取り上げるのは，より興味深く，よりわかりにくい根拠欠如の誤謬である。最初に紹介するのは，少なすぎるサンプルから結論を導き出す誤謬（"不十分なサンプル"）や，非代表的なデータをもとに結論を導き出す誤謬（"代表的でないデータ"）である。最も興味深く，徹底した根拠欠如の誤謬の典型が，ある主張についての証拠があるかすら検討せずに，反証がないというだけでそれが正しいと決めつける誤謬（"無知に訴える論証"）である。他にも，過去にあったかもしれないことや未来にそうなるかもしれないことに基づいて事実に関する主張をする誤謬（"反事実的な仮説"）や，証拠の代わりに決まり文句や格言を使う誤謬（"格言の誤謬"），根拠を示さずに物や人物をルールや原則の例外として扱うように求める誤謬（"二重基準"）もある。最後に，立証するうえで重要となる証拠をなぜか除外している議論（"重要証拠の除外"）が挙げられる。

## ■ 不十分なサンプル（insufficient sample）

**定義：**量的に不十分なサンプルを基に，結論を導き出したり一般化したりすること。

不十分なサンプルで使われる証拠は，往々にして許容可能で関連性はあるものの，十分な数が提供されていないために結論を導き出すことができないものである。弱い証拠から性急に結論を導き出すことから，**早まった一般化（hasty generalization）**と呼ばれることもある。たった１つの証拠や個人的逸話（personal anecdote）から結論を導き出したり一般化を行ったりする論者は少なくない。これは**単独事実の誤謬（fallacy of the lonely fact）**と呼べるかもしれない。

結論を導き出すにあたって，証拠がいくつあれば"十分"とみなされるのかを決めるのが難しい場合もある。サンプルの十分性はそれぞれの問題の内容に応じて決まる部分もあるが，数が多ければそれだけ信頼性が高くなると考えるのは間違っている。ある値を超えると，それ以上の数の証拠があっても証拠の十分性にわずかな影響しか及ぼさない場合がある。

有権者の支持率やテレビの視聴率など，サンプルの十分性に関する洗練され

たガイドラインが存在するものもある。しかし多くの場合，結論の真実を裏付けるにあたってどれぐらいの程度で十分なのかを決めるガイドラインは存在しない。

**例**

「ビタミンCは本当に体にいい。冬になると私の家族は全員必ず1回は風邪をひいていた。去年，毎日1,000ミリグラムのビタミンCを摂り始めたら，この9カ月は鼻をすする音すら聞かれない」。この議論を標準形式にすると以下のようになるだろう：

1. 私の家族は9カ月間，毎日1,000ミリグラムのビタミンCを摂取している（前提）
2. その間，誰も風邪をひかなかった（前提）
3. 前の冬まで1人最低1回は風邪をひいた（前提）
4. ［1つの家族の例は，全人類に関する結論を導き出すのに十分である］（暗示的な前提）
   したがって，毎日1,000ミリグラムのビタミンCを摂取すれば風邪を予防できる（結論）

このようなデータを見てビタミンCを摂取してみようと思う人はいるかもしれないが，その有効性を十分に裏付ける議論とは言えない。4つ目の暗示的な前提ではサンプルは1つの家族で十分だとしているが，これはきわめて疑わしく，毎日大量のビタミンCを摂取することで風邪を予防できるという結論を導き出すことを正当化しない。9カ月の間に家族が風邪をひかなかったことには，複数の別の要因がある可能性が高いだろう。

**例**

いつもは行かない雑貨店でいくつかの商品を手に取り，よく行く雑貨店に比べて値段が安いことはよくある。こういった場合，毎月の生活費を節約するためには日常的に買い物をする雑貨店をかえたほうがいいと考えるかもしれない。一方で，手に取ったいくつかの商品の値段が高ければ，いつもの雑貨店のほう

がいいと思うはずである。しかし，いずれの推論も根拠があるとは言い難い。サンプルの数が少なすぎるからである。どの店で買うのが実際に最も節約になるか結論づけることができるのは，よく買うほとんどの商品の価格について，複数の店舗を比較した包括的な調査結果だけである。

### 例

「前妻との結婚は散々だったから，もう二度と結婚しないし，人に結婚を薦めることもない」。この推論のサンプルは明らかに小さい。この男性は，たった1度の結婚における経験から，自分や友達，そしてすべての人々にとって結婚が価値ある制度ではないと確信したようである。しかし，彼が1度だけ経験した悪い結婚の原因は彼や前妻にあり，結婚という制度そのものではないかもしれない。少なくとも結婚の価値について判断するには，もう少し多くのサンプルを検証すべきだと言えるだろう。

## ▶誤謬を突く

　単一の証拠や少ないサンプルを基にした議論を提示する人は，その主張が正しいことにかなり自信がある場合が多い。個人的に印象的だった体験を証拠としているがために，その主張を信じ切っているのかもしれない。しかしこのような場合には，たった1つの個人的な気づきを証拠にして優れた議論を構築することはできないと，相手に示さなくてはならない。

　相手が1つの証拠に基づいて一般化を行ったように見えたとしても，そもそも議論として提示されたものではないということもある。それは単に説明を伴う意見の表明なのかもしれない。議論であるかどうかを確認するためには，「それは単なる意見ですか，それとも議論ですか？」と尋ねよう。

　もし論者が意見ではなく議論だと言ったなら，その議論を標準形式に再構成してみるとよいだろう。議論で使われている暗示的な前提——単一あるいはごく少数の事例が，すべての事例について結論づけるのに十分な根拠であるという想定——を明らかにして議論を再構成すれば，論者に対して議論の欠陥を浮き彫りにできるはずである。それが駄目なら論外な反例を提示してみよう。例えば，「大学の教員の子どもはみんな最悪だ。この前ベビーシッターをした子は甘やかされていて礼儀がなく，言うことをまったく聞かなかった」という例

が考えられる。必要であれば反例を標準形式に再構成するといい：

1. 最近ある教員の子どものベビーシッターをしたが，その子どもは最悪だった（前提）
2. ［1人の教員の子どもは，すべての教員の子どもに関する真実を判断するにあたり十分である］（暗示的な前提）
   したがって，すべての教員の子どもは最悪である（結論）

このように明確に示せば，相手も2つ目の前提を受け入れるとは恥ずかしくて言えないだろう。相手も自らの議論からその前提を取り除きたくなるだろうし，そうすると議論は証拠不足で崩壊する。

# ■ 代表的でないデータ（unrepresentative data）

**定義：**代表的でないサンプルや偏ったサンプルから抽出したデータに基づいて結論を導き出すこと。

ここでいう代表的でないデータとは，関連するすべての下位区分が比率的に正確に反映されていないデータのことである。例えばある問題についてアメリカ人がどう思っているのか一般的に述べたい場合には，人種や年齢，学歴，性別，居住地，さらには宗教や支持政党なども含めた関連する下位区分の比率を正確に反映したデータを使わなくてはならない。ただし体重や髪色などは，多くのケースでは関連する下位区分にはならないだろう。

偏った（バイアスのある）データを使うことも避けるべきであり，注意すべきケースは少なくとも3つある。1つ目は，収集者のバイアスによってデータが偏っているケースである。政党や何らかの支持団体が収集した世論調査はまず疑うべきである。2つ目は，対象母集団の1つあるいは一部の下位区分だけから収集したデータが何らかの主張を裏付けていると主張される場合である。議題について強い賛成あるいは反対の意見を持つ可能性のある下位区分から収集されたものならなおさらである。例えば，大学スポーツに対する学内の意見を知りたい場合には，大学対抗試合に出場するチームの選手のみを対象にする

べきではない。あるいは，選手ではない人にだけ意見を聞くべきでもない。もし最新の映画の評判を知りたいのであれば，1 冊の雑誌の読者だけから意見を聞くのでは偏りが出る。1 つの雑誌の読者は，特定の興味や好みによってまとめられる下位区分だからである。3 つ目は，ウェブサイトや視聴者参加番組，あるいは e メールでデータを収集するケースである。このようにして集められたデータが非常に偏っていることはよく知られており，"エンターテイメントの目的のみ"に使用されるものとしてほとんどの人に認識されているほどである。

　また，質が大きく異なるデータも，代表的でないデータの一種と言えるだろう。現代の技術で収集された統計報告や統計分析を，まったく違った方法や技術的状況で収集された統計と比較した場合，どんな結論が出たとしてもきわめて疑わしいと言わざるを得ない。例えば，2010 年にアメリカで発生した凶悪事件の数を，1950 年代の統計と単純に比較した場合，その結果出てくる結論はかなり疑わしい。

### 例

「フロリダ州の 10 万人以上を対象とした最近の調査によると，アメリカ人の 43％が毎日少なくとも 2 時間，レクリエーション活動に時間を費やしていることがわかった」。この議論を標準形式に再構成すると，統計上の欠陥が一目瞭然になる：

1. フロリダ州の住民の 43％が，毎日 2 時間は何らかのレクリエーション活動を行っている（前提）
2. ［フロリダ州に住む人々は，アメリカ全土に住む人々の縮図と言える］（暗示的な前提）

したがって，アメリカ人の 43％は毎日少なくとも 2 時間，レクリエーション活動を行っている（結論）

すべてのアメリカ人について，上記のようなレクリエーション活動に関する結論を導き出すことには論拠がない。退職者やレジャーを重視する人々が多く住むフロリダ州だけで調査をしても，その結果はアメリカ全体を表すものには

ならない。つまり2つ目の前提は間違っている。

例

「今日，大学で模擬選挙が行われ，民主党候補が勝った。2,000人以上の学生が参加したのだから，11月の選挙でも彼女が勝つに違いない。これだけ人数が多いのだから，サンプルとしては十分なはずだ」。

大学生は，実際の有権者を正確に表すサンプルではない。それは調査対象となった人数が，有名な世論調査会社が行う調査の対象人数よりも多い場合でもそうである。適切な代表的な下位区分からサンプルが抽出されていないのであれば，どんなにたくさんのサンプルがあったとしても不適切である。

例

「アメリカ人の休暇の過ごし方に関する最近の調査によると，52%が年間5日以上をビーチで過ごしている」。

この調査の対象となったのは5万人のバージニア州の住民であり，すべての関連する下位グループからサンプルが抽出された。しかし，これはアメリカ人の代表的なサンプルとは言えない。なぜなら，バージニア州のほとんどの地域は，州内やメリーランド州，ノースカロライナ州，サウスカロライナ州の有名なビーチに近い。結果としてバージニア州では全米の他の州に比べて圧倒的に大勢がビーチで休暇を過ごすのである。

## ▶誤謬を突く

代表的でないデータを基に主張する論者に対しては，少なすぎるサンプルを基に主張を行う論者への対応同様のものが使える。疑わしいデータを使った論者に遭遇したなら，同じ統計上の欠陥がある想定を使って，似たような内容でありながら論外の結論が導き出される議論を示そう。例えば：

1. 郡のドッグショーの観客1,000人のほとんどが犬を飼っている（前提）
2. ［ドッグショーの観客に言えることは，郡全体の人々にも言える］（暗示

　的な前提）

　したがって，郡に住む人のほとんどが犬を飼っている（結論）

　もし論者が 2 つ目の前提を見ても問題に気づかないようであれば，代表的でないデータの誤謬を理解してもらうことは不可能かもしれないが，もう 1 つだけ試せることがある。ほとんどの人が犬を飼っていないという主張を裏付けるために，老人ホームの利用者に対して同じ規模の調査を行うと言えばいい。同じサイズのサンプルがまったく異なる結論を裏付けるのであれば，そのデータの代表性に何らかの間違いがあることは明らかである。

## ■ 無知に訴える論証（arguing from ignorance）

**定義:** 反する証拠が存在しないという理由から，主張の真実性（あるいは虚偽性）を主張すること。または，相手が強力な反する証拠を提示できない，あるいはそうすることを拒絶するからといって，主張の真実性（あるいは虚偽性）を主張すること。

　無知に訴える論証は，自分が好む信念を弁護するために多くの人が用いる手段である。何かの真実性を主張する場合には，「それが間違っていることは証明されていない。だからそれは正しいのだ」という主張を行う。何かの虚偽性を主張する場合には，「その主張が正しいとは証明されていない。だからそれは間違っているのだ」と主張する。こういった議論を繰り広げる人々は，知識を基に主張しているのではなく，無知や知識不足を基に主張を行っている。しかし十分性の原則に従えば，反証がないことはそれを支持する十分な証拠にはならないし，主張の証拠がないことはそれを反証する十分な証拠にはならない。

　無知に訴える論証は，いかなる主張の立証責任もそれを主張した論者にあるという，知的行動の規範の 5 つ目の原則にも違反している。例えば，「幽霊がいないと証明できないかぎり，幽霊は存在する」と主張する論者は，（往々にして論者の主張に懐疑的な）相手に立証責任を押し付けている。自分の主張の真実性に疑問があるのであれば，反証を示すか，それと対立する主張の証拠を

提示しろと主張しているのである。相手がそれを拒否すると，論者は自分の主張には証明が必要ないと勘違いしてしまう。しかし証明は必要である。"証拠がないこと"を証拠とする議論は，優れた議論の十分性の基準を満たすことができない。

　このような推論が許容されるように見える状況もある。例えば司法制度では，被告人は有罪と証明されるまでは推定無罪（innocent until proven guilty）である。しかしこれは無知に訴える論証ではない。推定無罪の原則は，有罪であるとは立証されていないことを示す，高度に技術的な司法上の概念である。これは被告人が無罪であると言っているのではなく，有罪と証明されるまでは有罪とはみなされないということを表しているだけなのである。

　無知に訴える論証の誤謬はまっとうな論述に似ているため，一見すると優れた議論と誤解されることがある。例えば私が，「家にシロアリがいる」と言ったとしよう。しかし専門業者のシロアリ検査でシロアリがいるという証拠が見つからなかったら，「シロアリはいなかったのだ」と結論付けられる。このケースは，無知に訴える論証に見える。というのは，「シロアリがいる」という主張の証拠がないことが，元の主張を否定する，「シロアリがいない」という主張の証拠として使われているように見えるからだ。しかし実際には重大な違いがある。シロアリがいないというこの結論は，「シロアリがいる証拠がない」ということに基づいているわけではない。シロアリが家の中にいるのかという疑問について，関連する肯定的・否定的なすべての証拠を徹底的に検討した結果に基づいている。

### 例

「なぜ男女同一賃金が主張されているのかわからない。私の会社で働く女性は誰も賃金について抗議してきたことがないし，賃金の引き上げを要求してきたこともないから，賃金に満足しているに違いない」。この議論を標準形式に再構成すると，その欠陥が明確にわかる：

1. 私の会社で働く女性は，同じ仕事をする男性と比べて賃金が低いと抗議していない（前提）
2. ［不満を持っている証拠がないことは，満足している証拠である］（暗示

的な前提）

したがって，私の会社で働く女性は，男性よりも低い賃金で満足している（結論）

　この論者は，不平不満が出ていないという理由だけで，人々は満足しているに違いないと思い込んでいる。言い換えると，現状に対する不満の証拠がないことが，満足している証拠であると主張しているわけである。“沈黙は満足の証拠”と推論することは無知に訴える論証の典型とも言え，**無抵抗の誤謬 (fallacy of quietism)** とも呼ばれる。しかし，ある人物や集団が沈黙を守っている，あるいは抗議していないからといって，不満がないと結論づけることはできない。不満が表に出ない多くのまっとうな理由があるはずであり，その一部は容易に想像できるだろう。

**例**

「対立候補は新しい銃規制法案にはっきりとした反対の立場を表明していないため，確実に賛成しているのだ」。この主張の唯一の“根拠”は，対立候補が新しい銃規制法案について何も発言していないということである。興味深いことに，論者は同じ証拠を使って，「対立候補は新しい銃規制法案にはっきりとした賛成の立場を表明していないため，確実に反対しているのだ」という正反対の主張もできたはずである。肯定的な結論と否定的な結論の両方に同じように使える証拠は，いずれの結論に対しても十分な論拠とはなりえない。

**例**

「進入禁止の看板は見当たらなかったから，立ち入っても大丈夫だと思った」。ある行為を禁止することが明記されていないからといって，その行為が許可されると考えるのは間違っている。

**例**

コニー：ノースカロライナ大学チャペルヒル校で教える仕事に合格した？
ドット：駄目だったよ。2 カ月以上前に応募したのに，何の連絡もない。

　ドットは，大学が採用通知を送ってきていないという理由で，不合格だったと考えている。しかし無知に訴える論証を使えば，不採用だったという証拠がないため，採用されたのだという反対の主張もできる。したがって，いずれの結論も導き出すべきではない。特に教員の採用過程は長く複雑になることが多いため，大学からなかなか返信がないからといって何らかの結論を導き出すことは適切ではない。

## ▶誤謬を突く

　もしある主張を否定する証拠がないことが，その主張が真であることの証明になるのであれば，きわめて奇妙な主張も真実となってしまう。さらには，その主張があまりに不可思議なものだったり，あまりに取るに足らないもので誰も相手にしないようであれば，論者は毎回不戦勝することになる。

　もし論者がきわめて疑わしい主張を展開し，しかも否定する証拠がないことを根拠にしているのであれば，同じ手段で相手に迫ってみるといい。論者の主張とは反対の主張を，論者が使った同じ根拠で裏付けることによって，その欠陥を示すのである。例えば，「念力が存在しないことは証明されていない。念力は存在するのだ」と相手が主張したのなら，「念力が存在することは証明されていない。念力は存在しないのだ」と主張するのである。そうすれば論者は，「念力は存在する／念力は存在しない」という矛盾する2つの結論を導き出せる議論になっていることに気づくだろう。

## ■ 反事実的な仮説（contrary-to-fact hypothesis）

**定義：**過去に起きたことが異なる条件下では別の結果になったはずだ，あるいは未来にはこのようなことが起きるだろうと十分な根拠なく主張し，仮説的な主張を事実であるかのように扱うこと。

　実際に起きていない出来事の経験的証拠が手に入らないことは明らかである。そのため論者がそれを"証拠"と呼んでも，せいぜい空想の産物と捉えるべきである。過去に実際に起こっていない出来事の結果や，まだ起きていない出来事の結果を知ることは不可能であるが，仮説的な考えを作り出すことは可

能である。そういった仮説は，過去をより深く理解することにつながったり，未来の望まない結果に備えたり避けたりするのに役立つこともある。しかし，そういった想像から生まれた考えはせいぜい“ありそうな話”にすぎず，推測的な側面があることを忘れてはならない。

　この誤謬は**月曜朝のクォーターバック (Monday morning quarter-backing)** とも呼ばれる。熱心なアメフトファンであれば，「クォーターバックが別のプレーをしていたら，あるいは同じプレーを別の方法で実行していたら，結果は違っていたはずなのに」と，週末の試合が終わった後の月曜日の朝に持論を述べた経験があるだろう。しかし過去に起きた出来事について，その一部が起きなかった場合や，別のことが起きた場合の結果を正確に知るすべはない。そういった主張の証拠は反事実的なものであり，現実には存在しない。したがって，反事実的な仮説の誤謬は十分な根拠がないのに結論を導き出していることになるため，優れた議論の十分性の基準に違反しているのである。

## 例

以下の反事実的な仮説の例は，いずれも根拠がないものである。
「カタツムリの煮込みを食べたら，絶対に気に入るはずだ」
「大学1年生のときに怠けていなかったら，医科大学に入れただろうに」
「昨晩彼のそばにいてあげたら，彼は自殺しなかったはずだ」
「もう少しバックハンドを練習していれば，テニスのトーナメントで優勝していたのに」

　こういった主張を受け入れるための根拠は存在したとしても示されないことが多く，示されたとしても“証拠”として正当性があるかどうか怪しいものである。最後の議論を標準形式に再構成して検討してみよう：

1. テニスのトーナメントで優勝できなかった（前提）
2. トーナメントの前にバックハンドを十分に練習しなかった（前提）
3. バックハンドを練習していれば，勝ち負けに違いがあっただろう（前提）したがって，バックハンドを練習していれば，トーナメントで優勝できたはずだ（結論）

262

バックハンドを練習していたらどのような結果になっていたかを知るすべはなく，3つ目の前提には証拠がない。バックハンドの練習不足だったことが，一部のバックハンドの失敗やまずいプレーの原因だったとは言えるかもしれないが，それがテニスという複雑なスポーツの勝敗にどのような影響を及ぼしたかまではわからない。

例

キャンパス内の寮を出て暮らしたい大学生は，次のような議論を使って自分自身や親を説得できるだろうか。「キャンパス外に住めばもっと勉強できて，結果として成績が上がり，もっとよく眠れるはずだ」。この学生はこれらの主張に根拠があると思っているのかもしれないが，その根拠が証拠として採用できるかは疑問である。そのため，この主張は推測の域を出ない。

例

歴史上の出来事に関する反事実的な仮説の誤謬に遭遇したことのある人は多いだろう。「ヒトラーがロシアを侵略して2つの戦線のある戦争に突入しなければ，ナチスが第二次世界大戦で勝っていただろう」，あるいは「1860年の選挙で民主党が勝っていたら，アメリカ南北戦争は勃発しなかったはずだ」という主張は推測であり，どうすれば十分な"証拠"を提示できるか想像すらできない。

## ▶誤謬を突く

未来に向けて計画を立てたり過去から何かを学ぶにあたっては，想像によって仮定的な考え方を生み出すことが不可欠である。そのため，すべての仮説を攻撃したり，想像力を使うことをやめることはお勧めしない。しかし，きわめて疑わしい反事実的な主張に遭遇した場合には，論者にその推測的な側面を理解して認めてもらえるよう努力しなくてはならない。自分の主張が推測に基づくものにすぎないと理解してもらうだけで，反論に対してよりオープンになったり，主張の裏付けに真剣に取り組んだりしてもらえることもある。

根拠のない仮説による主張に対処する1つの効果的な方法として，次のように言ってみるのはどうだろうか。「あなたの主張は正しいのかもしれないが，

それを裏付ける証拠を思いつけないので正しいかどうか判断できない」。そのような“証拠”など存在しないことが想像されるが, 論者は自分がなぜそういった推測をしたのか説明しようとしてくれるかもしれない。そうすれば話し合いは建設的な方向へと進むだろう。

## ■ 格言の誤謬（fallacy of popular wisdom）

**定義：**主張と関連する証拠ではなく, 格言や決まり文句, 世間的に常識とされる知恵, あるいは一般常識と呼ばれるものに基づく物事の見方を根拠に主張を行うこと。

　この誤謬では一般的に議論の前提に格言や決まり文句が使われるが, その格言や決まり文句から得られた考え方に関する信頼できる証拠が示されていないことが多い。決まり文句は類推と同じように, よくとも何かを示唆する程度のものなので, それのみを基にした議論は優れたものとは言えない。たとえその格言が重要かつ正当性の高い視点を示していることを説明する他の前提があったとしても, 格言自体が議論の質を高めることはない。せいぜいのところ前提をうまく表現する手段にしかなりえないだろう。

　往々にして相反する格言が存在するということも, 格言が十分な証拠にはならないことの理由である。相反する格言の例を挙げてみよう。

① 「三人寄れば文殊の知恵（Two heads are better than one）」と, 「船頭多くして船山に上る（Too many cooks spoil the broth）」。

② 「火のない所に煙は立たぬ（Where there's smoke there's fire）」と, 「人は見かけによらぬ（You can't tell a book by its cover）」。

③ 「二の足踏んで好機を逃す（He who hesitates is lost）」と, 「思案の案の字が百貫する（Fools rush in where angels fear to tread）」。

④ 「転ばぬ先の杖（Better safe than sorry）」と, 「虎穴に入らずんば虎子を得ず（Nothing ventured, nothing gained）」。

⑤ 「成せば成る（Where there's a will, there's a way）」と, 「及ばぬ鯉の滝登り（If wishes were horses, beggars would ride）」。

⑥「類は友を呼ぶ(Birds of a feather flock together)」と,「真逆の魅力(Opposites attract)」。

⑦「六十の手習い(You're never too old to learn)」と,「老い木は曲がらぬ(You can't teach an old dog new tricks)」。

⑧「早起きは三文の徳 (The early bird gets the worm)」と,「待てば海路の日和あり (Good things come to those who wait)」。


　格言とは一般に浸透した英知であり,相反する英知も存在する。したがって,他の証拠がないかぎり,何らかの主張や行動の正当性を裏付ける十分な証拠として格言を使うことはできないのである。

　この誤謬には他にも,何らかの主張の証拠であるかのように文化のなかで受け継がれてきて,一般に浸透した英知によって植えつけられた考え方に訴えるものも含まれる。例えば,「風邪には大食,熱には絶食(Feed a cold, starve a fever)」や,「1日1個のリンゴで医者知らず(An apple a day keeps the doctor away)」などである。こういった主張はきわめて疑わしいか,医学的あるいは栄養学的に間違ったアドバイスであり,広く信じられているからといって主張の根拠にはならない。

　この誤謬の3つ目のタイプは,一般常識に訴えるものである。一般常識は普通は定義されておらず,根拠が見当たらない。例えば「運動は高血圧に悪いというのが一般常識だ」と主張する論者は,一般常識と呼ばれるものには証拠が必要ないと考えている。しかし,一般常識では運動は高血圧に悪いことになっていたとしても,根拠を探せばそれが間違っていることがわかるかもしれない。


**例**

あるカウンセラーが若い女性に対し,2人の男性と同時に親しく付き合うことはできないと言ったとしよう。カウンセラーは説得するために,「二兎を追う者は一兎をも得ず」と言ったとする。この議論を標準形式に再構成すると,前提の疑わしさがはっきりする:

1. あなたは2人の男性との関係を続けている（前提）
2. 二兎を追う者は一兎をも得ずである（前提）

［したがって，あなたはどちらかの男性との関係を諦めるべきである］（暗示
的な結論）

　寛容の原則に則って暗示的な結論を明確に表現すると，上記のようになるだ
ろう。しかし，このケースにこのことわざは当てはまるのだろうか。同時に 2
匹のウサギを捕まえることはできないかもしれないが，同時に 2 人の男性と親
しくすることが論理的にできないわけではない。親しく付き合っている相手が
友人だったり恋愛関係のない人であれば，これは明らかに当てはまらないだろ
う。カウンセラーは，なぜ 2 人の人と同時に親しく付き合うことができないの
かを示さなくてはならないが，このことわざだけではそれを示すことができて
いない。

### 例

重要なテストを控えた前日の夜に，ある学生が大学にまつわる決まり文句を
言った。「今理解できていないのなら，決して理解できるようにはならない」。
こういった疑わしい主張の多くは証拠を伴わない。実際，この主張が偽である
ことを示す多くの証拠が提示可能である。このケースに関しては，今は理解で
きていない学生も熱心に勉強すればテスト直前の数時間で多くを学ぶ可能性が
ある。

### 例

ある夫婦が，最近相続した遺産で住宅ローンを完済すべきかどうかを議論して
いる。
ジャッキー：遺産で住宅ローンを全額返済すべきよ。
ティム：しないほうがいいと思うね。今の住宅ローンの支払いを上回るリター
　ンがある何かに投資するべきだよ。そうすれば得する。
ジャッキー：そんなのおかしいわ！　住宅ローンは払えるお金があるなら払う
　のが常識でしょう？

　なぜ“常識”なのだろうか。ティムは，金融のプロも一理あると認めるよう
な金銭的根拠をもって主張している。金銭的に筋が通っているのに常識的に筋

が通っていないことはあるのだろうか。そうであれば，"常識"とは何を意味するのだろうか。何かが一般常識であるということは，必ずしも筋が通っていることを示すわけではない。裏付ける証拠がないのであれば，それは空虚な主張である。

### ▶誤謬を突く

英知と呼ばれるものや一般的な決まり文句が提示されても，畏縮することはない。決まり文句が使われていたとしても，それほどうまく表現されていない意見と同じように，それを相手に受け入れてもらうためには根拠を提示する必要がある。もし論者が証拠ではなく決まり文句を使って主張を通そうとするのであれば，それを単刀直入に指摘するか，可能ならばそれと矛盾する決まり文句を突き付けるのもいいだろう。その場合，論者は自分の決まり文句のほうが適切であることを示さなくてはならない。そうすれば証拠を探すしかなくなるはずである。

世間の知恵や"誰でも知っている一般常識"にも怖気づくことはない。恥ずかしがらずに，「その一般的に信じられていることが真実であると考える理由は何ですか？」と尋ねてみよう。あるいは，「いかなる理由でそれは一般常識なのですか？」と聞いてもいい。相手と真剣に話し合いをしているという時点で，あなたが"一般常識だから"という理由でその主張を受け入れていないことは明らかである。もしその主張が明らかに一般常識とみなせるものなら，そもそも話し合いをしてはいないだろう。

## ■ 二重基準 （special pleading）

**定義：**他者や特定の状況に原則，ルール，基準を当てはめながら，例外とする十分な根拠を示さずに自分自身や自分に利益がある状況にはそれらを当てはめないこと。

二重基準は，ルール，原則，法律がすべての人々に同様に適用されるとみなされる状況で発生する。二重基準の誤謬を犯す人は，それらの原則などを受け入れてはいるものの，自分自身や自分に利益のある状況は例外的に扱おうとす

る。そのとき例外を設けることに十分な証拠を示さないことが，十分性の原則に違反する誤謬となる理由である。特別扱いや例外とすることが適切なケースもあるが，明示的あるいは暗示的にルールや原則の例外だと主張する者は，それを正当化できる十分な証拠を示す論理的義務がある。

### 例

ニールは，一日中働いて疲れ切った後に料理や掃除などの家事や，育児の一部を担うことはできないと主張している。もしニールが，同じくフルタイムで働いて疲れている妻が家のことを担当すべきだと主張するならば，彼は二重基準の誤謬を犯している。この場合の議論を標準形式に再構成してみよう：

1. 私（夫）は一日中忙しく働き，仕事が終わると疲れ果てている（前提）
2. 君（妻）は一日中忙しく働き，仕事が終わると疲れ果てている（前提）
3. ［この場合に適用される原則は，それぞれが家事育児を分担することである］（暗示的な前提）
4. ［この原則は君（妻）には適用されるが，私には適用されない］（暗示的な前提）

　したがって，君が家事育児をすべて担うべきである（結論）

　外で働いて疲れているということは，ニールが家事育児を免除される理由にはなるが，彼の妻が家事育児を免除される理由にはならないと主張しているわけである。暗示的な前提同士が矛盾しているだけでなく，ニールは自分自身には当てはめたくない原則を妻だけに当てはめている。標準形式に落とし込んだことによって，ニールが自分を例外とする根拠を示していないことが明らかになった。

### 例

私たちも言葉の細かな使い分けで二重基準を使っていることがある。例えば，「私は自信家だが，君は傲慢だ；私は積極的だが，君は押しつけがましい；私は倹約家だが，君はケチだ；私は率直だが，君は失礼だ；私は柔軟だが，君は一貫性に欠ける；私は賢いが，君は狡猾だ；私は几帳面だが，君は細かい；私は好奇心旺盛だが，君はお節介だ；私は活発だが，君はヒステリックだ；私は

断固としているが，君は頑固だ；私は誰とでも仲良くするが，君は尻が軽い；私は枠にとらわれないが，君は身勝手だ」。これらのケースで行為は同じなのに自分の行為はよくて相手の行為は悪いと主張すると，一貫性がないことになる。二重基準を適用する人は一貫性のなさを指摘されると，「これは違う状況なので，原則は当てはまらない」と主張するが，状況が違うことの証拠を示していないことこそが問題なのである。論者が説得力をもって状況の違いを説明できなければ，二重基準の誤謬を犯していることになる。

### 例

ルームメイトである大学生のジェシーとカトリーナの会話。

ジェシー：音楽を消してくれない？　昼寝したいの。

カトリーナ：私たちの金管楽器のアンサンブルを YouTube で聴いていただけなんだけど。

ジェシー：今は昼寝したいの。後で聴いてよ。

ほとんどのルームメイトが受け入れる暗示的な原則は，一人のルームメイトの関心事がもう一人の関心事より常に重要なわけではないということだ。しかし，ジェシーは自分のやりたいことのほうがカトリーナのやりたいことよりも重要であると暗示的に主張している。ジェシーは自分のやりたいことのほうが重要であることの根拠を示していないため，二重基準の誤謬を犯しているという点に関してはほとんどの人が同意するだろう。このような状況に解決策がないと言っているわけではない。この会話でジェシーは二重基準の誤謬を犯しているということである。

### ▶誤謬を突く

最も有効な方法は，二重基準を適用していることや一貫性がないことを率直に指摘する方法である。この誤謬が好ましくないものであることは，論理学の世界だけでなく一般的にも認識されていて，論者もこの誤謬を犯したと思われることは避けたいはずである。しかし，どのように二重基準が用いられていると思うのかを慎重に説明し，反論があれば注意深く検討することが大切である。

一部の状況では，ある人やその人を取り巻く状況を例外とみなして問題がな

い場合もあるが，そういったことはまれである。よって，特別扱いを求める主張については常に慎重にならなくてはならない。論者に対し，同じような状況で一部の人だけが特別な扱いを受けていい理由を尋ねたり，一部のケースについては原則が適用されない理由を尋ねたりしよう。ほとんどの場合で論者は理由らしきものを提示するはずだが，その多くが根拠として弱いものである。問題は，特別扱いを正当化する理由が十分かどうかである。説得が難しい場合は，論外の反例を試してみよう：

1. 所得税法はすべての人に平等に適用されるべきである（前提）
2. 私のケースは他人のケースとは違うので例外である（前提）
   なぜなら，税金として取られる金額を他の目的に使いたいからである（補完前提）
   したがって，所得税法は私には当てはまらない（結論）

2つ目の前提と補完前提は，二重基準の常習犯が見ても筋が通っていないと感じるだろう。この反例を提示された論者は，自分の主張する特別扱いがこの反例と同じように筋が通らないものでないことを証明しなくてはならない。

## ■ 重要証拠の除外（omission of key evidence）

**定義**：結論を裏付けるのに不可欠な重要証拠を含めずに議論を構築すること。

優れた議論の十分性の基準の違反が最も顕著なのは，おそらく結論を裏付けるのに不可欠な重要証拠が前提に含まれていないケースだろう。それはカクテルにアルコールを入れ忘れたようなものである。議論を強化する証拠を入れ忘れたというよりも，それがなければ結論を導き出せないような証拠を提示できていないということなのである。

この誤謬は一般的に，他の誤謬と併せて発生することが多い。道徳判断を裏付ける道徳的議論を構築するときには，その核となる道徳的前提を入れなければ議論が成り立たない。したがって道徳的前提を欠いた道徳的議論は，十分性の基準を満たすために必要な重要証拠が欠落しているため，重要証拠の除外の

誤謬と言えると同時に，構造の原則に違反する規範的前提の欠如の誤謬でもある。例を挙げて考えてみよう：

1. 親友の元恋人とデートすることは，親友を憤慨させる可能性が高い（前提）
2. 親友を憤慨させたくない（前提）
したがって，親友の元恋人とデートすることは道徳的に間違っている（道徳的結論）

親友を憤慨させたくないという理由から，親友の元恋人とはデートしない人もいるだろう。しかしこの議論の前提からは，親友の元恋人とデートすることが間違っているという道徳的判断を導き出すことはできない。なぜなら，親友の元恋人とデートすることで違反する一般的な道徳的原則に言及していないからである。この議論には構造的に求められている道徳的原則が欠落していて，かつ重要な証拠もないとみなされることから，これは道徳的結論を導き出すことのできない議論だと言える。

例

「メリッサ，結婚しよう。僕たちは好みが同じだし，僕も君も君の犬を愛しているし，同じ教会に通っているし，食事や映画の好みも同じだし，一緒に住めば生活費を節約できる。いい考えだろう？」。この議論を標準形式に再構成してみよう：

1. 僕とメリッサは好みが同じである（前提）
2. 2人はメリッサの飼い犬を愛している（前提）
3. 2人は同じ教会に通っている（前提）
4. 2人は食事や映画の好みが同じである（前提）
5. 一緒に住めば生活費を節約できる（前提）
したがって，2人は結婚すべきである（結論）

ここに挙げられている結婚すべき理由は，相手が自分の姉妹や同僚でも成り立ってしまいかねないものである。ほとんどのカップルが結婚をするにあたり

重要な検討事項とすること——お互いを愛しているか，そして生涯添い遂げたいと思うか——が完全に抜け落ちている。

　例

ある教授を年間最優秀教員にノミネートしたいと考えているとしよう。フィールズ教授が受賞すべきである理由として，彼女が頭脳明晰で，出版物も多く，仕事に熱心で，学生と積極的にコミュニケーションを取り，学生に対して親切で思いやりをもって接し，専門分野に情熱的に取り組んでいると感じているとしよう。これらは彼女が受賞する理由として妥当なものではあるが，この賞の最も重要な要素である"教育能力"が含まれていない。フィールズ教授に年間最優秀教員を受賞してもらいたいならば，彼女がどれだけ優れた教師なのかということも証明しなくてはならない。

　例

「ご近所さんが売りに出している中古車を買おうと思う。何年か乗っているみたいで，問題なく走行できるようだ。色もデザインも気に入っているし，燃費もいいと本人が言っていた」。自動車を購入する理由としては適切な理由ばかりだが，その自動車の価格が適正かどうかという決定的に重要な情報が前提のなかに入っていない。

### ▶誤謬を突く

　重要証拠の除外の誤謬を突くには，結論を受け入れるのに必要な証拠を指摘するのがいい。価値観に関する議論において，道徳的前提や美に関する前提が欠如している場合は特に有効である。論者が不注意から重要証拠を入れ忘れた場合は簡単に修正することができ，即座に議論を優れたものへと変えることも可能である。

　一方で，別の理由によって重要な理由が省かれていることもある。例えば，論者が省かれている証拠の重要性に気づいていないのかもしれない。その場合には，明らかな証拠が省かれていることを，気づいていない相手に指摘すればいい。他にも，論者が重要な証拠を見つけることができず，それがないことに気づかれたくないと思っているケースも考えられる。どんな理由があっても，

重要な証拠が含まれていないのであれば，その議論が優れたものではないことをはっきりと指摘するべきである。

## 課　題

I.　根拠欠如の誤謬：以下の議論について，①根拠欠如の誤謬の種類を特定し，②なぜ十分性の基準に違反しているのか説明せよ。本章で説明した誤謬がそれぞれ２回ずつ登場する。アスタリスクの付いている問題については，巻末に解答例を載せた。

*1.　期末レポートの提出期限が今日だということは知っています。でもレインズ教授，あと２週間猶予をくれませんか？　他のクラスの課題で手一杯で，まだ手を付けていないのです。

*2.　うちの学食で食べたことがあるなら，学校の食事は美味しくないことがよくわかるはずだ。

3.　無作為に選ばれた電話調査の結果によると，アメリカ人の75パーセントが，毎日少なくとも１つのメロドラマを見ている。電話調査は12時30分から16時までの間に，その時点で見ている番組を尋ねる形で行われた。

4.　娘：でもお母さん，スーザンとは３年前からルームメイトだし，親友なの。なんで来月彼女のビーチハウスに行ってはいけないの？　理解できないわ。
　　母親："母は間違わない"という言葉があるでしょう？

*5.　このタイムシェアのプランはよさそうだ。契約すれば，毎年同じ時期に家族が行きたい場所で１週間過ごすことができる。これで毎年ビーチの近くで滞在できる場所を探す手間が省ける。

*6.　大学を中退していなければ，今ごろここで失業者の列に並ぶのではなく仕事をしていただろうに。

7.　ルース：ジム，あなたは他の女性とも自由にデートしたいと言っていたわよね。なのに私が他の男性とデートしていたことに怒っている理由がわからない。
　　ジム：だって君が他の男と一緒にいると心が痛むんだよ。君はその男に惚れていて，楽しい時間を過ごしているように見える。僕たちの関係にとってよくないことだ。
　　ルース：でもあなただって他の女性とデートしてるじゃない。
　　ジム：でも僕は本気で他の女性とデートしているわけじゃないとわかっているだろう？　本当に好きなのは君なんだから。

*8. この国の同性愛者たちは現状に満足していて，重大な懸念事項はなくなったと思っているに違いない。最近はデモ行進や不満を叫ぶ声も少なくなっているからね。

9. 今月警察が逮捕した3人の性犯罪者は，全員同じ性犯罪の前科があった。つまり性犯罪者は再犯するということだ。

10. メアリー，この広告を見てみてよ。バーゲンハードウェアがペンキの半額セールをしてるよ。春には家を塗り替えるという話をしたよね。セール中に買ったほうがいい。

11. ドブキンスさん，申し訳ございませんがローンの申請は通りませんでした。過去に月賦払いやクレジットカードでのお支払いがないため，信用格付けが高くないと思われます。

12. 彼と一緒にパーティーに行っておけばよかった。そうすればあんなバカなことをするのを止められたのに。

*13. ニューヨーク市の関連サブグループから選ばれた5,000人を対象とした調査によると，娯楽として狩りを楽しむアメリカ人は2パーセント以下だということがわかった。

*14. マーシャ：もしその子が私の子どもだったら，今の態度について，あなたみたいに座って話し合うのではなくて，叩いてしっかりとしつけをするんだけども。
デビッド：なぜ君のやり方のほうが優れていると言えるの？
マーシャ："鞭を惜しめば子を駄目にする"と言うじゃない。

# 因果関係の誤謬

　因果関係という概念の理解は，長きにわたって難しい哲学的問題とされてきた。その難しさは，因果関係の推論におけるいくつかの問題の原因にもなっている。因果関係の誤謬を特定するためには，他の誤謬以上に世の中の仕組みに関する知識や理解のすべてを投入することが求められる。複雑な因果関係の性質について知れば知るほど，間違った因果分析を正しく見抜けるようになるの

である。

　このセクションで取り上げるのは，因果関係の説明の十分な裏付けになっていない前提から誤った因果関係を推論してしまう様々な誤謬である。必要条件と十分条件を混同していたり（"必要条件と十分条件の混同"），問題となっている結果を説明する因果的要因が少なすぎたり（"因果の過剰な単純化"）することがある。また，ある出来事が別の出来事の後に起きたというだけで，先行したその別の出来事を原因であると考えたり（"前後即因果の誤謬"），原因と結果を混同したり（"原因と結果の混同"）するものがある。あるいは因果関係があると誤って認識されている2つの出来事について，より優れた因果関係の説明が可能な第三の事象／状況，または共通する事象／状況などが存在することを認識できない場合もある（"共通する原因の無視"）。さらには，1つの特定の出来事によって，不可避で好ましくない結末に至る一連の出来事が引き起こされるという根拠なき結論を導き出すような，誤った因果分析がある（"ドミノの誤謬"）。最後に，過去に似たような偶然事象が起きたことを理由に，ある偶然事象に関して信頼できる予測が可能であると考えること（"ギャンブラーの誤謬"）がある。

## ■ 必要条件と十分条件の混同（confusion of a necessary with a sufficient condition）

**定義：**ある事象の必要条件が十分条件でもあると思い込むこと。

　ある事象の**必要条件**（necessary condition）とは，その条件が存在していない場合には事象が発生しえない条件である。しかし，事象の必要条件は，その事象が発生するには存在している必要があるが，それだけでは事象を発生させられない場合も多い。事象を発生させるには，十分条件が存在することが求められる。事象の**十分条件**（sufficient condition）とは，その条件が存在したら問題となっている事象が必ず発生する条件である。十分条件には必要条件が含まれるだけでなく，必要条件と併せて事象を発生させるために質的にも量的にも十分な，その他の条件も含まれる。そして，ある事象を発生させる十分条件が独立して複数存在する場合もある。これら十分条件のどれをとっても違

いはない。例えば，死を引き起こす十分条件としては，老衰，病気，中毒，刺されたことによる失血，銃撃，あるいはパラシュートなしで飛行機から落下するなどの独立した条件が複数考えられる。死をもたらすのに必ず満たす必要があるものは1つもないが，いずれか1つで死をもたらすのに十分である。

　掃除機でカーペットをきれいにする場合の十分条件には，電源があること，掃除機が正常に機能すること，掃除機と電源の接続が正常であることなどの複数の必要条件が含まれる。それと同時に，掃除機を動かす十分条件のうち，いずれかを含んでいなくてはならない。十分条件は掃除機がロボット式か自走式なのか，人が操作するものなのかで違ってくるが，そのどれか1つが必要条件と共に含まれて初めて，カーペットを掃除機できれいにするのに十分な条件がそろうのである。

　必要条件の1つが存在するから事象は発生すると主張する論者は珍しくない。しかしそれは，必要条件を十分条件と取り違えている。必要条件は事象が発生するためになくてはならないものではあるが，それが存在するというだけでは事象が発生すると断定するには不十分である。必要条件の1つが存在するからといって事象が発生すると主張することは，誤った因果分析から結論を導き出すことであり，結論に十分な証拠を提供していないため，優れた議論の十分性の基準に違反している。

### 例

「新しい電池を買って取り替えたばかりだから，この懐中電灯は使えるはずなのに，使えない。電池を新しいものと交換してもらおう」。この議論を標準形式に再構成すると，その欠陥が明らかになる：

1. 懐中電灯に新しい電池を入れた（前提）
2. 懐中電灯が点灯しなかった（前提）
3. ［新しい電池を入れることは，懐中電灯を点灯させることの十分条件である］（暗示的な前提）
したがって，電池が不良品である（結論）

電池が不良品だった可能性はあるが，より可能性の高い因果関係の説明は，

他の要因のために懐中電灯が点灯しないというものだろう。電池に問題がない
ことは懐中電灯が点灯するための必要条件ではあるが，十分条件ではない。し
かしこの議論では電池に問題がないことが十分条件として暗示されている。つ
まり論者は必要条件を十分条件と混同したのである。

例

「陸上チームに入るには1マイル（1.6 km）を6分以内で走らなくてはならな
いと言われたので達成したのに，なぜチームに入れてくれないのですか」。
この論者は1マイルを6分以内で走るという資格要件が，陸上チームに入れ
る十分条件だと考えたようだが，その要件は必要条件だったようである。陸上
チームに入る十分条件を満たすには，他の要件も満たさなくてはならないのだ
ろう。

例

「単位を取るためには，授業に出席し，日々の課題を読み，クラスでのディス
カッションに参加し，3つの試験と期末試験をすべて受けて，論文を提出しな
くてはならない」と担当教授が言ったとしよう。一部の学生がそのすべてを忠
実に実行し，単位を取れなかったことに驚いた。この学生たちは，単位を得る
ための必要条件と十分条件の違いを理解していれば困惑せずにすんだかもしれ
ない。教授は必要条件を述べたが，それは十分条件ではなかった。十分条件に
は，例えば試験の一部で及第点を取ることなどが含まれるのだろう。

## ▶誤謬を突く

　多くの人が必要条件と十分条件を混同してしまうのは，その違いを理解して
いないからである。したがって，混同がみられた場合は違いを丁寧に説明する
のがいいだろう。その方法として効果的なのは，違いが確実にわかる例を示す
ことである。例えばある若い女性が，「15年間にわたって毎日2時間練習して
きたから，素晴らしいコンサートピアニストになれるはずだ」と主張したとし
よう。練習することはコンサートピアニストになるための必要条件ではあるか
もしれないが，それだけでは十分条件とならないことは明らかである。十分条
件として考えられるのは，長時間の練習だけでなく，傑出した才能を持ってい

ることや，良き教師や良きマネージャーに恵まれることなどが含まれるかもしれない。こうして必要条件と十分条件の違いを明らかにすると，論者も論外の反例と同じ欠陥を持つ自分の議論の問題に気づくはずである。

## ■ 因果の過剰な単純化（causal oversimplification）

**定義**：問題となっている出来事を説明するには不十分な因果的要因を特定することにより，因果的に先行する事象を過度に単純化すること。あるいはいくつかの因果的要因を極端に強調することによって，因果的に先行する事象を過度に単純化すること。

　ある事象の因果関係を説明するときに，その事象に明確に先立って発生した事象を原因として挙げることは一般的に行われている。しかし，因果関係という概念を慎重に分析することによって，ほとんどのケースで事象の原因あるいは十分条件には相当数の先行事象が含まれ，それらを総合して初めて，その事象を引き起こすのに十分となることがわかる。そのなかの1つだけを挙げて因果関係を説明することは，因果の過剰な単純化の誤謬を犯していると言える。

　ある事象の典型的な説明において，その事象の十分条件を構成する何百にものぼるすべての先行条件を含めることはまれである。そのため，事実上ほとんどすべての因果関係の説明に疑問を投げかけることは可能である。しかし，ある事象の因果の説明にすべての先行条件を含めることを期待すべきではない。それを求めることは，時間とエネルギーの無駄である。ただし議論においては，過剰な単純化を指摘されないようにするために十分な要因を含めなくてはならない。もしそれができていないのであれば，結論の十分な裏付けを提供できているとは言えず，優れた議論の十分性の条件を満たすことはできない。

### 例

「公立学校で体罰は今や許されないものになっている。だから今の子どもたちは自制心がなく，権威者に対して敬意を失っている」。この議論を標準形式に再構成することによって，欠陥のある因果分析を白日の下にさらそう：

1. 公立学校で体罰が許されなくなった（前提）
2. 今の子どもは過去に比べて自制心や権威者への敬意がない（前提）
3. ［今の子どもたちが昔と比べて自制心や権威者への敬意を持っていないことの理由は，体罰が許されなくなったことだけで十分に説明できる］（暗示的な前提）

［したがって，公立学校に体罰を再導入すべきである］（暗示的な結論）

　自制心や権威者への敬意が低下しているという問題は今に始まったことではない。古代ギリシャ人もそのような問題を嘆いていたものである。しかし仮にこれが現代に発生した新しい問題であったとしても，学校で体罰が許されなくなったことが直接的な原因だとは言えないだろう。この問題はきわめて複雑で，原因が１つ以上ある可能性が高い。この議論には３つ目の暗示的な前提を裏付ける十分な証拠が存在しないため，欠陥のある因果分析に基づく議論であり，結論を受け入れるべきではない。

**例**

「最近の子どもは毎日平均５時間もテレビを観ている。昔は運動したり読書したりして過ごしていた時間だ。だから現代の子どもは昔の子どもよりも太っていて頭も悪いのである」。

　ここで示された事実が本当だったとしても，今日のテレビの視聴習慣だけで体重増加や成績低下を十分に説明できるとは言い難い。最近の子どもがテレビを長時間観ていることは，肥満や成績低下に先行する事象の１つであるかもしれない。しかし，この１つの要因が唯一の要因であると断定することは，因果的に複雑な問題を過度に単純化している。

**例**

ある牧師がラジオで次のような主張をした。「夫と妻が毎晩一緒に聖書を読んで祈りをささげれば，結婚は格段に良いものになるだろう。離婚が増えたのも不思議ではない。この15年間で家族と行う礼拝が30パーセント近く減ったのだ」。家族と行う礼拝に関するデータが正しいものだったとしても，アメリ

力で離婚率が上昇したことの理由としてそれだけでは十分とは言えないだろう。離婚の理由は一般的に多種多様で複雑である。それを礼拝の形の変容だけに原因があるとするのは無理がある。

### ▶誤謬を突く

　この誤謬を犯す論者には，出来事というものはほとんど常に複数要因の結果として起きていることを改めて強調するのが得策かもしれない。論者もこれには賛同する可能性が高いため，論者が他の要因を検討するきっかけを提供することになる。さらには極端に単純化した説明の修正につながることも期待できるかもしれない。

　もし論者が，本人が提示した因果関係の説明が不十分であったり，複数の原因要素の影響を極端に単純化していることを自覚できないようであれば，それを直接説明したうえで，さらなる因果関係の説明を求めてみよう。例えば，2台の自動車が高速道路で事故を起こした現場を見て，目撃者に何があったか尋ねたところ，「2台の自動車が正面衝突した」と言われたとする。それは現場を見ればわかることであり，求めていたのは例えば一方が反対車線を走行していたとか，飲酒運転で眠気に襲われて中央分離帯を越えたとか，トラックに幅寄せされて反対車線に出てしまったといった，より詳細な因果関係の説明である。このようなケースでは，より適切な説明と考えられる例を挙げて助け舟を出すのがいい。自分が挙げた例について相手に意見を求めれば，その例について真剣に検討してくれるだろう。

## ■ 前後即因果の誤謬（post hoc fallacy）

**定義：**出来事Aの後に出来事Bが発生したというだけの理由で，出来事Bは出来事Aによって引き起こされたと想定すること。

　時間的な前後関係だけでは，2つの出来事の間の因果関係を推論するのに十分な条件とは言えない。つまり，ある出来事の後に起きた出来事は，前に起きた出来事によって引き起こされているとは推測できない（誤謬名に入っているpost hocは"事後"という意味である）。前後関係は，可能性のある因果関係

の指標の1つでしかない。空間的関係も要因に含まれるかもしれないし，何らかの規則性の結果として発生したのかもしれない。先に起きたというだけで十分に因果関係が成り立ってしまうのであれば，実質的に先に起きたいかなる出来事も，後に起きた出来事の原因と推測されることになる。このような考え方からは，数多くの迷信が生み出されてきた。例えば「黒猫を見かけることは不吉である」という迷信には，誰かが過去に何度かそういった経験をしたということ以外，何の根拠もない。つまり前後関係を因果関係と勘違いした結果として生み出された迷信なのである。

　前後即因果の誤謬は，"因果の過剰な単純化"の誤謬と混同されることがある。しかし前後即因果の誤謬は，因果の過剰な単純化の誤謬に含まれる特別なケースではない。因果の過剰な単純化は，因果的に先行する関連事象を唯一の十分条件だと誤ってみなす誤謬である。前後即因果の誤謬では因果関係を単純化するというよりも，そもそも因果関係があるかどうかが問題となる。

　前後即因果の誤謬を犯す論者は，優れた議論の十分性の原則に明らかに違反している。因果関係を扱う議論において，明らかな原因を特定せずに単純に先行する事象を指摘するだけなら，2つの事象に因果関係があるとする推論を十分に裏付けているとは言えない。


### 例

「私の元夫がチャリティーゴルフに参加したわずか2日後に，私の直属の上司に呼ばれて『君の仕事ぶりに満足していないから金曜日を最後にもう来なくていい』と言われた。このトーナメントには私の会社の社長も参加していた。元夫が私についてどんな話をしたか知りたい。私にも反論する権利はある」。この議論を標準形式に再構成してみよう：

1. 元夫と私の会社の社長が同じゴルフトーナメントに出場した（前提）
2. トーナメントの直後に，私は上司にクビを言い渡された（前提）
3. ［先に起きた物事は，その後に起きた物事の原因である］（暗示的な前提）
   なぜなら，私がクビになる前に行われた元夫と私の会社の社長が参加したトーナメントで，元夫が社長に私の悪口を言ったに違いないからである（補完前提）

4. クビになりたくないので，私も反論したい（前提）

　　［なぜなら，上司が私の言い分を聞いたら考えを改めるはずだからだ］（暗示的な補完前提）

5. 元夫が何を言ったかわからなければ，反論できない（前提）

6. 私には反論する権利がある（道徳的前提）

　したがって，元夫が私について何を言ったかを知る権利が私にはある（道徳的結論）

　この女性が反論するためには，トーナメントが開催されたことと彼女がクビになったことの因果関係をもっとよい方法で示さなくてはならない。前後関係だけを理由にそれを主張しても受け入れてもらうことはできないだろう。

### 例

「あなたが原因だとしか考えられない。あなたが引っ越してくるまでコンロは問題なく使えていたのよ」。こう発言した大家は，新しい借家人が引っ越してきたという先行した出来事だけを根拠に，コンロが壊れたことに借家人が関係していると主張している。

### 例

「教会に行かなくなってから家業が傾いていった。商売をたたみたくないなら，また教会に通うしかない」。教会に通うことを再開するというこの議論の主たる前提は，事業悪化の原因は家族が教会に通うのをやめたからだとする因果関係的な主張だが，この主張は家族が教会に通うのをやめた後に事業が悪化したという時系列のみに基づいている。

### ▶誤謬を突く

　前後即因果の誤謬を突くには，ある出来事が別の出来事よりも先に起きたことは，2 つの出来事間の因果関係について何らかの結論を導出するための十分な根拠にはならないと明確にすべきである。ほとんどの場合で，因果的主張の根底には他にも原因があるはずである。先に挙げた大家の例であれば，借家人がコンロを壊したと信じる別の理由があるのかもしれないし，家業の事例であ

れば，天罰についての強い信仰があるのだろう。しかしながら，いずれのケースでも，議論は前後関係にしか注目していない。他の要因や想定事項が特定されていない，あるいは言及すらされていないのなら，前後関係のみで決めつけている主張だと指摘してよい。そのような因果関係の説明は，原因となりうる別の物事を提示しないかぎり，不適切とみなすことを伝えよう。

　前後即因果の誤謬を示す論外な反例は簡単に思いつくだろう。時間的な前後関係はあるが因果関係はないと論者が認める2つの出来事を見つけ，前に起きた事象が後に起きた事象の原因であると主張すればいい。例えば，「ごみ収集車が家の前を通過した後に電話が鳴ったから，電話が鳴ったのはごみ収集車が通過したからだ」と主張する。論者は，この前後する2つの事象に因果関係があると主張するには証拠が不十分だと言うだろう。そうすれば，自分自身の議論も同じ理由で撤回するか，少なくとも前後関係とは別の原因を持ち出して裏付けようとするはずである。

## ■ 原因と結果の混同（confusion of cause and effect）

**定義：** 出来事の原因と結果を混同すること。

　オズの魔法使いは，「脳みそが欲しい」と言う案山子に対し，「脳みそは与えられないが，カンザス大学の博士号の証明書を与える」と言った。オズの魔法使いは，脳と，脳が生み出す効果とを混同してしまったのである。物語の中ではそのような混同は純粋なエンターテイメントとして何ら問題のないことだが，現実世界ではこういった因果関係の混同を正すことは重要である。なぜなら，自分たちの経験や世界について，より正確な理解を深めることにつながるからである。原因と結果を混同する議論では，間違った因果分析に基づく根拠が使われているため，結論を導き出すのに十分な証拠を提示できない。もちろん，世界の正確な理解にもつながらない。

例

オースティン：ピーター，会社のクリスマスパーティーに参加しないの？　始まってるよ。

ピーター：もう行かないことにしたんだ。

オースティン：どうして？

ピーター：前に参加したことはあるんだけど，僕は誰にも好かれてないような
んだ。誰も会話やグループに誘ってくれないから，部屋の隅っこでひとりで
座っているだけだった。自分の時間を 2 時間も費やすほど楽しくなかった
んだよ。

ピーターの切れ味の悪い議論を標準形式にしてみよう：

1. 僕は同僚に好かれていない（前提）
   なぜなら，過去の会社のパーティーで同僚は会話やグループに僕を誘
   わず，フレンドリーではなかったからだ（補完前提）
2. ［同僚が僕に対してそのような態度をとる理由は他にはない］（暗示的な
   前提）
3. 僕はみんなが楽しんでいるのを傍観しているしかない（前提）
4. ［それは楽しくない］（暗示的な前提）
5. ［パーティーは楽しいもののはずだ］（暗示的な前提）
   したがって，今日の会社のクリスマスパーティーには行かない（結論）

　ピーターは賢いので，原因と結果を混同していることをわかっているはずで
ある。ピーターは 2 つ目の前提で否定しているが，因果関係を説明できるより
可能性の高い別の理由が他にあるのだろう。例えば，ピーターが楽しくなさそ
うな態度やフレンドリーでない態度をとることが原因で，同僚が彼を避けるよ
うになったという結果が生まれたのかもしれない。

### 例

「ナタリーの成績がいいのも納得ね。だって先生に気に入られているもの」。
この場合，ナタリーは成績がいいから先生に気に入られていると考えるほうが
自然だろう。教室内での関係性についての一般的な知識を踏まえると，ナタ
リーが先生のお気に入りであるのなら，成績がいいこと以外の理由で先生がナ
タリーを特別扱いしているとは考えにくい。

**例**

多くの神学者は、「ある行為が正しいとみなされるのは、神がそう認めているからだ」と主張する。これは対話篇『エウテュプロン』のなかでソクラテスが投げかけた、神と道徳に関する質問について考えられる2つの答えのうちの1つである。その質問とは、物事が良いとされるのは神がそう認めたからなのか、それとも神は物事が良いからそう認めるのだろうか、というものである。対話では、前者を信じる神学者エウテュプロンに対し、ソクラテスは原因と結果の混同があると示唆している。ソクラテスは、神と道徳の間にある因果関係の正しい理解は後者であり、「神は物事が良いから認める」という立場をとる。この場合、エウテュプロンかソクラテスのどちらかが因果関係を混同しているはずである。どちらの考え方にも重要な道徳的・神学的含意があるため、どちらが間違った因果分析をしているかを解明して正すことが重要である。

## ▶誤謬を突く

　真実を曖昧にする因果関係の混同は正さなくてはならない。したがって、子どもが父親に向かって「あそこの木が揺れて風を起こしているよ」と言った場合であっても、かわいらしいなと目を細める以上に、風に関する正しい知識を子どもに与える機会だと捉えなくてはならない。

　大人が原因と結果を混同するケースはより危険だと言える。大人の主張は他者に対してネガティブな影響を与えやすいからである。したがって、原因と結果を混同していると思われるいかなる因果関係の説明も、混同を解消するために指摘するべきである。

　もし論者が原因と結果を混同して結論を導き出したのなら、論外な反例を提示することが最も簡単に間違いを指摘する方法となるだろう。オズの魔法使いの例で理解してもらえないのなら、もう少しわかりやすい例を提示してみよう。例えば、職業安定所のスタッフが、「この人たちが職にありつけないのは当然だ。あんなに怒りっぽいんだから」と言ったとする。しかし、失業者は職がないから怒りっぽくなっているのだという理解も可能である。論者が、原因と結果を入れ替えることでより可能性の高い因果関係の説明になると理解できたなら、自らの議論の欠陥も修正できるだろう。

# ■ 共通する原因の無視（neglect of a common cause）

**定義：**関連しているように見える 2 つの事象は共通する原因によって引き起こされていて，まったく因果関係がないという事実を見落とすこと。

　2 つの事象に因果関係があるように見える場合，一方が原因で，他方がその結果だとみなしがちである。しかしそのような考え方では，2 つの事象の間にある，別の，場合によってはより重要な関係性が見えなくなってしまうことがある。どちらの事象も他の原因や共通する原因の結果である可能性も念頭に置いておかなくてはならない。

　2 つの目を引く事象を因果関係で結びつける一方で，その 2 つの事象の根源的な原因となっているかもしれないさほど目立たない第三の事象を無視する議論は，十分な根拠をもって因果関係の主張をしているとは言えない。共通の原因と思われることを無視するのは，問題となっている出来事に対して最善の説明ができていないことを意味する。したがって，その議論は優れたものとは言えない。

### 例

「多くの小学校の教師には子どもがいる。そのため，教育に携わることが親であることへの関心を刺激するか，あるいは親であることが子どもに教えたいという気持ちを刺激するのだろう」。この議論を標準形式に落とし込んでみよう：

　多くの小学校の教師には子どもがいる（前提）
　したがって，教育に携わることで親であることへの関心が刺激されるか，親であることによって子どもに教える仕事をしたいという気持ちが刺激されるかのどちらかに違いない（結論）

　この場合では別の原因，例えば子どもが好きだという気持ちがあるから子どもをもうけたり小学校の教師になったりしようとすると分析するほうが，より可能性が高い。

**例**

ある大学生が肥満とうつ病で悩んでいるとしよう。このような場合，肥満であることがうつ病につながっているか，うつ病を患っているために食べ過ぎてしまうのだろうと分析されることも多い。しかし，他の精神的あるいは身体的な問題が肥満とうつ病の両方を引き起こしているというのがより可能性の高い説明だろう。

**例**

「現代の映画やテレビ番組がモラルの低下を引き起こしている」という主張はよく聞かれる。しかし，我々の文化のなかで働いている他の複数の要因が，現代の映画やテレビ番組の傾向に影響を与えると同時にモラル基準を変化させているというほうが，可能性が高そうである。このような共通要因は因果分析によって特定したり切り離したりすることが難しいため，映画やテレビ番組の制作者を非難するという安易な方法をとってしまいがちである。

## ▶誤謬を突く

2つの事象の間の因果関係を，その2つの事象しか挙げずに説明しようとする論者がおり，あなたの判断ではその両方の原因となる3つ目の要因を用いてより適切な説明を提示できるのなら，それを述べて論者が世界を正しく認識する手助けをしなくてはならない。もっと重要なのは，その2つの事象に共通する3つ目の要因を使ったほうが，より適切に状況を説明できることを理解してもらうことである。そうすれば論者は提示された反論を検討しなくてはならない立場に追い込まれるため，自分の説明と相手の説明のどちらのほうが確からしく思われるのか熟考することになるだろう。

もし論者がより適切な因果的説明を可能にする3つ目の要因や事象の役割を理解できなかったり，より正しそうな因果関係上の考え方を無視することが誤謬だと理解できないのなら，次の論外な反例を試してみるといい：ジョリーは，「2回目の試験の成績が1回目の試験の成績とまったく同じだったため，1回目の試験の成績を見た教授が自分はCしか取れない学生だと思い込み，2回目もCを与えたのだ」と主張している。このケースでは，1回目の試験の成績によって2回目の試験の成績が決まったというよりも，ジョリーの成績のレベルがC

であると考えるほうが自然である。

# ■ ドミノの誤謬（domino fallacy）

**定義：**適切な証拠なしに，特定の行動や出来事が，不可避的にある明確な（往々にして望ましくない）結果に至る一連の流れの始まりだと決めつけること。

　ドミノの誤謬という名称は，等間隔に並んだドミノの初めの1つを倒すことで，並べたドミノを次々に倒していくゲームに由来している。ゲームにおいてはこのような連鎖反応が起きるかもしれないが，現実の出来事がドミノを倒すように起こるとは限らない。一連の出来事を構成するそれぞれの出来事については，それぞれ独立した議論が提示されなくてはならない。それぞれの出来事にかかわる因果関係の要因について個別に検討せずに，1つの出来事が別の出来事や一連の出来事を引き起こすと決めつけてはならないのである。

　ドミノの誤謬は**滑り坂の誤謬（fallacy of the slippery slope）**と呼ばれることもある。その名前が示すとおり，坂道に一歩踏み出すと，なすすべなく滑り落ちていくという意味である。このイメージは，倒れるドミノと同様に，間違った考え方を説明するにあたって洞察に満ちたものであり，出来事間の因果関係の性質に関する深刻な勘違いを表現している。世界に存在する因果関係のほとんどは，ドミノが倒れるように，あるいは坂を滑り落ちるように働くわけではない。そう思い込んでいる人は，「1つの出来事が，複雑に関連しあっている一連の出来事の適切な因果関係を説明する」という裏付けのない結論を導き出す可能性が高い。

　　例

「同性婚を認めたら，次は集団での結婚を認めてほしいという人が出てきて，しまいには誰も結婚しようと思わなくなる」。ドミノ倒しのようなこの議論を標準形式に再構成してみよう：

1. 同性婚を認めることは，集団での結婚につながる（前提）
   ［なぜなら，この2つには因果関係があるからである］（暗示的な補完前提）

2. 集団での結婚は，結婚する人がいなくなることにつながる（前提）
   ［なぜなら，集団での結婚と結婚制度の放棄には因果関係があるからである］（暗示的な補完前提）

3. ［結婚がまったく存在しない文化はよくない］（暗示的な道徳的前提）
   ［したがって，同性婚を認めるべきではない］（暗示的な道徳的結論）

　この議論の2つの暗示的な補完前提で言及されている因果関係を証明することは不可能だろう。これらの補完前提では間違った因果分析が示されているため，この議論で前提や結論を裏付ける十分な証拠が提示されているとは言えない。

### 例

「1人が1カ月に購入できる銃の数を政府が規制することを許したら，次は何が起きるのだろうか。銃を規制できるのであれば，政府は酒類，食料，あるいは自動車の数や量を制限できる。すでに撃っていい鹿の数は制限されている。そのうち子どもの数も制限してくるはずだ。そしてわれわれを完全に支配するまで制限を増やし続けるだろう」。この議論に登場するいかなる事象も，因果関係の根拠は示されていない。それどころか，つながりがあることをどのようにすれば証明できるのか，皆目見当がつかない事柄ばかりである。その一部に関しては制限を行う正当な理由が見つかるかもしれないが，それは互いに因果関係があるからではない。

### 例

学生を教員の委員会のメンバーにすることに反対する以下の架空の議論について考えてみよう。「教員の委員会に学生を入れてしまうと，次は学科の運営にかかわりたいと言い出し，さらには評議員会にも加わりたいと言い始めるだろう。しまいには教員の採用や解雇にまで学生が関与することになる」。学生を教員の委員会に入れることには複数の利点があるのかもしれない。しかし，委員会に入れることが，学生を学科運営に関与させ，評議員として評議員会に加えることにつながるかには別の問題が関連してくるため，別途議論が必要である。したがって，教員の委員会への学生の参加を認めることと，ここに挙げら

れている他のことには，論理的な関係や因果関係がないと考えられる。

## ▶誤謬を突く

　ドミノの誤謬が犯されたのではないかと疑うなら，論者が列挙した事柄のそれぞれについて，個別の因果関係の説明を述べるように求めるといい。あるいは，一連の出来事に関連があるとする明らかに無理のある根拠なき反例を提示するのも手である。例えば，「支払いにクレジットカードを使うと，やがて払いきれないほど使ってしまい，支払いが滞るようになり，ローン返済が滞って自動車が差し押さえられ，通勤できなくなった結果として失業し，不幸のあまり自殺する。すべてはクレジットカードを使ったからだ」という論外な反例などが考えられる。支払いにクレジットカードを使うと必ず払いきれないほど使うという2つ目の事象には無理があるし，ましてや自殺することになると信ずる理由はないことは明らかである。論者が予測した一連の出来事については，それぞれの出来事に関する因果関係を立証する優れた議論が必要である。

## ■ ギャンブラーの誤謬（gambler's fallacy）

**定義：過去に偶然事象が一定程度続いたという理由から，将来的にその事象が起きる可能性に著しい影響があると主張すること。**

　この誤謬はギャンブラーが犯すことの多い誤謬である。ごく最近に同じような偶然事象が何度も起きたという理由により勝敗が左右されると，誤って考えてしまうのである。例えば，「今はノッているから負けるはずがない」といって負けてしまう人や，「今夜はまったく勝てていないから，次は勝てるはずだ。次はこっちに全部かけるぞ」と言いながら大損した人が思い当たるはずである。そう主張する人々は，例えばコイントスやサイコロを振った結果という偶然事象が，それまでの結果とは何の関連もないということを認識していない。つまり，「ある偶然事象が発生する確率は，同じような偶然事象のそれまでの結果に左右される」という思い込みで推論することで，ギャンブラーの誤謬は犯されるのである。

　この誤謬を犯す人はギャンブラーが多いが，ギャンブルをやらない人にも関

連する。例えば，3人の息子に恵まれたカップルが，子どもの数には満足しているものの，どうしても娘が欲しい場合に，「すでに男の子が3人も生まれているのだから，次は女の子が生まれる可能性が高い」と考えるのであれば，ギャンブラーの誤謬を犯していることになる。この推論は誤りである。4人目の子どもの性別は，それまでの偶然事象や一連の出来事とは因果関係はない。4人目の子どもが女の子である確率は五分五分でしかない。

　誰もが犯しがちなこの誤謬は，優れた議論の十分性の基準に大きく違反するものである。ある1つの偶然事象が起こる確率について，似たような偶然事象の直近の傾向だけを理由に何らかの結論を導き出すことはできない。そのような主張には根拠がまったくない。この誤謬では，一連の偶然事象における統計的確率に関する主張と，単一の偶然事象に関する予測的主張を混同しているのである。

## 例

人は恋愛がかかわってくると，ギャンブラーの誤謬を犯しがちになる。例えば，交際紹介サービスで出会った最初の7人が連続して自分にまったく合わなかったので，そろそろ良い出会いがあるはずだと考える人もいるだろう。この議論を標準形式に再構成すると次のようになる：

1. 交際紹介サービスで出会った相手が7人連続で相性の合わない相手だった（前提）
2. 7回も悪いケースが続いたのだから，8人目は良い可能性が高くなったに違いない（前提）
　したがって，次に出会う相手は良いか，少なくとも前の7人よりはマシなはずだ（結論）

　相性の合わなかった最初の7人と，次に出会う8人目の間に因果関係はない。したがって，8人目が良い相手になるか悪い相手になるかの確率には影響しない。それぞれの出会いの良し悪しは独立している。2つ目の前提には偶然事象に関する間違った因果分析が含まれており，結論の裏付けになっていない。したがって，この議論は優れた議論の十分性の基準に違反している。

例

「大金や賞金が得られるチャンスがあると書かれた郵便がよく届く。そのほとんどに応募しているが，まだ当選したことがない。だから今度こそ大金が当たるだろう」。この人が同じ宝くじを複数口購入するのならば当選確率が上がるかもしれないが，別の種類の宝くじを 1 口ずつ買っていても，それぞれの宝くじの当選確率は上がらない。別の宝くじの間に因果関係はないからである。したがって，それぞれの宝くじにおける当選確率は変わらない。

例

「コイン投げで 5 回連続で裏が出た。次は絶対に表だ」。次も裏だろうと思う人や，逆に表が出やすいはずだと思う人がいるかもしれないが，次のコイントスで表と裏の確率は変わらない。相反する結果を信じる人が同じぐらいいるということからも，この誤謬が犯されやすいことがわかる。

## ▶誤謬を突く

　偶然事象どうしの間に因果関係はないということを相手に理解させなくてはならないため，ギャンブラーの誤謬を突くのは特に難しい。コイントスのケースでは，表が出る確率は 2 分の 1 であり，統計的な確率は 30 回のコイントスでは表と裏が約 15 回ずつ出るということを教えてくれる。何らかの力によって表と裏が均等にされているように見えるが，そうではなく，単なる統計的な確率現象である。それぞれのコイントスの間に因果関係はなく，それまでのコイントスの結果のパターンが，その後の結果の確率に因果的に影響するわけではない。

　偶然事象が過去の偶然事象から因果的な影響を受けないということについて，原則論としては相手と合意したとしよう。しかし，生活の中でその考え方を維持することは簡単ではない。例えば，30 回のコイントスにおいて最初に 9 回連続で表が出たら，多くの人が次こそ裏が出るのではないかと強く思い込みがちである。というのは，統計的な確率で見ると 30 回のコイントスでは裏と表が約 15 回ずつ出るはずなので，残り 21 回のうち表は 6 回しか出ないのではないかと。しかしながら，そう考える人たちは誤っている。10 回目のコイントスで裏になる見込みが高いわけではない。10 回目を含むすべてのコイント

スは独立しており，裏が出る確率は2分の1である。10回目は裏が出るだろうと考える人は，原則合意したことを無意識に破棄し，これまで起きた偶然事象が今後起きる偶然事象に因果的に影響を及ぼすという考え方に戻ってしまっている。それどころか，ある意味ではコインが過去の9回の結果を認識し，統計的な確率を考慮して，これまでの傾向を是正するだろうという突拍子もない考えに至っているとさえ言えるかもしれない。こういった偶然事象に関する間違った因果分析は根拠のない結論に至ると指摘しなくてはならない。

ギャンブラーの誤謬が逆の結論を導くことを示すのもいいだろう。月に1回ポーカーをする人が，その日は負けてばかりだったとする。悪いカードばかり回ってくることが続くと，「今日はツイていないのだ」と思ってその日はもうやめにしてしまうかもしれない。しかし，「悪い手ばかりだから，もうすぐ運が向くに違いない」と思って粘る人もいるだろう。どちらの結論も偶然事象について誤解していて，適切な論拠ではない。これまで回ってきたカードだけを根拠にして，ポーカーをやめる，続けるという行為を選ぶ理由にはならない。どちらの結論を導き出したとしても，それは恣意的なものとなる。

## 課 題

因果関係の誤謬：以下の議論について，①因果関係の誤謬の種類を特定し，②なぜ十分性の基準に違反しているのか説明せよ。本章で説明した誤謬がそれぞれ2回ずつ登場する。アスタリスクの付いている問題については，巻末に解答例を載せた。

*1. 君が風邪をひいた理由は，アメフトの試合に帽子をかぶって行かなかったからだ。帽子をかぶらずに外に出たら体調を崩すと忠告しただろう。

*2. レーン上院議員はホワイトハウスで大統領と会談した1週間後に予算案を支持すると表明した。大統領が圧力をかけたに違いない。

*3. もっと友達がほしいなら怒りをコントロールする方法を学んだほうがいいと私に言ったよね。もう半年以上怒ってないけど，私が認識しているかぎりでは1人も友達が増えてないんだけど。

*4. 息子よ，1杯の酒からアルコール依存症は始まるんだ。それは大麻にも言える。最初の1本が運命を分ける。吸ってみて気に入ったらもっと欲しくなる。もっと吸えばもっと依存するようになる。そしてもっと強いものを求めて最終的には

廃人になる。悪いことは言わないから，絶対に吸わないことだ。

*5.　もう 3 年も鹿を仕留めていない。今回は必ず仕留められるだろう。

*6.　最新の調査によると，成功している経営者は語彙が非常に豊富だ。だからビジネスで成功したいなら，できるかぎり語彙を増やすといい。

*7.　ヨーコとリアムが最近失礼で怒りっぽいのは，チップをあまりもらえていないからじゃないかな。

8.　この銀行から融資を受けたいなら定職につかなくてはならないと 1 年前に言っていたよね。もう今の仕事を 1 年以上続けているのに融資を受けられない理由がわからない。

9.　診療記録を分析した結果，アルコール依存症の人は栄養不足の傾向がある。つまり食生活が悪いとアルコール依存症になるということだ。

10.　中毒性の高い違法薬物を使っている若者の 80 パーセントは，親との関係に重大な問題があることが我々の調査から判明した。だから違法薬物をもっと厳しく取り締まることによって，家庭の問題も大幅に減らすことができると思う。

11.　サリーとフィルは幸せそうだったのに，サリーが外で働き始めてから変わってしまった。従来の役割を妻がないがしろにすると結婚を壊すということだ。

12.　今夜のパーティーにギャリーは呼ばない。もし招待したら大勢の友達を連れてくるだろうし，その友達が友達を連れてくる。そしてパーティーが手に負えなくなって，ご近所さんに警察に通報されて，みんな投獄されてしまう。

13.　優しいながら確固たる口調で話せば，子どもは乱暴になったりわがままになったりしないはずだ。私はそうやって自分の子どもを育てたし，私の子どもはみんな礼儀正しい。

14.　週末は出かけるよ。山で釣りやハイキングを楽しむんだ。雨でキャンプの予定を 2 週連続で延期したから，今週末こそは晴れるはずだ。

III.　十分性の基準に違反する誤謬：以下の議論について，①本章で取り上げた誤謬のうちどれに当たるか特定し，②なぜ十分性の基準に違反しているか説明せよ。本章に登場した各誤謬がそれぞれ 2 回ずつ登場する。

1.　離婚率の高さはフェミニズム運動と直接関係があるだろう。女性が自立し，夫婦関係において自己主張することをフェミニズム運動は促進してきた。

2.　スタインバック教授，優れた議論である条件として，その議論が理解されないといけないと言いましたよね。私の議論は完全に理解できると教授はおっしゃいま

した。それなのになぜ優れた議論ではないのですか？

3. 哲学を専攻している学生は，ロースクールやメディカルスクールの入学試験で他のいかなる専攻の学生よりも成績がよいという統計結果が出ている。したがって，ロースクールやメディカルスクールの入学試験で高得点を取りたいなら，哲学を専攻するのがいい。

4. 株に投資するのはよくないよ。「明日の百より今日の五十」というじゃないか。

5. ブロンドヘアの女性と１回デートしたことがあるけど，ブロンド女性というものは頭が空っぽだね。

6. クラブのミーティングがつまらない理由はわかっているよ。誰も来ないからだ。

7. シャロン：あなたは女子学生クラブの会計係としてメンバーから会費を何週間も前に徴収したけど，なぜ自分は払っていないの？

   サンドラ：他に払わなきゃいけないものがあったからよ。あと，私が会計係なんだからいつでも払えるわ。

8. 今週末こそあの映画館でいい映画を上映するはずだ。ここ４〜５週間，いい作品がなかったからね。

9. エモリー＆ヘンリー大学は私にとって最高の大学だ。合格したら必ず入学する。

10. 南東部の2,000人以上の成人を対象とした最近の調査によると，アメリカ人の65パーセントが毎週礼拝に通う熱心な信者である。

11. 最近の若者がギャングに加わるのは驚きではない。両親が共働きで子どもと過ごす時間が少ないのだから，子どもは家族のような関係を他に求めるのだろう。

12. ヘインズワース裁判官の下で１年以上働いたが，セクハラを訴える女性は１人もいなかった。ヘインズワース裁判官はセクハラなんてしていない。もしヘインズワース裁判官がセクハラをしていたなら，他の女性からも声が上がっていたはずだ。

13. 私が中学生のときに両親が離婚しなければ，私はきっと幸せで自己肯定感のある人になっていたはずだ。

14. カーラが毎日６マイルも走れるのは不思議じゃない。だってカーラの体は鍛え上げられているのだから。

15. パティ：クリスティーン，私本当に困ってるの。妊娠してしまって，両親はかんかんに怒るに違いない。結婚したくないし，子どもの面倒をみなきゃならないのはいや。でもジェフは結婚して産んでほしいというの。どうしたらいい？

デニス：身から出たさびってやつね。

16. 何で急に車の調子が悪くなったんだろう。シングルトン・オートサービスに預けるまでは何の問題もなかったのに。あの店で何かされたに違いない。

17. この問題について教員が運営部に何も言わないなら，運営部にどんどん権利を奪われて，最終的には何の権利もなくなる。

18. 何で自動車が動かなくなったんだろう。ガソリンはまだたくさんあるはずなのに。

19. 何度も飲酒運転をしているけど一度も捕まったことがないから，そろそろ捕まるに違いない。誰か家まで送って。

20. 南部のおもてなし精神はどこにいったの？　アトランタの人は冷たいね。先週訪れたときに道に迷って何人もの人に道を尋ねたんだけど，誰も親切じゃなかった。

21. 投資する資金があるなら，銀行の定期預金に入れるべきだよ。定期預金は連邦政府によって保障されているから安心だ。

22. 米国議会議員や州立法府の職員はほとんどが法律家だ。ロースクールや弁護士という職業は，政府で働こうという意欲を刺激するのだろう。

23. 運転する前にレストランでワインを数杯飲んだからといって，何で常習犯であるかのように逮捕されなきゃならないの？　私はまじめな市民よ。

24. 被告人が抗弁しなかったのだから，何か隠し事があるんだろう。きっと有罪に違いない。

25. 10 万人以上の女子大学生を対象とした調査によると，米国内にいる女性の 5 人に 1 人が何らかの摂食障害で悩んでいる。

26. 学校の運営部に校内新聞の検閲を許したら，図書館の書籍や雑誌も検閲し始めるだろうし，教科書だって検閲するかもしれない。最終的には教員は何を言うべきなのか，学生はどう考えるべきなのかまで指示してくるだろう。

27. リトル教授は，「1896 年にテレビが存在していたら，大統領選に立候補したウィリアム・ジェニングス・ブライアンがそのカリスマ性を活かして当選していただろう」と言っていた。

28. 固定資産税の増税について市長に手紙を送った直後に，市長は増税に賛成を表明した。きっと私に説得されたに違いない。

IV. 過去 1 週間に読んだり聞いたりした，現在の社会，政治，道徳，宗教，あるいは美に関する問題についてある立場を擁護する議論を選んで，標準形式に再構成し

たうえで"優れた議論の5つの基準"に従って評価せよ。構造の基準や関連性の基準，あるいは許容性の基準や十分性の基準に違反している誤謬があれば明記すること。そしてその問題について最も効果的に裏付けのできる意見を擁護する最善の議論を構築し，評価せよ。

V. 本章で取り上げた十分性の原則に違反する誤謬それぞれについて，例を探すか作り上げてインデックスカードに記し，誤謬を突く戦略を記せ。

VI. 父親が息子のジムに宛てた5通のメールの4通目には，本章で取り上げた十分性の基準に違反する14の誤謬が登場する。それぞれの誤謬が登場するのは1度だけである。メールのなかの数字は，その直前に誤謬があることを示している。それぞれどの誤謬に当たるか特定せよ。

ジムへ

　返信のなかで，生活において推論が果たす役割を父さんが軽視しているのではないかと指摘したね。私は重要な問題を検討するにあたって推論は優れたツールであると思っているが，宗教には適用しない。宗教が重要な問題でないというのではないが①。不思議なことだが，哲学者が推論を宗教に誤って適用する場合，例えば奇跡の証拠についてはその合理的な検討の結果を無視し，理由をつけてそれをなかったことにしようとする。例えば，お前の母さんのお兄さんが数年前に末期がんと診断されたとき，すぐに治療が開始されて，我々は彼の命を救ってほしいと神に祈った。数カ月後に医者を訪れると，がんが消えているというんだ。だが哲学者はこういった奇跡の証拠を無視しようとする②。それに哲学者は，神の不在の証拠がないという，神の存在を信じるに値する最も明らかな根拠までも無視している③。

　しかしそれを何度説明しても哲学者は納得しない。哲学者が宗教的経験の証拠をいかに扱うか見てみるといい。宗教的体験の証拠を真剣に検証せずに，別の証拠を探そうとする。自分たちが宗教的な体験をしたことがないからといって，他者の宗教的な体験までも否定するんだ④。だが自分たちの主張と一致する証拠は無視しない。進化論が正しく創造説が間違っているという立場を支える証拠については騒ぎ立てる。父さんはこの件について真剣に調べたが，哲学者たちの主張は現実の証拠を前に無力なんだよ。ここ数年，私たちの宗派が発行する会報を調べたが，進化論に証拠があるという見解を示した記事は1つもなかった⑤。

　わかるだろうが，私のほうが哲学者よりも証拠というものを大事にしていると思う。例えば数年前，私らしくなく疑いを持ったときに，神に対して存在のしるしを示してくれと頼んだことがあった。その翌日，私は昇進した。会社が昇進を検討していることは少しも聞いていなかったのに。まさに青天の霹靂だった。つまり疑う気持ちを持っているときでも，父さんは証拠を大事にした⑥。神は私のすべての願いに対してこのようにわかりやすく示してくれるわけではないが，神が何もしてくれない場合でも，それにはもっともな理由があることをいつも理解できる⑦。

　ジム，結局は信仰心の問題なんだよ。もし私が学生時代，哲学の教授の言うがままに信仰心を疑っていたら，今のような素晴らしい人生を謳歌していないだろう⑧。もっと大切なのが，信仰心がなければ天国には行けないと聖書に書いてあることだ。言い換えれば，信仰心を持っていれば天国に行けるということなんだ⑨。そして疑う心を持って過ごす日が多いほど致命的な事故が起きる可能性も高まり，最終的にお前は望まない場所に行くことになる⑩。転ばぬ先の杖と言うだろう。それが常識なんだよ⑪。

　前のメールでも書いたが，神を信じなくなったときに直面する最も重大な問題の１つが，何が正しくて何が間違っているのかがわからなくなるということだ。我々がどう生きるべきかを決めているのは神の意志なんだ。ある行為が正しいあるいは間違っているのは，神がそう言ったからなんだ⑫。それにもかかわらず信仰心を疑い始めたら，いずれ信仰を捨てて虚無主義者となり，モラルのまったくない人間になってしまうだろう⑬。

　父さんはお前がどこに向かっているのかわかってもらいたいし，警告したいんだ。哲学の授業を受けると信仰心を捨ててしまう優秀な若者がたくさんいることは疑いようのないことだからね⑭。

父より

Ⅶ．ｅメールのなかの１パラグラフを選び，ジムになったつもりで父親の欠陥のある推論に対する返事や反論を記せ。誤謬の名称を出さずに，「誤謬を突く」から学んだスキルを活用すること。

# 第9章

# 反論の基準に違反する誤謬

## 概要

### この章で学ぶこと

・反論の基準に違反する誤謬の重要な特徴を自分の言葉で定義・説明すること

・日常会話や話し合いで欠陥のある推論に遭遇したときに，反論の基準に違反する誤謬であることを認識して名称を特定し，説明すること

・相手が反論の基準に違反する誤謬を犯した場合に，その欠陥のある推論を効果的に突き，修正を手助けすること

### 10. 反論の原則

*優れた議論の5つ目の基準。ある立場に賛成あるいは反対の議論を行う者は，その議論やその議論が支える立場が受けると予想されるすべての重大な批判に対する効果的な反論も含めなくてはならない。相手の議論を批判する際には，その議論の核となる部分に焦点を当てることを怠ってはならない。*

　残念なことに，我々が構築したり触れたりする議論に反論の原則が反映されていることはほとんどない。しかし，これは優れた議論には必ず含まれていな

ければならない条件である。すべての議論において，裏付けようとする立場に
対して提示される可能性のあるあらゆる批判を予測し，その批判を無力化する
反論の前提が必要である。また，他者の議論を批判する者は，対象となる議論
の最も重要な部分の検討を避けてはならない。

　本章で紹介する誤謬は，効果的な反論に失敗している具体的な論法である。
名称のある誤謬がそれぞれ独特な形で反論の原則に違反していて，①反証の誤
謬，②対人論証の誤謬，③脱線の誤謬，に分類される。

# 反証の誤謬

　反証の誤謬（fallacy of counterevidence）とは，自分の議論への反証や
相手の議論の強い部分に公平または誠実に対応しないことによって，効果的な
反論を提示する要件を回避しようとするものである。擁護している立場に対
する批判や反証の検証を論者が拒否したり不当に過小評価する場合（“反証の
否定”）や，考えられる批判や反証への言及を無視したり除外したりする場合
（“反証の無視”）がある。あるいは，相手の議論の強力な部分を避けて，取る
に足りない部分だけに焦点を当てる場合（“揚げ足取り”）などもこの誤謬に
当たる。

## ■ 反証の否定（denying the counterevidence）

**定義**：自分の議論や立場に反する証拠と真剣に向き合うことを拒否すること。
または自分の議論や立場に反する証拠を不当に過小評価すること。

　この誤謬の最も極端な例は，自分の立場に反するいかなる証拠も認めたり受
け入れたりしない態度である。反証を完全に否定するのではなく，真剣に取り
合わなかったり，不当に過小評価したりする場合もある。論者は反証に目を向
けているという印象を与えるが，言い逃れするためだけにそれを行っている。
反証へのこういった対応は，真実の発見を明らかに阻害する行為である。

例

「生物学の教科書に書いてあることなんて関係ない。私はサルや下等動物とか呼ばれているものから進化したわけじゃない。聖書には神が自分に似せて人間を創造したと書いてある。生物学の教科書は聖書と違って，誰かの意見をまとめたものにすぎない」。この議論を標準形式に再構成してみよう：

1. 人間は下等生物から進化したと生物学の教科書に書いてある（前提）
2. その教科書に書かれている人類の起源は，誰かの意見を単に表明したものにすぎない（反論的前提）
3. 人類は神が創造したと聖書に書かれている（前提）
4. ［聖書に書かれているのは誰かの意見ではなく，真実である］（暗示的な反論的前提）
   したがって，人類が誕生した経緯を正しく説明しているのは聖書である（結論）

　この論者が生物学的進化について納得することはないだろう。なぜなら，生物学的進化を示すいかなる証拠も「誰かの意見にすぎない」として退けられてしまうであろうからだ。反論的前提は証拠に真摯に向き合っていないため，実際には機能していない。この状況で論点について議論を続けることは時間と精神的エネルギーの無駄になるだろう。

例

ルームメイトのデビーとパットが，大麻の合法化の可能性について話し合っているとしよう。デビーは，大学や政府によって最近行われた大麻の使用に関する調査に言及した。その調査では，大麻の適度な使用が有害であると示唆する強い証拠はないと結論付けられている。それに対しパットは，「政府だか何だかが結論付けたことなんか関係ない。大麻は明らかに有害であって，いかなる状況下でも合法化されるべきではない」と言い返した。このケースでは，パットは反証に対応するどころか論駁しようとする努力すら見せずに，提示された証拠を却下しただけである。パットが自分の立場の強度を低下させるものとして受け入れる証拠は，明らかに存在しない。もしデビーが「どんな証拠があれ

ばそれを考慮してもいいと思うのか」と言ったとしても，パットは「自分が間違っていると確証させる証拠はない」と放言することが予想できる。

例

ウィンガー上院議員：「同性愛は後天的な性質である。人が同性愛者になる必要などないのだ。同性愛が生まれつきの性質であると主張するあなたが論文と呼ぶものは，同性愛という生き方の受容を強いるために極左がでっち上げたものである」。

ウィンガー上院議員は，自分の意見に対する信頼性の高い反証は存在しないと主張するだけでなく，提示された反証を極左のでっち上げだと説明して取り合わない姿勢を示している。このような反論には効力がないだけでなく，上院議員が自分の考えに反する証拠を真剣に検討しない人間だということを示している。

### ▶誤謬を突く

論者が反証に対してオープンな考え方を持っているかどうかを確かめるためには，どのような証拠なら論者の主張に深刻なダメージを与える可能性があるのか，論者に聞いてみるといい。論者が例を挙げられない，あるいは挙げることを拒否するのであれば，議論を別の論点に移すほうが生産的であり，イライラの原因にもならないだろう。しかし論者に対しては，反証を検討せず可謬性の原則を真剣に受け止めない人と議論を続けることは無意味である点を指摘すべきである。もし論者が，自分の見解に影響を与える可能性のある証拠の例を挙げたなら，そのような証拠を探して提示する努力をしよう。

## ■ 反証の無視（ignoring the counterevidence）

**定義**：自分の立場にとって好ましくない重要な証拠を無視したり除外したりするようなやり方で論じることで，重要な反証が存在しないかのような間違った印象を与えること。

　テニスの試合で激戦のすえに負けることは誰だって面白くない。テニスの腕に自信があればなおさらである。しかし，ボールが辛うじてインなのにアウトだと主張するなどのズルをしてまで勝ちたいとは思わないだろう。そして，時には個人的に悔しい思いをすることになるとしても，試合当日に一番強い選手が勝つということを受け入れているはずである。同様に，大抵の人は自分の考え方こそが最も正当性が高いと思っているため，議論で負けることは面白くない。しかし，自分の意見にダメージを与える証拠を故意に無視するなどのズルをしてまで勝ちたいとは思わないだろう。テニスの試合で勝った選手がそのときの最優秀選手であるのと同じように，議論においてはすべての証拠によって最もよく支えられている立場が最良の立場なのである。自分の意見に疑念を抱かせるような証拠を無視したくなる気持ちもわかるが，その誘惑に負ける者は反証の無視の誤謬を犯すことになる。

　反証を適切に評価しない議論は，優れた議論の反論の基準に違反する。真実を追い求める者として，私たちは自分の立場を弱体化させかねない証拠も歓迎しなくてはならない。そしてその証拠が自分の立場にいかなる面でもダメージを与えるものではないと示すことができれば，自分の立場の価値をさらに高めることができる。もし反証で自分の立場が大きく損ねられたとしても，むしろ感謝すべきである。なぜならそれは，正当性の低い意見を手放して，真実により近い意見へと導いてくれる出来事だからである。

### 例

「重罪を犯して有罪になった人物は即座に死刑に処すべきである。なぜなら，好ましくない人物を社会から即座に除去し，市民の恐怖を減らせるからである。そのうえ，長期化する控訴手続きの間に刑務所に入れておくための費用を大幅に削減でき，犯罪予備軍への抑止効果も高い」。この議論を標準形式に再構成してみると，明らかな反証に触れていないことが明確になる：

1. 重罪を犯して有罪になった人物を即座に死刑に処すことで，市民の恐怖を低減させられる（前提）

　　なぜなら，社会から危険な人物を除去できるからである（補完前提）

2. 長期にわたる控訴手続きの間に受刑者を刑務所に入れておく費用を大幅

に削減できる（前提）
3. 潜在的犯罪者への効果的な抑止力となる（前提）
したがって，重罪を犯して有罪になった人物は即座に死刑に処すべきである（道徳的結論）

　死刑を巡る論争に詳しい人なら，この速やかな死刑執行を求める主張が最大の批判を無視していることに気づいただろう。その批判とは，憲法で保障されている控訴する権利を取り上げることによって，不正義が起こりかねないというものである。控訴とは，正義が行われることを保証するための，標準的かつ正当な法律上の手続きである。この議論は，他の重要な検討事項以外にも最大の批判を無視しているため，優れたものとはいえない。

### 例

「バイクは危険だ。うるさいし，一度に 2 人しか乗れない。寒い日や雨の日には乗れないし，ほとんどの州で煩わしいヘルメットの着用が義務付けられている。なぜそのような乗り物を欲しがる人がいるのか理解できない」。

　この論者は，バイクを所有し，乗ることのメリットに関する複数の要因に言及していない。例えば，バイクは比較的安価な交通手段であるとか，自動車よりも小回りが利くとか，駐車する場所を見つけやすいとか，自動車よりも楽しい乗り物だと考える人が多いなどである。優れた議論であれば，バイクと自動車のどちらのほうが好ましいかという議論に関連する反論的前提を含むだろう。

### 例

「映画をオンラインでレンタルできるようになったにもかかわらず，わざわざ映画館に行って鑑賞する人の気持ちが理解できない。レンタルすれば自宅で自分だけで観ることができるし，選べるタイトルも多い。高いチケット代も支払わなくていいし，おめかしする必要もない。ベビーシッターを雇う必要もなければ，渋滞に巻き込まれたりガソリン代を支払ったりする必要もない。何といっても，食べ物と飲み物に法外なお金を払わなくてもいい」。

　このような議論に納得して映画館に行かずに家で観る人もいるだろうが，重要な要素を無視していると感じる人もいるだろう。まず，レンタルでは最新作が観られるようになるのが劇場公開の数カ月後ということもある。そして映画館におめかしをして出かけることを楽しんでいる人もいる。さらには映画館には大迫力のスクリーンがある。映画を家で観るか映画館で観るかについて議論する際には，これらを含めた他の要因も検討する必要がある。それを行っていないのであれば，考慮に入れるべき反証を無視していることになる。

## ▶誤謬を突く

　ある立場について論じながら，それに反する証拠を無視する論者にはよく遭遇するはずである。もちろん，論者が反証を検討したうえで自分の意見を損なうものではないと判断し，よって言及に値しないと考えている場合もある。しかし，反証が自分の意見に深刻な影響を及ぼすと考えている論者は少ないため，言及に値しないと判断したという論者の言い分は疑ってみるほうがいいだろう。もし相手が反証を無視していると感じたら，反証を認識させ，反証が論者の立場を弱めないことを示すように求めるべきである。論者が反証を認識していない場合は，最もダメージを与える反証を提示して，それが無効であるという理由を示すよう論者に求めよう。反証が無効だという理由を論者が示せないならば，論理的にも道徳的にも立場を変える必要があることを指摘すべきである。

　論者が反証を無視している理由としては，どのように反論していいかわからないということも考えられる。その場合は，自分の議論が優れたものでないとわかっていながら隠蔽しようとすることは知的に無責任だと指摘すべきである。また，本当に真実を追究したいのであれば，論理的に正当化できないと暗に認識されている立場を擁護すべきではないとも伝えるべきである。

　必要であれば，次のような論外な反例を使おう。「自分の立場を裏付ける証拠だけを使い，自分の立場に反する証拠を無視して議論を構築する人は，賛否のある問題について多数決を取ると言いながら賛成票しか数えない人と同じである」。

## ■ 揚げ足取り（raising trivial objections）

**定義：** 議論の強い部分ではなく，より重要度の低い部分に注目して相手の立場を攻撃すること。

　強固な議論に対して犯されることが多いのが，揚げ足取りである。揚げ足取りが行われた場合は，議論が非常に強い証と捉えることもできる。

　揚げ足取りの誤謬には2つの種類がある。1つ目は，議論や批判の主要な点にはほとんど関わらない些末で重要でないことのような，主張の核となる部分の裏付けにならないと論者が考える議論や批判の前提に対する反論である。2つ目は，論者が挙げた実例部分を攻撃するケースである。いずれのケースでも，たとえその反論に一定の意味があっても，議論に致命的なダメージを与えるものではないため，議論や批判の強度は下がらない。

### 例

「キリスト教について詳しく調べていないわけではないんだけど，イエス・キリストが水の上を歩いたり，水をワインに変えるといった奇跡については納得できないんだ。君だってそれが不可能なことは経験的にわかるだろう？」。この議論を標準形式に再構成すると以下のようになるだろう：

1. 私はキリスト教の教えについて注意深く検討した（前提）
2. 新約聖書には，イエス・キリストが水の上を歩いたり水をワインに変えたりしたといった奇跡が描かれている（前提）
3. そのような奇跡は経験上不可能である（前提）
　したがって，キリスト教の教えには裏付けがない（結論）

　少なくとも直解主義者ではない人の多くにとって，この議論で言及されたことはキリスト教の教えのなかでも重要度の低いものであることは明らかであるため，語り手は揚げ足を取っている。そもそもキリスト教の正当性を裏付ける証拠としても使えないだろう。したがって，それをうまく突いてもキリスト教の教えを正当化する議論に大きなダメージを与えることはない。批判者はキリ

スト教の正当性を裏付ける最も強固な証拠を突くという反論の原則を満たしておらず，結論も導き出すことはできない。

### 例

スザンヌ：ウォーキングは優れた運動の1つよ。できるかぎり車じゃなくて歩いて移動するべきだわ。例えばランチを食べにカフェテリアに行くときにも，歩くほうが健康にいい。

シェリル：でも私はカフェテリアでランチを食べることはないんだけど。

　スザンヌが自分の意見の実例として挙げた部分をシェリルは攻撃している。特定の実例がシェリルに当てはまらないからといって，ウォーキングのメリットに関する議論の核には関係がない。

### 例

セス：なぜ哲学で単位をくれなかったのですか。

教授：それには十分な理由がある。君は1回目の試験で及第点を取れなかったし，最後の試験ではカンニングが発覚した。レポートもまったく提出していない。それにクラスのディスカッションに何の貢献もしていなかった。

セス：僕がなぜ発言しなかったかを知ってくれていたと思っていたんですが。声帯が成長しているとかで，最低限の会話にとどめるようにと主治医に厳しく言われているんです。

教授：それは知らなかった。授業で発言しなかった理由がわかったよ。そういう理由なら仕方がない。今は喉の調子はどうなんだ？

セス：大丈夫です。でも，これで先生が間違った認識で僕を評価していたことがわかったでしょう。だから単位をくれないのは間違っていると思いませんか？

　セスの問いに対して教授は「思わないね」と答えるだろう。なぜなら，セスはクラスでのディスカッションに貢献しなかったという，教授が単位を与えなかった理由のなかで最も重要度の低い部分に反論したにすぎないからである。

308

## ▶誤謬を突く

　もし議論の比較的重要でない部分を批判されたら，それはそれとして受け止めるべきである。しかし，議論の最も重要な部分は損なわれていないことと，その最も重要な部分についての反論を聞かせてほしいことを相手に伝えよう。もし相手が，異議は取るに足りないものではなく，議論の強度を大きく損なうものだと主張するなら，議論が裏付けようとする基本的な立場の価値を具体的にどのように損なっているのか説明を求めるといい。

　揚げ足取りを防ぐためには，どの部分が議論の核となる部分で，どの部分がより重要度の低い部分であるかを事前に明確にするのも手である。重要度が低い前提を突いてきたとしても，すでにそのことは認めているため，議論の強度が大きく損なわれないことは明白である。

　この誤謬を犯す人は，議論の些細な欠点を重大な欠点として扱う。それは他に反論できる部分を見つけられず，些細な問題に注意を向けることによって，議論や批判に深刻なダメージを与えることができないという事実を隠そうとしているのかもしれない。そうであれば，深刻な欠陥が見当たらない議論は実際に優れた議論である可能性がある。その議論が裏付けようとする主張を真剣に検討することが知的誠実性だということを，改めて説明したほうがいいかもしれない。

### 課　題

I. 反証の誤謬：以下の議論について，①反証の誤謬の種類を特定し，②なぜ反論の基準に違反しているのか説明せよ。本章で説明した誤謬がそれぞれ2回ずつ登場する。アスタリスクの付いている問題については，巻末に解答例を載せた。

*1. ポルノに関する大学の報告書なんて関係ない。性的な動画などを見ることは絶対に性犯罪につながるんだ。大学の報告書の支持者が，ポルノを製作する人々に好きなようにさせることを許してはならない。

*2. 体調が万全でもエベレストに登りたいとは思わないね。傾斜が急で，危険が多く，草木も生えていない。ものすごく寒いし，命を落とすリスクもある。第一，登頂した後に何が待っているんだ？　引き返すだけじゃないか。

3. なぜ大統領は，不法移民にどう対処するべきかを検討する特別委員会を設置する

必要があるんだ？　検討することなんかないじゃないか。答えは出ている。強制送還すべきなんだよ。不法に滞在しているんだから強制送還する。単純なことじゃないか。

*4.　ラング教授：もはや大学で特定の職業の訓練を提供する意味はない。現代のようなテクノロジー時代では世界が急速に変化していて，職業訓練は通常 8 年間で時代遅れになる。だから職業に特化するよりも，リベラルアーツに特化したカリキュラムを維持するべきだ。そうすれば学生たちは複数の職業に進む備えができる。

　　　リード教授：それはどうかな。8 年後も時代遅れにならない技術職はあると思う。

5.　教授が学生に対して：この前のテストの成績について話し合いを持つ必要はないね。私は注意深く答案を読んだから，付けた成績がすべてだ。私が誤解した可能性について聞く必要はない。

6.　ウィルソン教授：フレデリック教授を解雇した管理部門の判断は完全に正当だ。授業の準備を怠り，女子学生に下品な発言をし，成績の付け方にも一貫性がない。それにフレンドリーではない。

　　　デイ教授：私は違うと思うね。私に対してはフレンドリーで，会うたびに挨拶をしてくれるよ。

# 対人論証の誤謬

　対人論証（ad hominem argument）とは，"人に向けられた"議論のことである。本節の誤謬は，議論ではなく論者を，批判の内容ではなく批判する人を不当に攻撃しているため，効果的な反論を提供するという条件を満たしていない。この誤謬には，個人的な部分を攻撃したり悪口を言ったりするケース（"人格攻撃の誤謬"），疑わしい動機や個人的事情によって議論や批判が歪められていると主張するケース（"井戸に毒を盛る"），議論や批判で問題とする行動や考え方を論者や批判者自身も行っていると主張するケース（"お前だって論法"）がある。

　討議において"人"を扱う場合は，その人の"議論"と"証言"とを区別す

ることが非常に重要である。例えばよく嘘をつくことが知られている人が証人として証言台に立つ場合，虚言癖のあることは，事実の説明や描写といった"証言"の信憑性と関連する。しかし，その人が"議論"を提示した場合，その議論を論者本人の性質と独立して検証することは可能で，そうすべきである。議論を構築したのが子どもなのか，ナチスなのか，嘘つきなのかは関係ない。議論は独立して扱われるべきである。きわめて卑劣な人物であっても優れた議論を構築することは可能である。例えば，死刑制度に反対する議論を死刑囚が構築した場合，論者が死刑囚であることは，議論が考慮に値するかどうかには影響しない。論者の動機や人格，行動に問題があり，それが論者の"証言"を評価するにあたって影響する可能性があったとしても，"議論"の評価に影響してはならないのである。議論を評価するにあたって論者の背景を考慮すると，対人論証の誤謬を犯すことになる。

　人格を攻撃することは，議論や反駁に効果的に反論するという義務を回避する行為であるだけでなく，優れた議論の関連性の基準にも違反する。実際，対人論証の誤謬は関連性の原則に違反するものとして分類するほうが適切と考える論理学者も多い。確かに，論者の人格や行動，動機は議論の価値と関係がない。しかし筆者は，論者の人格を攻撃するという行為の最も重大な欠陥は，反論の基準に従っていないことであると考えている。対人論証を関連性の観点から捉えることは，単に避けるべき欠陥を指摘しているにすぎない。しかし対人論証を効果的な反論という側面から評価すれば，より重大な欠陥に分類できると考える。反論の要件は，相互の意見表明を通じて重大な問題の解決へと討議を向かわせる，議論のやり取りの要素だからである。したがって，反論に失敗する論者は議論を頓挫させてしまうことになる。

## ■ 人格攻撃の誤謬（abusive ad hominem）

**定義：**相手の批判や議論を無視したりその信頼性を落としたりするために，相手の人格を攻撃したり罵倒したりすること。

　悪口を言ったり個人を攻撃したりする行為は，論者の不愉快な人格に焦点を当てたり，論者の人格を１つのネガティブな印象に集約しようとしたりする方

法で実行される。例えば，「お前は社会のくずだ」とか，「親として失格だ」などという攻撃がそれにあたる。具体的にどのような攻撃が行われるかは，その状況で論者が何を不快なものとみなすかによる。

　人格攻撃の誤謬とは，単に相手の悪口を言うことではない。相手に悪口を言ったり，相手を罵倒したり否定したりすること自体は誤謬ではない。相手の議論の価値には触れずに，相手の議論を無視したり議論の信頼性を落としたりするために個人を攻撃したときに誤謬となる。このようにして議論や批判に向き合わないことは，知的行動の規範に反するだけでなく，議論を止めてしまう行為である。議論と適切に向き合う唯一の方法は，その強度と欠点を評価し，反証の効力をどれだけ効果的に削ぐことができているかを判断することである。異なる結論をもつ議論の内容を検討せずにその論者について批判しあっても，問題の解決に近づくことはできない。そしてこれは建設的な対話を阻む行為となる。

### 例

「だからあなたは乱交を正当化するのね。女性と良い関係を持てたことがないから快楽だけのセックスを求めてもおかしくないわ」。この議論を標準形式に再構成すると，人格攻撃の誤謬が浮き彫りになるだろう：

1. あなたは乱交が道徳的に受け入れられると考えている（前提）
2. あなたは女性と良好な関係を築けたことがない（前提）
3. ［あなたの乱交に対する見解は，あなたが女性と良好な性的関係を築けた経験がないことに起因している］（暗示的な前提）

　［したがって，あなたの乱交に関する主張には価値がない］（暗示的な結論）

　論者は，ここでは提示されていない相手の乱交に関する議論の価値に言及することなく，単に相手を攻撃している。相手の議論を真剣に検討しない理由として，相手のネガティブな部分に言及しているのである。しかし，議論を批判せずに論者を攻撃することは，優れた議論の反論の基準に違反している。したがって，結論を導き出すことはできない。

**例**

バーバラ：レイ教授は昨日，彫刻とその創作過程についての素晴らしい授業を行った。彫刻家が石材や金属に息を吹き込む最善の方法は，その製作中の作品の中に自分を置いて，外に出ようとするところを想像することなんだって。

アンディー：レイ教授の意見には興味がないよ。彼女の作品が展示会で飾られたことがあったら驚くね。彼女が作ったガラクタを見たことがあるのかい？

　レイ教授の芸術的能力に対する攻撃は，創作過程に関する彼女の洞察の内容を無視するための一種の言い訳である。アンディーは，気に入らない人物の議論や考え方は検討に値しないと考えているようである。

**例**

フレディ：ウェイン，家を片づけたほうがいい。明日お客さんが内覧に来るときまでには，きれいに片づけておいてほしいと大家さんが言っていた。先週連れてきたお客さんは，特にキッチンがあまりに片づいていなかったから契約しなかったそうだ。ここを引き払う連絡を入れたら，次の借主に見せるために部屋をきれいに保つという契約をしているんだ。大家さんはこの件について再度伝えてきたんだ。

ウェイン：あの大家に何がきれいかを語る資格があるのかな？　同じシャツを1週間も着ているような人なのに。

　ウェインは，内覧が行われる期間は部屋をきれいにしておかなくてはならないという家主の議論に正面から向き合っていない。家主の個人的習慣に関する否定的な評価を使って，今対応しなくてはならない主張と向き合うことを避けようとしている。

## ▶誤謬を突く

　個人攻撃を受けると，個人攻撃で返したくなるものである。しかしその誘惑に負けては争点に関する討論を進めることはできない。最も建設的な対応は，論者が個人攻撃をしていることを指摘し，自分の議論や批判に対する見解を示してほしいと礼儀正しく求めることである。「でも私の議論についてはどう思っ

ているのか」とシンプルに尋ねるだけでよい場合もある。あるいは論者の攻撃のなかに価値を見いだせれば，それを認めてみるのも手かもしれない。そうすれば，論者のほうも議論に何らかの価値を見出そうとするかもしれない。

　もし論者が議論の内容ではなく個人への攻撃を続けるのであれば，個人に対する評価とその人の議論やアイデアに対する評価を分けて考えることの重要性を説明してみよう。次のような議論を使ってもいい。「我々は真実を追い求めており，その一部は我々が気に入らない人々が提示する議論に含まれているかもしれない。そうであるならば，現在その真実を握っている人物を嫌っているという理由だけで，それを手に入れるチャンスを逃してはならない。したがって，ちょっと我慢して知的に誠実な議論のやりとりをすることで，その気に入らない人物が示した議論のなかから我々の手中にない真実を抽出するのが得策なのではないか」。

## ■ 井戸に毒を盛る（poisoning the well）

**定義：**論者の個人的な状況や不純な動機を理由に，論者が提示した批判や議論を拒絶すること。

　この誤謬が井戸に毒を盛ると名付けられているのは，議論や見解を示した人物（水源）をおとしめる（毒を盛る）ことによって，その議論や見解が評価に値しないという印象を植え付けることを狙っているからである。つまり，論者の特性や動機を理由にして議論の出所である論者を貶すことによって，論者の発言に真剣な検討に価するものは何ひとつないと印象づけるのである。

　議論の出所である論者を不適切におとしめて，その論者の議論や批判が真摯に検討されることを阻む行為は，議論の過程を頓挫させる行為である。おとしめられた論者も，おとしめた側も，話を前に進めることができなくなる。おとしめられた論者が示した議論に耳を傾けることすら拒否することによって，おとしめた側は反論の原則に違反している。論者の議論に耳を傾けないことで，議論の最も重要な部分に対処していないからである。おとしめられた論者は，自分の議論を明確に示すことができず，批判を予測してその効力を削ぐような反論を準備することもできない。結果として何ひとつ前に進まず，何ひとつ解

決しないため，全員にとってデメリットしかない。

### 例

「あなたは女性じゃないでしょう。だから中絶に関して何を言っても意味がない」。この議論を標準形式に再構成してみよう：

1. ［中絶に関する私の主張に対して，あなたは批判あるいは反証を提示した］（暗示的な前提）
2. あなたは女性ではない（前提）
3. ［男性は女性ではないため，中絶に関して何ら重要な意見は持っていない］（暗示的な前提）

［したがって，私の主張に対するあなたの批判あるいはあなたの中絶に関する主張は，検討する価値のないものである］（暗示的な結論）

中絶という真剣な検討が必要な問題について，女性ではないからという理由で男性が意見を主張したり批判したりすることを阻むことがあってはならない。この例に登場する女性は"あなた"に主張する機会を与えていないばかりか，その主張への反論も示す気がない。

### 例

「教員の給料を引き上げるかどうかについて，マハフィー教授の言うことは信じられない。彼も教員なのだから，給料の引き上げに賛成するに決まっている」。マハフィー教授が教員であるからといって，彼の議論を真剣に検討しない理由にはならない。問題は，彼の主張が優れた議論で裏付けられているかどうかである。

### 例

「あなたは女子学生クラブや男子学生クラブに所属していないのだから，学生クラブの入会の誓約について意見を言う立場にない」。このような井戸に毒を盛る誤謬は頻繁に登場するが，そのつど根気強く指摘し続けることが重要である。議論や批判は論者から切り離して，それ自体で捉えるべきである。このケー

スでは，議論を提示した人が学生クラブに所属しているかどうかは重要ではない。

### ▶誤謬を突く

　井戸に毒を盛る誤謬を突くのは難しい場合もある。特に自分が攻撃された場合には対処が難しい。なぜなら，反論しようものなら，その反論さえも毒を盛られた井戸から出たものだと捉えられてしまうからである。したがって，このようなケースで最も建設的なのは，次のように主張して，問題に正面から立ち向かうことかもしれない。「あなたはつまり，私が何も言っていない段階で，すでに私が発言することは毒されている（聞く価値がない）と考えているというわけだ。巧妙なやり方だが，そんなことで簡単に黙るわけにはいかない。私を黙らせたいのは，私の意見によって自分の意見が大きく損なわれると恐れているからだろう。私はこの問題について重要なことが言えると思う。だからそれに対するあなたの見解を聞かせてほしい」。

　もちろん論外な反例も使える。「この化学の授業を受けている人は教員ではないのだから，教員である私に対するあなたたちの評価を読むつもりはない」。あるいは，「あなたは小説家ではないのだから，私の小説に関するあなたの批判を聞く必要はない」。

## ■ お前だって論法（two-wrongs fallacy）

**定義**：特定の行為に関する論者の批判や議論について，論者が似たような行為を行っていることを理由に，真摯に評価したり反論したりする義務を回避すること。

　この誤謬のラテン語名 "tu quoque" は，" お前もだ（お前もやっている）" という意味である。つまり，「あなたは自分が批判しているのと同じ行為や考え方をしているので，あなたの議論は検討する価値がない」と言っているわけである。論者にこの反撃をすることにより，その論者が提示した議論や批判の価値を真剣に検討するという義務を回避しているのである。

　何かをしたことで親に怒られた子どもが，「だって同じことをされたからや

り返したんだ」と反論することがある。大人のなかにも、自分を批判する相手に対して「お前だって同じことをやってるじゃないか！」と言って、それがまかり通ると考える人がいる。「誤った行為が2つあっても正しくはならない」ことにはほとんどの人が同意するだろう。しかし、自分の行動を批判されたとき、批判した相手だって同じことをしていると指摘できると、少しは気が晴れるものである。

　一方で、この誤謬を犯す人の大半が、相手の行為によって自分の行為を正当化したいわけではない。あるいは、相手を偽善者と呼び「言動を一致させろ」などと主張しながらも、実は行動と発言に一貫性がないことを問題視しているわけでもない。実際に行っているのは、相手の行動を都合よく用いて、相手の批判や議論と真摯に向き合う義務を回避する理由にしているだけなのである。

**例**

サーマン：ローラ、そんなに頑張って働くべき年齢じゃないよ。過労で入院してしまう。

ローラ：でもあなたも同年代なのに、私と同じぐらい働いているじゃない。

　ローラが働き方を変えなければ健康を害するというサーマンの主張に、ローラは向き合っていない。お前だって論法を使って焦点を自分自身からそらし、問題と向き合うことを回避している。標準形式に再構成すると以下のようになるだろう：

1. あなたは私が働きすぎだと主張した（前提）
2. あなたも私と同じぐらい働いている（前提）
[したがって、私はあなたの主張について取り合う必要はない]（暗示的な結論）

　ローラの議論が反論の基準に違反していることは明らかである。

**例**

父親：飲酒するべきではないよ。アルコールは感覚を鈍らせるし、体も自由が

利かなくなる。それに中毒になる可能性だってある。

息子：バーボンのグラスをもって言ったって説得力がないよ，父さん。

　父親の言っていることとやっていることに明らかに一貫性がないことを指摘したい息子の気持ちもわかる。しかし適切な行動は，父親の議論の価値を評価することである。父親の発言と行動が違うからといって，父親の議論の効力が失われるわけではない。

### 例

初めてのゴルフレッスンで，上達するために最も重要なのは「頭を上げずにボールから目を離さないことだ」とプロゴルファーが言ったとしよう。このプロゴルファーが常に頭を上げずにプレーしているわけではないからといって，彼女のアドバイスは間違っていると結論づけると，誤謬を犯したことになる。

## ▶誤謬を突く

　議論や批判の内容と行動に一貫性がないと批判されたからといって，黙り込まなくてはならないわけではない。その指摘が正しければ素直に認め，一貫性のなさをとりあえず置いておいて，批判や議論の中身を検討してほしいと言おう。

　重要なのは，仮に論者の行動が問題のあるものであったり正当化できないものであったりしても，それは論者の批判や議論と向き合う義務を放棄する十分な理由にはならないということである。しかし論者の行動を理由に議論と向き合いたくないという気持ちは拒否しがたいものであり，他者に指摘されるまでその誤謬を完全に認識できないことも多い。だからこそ，あなたはそれを指摘すべきなのだ。

### 課 題

II. **対人論証の誤謬**：以下の議論について，①対人論証の誤謬の種類を特定し，②なぜ反論の基準に違反しているのか説明せよ。本章で説明した誤謬がそれぞれ 2 回ずつ登場する。アスタリスクの付いている問題については，巻末に解答例を載せた。

*1. トーニャ：とにかく大声を出すのをやめてよ！ 問題を解決するには腰を据えて話し合うしかない。大声を出したって何も解決しないのよ！

　　マーク：君こそ大声を出すのをやめろ！ 君は泣いてばかりじゃないか！ 泣くのは大声を出すよりもいいっていうのか？

*2. 教区民が牧師に対して：結婚したことがないあなたに，結婚についてアドバイスする資格があるのかしら。結婚について何も知らないくせに。

3. 僕の提案に反対する君のコメントに答えることで，そのコメントに私が重みをもたせることを本当に期待しているのか？ 僕も君に対して同じことをずっと思ってきたよ。君は浅はかでナイーブで無知だ。君と話していても時間の無駄だね。

4. 子育てについて私に意見しないでちょうだい。あなたがどんなに児童心理学を研究してきたか知らないけど，子どもがいないのに子どものことなんて理解できるはずがないじゃない。

*5. パーカー：私の対立候補であるリッチー議員が，彼の長い任期の間に一度も下院の点呼投票を欠席したことがないと言っているのは信じられない。議会の議事録によると，リッチー議員は1期目に8回の点呼投票を欠席している。

　　リッチー：パーカーさん，私が1期目を務めている間にあなたが入院していた精神科では，議事録ぐらいしか読み物が与えられなかったのかな？

6. テリー：ジュリー，AIDSのことを考えると，誰と関係を持つかもっとよく考えたほうがいいんじゃない？

　　ジュリー：私によく考えろって？ あなたこそクリスマス以降少なくとも6人と関係を持っているじゃない。

# 脱線の誤謬

　本節で紹介する誤謬は，自分の議論の弱点や，相手からの批判あるいは対立する議論の強みから，様々な手段を使って注意をそらそうとするものである。つまりは反論の基準に違反する誤謬といえる。そうすることによって，論者は批判や対立する議論に応答することを回避しようとしているのである。よく知られた方法としては，批判や議論を歪める方法（"藁人形論法"）や，取るに

足りない問題へと注意を振り向ける方法（"薫製ニシンの誤謬"），批判する人を馬鹿にしたり，批判や議論を茶化してジョークにまで引き下げる方法（"笑いや嘲笑に訴える誤謬"）がある。

## ■ 藁人形論法（attacking a straw man）

**定義：攻撃しやすくするためなどの理由から，相手の立場や質の高い議論を歪めること。**

　"藁人形"とは，誤謬を犯している論者が相手の"生身の"元の議論を藁人形（ストローマン，案山子）に置き換えることの比喩である。しかし，置き換えられた議論をうまく攻撃できたとしても，実際の議論や批判にダメージを与えることはない。反論の基準に従うならば，優れた議論は最も強力な批判や対立する議論に対して効果的に反論しなくてはならない。この誤謬では強度を弱めた議論を故意に攻撃しているため，論者は反論の基準に違反している。

　他者の議論を不正確な形にする方法は複数考えられる。1つ目は，相手の議論を歪めることである。これは否定的な評価を微妙に含んだ言葉に置き換えるなどの方法で行われることが多い。2つ目は，相手の議論を過度に単純化することである。複雑な議論は，重要な特徴や微妙な差異を無視して単純化すると，不条理な議論に見えてしまうことがある。3つ目は拡大解釈で，もとの議論から明らかに論拠がなかったり意図していない推論を引き出す方法である。

　知的行動の規範の1つである寛容の原則は，他者の議論を公正に表現する義務を定めている。他者の議論や立場を不正確に表現すれば，他者の議論や立場を不当に扱うことになる。そのため藁人形論法は，反論の原則のみならず寛容の原則にも違反しているとみなされる。

### 例

相手の見解を故意に歪める方法は，政治家がよく使うテクニックである。コルトハード上院議員が，「無駄を省き管理ミスを減らすことによって，国防予算を削減する」と提案したとしよう。ここで政敵はこう主張するかもしれない。「バージニア州の名高い私の同僚（コルトハード上院議員のこと）は，中東に

駐留する米軍への支援をできなくし，世界におけるアメリカの防衛体制を弱体化させるよう国防予算を削減しようとしている。アメリカを軍事的な二流国にして世界に対するコミットメントを果たせなくするような行為は行うべきではない」。この議論を標準形式に再構成してみよう：

1. コルトハード上院議員は防衛予算を削減したい（前提）
2. そうすると，米国は中東に駐留する米軍への支援ができなくなる（前提）
3. 世界における米国の軍事的立場が弱体化する（前提）
4. 米国は世界に対するコミットメントを維持できなくなる（前提）
   なぜなら，米国は軍事的な二流国になるからである（補完前提）
5. ［米国は米軍を支援し，世界における軍事的立場の弱体化を防がなくてはならない］（暗示的な道徳的前提）
6. ［米国は海外に対するコミットメントは守るべきである］（暗示的な道徳的前提）
   ［したがって，コルトハード上院議員の提案を受け入れるべきではない］（暗示的な道徳的結論）

　問題は，標準形式に再構成された議論は，コルトハード上院議員が実際に行った議論ではないという点である。歪めて再構成された議論は，立場がいかに不正確に表現されるかだけでなく，いかに不当に拡大解釈されてしまうかということを表している。国防予算の無駄を省くことのなかに，軍を支援しないことや，世界における米国の軍事的立場を弱体化させること，他国に対するコミットメントを維持できなくなることは必ずしも含まれない。しかしコルトハード上院議員の対立候補は，あたかもコルトハード上院議員が実際にそう言ったかのように表現し，その置き換えた部分を暗示的に攻撃している。もしコルトハード上院議員自らが議論を標準形式に再構成したなら，対立候補が歪めて再構成した議論とは違うものになるはずである。

**例**

次に示すのは，発電用ダムの建設計画の推進派と反対派による会話である。論拠のない推論を引き出して議論を歪める様子が顕著に表れている例である。

マーシャ：10 年以内にこの地域に発電所を建てなければ，大幅に増加している電力需要を満たすことができない。
デービッド：建設地に生息する動植物や移住を余儀なくされる人々のことはどうでもいいんだね。

　デービッドはマーシャの議論から，明らかに根拠のない推論を引き出している。マーシャの議論から，彼女が発電所建設による環境破壊などの影響について無関心かどうかはうかがうことができない。

### 例

学校での礼拝に関する最高裁の判断を批判する人々は，「公立学校におけるあらゆる礼拝を禁止するものだ」と主張している。しかしこれは最高裁の見解を歪めたものである。最高裁が禁止の判断を下したのは，公立学校が宗教行事を支持したり強制したりすることであり，批判する人々は重要な条件を省いている。同様に，公共の建物においてモーセの十戒を展示することを禁止する裁判所の判断を批判する人々は，「十戒は単なる道徳上の指針であり，公の場で展示することは公共の利益になる」と主張している。しかしこれも裁判所の見解を歪めて受け取ったうえで行われている主張である。十戒が単なる道徳上の指針だとすることは，裁判所の見解を正確に表現していない。裁判所は，「十戒の最初の 4 つの戒律はユダヤ - キリスト教の神を唯一神としてあがめることを求めるなど，きわめて具体的な宗教的な内容である」と判断しているからである。いずれのケースにおいても，反対派は相手の議論が裏付けている真の立場を評価するのではなく，それとは異なるもの（藁人形）を作り上げて攻撃している。

## ▶誤謬を突く

　相手が故意に議論を歪めたのか，それとも単純に議論の意図を誤って解釈しているのか，常に知ることができるわけではない。そのため，批判や議論が長くなる場合は，概要を要約したり，可能なら相手に要約してもらうとよいかもしれない。相手が要約してくれれば，誤った解釈や不正確な表現，あるいは省いてしまった部分を修正しやすくなる。

　機会があれば，互いに議論の意味を正確に理解しようと努力しないかぎり，有意義な議論や建設的な討論はできないことも伝えよう。それでも相手があなたの議論を正確に理解してくれない場合は，そのつどそれを指摘して，歪められた部分を訂正する必要がある。歪めて解釈する相手の言いなりになって自分の立場や議論の藁人形を擁護するような状況に陥ることは，何としても避けなくてはならない。

## ■ 薫製ニシンの誤謬（red herring）

**定義：**真の問題から取るに足りない問題へと注意をそらし，立場の弱点を隠そうとすること。

　"薫製ニシン（レッド・ヘリング）"という不思議な名前は，キツネ狩りに由来している。猟犬が特定のにおいを嗅ぎ分ける訓練に使われていたのが，薫製されたニシンである。訓練では，薫製ニシンをキツネの通り道を横切るように引きずって別の場所に設置し，猟犬が薫製ニシンのにおいではなくキツネのにおいを正しく追跡できるかを試す。薫製ニシンのにおいにつられてしまう犬は，まだ猟犬として一人前ではない。議論で薫製ニシンを使うということは，相手の注意を取るに足りない問題へとそらし，それが関連するものであるかのように見せかけることである。その真の目的は，問題の核となる部分や批判に対処する義務を回避すること，あるいは自分の立場やそれを支える議論の弱点を隠すことである。

**例**

薫製ニシンの誤謬のよくある例は，好ましくない状況に関する議論や批判について，「状況はさらに悪化する可能性もあるのだから，好ましくない状況でも満足するべきだ」と主張して，真の問題から注意をそらす方法である。この形式の誤謬は**空虚な慰めの誤謬**（fallacy of empty consolation）と呼ばれることもある。子どものころ，お手伝いで貰うお小遣いが少ないと抗議した際に，「私が子どものころはもっと少なかったぞ」と言われたことがある人もいるのではないだろうか。確かに物事が現状よりも悪くなる可能性は常に存在するが，

問題はそこではない。「もっと悪い状況を考えたらマシだろう」と言うことは，問題の核心から相手の注意をそらして，対処する責任を免れようとする態度なのである。

**例**

イェーツ上院議員：私が提案している，中絶を禁止する憲法改正案をなぜ支持してくれないのですか？　無差別に殺されるお腹の中の子どもたちの命はどうでもいいのですか？

ウェブ上院議員：もちろんどうでもいいわけありません。だからこそ，中絶で殺される命を懸念するあなたが，無差別な銃犯罪によって毎年殺される何千もの命についても同じ気持ちを持っていないことが理解できないのです。どちらも命の大切さが問題でしょう。なぜあなたは，私が推進する銃規制法案を支持してくれないのですか？

ウェブ上院議員の議論を標準形式に再構成してみよう：

1. あなたは中絶を禁止する憲法改正案を支持してほしいと私に要求している（前提）
   なぜなら，中絶によって多くの命が奪われているからである（補完前提）
2. 私が推進する銃規制法案をあなたが支持してくれないことに私は困惑している（前提）
   なぜなら，銃を規制しないことによっても多くの命が奪われているからである（補完前提）

[したがって，銃規制を支持していないことによって，あなたは矛盾しているように見える]（暗示的な結論）

ウェブ上院議員の懸念は確かに重要なことであり，彼の"結論"あるいは所見は洞察力のあるものかもしれない。しかしながら，なぜ中絶を禁止する憲法改正案を支持しないのかという争点について彼は答えていない。銃規制とそれに関連する命の大切さについては別の機会に議論するべきであり，イェーツ上院議員が提示した争点から不当に注意をそらそうとするウェブ上院議員の発言は薫製ニシンの誤謬を犯している。

**例**

ピーター：ここトンプソン大学で倫理規定を導入すべきであるという君の提案
　　はうまくいかないと確信しているよ。この大学に倫理規定があったことはな
　　いし，昔から倫理規定があるウエスト・ポイント陸軍士官学校でさえも規定
　　を守らせるのに苦労している。

アン：でも倫理規定を導入していた多くの大学で昔はうまくいっていたでしょ
　　う？　それに，倫理規定の下で過ごした人々はそれを尊重していた。倫理規
　　定を導入すればトンプソン大学もアメリカで有数のエリート校に数えられる
　　はずよ。

　アンはピーターの懸念や批判に正面から向き合っていない。特定の機関で過
去に倫理規定がうまく機能していたかどうかや，倫理規定を導入することに
よってトンプソン大学が全米有数のエリート校になれるかどうかは，真の問題
に関連すると見せかけた薫製ニシンである。問題は，倫理規定を昔から導入し
ている機関でさえ今やそれを維持することに苦労しているのに，そういった文
化のなかった大学で導入すべきかということである。アンはピーターが提起し
たこの具体的な問題を真摯に検討すべきである。

## ▶誤謬を突く

　薫製ニシンの誤謬は多くの議論に秘かに入り込んでいる。話し合いが脱線す
ることを防ぐには，この誤謬がないか常に目を光らせていなければならない。
しかし「それは今の論点ではない」と直球で指摘することは，論点がそれてい
ないと思っている相手の癪に障ることが多い。したがって，なぜ論点がずれて
いるのか，なぜ相手の発言が薫製ニシンの誤謬に当たるのかを正確に説明でき
なくてはならない。

　薫製ニシンの誤謬が話し合いに挿入される場合，その多くは意識せず，ある
いは少なくとも故意にではなく犯される。そのため，誤謬の指摘は慎重に行う
べきである。相手が無意識に脱線してしまった場合は，悪気はないのだという
気持ちを持とう。薫製ニシンの誤謬を声高に指摘する相手は，議論や批判の最
も強力な部分に触れることを避けるために故意に議論を脱線させた人に絞るべ
きだろう。

# ■ 笑いや嘲笑に訴える誤謬（resort to humor or ridicule)

**定義：**議論に笑いや嘲笑を入れることによって，相手の批判や反証に適切に対応する能力や意欲がないことを隠そうとすること。

　笑いを取り入れることはきわめて効果的な脱線戦術である。よく考えられたうまい発言は，相手の議論の優位性を即座に曇らせるからである。聴衆に向けてユーモアを含む発言を投げかけると特に効果的であり，論理的な正当性がなくても聴衆を味方につける効果もある。

　脱線を目的とした笑いはいくつかの形で出現する。相手の提案や議論のなかの言葉から作られたダジャレであったり，深刻な主張や疑問に対して敢えて真剣さを欠如させた反応であったり，笑いを狙ったエピソードであったり，相手の主張や発言を単に嘲笑するような発言であったりする。この作戦を使う論者のほとんどが，脱線効果を重々承知して使っている。ジョークやダジャレ，あるいは嘲笑を利用して，批判や議論を無視したり，その価値をおとしめたりしようとしているのである。そうすることによって，批判や議論の最も重大な部分に効果的に反論することや，相手の議論の最も強度の高い部分に取り組まなくてはならないという反論の基準に違反しているのである。

### 例

アメリカで民主党と共和党以外の第三政党に所属する大統領候補と，若手記者の会話を見てみよう。

記者：第三政党の候補者のあなたが大統領に就任しても，議会はとても非協力的でしょう。あなたの考えを支持していない民主党と共和党が独占している議会を前に，どのようにして改革を実行したり法案を通したりするのでしょうか。

第三政党の大統領候補：もし私が大統領に当選したら議員の半分は驚きのあまり心臓発作で死ぬでしょうから，就任当初から問題の半分は解決できるのです。

この大統領候補のうけを狙った発言を標準形式に再構成してみよう：

1. ［私が大統領に当選すると，非協力的な議会とどのように政治を進めていくかという問題に直面する］（暗示的な前提）
2. 私が大統領に当選すると，議員の半分は心臓発作で亡くなる（前提）
   したがって，非協力的な議会と政治を進めるという問題の半分は解決される（結論）

　議員の半分が心臓発作で亡くなるという冗談の前提は実現しないので，そこから結論を導き出すことはできない。うけを狙った発言を返すことにより，まじめな返答が求められる質問に答えることを回避しようとしているのである。

### 例

脱線作戦の最も有名な例の１つが，1984 年の大統領選挙で起きた。この大統領選挙では，レーガン大統領が高齢であることを多くの人が問題視していた。より若い対立候補のウォルター・モンデール元副大統領とのテレビ討論中，あるパネリストがレーガン大統領に対し，ケネディー大統領が数日間ほとんど寝ずに対応したキューバ・ミサイル危機に匹敵するような国家安全保障上の問題に対応できる自信はあるのかと尋ねた。レーガン大統領は「あります」と答えた。そして大統領ならではの冷静さで，「私は大統領選で年齢を問題にしようとは思っていません。政治的目的で対立候補の若さと経験不足を攻撃するつもりはないということです」と力説したのである。この脱線作戦は，レーガン大統領のスタッフが事前に立てたものだったことが後に判明した。そしてこの作戦は功を奏した。パネリストや聴衆から笑いが起き，これをもってレーガン大統領の年齢が問題になることはなくなった。

### 例

政治学の教授がある問題を分析するにあたって“反事実的な仮説”を使ったため，学生がそのことを指摘した。この学生が哲学専攻だと知っている教授は，学生の指摘が正しいか検討するのではなく，指摘の効力を弱めるために，「知らないうちにクラスにソクラテスが参加していたようですね。それで，私が事実に反する何を使ったと言ったのでしょうか？　哲学者が事実に興味があるとは知りませんでした」と言った。この茶化しを他の学生たちが喜んだため，教

授は自分の推論の正当性に対する疑問と正面から向き合わずにすんだ。

## ▶誤謬を突く

　からかわれているのが議論であれ論者であれ，相手が本気で繰り出した意図的な茶化しに対処することは簡単ではない。健全な話し合いにおいて，相手を茶化す態度が適切な場面は1つもない。関連性がある問題は論点そのものだけであり，話し合いの焦点は議論でなければならない。優れていると言えるのは，優れた議論に裏付けられたアイデアや結論，見解，立場だけである。議論が優れていないのであれば相手から強く批判されなくてはならないが，強力な批判と嘲笑・からかいを混同してはならない。からかいと強力な批判を区別するには，批判を裏付ける根拠が即座に示されるかどうかを見るといい。根拠が示されないのであれば，「私の議論をからかっているということは，欠陥があると思っているのでしょうから，私の議論の最も深刻な問題をぜひ指摘していただきたい」と言うのが適切である。にやけ顔で言うのではなく，純粋に友好的な表情で言うことが重要である。

　討議に持ち込まれたからかい文句が本当に気の利いたものであるなら，評価する言葉を投げかけてもいいかもしれない。優れた議論に面白みがあってもいい。相手に公平な機会を与えるという意味でも，評価の言葉は効果的かもしれない。しかし，適切なときに争点となる基本的な主張や批判を改めて指摘し，それに真摯に向き合うよう求めなくてはならない。

### 課　題

III. 脱線の誤謬：以下の議論について，①脱線の誤謬の種類を特定し，②なぜ反論の基準に違反しているのか説明せよ。本章で説明した誤謬がそれぞれ2回ずつ登場する。アスタリスクの付いている問題については，巻末に解答例を載せた。

*1. 学生：カリキュラムの変更や社会プログラムを決定する過程で，学生の意見が完全に無視されています。大学の運営に学生の声をもっと反映するべきです。学生はこの大学に非常に大きな利害関係を持っていますし，プラスの貢献ができると思っています。

　教授：教員の意見こそもっと反映されるべきだ。教授というものは説明なしに

解雇になることもあり，誰が昇進し，誰に終身在職権が与えられるかについては関与できない。予算配分に関する意見も完全に無視されている。なぜ君たちは教員への不当な扱いを心配しないのかね？

*2. スーザン：公立学校で州政府が礼拝を主催することを禁じる画期的な最高裁判決が下ったにもかかわらず，学校では依然として礼拝が行われています。何年も経っているのに，判決に反する行為が行われていると思うのです。学校は学生が礼拝を主導していると言っていますが，実際には州政府が主催しています。集会でもスポーツの試合前でも，授業の前でさえ礼拝が行われています。そして教師やコーチも参加しているのです。今まで以上に礼拝が行われているのではないかとさえ思います。これについてどんな対処が可能だとクリード議員は思われますか？

　クリード議員：学校には試験というものがあるのですから，生徒も礼拝によって神頼みできないと困るんじゃないでしょうか。

3. 自分の教室の近くに駐車場がないことに抗議してはいけない。私が大学生だったころは自動車で大学に通うことすら認められていなかったんだ。

4. 母親：子どもたちにはテレビの時間を減らして体を動かす時間を増やすように促すべきよ。

　父親：俺のせいで子どもたちがだらけた不健康なテレビ中毒者になったと思っているんだな？

*5. 娘：2人の人間が互いに心から愛し合っていて，相手に身をささげたいと思っているのであれば，一緒に住んではいけない理由はないと思う。トムと私は本当に愛し合っているの。いずれ結婚するかもしれないけど，今はただ，一緒にいたいの。

　母親：お母さんからすれば，あなたは単に男と寝る理由を探しているだけよ。あなたのそういう態度はセックスが安っぽいものだと感じさせるわ！

6. 対立候補：もし私が当選したら，奥様方が夜に出歩いても大丈夫なぐらい治安を改善することに全力を尽くします。

　現職：君は奥様方を深夜に出歩かせて娼婦にするつもりか？

Ⅳ．反論の基準に違反する誤謬：以下の議論について，①本章で取り上げた誤謬のうちどれに当たるか特定し，②なぜ反論の基準に違反しているか説明せよ。本章に登場した各誤謬がそれぞれ2回ずつ登場する。

1. メイジョー：魚と鶏肉を主なタンパク源としたら，みんなもっと健康になるのにね。
   サム：でも魚や鶏肉のアレルギーを持っている人もいるよ。

2. 僕だったら戸建を買うよりマンションを借りることを選ぶね。同じ広さなら戸建を買うほうがマンションを借りるよりもはるかに高い。それ以上に，マンションを借りるなら芝生を刈ったり落ち葉を集めたり，禿げたペンキを塗りなおしたりする必要もない。何かが壊れたら管理会社に連絡して修理してもらえばいいだけだ。電化製品も通常は部屋に備え付けてあるから，購入したり修理したりする必要もない。固定資産税を支払う必要もなければ，保険に入る必要もない。なんで戸建を購入したがるのか理解できないよ。

3. 君の給料が 3 年間上がっていないのは知っているが，去年はこのフロアで最も広くて素晴らしいオフィスを君に与えたことを忘れてはいないよね。

4. フィリップ：ビーチに繰り出す前に日焼け止めを塗ったら？　権威ある複数の医学雑誌に最近掲載された論文によると，日焼けしなくても，太陽光は皮膚がんを発症させるんだ。
   キャスリン：医者の言うことなんて関係ない。間違っていることだってあるじゃない。日焼け止めを塗らないほうがよく日焼けするし，こんなに見た目も気分もよくなるんだから悪いわけないわ。

5. 学生：なぜ卒業するのに 3 つの人文系の科目を履修しなくてはならないのか理解できません。僕は生物学の専攻なので，文学や哲学が役に立つとは思えません。
   アドバイザー：でも人文系の科目を履修しなくてはならないことは，大学に入る前に知っていたでしょう？

6. カーマック医師：いい加減タバコはやめたほうがいいですよ。がんや他の病気の原因になるだけでなく，あなたの家族や友達にも害が及びます。
   バックナー：あなたも喫煙者でしょう？　廊下を歩いてくるとき，あなたのオフィスのデスクにタバコが置いてあるのが見えたんだから。今言ったことをあなたは信じていないのだろうから，私だって信じないわよ。

7. 上司：テリーを解雇せざるを得ない。いつも遅刻してくるし，重大なミスを頻繁に犯すし，個人的な電話をよくしている。しかも彼女の服装は，この会社の業務の観点からは適切だとは思えない。
   同僚：たまにジーンズを履いていることがクビにする十分な理由になるとは思えないのですが。

8. 母親：楽しんできてね。ちゃんとヘルメットをかぶるのよ。

息子：なんでかぶらなきゃいけないんだよ。母さんだって自転車に乗るときにかぶってないじゃないか。しかもヘルメットを持ってすらないくせに。

9. 私からすると陸軍は魅力的とは言い難いね。夜明けとともに起床しなくてはならないし，24 時間誰かの指揮下に置かれている。自分のことを考えることはほとんど許されないし，多くのことが他人によって決断される。体力的にも厳しい。そういったことをちゃんと考えた？

10. 父親：おばあちゃんは老人ホームに入ったほうが快適に過ごせるし，今よりも充実したケアを受けられる。

    息子：つまり父さんはおばあちゃんの面倒を見ることに疲れて，おばあちゃんを厄介払いしたいと言っているんだね。

11. レイプ事件の裁判における被害者の扱いに関する知事の改革案を真剣に考慮してはならない。彼の娘は去年の秋にレイプ被害にあっている。

12. バーバラ：子どもに避妊について話すとセックスを勧めることになると恐れている親は考えが甘いと思う。私たちの世代と比べて最近の若者は低年齢でセックスを経験している。そして妊娠する可能性は常につきまとう。子どもと親は避妊具や避妊薬について真剣に意見を交換するべきよ。

    ローレンス：よくわからないな。まだ避妊について知らない子どもが親に対して何か言えることがあるのかい？

13. 検察側の専門家の証人：現役の精神科医として，被告人は陪審員と同じくらい正気であると考えます。

    被告の弁護人：あなたは年間何件ぐらい，こういった精神鑑定を行っているのですか？　報酬はいくらですか？　全米で検察のために精神鑑定を行って，被告に精神疾患があると判断したことはあるのですか？　現役と言っていますが，診察する時間はあるのですか？　問題の 1 つの側面しか見ないことを続けてきて，感覚が鈍っていることはありませんか？　裁判官，私の質問は以上です。

14. 軍隊に所属していたことがないんだから，軍隊における同性愛者に関するあなたの議論は真剣に検討するに値しない。

15. ジョー：軽く接触しただけでは HIV（ヒト免疫不全ウイルス）には感染しないと，どの論文や専門家も言っているよ。

    チャーリー：論文なんて関係ない。AIDS 患者には触れたくないね。論文を信じて死ぬのはごめんだ。

16.　フォレスト：テキサス州の裁判でソドミー（"不自然な"性行為を指す言葉）を
　　　　許す判断を下した最高裁は間違っているね。ソドミーを禁止する州法は変え
　　　　るべきではない。ソドミーは自然の法則に反するし，それによって人間が誕
　　　　生したこともない。

　　　ビル：そうかい？　ならば僕の前妻の弁護人に会ったことがないようだね。

17.　バクルス上院議員：来年までにその基準を順守するよう自動車業界に求めると，
　　　　世界の自動車市場においてアメリカの自動車メーカーが不利になる。

　　　フィニー上院議員：環境基準の厳格化に反対する自動車メーカーの肩を持つ理
　　　　由はわかるよ。君はもともと環境問題に関心がなかった。当選したかったか
　　　　ら関心があるふりをしていたんだ。環境問題なんかどうでもいいんだろう？

18.　ジョイ：2人の候補者にインタビューしたけど，ガイアさんのほうが適任だと
　　　　思う。彼女は経験があるし，発言が明確だし，仕事で求められることもより
　　　　理解している。

　　　デニス：つまり彼女が女性だから推薦しているんだね。


Ⅴ.　立場の分かれている現代の問題について，自分の意見を最も的確に裏付ける議論
を論述文の形式で示せ。自分の議論や立場に異を唱える強力な議論や，自分のもの
と相反する立場の議論に対する反論を含めること。


Ⅵ.　本章で取り上げた反論の原則に違反する誤謬それぞれについて，例を探すか作
り上げてインデックスカードに記し，誤謬を突く戦略を記せ。


Ⅶ.　父親が息子のジムに宛てた5通のメールの最後のメールには，本章で取り上げ
た反論の基準に違反する9つの誤謬が登場する。それぞれの誤謬が登場するのは1
度だけである。メールのなかの数字は，その直前に誤謬があることを示している。
それぞれどの誤謬に当たるか特定せよ。


ジムへ

　返信してくれてありがとう。お前の懸念はよくわかる。父さんは哲学者に対して
とても厳しいが，それは哲学者に批判される理由があるからなんだ。哲学者という
ものは，お前やお前の永遠の運命にさらさら興味がないプロのトラブルメーカーだ
①。父さんが最も煩わしいと思っているのは，哲学者や科学者が多くの騙されやす

い人々を説得して，我々の素晴らしい世界は諸元素の偶然の衝突から発生したという説を信じ込ませてしまったことだ②。でもこの説は間違っている。学者たちが証拠だというものは検討に値しない。なぜなら，人間の精神という複雑なものが単に "進化した" などとは考えられないからだ③。哲学者や科学者はすべての事柄は誤りうるもので疑うべきだとしているが，その態度を進化論に対しては持っていない。哲学者や科学者は進化論をまったく疑わない。言っていることとやっていることが違うという事実が，彼らの言うことは何一つ信用できない十分な理由となる④。

　私からすれば科学は信用できないものだ。間違った結論を導き出すからだよ。例えば，冥王星は惑星だと科学は言ってきた。少なくとも父さんの小学校時代の教科書にはそう書かれていた。だが最近になって，科学者の学会で冥王星は惑星ではないと決定された。どちらかの科学的な結論が間違っているのは明らかなのだから，科学的な主張を信用できるわけがない⑤。信用できるものといえば宗教だ。宗教と科学の戦いでは，宗教が圧勝する。なぜなら，信仰心は間違っていると証明できないからだ。「信仰心が間違っている」とは奇妙な言い方だよ。信心深い人に対して，「あなたの信仰心を慎重に検討した結果，間違っていると結論付けました」などと誰かが言っている場面を想像できるか？　そんなことがあるわけないだろう⑥。

　とにかく，父さんは人生の大半を通して神の存在に関する疑問を注意深く検討してきた。そして神の存在に深刻な疑問はないと嘘いつわりなく言える。哲学者は疑問があるというかもしれないが，哲学者というものは（進化論以外）何でも疑う人々だから，彼らの疑問を真剣に取り合う気にはなれない⑦。第一，哲学者たちは信仰心を持ってみたことがないのだから，彼らが信仰心についてあれこれ言うことを聞く必要はないと思うね⑧。

　父さんが言っているのは，哲学者が言うことにはだまされないように常に注意しなくてはならないということだ。父さんは誰かの不幸を願うことはしないが，ソクラテスには天罰が下ったのだと思うよ。そしていつか，正義がうち勝ち，哲学の授業初日が審判のときとなる。そしてかつては自分たちによってまだ堕落させられていない学生で埋め尽くされていた誰もいない教室に，世界中の哲学者が取り残されることになるだろう⑨。

　あと約1週間でクリスマス休暇に入り，お前が実家に戻ればこういった議論をじっくりとできる。お前も父さんのようにオープンな心を持ち続けることが大切だよ。

父より

VIII.　eメールのなかの1パラグラフを選び，ジムになったつもりで父親の欠陥のある推論に対する返事や反論を記せ。誤謬の名称を出さずに，「誤謬を突く」から学んだスキルを活用すること。

# 第10章

## 論述文を書く

## 概要

### この章で学ぶこと

・長文の論述文を書くための基本の手順を理解し，それを積極的に守ること
・賛否のある問題を解決に導くべく，本書で学んだ優れた議論の要素を組み込むこと

　ある論点について，特定の立場を他者に受け入れてもらえる議論を構築する能力は，きわめて価値のある技能である。そのような技能がないと，人生の多くの場面で不利な状況に立たされることになる。社会のなかでどのような役割を担っていても，私たちは自分の意見を擁護する議論を構築するよう求められる。委員会やグループの会議で提案を擁護する必要に迫られたり，大きな買い物をするかどうか決断したり，転職について判断したり，どの政治家に投票するか選んだり，結婚するかを決めたりしなければならないこともある。また，親，配偶者，子ども，近所の人，上司，先生，学生，顧客相談窓口の担当者などとの意見の相違を解消するためにも議論を構築する。私たちは道徳，宗教，政治，エンターテイメントなどに関する諸問題について，自分自身や他者のために日々議論を構築している。本書ではそういったタスクを効果的に進めるた

めのヒントや戦略を示してきたが，最後にこれらをまとめ，論述文を書くのに役立つ指針を示すべきだと考えた。

論述文を書くための5つの基本の手順は，問題を調査する，自分の立場を表明する，その立場を論じる，自分の立場への異論に反論する，問題を解決する，である。そのような論術文の概要は，おおよそ以下のようになるだろう：

1. 問題の解明
2. 問題に対する自分の立場の表明
3. 自分の立場を裏付ける議論
4. 考えうる批判に対する反論
5. 問題の解決

# 問題を調査する

大がかりな議論を構築したり論述文を書いたりするための最初のステップは，取り上げる問題の複雑さについて徹底的に知り尽くすことである。その問題について自分がすでに持っている立場を裏付けるにはどうしたらいいかに関心を持つのではなく，ありうる立場の中で最も正当性の高いものを見つけることが目標である。問題について調査したことによって，当初支持していた立場が変わることも多々ある。

問題のすべての側面について思考を巡らせてこそ，よく準備ができていると言える。そうすることによって自分が支持すべき立場がわかるだけでなく，その立場を裏付ける，または反する議論についても知ることができる。最も重要なこととして，自分の立場への主要な批判や，その批判を支える論拠も知ることができる。論述文内ではそれらに効果的に反論しなければならない。

議論を構築する準備として，パソコン上に"アイデア・ファイル"を作成し，上記の5つの基本的手順を踏むために5つのセクションに分けるといいかもしれない。問題について読んだり，インターネットで調べたり，他者と話したりするなかで浮かんできたアイデアを，適切なセクションにメモしていく。論述文の骨格が見えてきたら，時にはメモを見直して構成を変えたり，アイデアを

削除，拡張，編集したり，諸要素間を関連付けたりしていく。

# 立場を表明する

　自分の立場への議論を提示する前に，その問題がなぜ重要であるのかを明示するのがいいだろう。論述文を書こうと思っている時点で，その問題は対処すべき重要な論点を抱えているはずである。

　問題の重要性について慎重に検討したら，論述文の冒頭で自分の立場を述べるべきである。これは裁判の初めに検察官が行う冒頭陳述に倣うといい。すでに調査した結果として 1 つの支持すべき結論に達したのだから，できるだけそれを冒頭で簡潔に述べるべきである。その問題が解決策を必要とするものであれば，自分の提案が解決を導くと主張しよう。冒頭で問題の詳細な説明に多くを割く必要はない。立場を裏付ける議論を提示していく過程で，問題の複雑さは十分に明確になる。

　問題に対する立場は明確に述べなくてはならない。不明瞭さや複数の解釈がなく，必要以上に専門的ではない言葉を選ぶべきである。立場の説明で使う重要語や重要概念は定義するか説明する。さらに，自己の立場の陳述には適切に留保条件をつけよう。つまり，例外として扱うべきものがあるならば，立場のなかに含めて提示する。そのような留保条件によって立場が強まり，批判者からの攻撃の影響を受けにくくする。最後に，問題を解決するという観点からは，自分の立場が果たす役割を過大に約束してはならない。

　一般的なルールとして，読み手に関しては，世間で広く知られている物事についてある程度理解している成人であるということ以外，想定してはならない。高校を卒業した人々の一般的な知識ではないような概念，用語，アイデアはすべて説明する。特に，読むのは教授だけだなどと考え，特定の用語や概念はすでに知っているだろうと決めつけて書くことは避けよう。読み手は同じ学生で，取り上げる問題について必ずしもよく知っているわけではないことを想定して書くのがよい。

# 自分の立場を論ずる

　自分の立場を裏付けるために論じるセクションが，論述文の最も重要な部分である。ここでは，明示した立場を裏付ける議論を提示する。その議論は，標準形式の議論に大幅に肉付けしたものであるべきである。通常は議論の構成要素について読み手が混乱しないように，1つの前提を述べるのに1つのパラグラフを割くとよい。また，立場を裏付けるために必要なことしか書かないほうがいい。たとえ論述文がより面白く豊かになるとしても，無関係なことは書くべきではない。

　自分の結論を最も強力に裏付ける証拠を提示し，すべての前提をできるかぎりはっきりと示し，1つの前提から次の前提へと論理的につながるような順番で述べる。例を挙げる場合は，議論の一部だと勘違いされないように控えめにすべきである。また，可能であれば演繹的議論として構成し，相対的に強度を高めるようにしよう。

　弱い前提や，批判者が異論を提示することが予測される前提がある場合は，その前提を補完前提で補強してもよい。もし議論に大きなダメージを与えない批判であるならば，その批判の弱点を突いて，問題視されている前提が“前提の許容性の基準”をしっかりと満たしていることを述べる。もし批判が強力で効果的な応答ができないならば，その批判された前提は最初から使うべきではない。削除し，より強い前提に置き換えるべきである。

　立場を裏付ける議論を提示するにあたっては，必ず“優れた議論の5つの基準”を守るべきである。優れた議論は，5つの基準のすべてを満たしていなくてはならない。その1つ目が“構造の基準”である。優れた議論は，優れた構成を持つ議論の構造的条件を満たし，前提は他の前提や結論と矛盾せず，結論が真であると想定しておらず，欠陥のある演繹的推論であってはならない。最後に，結論あるいは立場が道徳的判断あるいは美に関する判断であるならば，慎重に構成された道徳的前提や美に関する前提を必ず議論に含めなくてはならない。そうでなければ，論理的にはそのような価値判断を導き出せない。

　優れた議論の2つ目の基準は“関連性の基準”である。優れた議論では，結論や立場の価値に直接関連する証拠しか提示してはならない。前提が真である

ことや前提を受容することが，結論が真であることを信じる理由となったり，真であることに有利に働いたり，何らかの関係を持つのであれば，前提は関連性があるとみなされる。

　優れた議論の 3 つ目の基準は，"許容性の基準"である。優れた議論では，聞き手，もしくは少なくとも合理的な人に受け入れられる前提を用いなくてはならない。論述文で擁護している自分の立場を読み手に受け入れてもらうためには，前提はそれが支える結論以上に読み手にとって許容性が高いものを用いる必要がある。

　優れた議論の 4 つ目の基準は"十分性の基準"である。優れた議論では，関連性と許容性を満たす十分な数の前提があり，全体として結論を導き出すにあたり適切な種類と強度を持ち合わせたものを提示しなくてはならない。

# 自分の立場に対する異論に反論する

　優れた議論の 5 つ目の基準である"反論の基準"は，論述文のなかでは特に重要なものとなる。優れた議論は，議論やそれが裏付ける立場に対するあらゆる深刻な批判に対して，効果的に反論しなければならない。これはほとんどの議論で最も軽視されている原則である。ほとんどすべての論者が，結論を裏付けるのに関連性と許容性を備えた十分な数の前提を見つけることができる。しかし，そういった議論も，結論の利点に異議を唱える者の批判に効果的に答えられないなら，優れたものとはならない。論述文には最も強力な批判に対する効果的な反論を含めるべきであり，もし効果的な応答ができないのなら，自分の立場を擁護するべきではないだろう。そしてそれは本来，論述文に関する調査を行った段階で発見しているべきことである。

　ある問題に関する最も正当性の高い立場は 1 つであるだろうから，対立する立場を裏付ける議論の重大な欠陥を突き止められるはずである。しかし，そのようなすべての立場を決定的にやり込めることはできないかもしれない。そのような場合でも，少なくとも自分の立場を裏付ける議論は，他の立場を裏付ける議論よりも，優れた議論のすべての基準を効果的に満たしていることを明らかにしなくてはならない。

340

# 問題を解決する

　論述文の冒頭に結論を書いているはずなので，最後に再び記す必要はないかもしれない。しかし，自分の立場が問題や論争をどのように解決するかという，そもそも論述文を書く動機となった部分に改めて触れておくのもいいだろう。さらには，自分の議論が優れた議論の条件をいかに効果的に満たしているかを説明してもいい。もちろんそこでは，自分の議論への批判やその批判が裏付ける立場，あるいは最も強力な対抗する立場を裏付ける議論に効果的に反論していることを含め，優れた議論の条件をすべて満たしていることを強調しておくのが得策である。最後に，論述文で取り上げた問題と関連する分野でさらなる調査が有用な部分を記しておくのもいいだろう。ただし，自分が問題に対してどのような立場をとっているのか，読み手に疑念を生じさせるような書き方はしないように。

# 論述文の例

　以下に記すのが，上述した条件が組み込まれた論述文である。問題の内容とその重要性を説明し，立場を表明し，それを裏付ける議論を展開し，議論や立場への考えうる批判に反論し，主な異なる立場の問題を突き，問題を解決へと導くものである。

## 既婚女性の姓

　私たちは性差別のない社会に向けて大きく前進してきた。しかし，私たちの文化のなかで昔とそれほど変わっていない性差別が1つある。結婚する圧倒的多数の女性が，いまだに姓を夫のものへと変えることである。

　多くの人の意見とは異なり，既婚女性が夫の姓を名乗るのは単なる慣習であり，法律で定められているわけではない[訳注1]。いかなる州政府や自治体もそのような行為を義務付けているわけではない。それは単に，現在は廃止された

17 世紀のイングランドの財産や相続に関する法律に由来する慣習である。

　多くの女性が姓を変更することが慣習であるという事実は，それが道徳的に受け入れられるかを決定しない。既婚女性の名字の選択は個人的な好みの問題ではなく，重大な道徳的問題である。なぜなら，結婚時に女性が男性の姓に変更することを要求したり期待することは，男性と女性は平等に扱われるべきという基本的な道徳的原則に反しているからである。この慣例は，男性には求められない期待を女性に求めているだけではなく，私たちの社会を構成する人々の少なくとも半数に有害な結果をもたらしている。

　そこで提案したいのが，結婚時に女性が男性の姓に変更するという慣例を，すべての男性によって用いられている慣例に置き換えることである。つまり，女性も出生時に授かった名前を生涯にわたって保持できるようにし，死亡診断書に記載される名前が出生証明書に記載されている名前と一致するようにするのである。

　この名前に関する男女平等な制度を提案するにはいくつかの理由がある。まず，結婚時に夫の姓に変更することは，女性にとって自己アイデンティティを諦めることだからである。名前は人のアイデンティティを示す第一のしるしであり，自分が唯一無二の個人であるという認識に深く関係する。夫の姓に変更した女性は "○○夫人" となるため，これまでの自分ではなくなってしまう。挙式して結婚が宣言されると，2 人のうちの 1 人，つまり女性のみのアイデンティティが変わる。2 人が結婚して 1 つになるのなら，その 1 つとは夫なのである。おそらくこの伝統が，われわれの社会で女性の自尊心が低いという事実に寄与してきたのだろう。自己を規定する自分の名前が，自分が現在法律上結びつけられている男性によってころころ変わるなら，女性が確固たる自尊心を持つことは期待できない。夫婦が自分たちの関係性の象徴として自覚的に夫の姓を名乗りながら，平等な夫婦関係だと明言することはとても奇妙に思える。一方で，結婚しても生まれ持った姓を維持する女性は，夫婦関係が平等であることを他者に説明する必要はない。彼女の名前がそれを明確に示してくれる。

　2 つ目に，妻に結びつけられる夫の姓は，男性優位の象徴である。既婚女性を夫の姓で呼ぶという風習以上に男性優位を直接的かつ頻繁に示す文化的特徴

は他にはない。しかも，夫の姓を名乗るすべての女性は，この男性優位の文化が永続することを助長している。女性が自分を夫の姓で呼ばれたり，夫の姓で自己紹介するたびに，その女性とこの文化は，この女性蔑視的な行為に潜む諸々の影響を承認しているのだ。

　3つ目に，既婚女性は夫の姓を名乗るべきだという文化的な期待（時に文化的な押し付けでもある）は，二重基準（ダブル・スタンダード）使用の一例である。二重基準とは，一部の人物や集団と，他の人物や集団に対して，適切な理由なく原則を異なった形で適用することである。この二重基準を暴くためのよく知られた方法に，可逆性のテスト（reversibility test）というものがある。結婚後の姓について二重基準が発生しているかどうかの可逆性のテストとして，「私たちの社会の慣習が，男性が妻の姓に変更するというものであったら受け入れられるか？」と質問してみるといい。この質問をされた大半の男性が，自分の姓は変えないとはっきりと主張するだろう。しかし私たちの社会は，女性がそのような慣習を受け入れることをまさに期待している。

　4つ目に，女性が夫の姓を名乗ることは，自尊心の欠如を表す。自分自身についてどう思っているかを他者に示す最初の行為の1つが，自分自身をどのように自己紹介するかである。女性が自分のことを"○○夫人"と紹介すると，彼女は自分自身について非常に多くを物語る。つまり，その女性が"○○の妻"であるとまず認識してほしいこと，夫に対して自分が対等とは考えていないことを示している。夫を高く評価する一方，自分自身を同程度に高く評価していない。そういった女性はこのようにして自分の価値を落とすだけでなく，他の女性——特に既婚女性——への敬意の欠如も助長する。

　夫の姓を名乗るという伝統を擁護する人の多くは，結婚によって生み出された夫婦という一つの新たな存在が共通の姓を名乗ることで，団結を象徴することができると主張する。当然，結婚という新たな一歩は，2人の人間がお互いへの責任と信頼を持つ関係になることを確約すると示す。しかしながら，その2人を"一つの新たな存在"と表現することは好ましくないだけでなく，正確でもない。既婚者の多くは，自分の独立性について一定の感覚を保つことが重要だと考えている。夫婦といえども，配偶者を自分の拡張と捉えないように特別の労を惜しまない。互いに嗜好や希望，背景，家族，経験，個性，所有物は異なるが，その違いは尊重すべきものである。違いを軽視することは健全な婚

姻関係とは言えない。結婚における個の独立は，個人の価値についての自己の感覚を維持することにも寄与する。そしてその個人は，相手への特別な責任と共通の目標を持つことでさらに豊かになる。したがって，「結婚というものは，より大きな集合体に自己が吸収されることだ」とする説明は，事実にも理想にも反している。

　この伝統の擁護者には，女性が夫の姓に変更すれば，一族の名（family name）が子どもへと受け継がれていくと論ずる者もいる。この慣習が一族に連続性を与え，一族が過去と未来につながるというのである。しかし，このように論ずる者が考える "一族の名（family name）" とは，もちろん夫の一族の名である。したがって，この議論は，夫の姓を子どもへと受け継いでいくことを支える議論である。しかしながら論点となっている問題は，女性が自分の夫の姓を名乗るべき説得力ある理由があるかどうかであり，一族の名（姓，名字）を受け継ぐというこの議論は，問題にほとんど関係しない。

　最後に，女性が夫の姓に変更するという慣習の擁護者には，「それは単に伝統であり，そのように長く尊重されてきた歴史ある慣習は維持していくべきだ」と主張する者が多い。しかし多くの伝統には，暗く否定的な側面もあることを忘れてはならない。特定の慣習が伝統の位置づけを持つことは，その慣習の良し悪しを示すわけではない。そのメリットは，デメリットと共に評価されるべきである。妻が夫の姓を名乗る慣習について私たちが論じたようにデメリットが深刻であれば，その伝統は進んで破棄すべきである。

## 課　題

Ⅰ．論述文「既婚女性の姓」を標準形式に再構成し，効果的な論述文の書き方に関する提言のすべてに沿っているか，優れた議論の基準をすべて満たしているか，そして誤謬はないか確認せよ。

Ⅱ．本章で示したガイドラインに則って，現代において議論の分かれる道徳上の問題に関する 3,000 字程度の論述文を書け。しっかりと練られた道徳的前提を必ず含めること。

Ⅲ. Ⅱで書いた自分の論述文を, "優れた議論の５つの基準" と照らし合わせて評価せよ。

# 誤謬のまとめ

**曖昧語法（ambiguity）**　2つ以上の異なる解釈が可能な語句や文法構造を，どの意味で使っているかを説明せずに主張や議論に用いて，相手を根拠のない結論へと導くこと。

**揚げ足取り（raising trivial objections）**　議論の強い部分ではなく，より重要度の低い部分に注目して相手の立場を攻撃すること。

**新しさに訴える誤謬（fallacy of novelty）**　新しいアイデア，法律，政策，あるいは行動が，それが新しいからという理由だけでよりよいものだと思い込むこと。

**誤った結論の導出（drawing the wrong conclusion）**　議論のなかで提示された証拠では裏付けられない結論を導き出すこと。

**誤った根拠の提示（using the wrong reasons）**　不適切な根拠をもって主張を裏付けようとすること。

**井戸に毒を盛る（poisoning the well）**　論者の個人的な状況や不純な動機を理由に，論者が提示した批判や議論を拒絶すること。

**因果の過剰な単純化（causal oversimplification）**　問題となっている出来事を説明するには不十分な因果的要因を特定することにより，因果的に先行する事象を過度に単純化すること。あるいはいくつかの因果的要因を極端に強調することによって，因果的に先行する事象を過度に単純化すること。

**お前だって論法（two-wrongs fallacy）**　特定の行為に関する論者の批判や議論について，論者が似たような行為を行っていることを理由に，真摯に評価したり反論したりする義務を回避すること。

**格言の誤謬（fallacy of popular wisdom）**　主張と関連する証拠ではなく，格言や決まり文句，世間的に常識とされる知恵，あるいは一般常識と呼ばれるものに基づく物事の見方を根拠に主張を行うこと。

**換位の誤り（false conversion）**　条件的前提における前件と後件を入れ替え

て，あるいは全称肯定の前提や特称否定の前提における主語名辞と述語名辞を入れ替えて，入れ替えた後の前提が入れ替え前の前提の真理値を維持すると結論づけること。

**感情に付け込む誤謬（manipulation of emotions）**　証拠を提示せずに，相手の感情に付け込んである主張を受け入れさせようとすること。

**規範的前提の欠如の誤謬（fallacy of the elusive normative premise）**　それとわかる規範的前提を裏付けとして使わずに，道徳判断，法的判断，あるいは美的判断を導き出すこと。

**希望的観測（wishful thinking）**　何かが真であってほしいと思うから，それが真である，あるいは真になると思い込むこと。また，何かが真であってほしくないから，それは真ではない，あるいは真にはならないと思い込むこと。

**ギャンブラーの誤謬（gambler's fallacy）**　過去に偶然事象が一定程度続いたという理由から，将来的にその事象が起きる可能性に著しい影響があると主張すること。

**共通する原因の無視（neglect of a common cause）**　関連しているように見える2つの事象は共通する原因によって引き起こされていて，まったく因果関係がないという事実を見落とすこと。

**薫製ニシンの誤謬（red herring）**　真の問題から取るに足りない問題へと注意をそらし，立場の弱点を隠そうとすること。

**原因と結果の混同（confusion of cause and effect）**　出来事の原因と結果を混同すること。

**原則の誤用（misuse of a principle）**　ある原則やルールを，例外はないと思い込んで，特定の事例に適用すること。あるいは1つの例外を理由に，原則やルールを否定しようとすること。

**後件肯定の誤謬（fallacy of affirming the consequent）**　条件的前提における後件を肯定したうえで，結論で前件を肯定すること。

**合成の誤謬（fallacy of composition）**　部分に当てはまることは全体にも当てはまると思い込むこと。

**合理化，言い訳（rationalization）**　もっともらしく聞こえるが大抵の場合は偽りの理由を使って特定の立場を正当化しようとするが，その立場はそれよりも正当性の低い根拠によって裏付けられていること。

**誤解を招く強調**（misleading accent）　ある問題や主張に関する語句あるいは特定の側面を,不適切に,あるいは普通とは違った形で強調することによって,相手を根拠なき結論に導くこと。また,他者の主張の一部を本来の文脈から切り出して,もともとの意図とは違う意味で使う場合も,この誤謬に含まれる。

**差異なき区別**（distinction without a difference）　ある行動や立場が,言語的に区別された別の行動や立場と実質的な違いがないにもかかわらず,別の語句を使うことによって別物だと主張すること。

**衆人の意見に訴える誤謬**（appeal to common opinion）　単に大多数の人々が受け入れているという理由で,ある主張を受け入れさせようとすること。あるいは,きわめて少数にしか受け入れられていないという理由で,ある主張を拒否させようとすること。

**重要証拠の除外**（omission of key evidence）　結論を裏付けるのに不可欠な重要証拠を含めずに議論を構築すること。

**私利に訴える誤謬**（appeal to self-interest）　より重要な問題が関係しているにもかかわらず,相手の個人的状況や利益だけに訴えかけることで,特定の主張を許容したり拒否したりするように説き伏せること。

**人格攻撃の誤謬**（abusive ad hominem）　相手の批判や議論を無視したりその信頼性を落としたりするために,相手の人格を攻撃したり罵倒したりすること。

**前件否定の誤謬**（fallacy of denying the antecedent）　条件的前提における前件を否定したうえで,結論で後件を否定すること。

**前後即因果の誤謬**（post hoc fallacy）　出来事Aの後に出来事Bが発生したというだけの理由で,出来事Bは出来事Aによって引き起こされたと想定すること。

**前提と結論の矛盾**（contradiction between premise and conclusion）　少なくとも前提の1つと矛盾する結論を導き出すこと。

**代表的でないデータ**（unrepresentative data）　代表的でないサンプルや偏ったサンプルから抽出したデータに基づいて結論を導き出すこと。

**多義の誤謬**（equivocation）　議論のなかで2つの異なる意味として使っている語句を,ずっと同じ意味で使っているかのように装い,相手に根拠のない結論を導出させること。

348

**多重質問（complex question）**　未解決の問題に関する問われていない質問に対して，確固たる答えがすでに出ていると不適切に決めつけて形成される質問。あるいは一連の質問のすべてに同じ答えが返ってくると決めつけて形成される質問。

**端名辞不周延（illicit distribution of an end term）**　結論で周延されている端名辞が前提で周延されていない三段論法で結論を導くこと。

**力や脅迫に訴える誤謬（appeal to force or threat）**　ある主張を相手に受け入れさせるために，証拠を提示するのではなく，受け入れなければ好ましくない状態になると脅迫すること。

**中間の誤謬（fallacy of the mean, fallacy of moderation）**　両極の間の中道あるいは中間的な考え方が，単に中間的であるという理由で最も優れているとか正しいと仮定すること。

**中名辞不周延（undistributed middle term）**　前提の中名辞が1回も周延されていない三段論法で結論を導くこと。

**である - べきであるの誤謬（is-ought fallacy）**　現在行われていることは，行われるべきことだと思い込むこと。また，現在行われていないことは，行われるべきでないと思い込むこと。

**伝統に訴える誤謬（appeal to tradition）**　証拠ではなく，特定の伝統に対する人々の畏敬の念や敬意を利用して主張を受け入れてもらおうとすること。特に，より重要な原則や問題がかかわっているときに試みられる。

**ドミノの誤謬（domino fallacy）**　適切な証拠なしに，特定の行動や出来事が，不可避的にある明確な（往々にして望ましくない）結果に至る一連の流れの始まりだと決めつけること。

**二重基準（special pleading）**　他者や特定の状況に原則，ルール，基準を当てはめながら，例外とする十分な根拠を示さずに自分自身や自分に利益がある状況にはそれらを当てはめないこと。

**漠然とした表現の誤用（misuse of a vague expression）**　漠然とした表現によって主張を裏付けようとすること。または他者の使う意味や適用範囲が不正確な語句に対して明確な意味を割り当て，不当な結論を導き出すこと。

**発生論の誤謬（genetic fallacy）**　ある物事を当初の状態で評価し，時とともにその性質を変えた重大な変化が起こったことを無視して，その評価を現在

における結論を支える根拠として使うこと。

**反事実的な仮説（contrary-to-fact hypothesis）**　過去に起きたことが異なる条件下では別の結果になったはずだ，あるいは未来にはこのようなことが起きるだろうと十分な根拠なく主張し，仮説的な主張を事実であるかのように扱うこと。

**反証の否定（denying the counterevidence）**　自分の議論や立場に反する証拠と真剣に向き合うことを拒否すること。または自分の議論や立場に反する証拠を不当に過小評価すること。

**反証の無視（ignoring the counterevidence）**　自分の立場にとって好ましくない重要な証拠を無視したり除外したりするようなやり方で論じることで，重要な反証が存在しないかのような間違った印象を与えること。

**必要条件と十分条件の混同（confusion of a necessary with a sufficient condition）**　ある事象の必要条件が十分条件でもあると思い込むこと。

**不十分なサンプル（insufficient sample）**　量的に不十分なサンプルを基に，結論を導き出したり一般化したりすること。

**不当な選択肢（false alternatives）**　ある問題や状況に対する選択肢の数を極端に制限したうえで，そのうち1つが真である，あるいは正当であると思い込むこと。

**不当な対照（illicit contrast）**　聞き手側が話し手や書き手の使った語句を不適切に強調し，関連はあるものの根拠のない対照的な結論に達すること。

**不当な類推（faulty analogy）**　2つの物事に1つ以上の類似点があるならば，他の重要な側面においても必ず似ているに違いないと決めつけ，その類似点の些末さや相違点の重要性を認識しないこと。

**分割の誤謬（fallacy of division）**　全体に言えることはそれを構成する部分それぞれにも言えると思い込むこと。

**無関係の権威者に訴える誤謬（appeal to irrelevant authority）**　その領域の権威者でない人や正体が明かされていない権威者，考え方の偏った権威者の意見を引き合いに出して，主張を裏付けようとすること。

**矛盾する前提（incompatible premises）**　互いに整合性のない前提や両立しない前提から結論を導き出そうとするもの。

**無知に訴える論証（arguing from ignorance）**　反する証拠が存在しないと

いう理由から，主張の真実性（あるいは虚偽性）を主張すること。または，相手が強力な反する証拠を提示できない，あるいはそうすることを拒絶するからといって，主張の真実性（あるいは虚偽性）を主張すること。

**連続性の誤謬（fallacy of the continuum）**　両端の間の連続体におけるわずかな移動や差異は無視できるもので，その連続体上の複数の点を区別することは不可能か，少なくとも恣意的であると思い込むこと。

**論点先取（begging the question）**　議論の結論として提示されているのと同じ主張を，明示的あるいは暗示的に前提として使うこと。

**論点先取の定義（question-begging definition）**　経験的な結論を支持するために，疑わしい定義を経験的な前提に見せかけて使うこと。これは問題となっている経験的な主張を定義によって真とする効果を持つ。

**笑いや嘲笑に訴える誤謬（resort to humor or ridicule）**　議論に笑いや嘲笑を入れることによって，相手の批判や反証に適切に対応する能力や意欲がないことを隠そうとすること。

**藁人形論法（attacking a straw man）**　攻撃しやすくするためなどの理由から，相手の立場や質の高い議論を歪めること。

# 課題の解答例

## 第 5 章：構造の基準に違反する誤謬

I.　不適切な前提の誤謬　(p.122)

2.　**論点先取の定義**。ショーンは，犯罪者とは更生不可能な人物であると定義することによって，いかなる証拠も自分の主張を否定するものにならないようにしている。ショーンが提示している前提は，経験に基づく主張に見せかけた疑わしい定義であるため不適切である。経験に基づく主張に見せかけた定義は結論と同じものであり，定義によって結論が真になる効果を持っている。裏付けようとする結論と同じ内容を前提として使うことは，優れた議論の構造の基準に違反している。

6.　**規範的前提の欠如の誤謬**。論者は，空港の保安検査で職員が陰部を触る権利はないと主張しているが，それを裏付けるような法律や法的根拠を明確に示していない。

7.　**論点先取**。タバナー教授は「最適の種だけが生存競争に勝つ」と主張しているが，その議論の唯一の前提が「最適の種だけが生存競争に勝つ」というものである。結論を裏付けるために結論と同じ内容の前提を使っているため，適切な前提を提供していない。

8.　**矛盾する前提**。この議論では懐疑論が真実であるという前提を使いながら，2つ目の前提では懐疑論の定義について，いかなる主張も真実であるかどうか知ることはできないことだとしている。懐疑論が真実であると主張しながら，いかなる物事も真実であると知ることはできないとする懐疑論の立場を取っていることは矛盾する。論者は真実を探すことはやめるべきだという結論を述べているが，前提どうしが矛盾しているので結論を導き出すことはできない。優れた議論の構造の基準では，前提どうしが矛盾してはならないと定めているため，この議論は構造の基準に違反している。

10.　**前提と結論の矛盾**。論者はこの議論の前提で，道徳的に正しいことや間違っていることは個々人が決めるべきであるという，個人の道徳観に関する相対主義を擁護するような主張をしている。そのうえで論者は大麻を吸うことは道徳的に間違っ

ていないと主張するが，大麻を吸うことは道徳的に間違っていると主張する相手に
対して，相手の主張は間違っていると結論付けている。この結論は，個人が下した
道徳的判断は間違っているとは言えないという，個人の道徳観に関する相対主義を
示した前提と矛盾している。したがってこの議論は，議論の前提と結論は矛盾して
いてはならないと定めている構造の基準に違反している。

## II. 演繹的推論の誤謬 (p.141)

**4. 換位の誤りの誤謬。**論者は，法律を守る人は警察のお世話になることがないのだ
から，警察のお世話にならない人は法律を守っているものと結論付けている。仮に1
つ目の主張が正しかったとしても，換位した2つ目の主張が正しいと信じる根拠は
ない。警察のお世話になったことがない人々が，必ずしも法律を守っている人であ
るとは限らない。法律を守っていないところをたまたま見つかっていないだけなの
かもしれない。この議論は優れた議論の構造的基準に違反している。しっかり確立
された演繹的推論に関するルールでは，真理値を維持したまま A 型命題の主語と述
語を入れ替えることはできないからである。

**6. 中名辞不周延の誤謬。**この議論の1つ目の前提と2つ目の前提はI型である。"ほ
とんどの（most）"という言葉は"すべてよりは少ない（less than all）"という意味
であるため，"一部の（some）"と置き換えることができる。I型の主張ではいずれ
の名辞も不周延である。つまり，"暴力的でない行為"という中名辞も周延されてい
ない。中名辞が不周延の議論は演繹的推論のルールに違反しているため，優れた議
論の構造的基準にも違反しているのである。

**7. 前件否定の誤謬。**サラは，「もしシェリーが成人向けの映画を見に行くところを
母親に目撃されたとしたら，恥ずかしい思いをするだろう」という条件的議論を受
け入れている。そのうえでサラは，シェリーの母親は週末町を出ているため目撃さ
れるはずはないと前件を否定し，従ってシェリーが恥ずかしい思いをする状況にな
ることはないと結論付けている。しかしサラは，母親に目撃されること以外にシェ
リーが恥ずかしい思いをする可能性を考慮していない。この議論は，前件を否定し
たうえで結論において後件を否定できないという条件的議論のルールに違反してい
る。よってこの議論は構造的基準を満たしていない。

**9. 後件肯定の誤謬。**エスターは，哲学の単位を取れなければ学校をやめると断言し
たようである。論者はエスターが学校をやめたと述べたことにより，後件を肯定し
ている。そして，エスターは哲学の単位を落としたという前件が真であると結論付

けている。エスターが学校をやめた妥当な理由は複数考えられるが，論者はそれらを考慮していない。この議論は「後件を肯定して結論で前件を肯定できない」という条件的議論のルールに違反しており，構造的規準を満たしていない。

10. 端名辞不周延の誤謬。結論の主語名辞である "この本を読んでいる人" は A 型の主張の主語であり，周延されている端名辞である。しかし，"この本を読んでいる人" は A 型の前提のなかでは述語として出現しているため，周延されていない。したがって，「結論において周延されている端名辞は，どちらかの前提で必ず周延されていなくてはならない」という三段論法のルールに違反しており，この議論は構造的な基準を満たしていない。

## 第 6 章：関連性の基準に違反する誤謬

I. 無関係な前提の誤謬（p.163）

1. 誤った根拠の提示。ここに記されているどの理由も，コックスさんを教員として採用すべきだという結論を裏付けるものではない。教員として採用されるにあたり関連する条件が他にあるはずだが，それには言及していない。したがって，結論の真偽に一定の関係のある適切な根拠によって結論が裏付けられていなければならないと定めている，優れた議論の関連性の基準に違反している。

2. 発生論の誤謬。論者は，現代社会においても純白のドレスは花嫁が処女であることを意味していると考え，処女ではないデブラは結婚式で純白のドレスを着るべきではないと結論付けている。現代では純白のドレスは花嫁の性的経験を示すものではなくなっているため，デブラが純白のドレスを着るべきかどうかという問題には関連していない。この議論では，ある事柄の過去の意味や性質を現在に不適切に適用しているため，関連性の基準に違反している。

4. 合理化。論者が合理化しようとしていると考えられる理由には，読者も思い当たるところだろう。『プレイボーイ』誌には時に素晴らしい記事が掲載されることもあるが，それは論者が定期購読している本当の理由ではないだろう。ある主張を裏付けるために本当の理由とは異なる偽物の理由を使うことは，その主張の真実や価値に関係があるとはみなせないため，関連性の基準に違反している。

5. 誤った結論の導出。博士号を持っている人を雇うべきではないという結論は，提示されている前提から導き出せるものではない。前提から導き出せる結論は，博士号を持っているかどうかでその人の教員としての資質を知ることはできないということである。優れた議論の前提は，主張の真実や価値と関係していなければならな

いため，この議論は関連性の基準に違反している。

## II. 関係のない訴えかけの誤謬（p.184）

**1. 伝統に訴える誤謬。**論者とその家族がこれまで常に（つまり伝統的に）民主党に投票してきて，自らを民主党支持者だと思っていることは，共和党候補に投票すべき正当な理由がある場合にも民主党候補に投票することの根拠にはならない。市民としての責任という，伝統よりも重要なことが問題になっている場合に伝統に訴えることは，関連性の基準に違反する行為である。

**2. 力や脅迫に訴える誤謬。**キムは恋人に脅迫されている。名字を変えないなら結婚しないと恋人が主張しているからである。つまり，正当な理由ではなく脅迫を使うことで，キムを説得しようとしているのである。根拠の代わりに脅迫を使うような議論は関連性の基準に違反している。

**3. 私利に訴える誤謬。**この議論は，法案が苦境に立つカトリック校を経済的に支援するものであるかどうかということに関し，カトリック教徒としての個人的な利益へ訴えかけている。特定の宗教法人が運営する教区学校に連邦政府が助成金を支給すべきかどうかという，より重要な論点については何の根拠も示されていない。より重要な問題が争点であるにもかかわらず，私利に訴える議論は，関連性の基準に違反するものである。

**4. 感情に付け込む誤謬。**この営業担当は潜在的な顧客に対し，特典を受けたのに契約しないのは恥ずかしいことだという感情を植え付けようとしている。しかしこの特典は，契約を確約した人に与えられるものではないため，潜在的な顧客が恥ずかしさを感じる理由にはならない。根拠を示すのではなく感情に付け込んで説得しようとすることは，関連性の基準に違反している。

**5. 無関係の権威者に訴える誤謬。**チェンバレン博士は，他のクライアントについて証言するのであれば"関連のある権威者"にあたるかもしれない。しかしこのケースでは，博士は被告の家族の友人であるため，博士の証言は偏ったものになるかもしれないと考えるべきだろう。考え方が偏っている権威者は，適切な権威者ではない。この博士の証言を被告側の弁論に使うと，関連性の基準に違反することになる。

**7. 衆人の意見に訴える誤謬。**ほとんどの女性が結婚するときに夫の姓に名前を変えるという事実は，その行いが正しいかどうかという議論とは関係ない。多くの人あるいは大多数の人が行っているからといって，その行為が正しいとは言えないため，この議論は関連性の基準に違反している。

### 第7章：許容性の基準に違反する誤謬

I.　言語的混乱の誤謬　(p.213)

2.　**多義の誤謬**。この議論では，"感じる"という言葉の意味が途中で変化している。最初の「感じる」は身体的感覚であるのに対し，2つ目の"感じる"は精神的知覚である。前提で使われている重要な言葉の意味が議論の中で統一されていないため，結論を導き出すことはできない。言語的な混乱を引き起こす前提は，優れた議論の許容性の基準に違反している。

3.　**曖昧語法**。ジョリーが使った"できない"という言い回しは2つの意味に捉えられるが，どちらを意図して使っているかが曖昧である。"できない"は，「時間がないのでできない」ことと「知識がないからできない」ことの2つを意味する可能性がある。セラは恣意的にいずれかの意味で捉えたようだが，そう捉えた根拠はおそらくないだろう。曖昧な前提を使った議論は，許容性の基準に反するものである。

4.　**差異なき区別**。論者は，嘘をつくことと真実を誇張することは異なると主張しており，より恥をかかずにすむ後者の行為を行ったのだと聞き手に納得してほしいのだろう。しかし，嘘をつくことと真実を誇張することは言い回しが違うだけであって，実質的な違いはない。したがって，もし聞き手が嘘をつくことは間違っていると考えているならば，真実を誇張することも間違っていると判断すべきである。混乱を招く前提は許容性の基準に違反しているため，故意に歪められた前提を使った議論は優れたものとは言えない。

5.　**不当な対照**。ロビンが「今日は気分がいい」と言ったことを理由に，ロビンは昨日まで具合が悪かったのだとジェリーは根拠なく判断している。ジェリーはロビンが使った"今日"という単語を不当に強調して捉え，明示されていない対照的な結論を誤って導き出している。話し手の主張の一部を不当に強調して捉えると，紛らわしい主張となる。これは許容性の基準を満たしておらず，受け入れられない前提である。

6.　**漠然とした表現の誤用**。論者は，「ロン・ディスがリベラルであれば軍に批判的なはずである」と恣意的に推測することで，"リベラル"という曖昧な言葉を誤用している。このような限定的な推測を"リベラル"という単語のみから導き出すことはできない。曖昧な言葉に限定的な意味を恣意的に与えている議論は，救いようもないほど紛らわしい前提を使っていると言うしかなく，許容性の基準に違反している。

10.　**誤解を招く強調**。この見出しでは"医師"と"患者"という単語の使い方が紛らわしく，郡の住民に対して医療従事者が不足しているという根拠のない結論が導き

出されかねない。一部が不当に強調されて誤解を招く前提は，許容性の基準に違反するものである。

## II. 根拠なき思い込みの誤謬 (p.241)

1. **不当な類推**。この論者はコーヒーとアルコールを比べて些細な類似性を見つけているが，結論を導き出すにあたって重要となる違いについては無視している。つまり暗示的な前提として，2つの物事にある類似点があるならば他の重要な側面においても似ているに違いないという根拠なき決めつけを使っているため，許容性の基準に違反しているのである。

2. **原則の誤用**。この論者は，「人を欺くことは間違っている」という原則を否定するために，特殊な例外を持ち出している。原則には例外が存在しないという根拠なき推測を暗示的に前提としているため，優れた議論の許容性の基準に違反している。

4. **合成の誤謬**。論者は，小説中のすべての出来事がもっともらしく聞こえるのなら，小説全体も現実的な内容になるはずだと誤って思い込んでいる。一部に言えることは全体にも言えるという根拠のない思い込みを暗示的に前提として使っているため，許容性の基準に違反する議論である。

5. **連続性の誤謬**。論者は，人間と他の生物をつなぐ連続性の間に1つの区切りを設定することは恣意的であり不適切だと誤って考え，その仮定をもとに結論を引き出している。連続体の両端の間の小さな差異は無視できるものであり，そのどこか一点を区切りとすることは不可能あるいは少なくとも恣意的であるという根拠なき思い込みに基づいた前提を暗示的に使っているため，許容性の基準に違反する議論である。

6. **分割の誤謬**。論者は，バージニア大学が全米屈指の大学であれば，その一部である哲学科も全米屈指であるという誤った推測をしている。全体に言えることはその一部にも言えるという根拠なき思い込みを暗示的に前提として使っているため，優れた議論の許容性の基準に違反している。

7. **不当な選択肢**。論者は，アメフトチームの将来について2つの選択肢しかなく，そのうちの1つしか選ぶことができないと誤って決めつけている。選択肢を必要以上に限定し，そのうちの1つが正解であるという根拠なき思い込みに基づいた前提を暗示的に使っているため，許容性の基準に違反する議論である。

8. **である-べきであるの誤謬**。ジーンは，「人々がセックスをするかどうかを決めるにあたっては合理的に考えることが少ないのが一般的であるから，そうあるべきだ」

と誤って決めつけている。「物事がそうであるから，そうあるべきなのだ」という根拠のない決めつけに基づいた暗示的な前提を使っているため，この議論は許容性の基準に違反している。

9. **希望的観測**。論者は，神の存在の証拠がない状況において，「神が存在すると信じれば，神を実在する存在にできる」と誤って決めつけている。神の存在を信じたり願ったりすることだけでは，神が存在するとは言えない。「真実であってほしいから真実である」という根拠のない思い込みを暗示的に前提として使っているため，優れた議論の許容性の基準に違反している。

10. **中間の誤謬**。裁判官は，相反する証言の中間地点に真実が存在するはずだと誤って推測している。一方の証人が真実を語っていて，他方の証人が嘘をついている可能性などは考慮していない。単に中間的だからという理由から，「両極の間の中間的な考え方が最も優れたものである」とする根拠のない思い込みに基づく暗示的な前提は，許容性の基準に反するものである。

11. **新しさに訴える誤謬**。ミルドレッドは「新しいもののほうが優れている」と根拠なく思い込んでいる。そしてジョージにすすめたデカフェのコーヒーが新しく発売されたものであるから，ジョージが嫌いな従来のデカフェのコーヒーよりもおいしいはずだと決めつけているのである。

### 第8章：十分性の原則に違反する誤謬

I. 根拠欠如の誤謬 (p.272)

1. **二重基準**。この学生は自分を例外扱いしてほしいと言っているが，そのために提示している議論では，他の学生にも同じように当てはまるであろう事情しか言及されていない。特別扱いが認められるのに十分な根拠が示されていないため，この議論は十分性の基準を満たしていない。

2. **不十分なサンプル**。ある学食で食べたときにあまりおいしくなかったという単一の経験からは，すべての学食で提供される食べ物の質について何らかの主張を引き出すことはできない。一般的な主張をする根拠として，1つの経験だけでは不十分である。したがって，種類や強度，そして数量の観点から十分な証拠が必要だとする十分性の基準に違反している。

5. **重要証拠の除外**。タイムシェアを契約するかどうか決断するにあたって重要となる点は初期費用と管理費であるのに，この議論はそれに触れていない。最も重要あるいは鍵となる根拠が示されていないため，これは十分性の基準に違反する議論で

ある。

**6. 反事実的な仮説**。大学を卒業したからといって現在無職であることを回避できたかどうかは知りようがない。過去の出来事が別の結果となっていた場合にもたらされる現状を裏付ける証拠は存在しないか入手困難であるため，これは十分性の基準に違反している議論である。

**8. 無知に訴える論証**。「証拠がない」という事実から何らかの結論を導き出すことはできない。同性愛者が懸念や不満を最近は表現していないからといって，現状に満足していることの証拠にはならない。証拠がないことを根拠にして結論を導き出す議論は，十分性の基準に違反するものである。

**13. 代表的でないデータ**。このサンプルが仮にニューヨーク市民全体を表しているとしても，アメリカ人全体を表すものではない。ニューヨークのような大都市に住む人々は，そもそも狩りを楽しむ機会がほとんどないだろう。対象集団を適切に表現していない証拠は結論を導き出すための十分な根拠とは言えず，この議論は十分性の基準に違反していると言える。

**14. 格言の誤謬**。子どもを叩かずに言い聞かせる方法はたくさんあるため，証拠ではなく体罰を推奨する格言を持ち出すことは疑わしい格言に訴える誤謬である。実際の根拠ではなく格言を証拠として使っている議論は，十分性の基準に違反している。

## II. 因果関係の誤謬（p.292）

**1. 因果の過剰な単純化**。この議論では，風邪の原因を極端に単純化している。風邪のウイルスにすでにおかされていないかぎり，寒空の下で帽子をかぶっていなかったというだけで風邪をひくことはないだろう。この議論では，風邪をひいたという出来事の前に起きた出来事を因果的に極端に単純化しているため，十分性の基準を満たしていない。

**2. 前後即因果の誤謬**。論者は，レーン上院議員が大統領と会談したことと，レーン上院議員が予算案を支持すると表明したことに因果関係があると不当に決めつけている。その根拠は，会談のほうが支持の表明よりも時間的に先に起きたというだけである。出来事の間の因果関係に関わる結論を導き出す際に，時間的な前後関係は十分な根拠にはならない。したがって，大統領が上院議員に圧力をかけたという結論を導き出すことはできず，この議論は十分性の基準を満たしていない。

**3. 必要条件と十分条件の混同**。この議論では，怒りをコントロールすることは新し

い友達をつくる必要条件として挙げられたもので，十分条件ではないと考えられる。新しい友達を作るための必要条件は他にも複数あるだろうし，怒りをコントロールするだけでは不十分である。論者は十分条件と必要条件を混同しているため，結論を導き出すのに十分な証拠を示せていない。したがって，優れた議論の十分性の基準に違反しており，アドバイスは間違っていたという暗示的な結論は導き出すことができない。

4.　ドミノの誤謬。この議論での結論を導くには，列挙した事柄のそれぞれが因果的に関連している証拠を示す必要があるが，この議論ではその証拠を示していない。したがって，議論は十分性の基準に違反しており，「最終的には廃人になる」という結論を導き出すことはできない。

5.　ギャンブラーの誤謬。今年は鹿を仕留められるかどうかということについて，過去3年間の狩りの結果は因果的に関連していない。偶然の出来事に関する過去の経験は，その後の結果に影響を与えない。今年の狩りの結果に関する主張は誤った因果的分析に基づいているため，この議論は十分性の基準を満たしているとは言えない。したがって，「今年は必ず鹿を仕留められる」という結論を導き出すことはできない。

6.　共通する原因の無視。語彙が豊富だとビジネスが成功するとか，ビジネスで成功すると語彙が豊富になると推測するよりも，ビジネスの成功と語彙の豊富さの両方につながる別の共通する要因があると考えるほうが自然だろう。2つの事象に共通するより可能性の高い因果的要因に触れていないため，この議論は十分性の基準を満たしておらず，結論を導き出すこともできない。

7.　原因と結果の混同。論者は原因と結果を混同している。ヨーコとリアムが怒りっぽいのはチップが減ったことが原因だと考えるよりも，怒りっぽいからチップが減ったと考えるほうが自然だろう。この議論は原因と結果を混同しているため十分性の基準を満たしておらず，結論を導き出すことはできない。

## 第9章：反論の基準に違反する誤謬

I.　反証の誤謬　(p.308)

1.　反証の否定。この議論では，ポルノに関する大学の報告書が示す証拠の影響力を弱めたり誤りだと説明したりする努力すらせずに，単に証拠を否定しているだけである。反証について考慮することを拒絶し，反論に失敗している議論は，優れた議論の反論の基準に違反している。

2. **反証の無視**。この論者は，エベレストを登頂する価値として挙げられる"登ることのスリル"を無視している。たとえ論者がスリルという要因を重要視していなくても，すべての潜在的な登山者について主張するのであれば言及すべきである。ある立場への反対意見となる重要な証拠を無視して反論しない議論は反論の基準を満たしておらず，「エベレストに登ることに価値はない」とする結論を導き出すことはできない。

4. **揚げ足取り**。リベラルアーツの価値に関するラング教授の主張に対するリード教授の批判は，ラング教授の議論のなかでも最も重要性の低い部分にのみ焦点を当てている。それが 8 年であろうと 15 年であろうと，ラング教授の主張の議論には影響しない。リード教授はラング教授の議論の最も重要な部分に言及していないため，反論の基準に違反している。

## II. 対人論証の誤謬（p.317）

1. **お前だって論法**。マークは，トーニャが泣くことはマークが怒鳴ることと似た影響あるいは同じ影響があると指摘しているが，トーニャの提案に取り合おうとしていない。マークは「お前だって」と考えることによってトーニャの提案を無視することが正当であると考えているが，これは反論の基準に違反する行為である。

2. **井戸に毒を盛る**。教区民は牧師という"井戸"に毒を盛ることにより，結婚に関する牧師のアドバイスを聞くことを拒否している。しかし，牧師が結婚したことがないからといって，夫婦の関係を改善する素晴らしいアイデアを持っていないと考える根拠にはならない。教区民は牧師のアドバイスの価値を検討しようとしていないため，反論の基準に違反している。

5. **人格攻撃の誤謬**。リッチー氏は，点呼投票の出欠について嘘をついたというパーカー氏の指摘に反論するのではなく，パーカー氏が精神科病院に入院していたことを攻撃している。リッチー氏は重要な問題に対応することを拒んだことによって，反論の基準に違反したのである。

## III. 脱線の誤謬（p.327）

1. **薫製ニシンの誤謬**。この教授は，大学の運営に学生がもっと関わるべきだという議論を無視し，大学の運営における教員の関与という問題に注意をそらそうとしている。教授は焦点となっている問題に向き合わず，関連する問題に議論を脱線させることによって，反論の基準に違反している。

2. **笑いや嘲笑に訴える誤謬**。クリード議員はスーザンの懸念に向き合わずに笑いを取りにいくことによって，政治的に物議を醸す問題を回避しようとしている。スーザンの深刻な懸念に真摯に対応するのではなく笑いでごまかそうとする行為は，反論の基準に違反するものである。

5. **藁人形論法**。この母親は，娘の議論を歪めている，あるいは誤って置き換えている。娘が提示した真の議論に向き合っていないため，反論の基準に違反している。

# 監訳者解題

## 論ずること，非形式論理学，クリティカルシンキング

## 1. はじめに

　翻訳の後に解題を書き始めたものの，非形式論理学や議論研究を概観できる日本語文献がいまだに少ないことに気づかされた。本書を適切に理解してもらうためにも，この場を借りてこの領域の歴史的発展，重要な争点，押さえておくべき研究者たちについて，本解題で少し踏み込んで記述することとした。

　本書の具体的な使用に関する留意点を知りたい方は，第5節を読めば十分である。本解題のその他の箇所は必要に応じて目を通していただきたい。

## 2. 本書の変遷と，非形式論理学・議論研究の発展

　本書は，非形式論理学やクリティカルシンキングの教科書であるT・エドワード・デイマー著『*Attacking Faulty Reasoning: A Practical Guide to Fallacy-Free Arguments, 7th edition*』（Cengage Wadsworth, 2013）の全訳である。初版の発行が1980年，これまでに7版を数えていることからわかるように，米国の教科書市場で長く生き抜いてきた書籍である。

　1978年に第1回非形式論理学国際シンポジウムがカナダのウィンザー大学で開催され，1983年にカリフォルニアの州立大学でクリティカルシンキングが卒業要件の1つとなった時期に発行された本書の初版は，「クリティカルシンキングと健全な推論」に焦点を当て，「誤った思考を健全な思考」に変容させることを謳う130ページほどの小冊子で，翻訳した第7版と比べて体系的ではない［初版 vi］。

　1980年出版の初版から2013年出版の第7版までの改訂をたどると，非形式論理学，クリティカルシンキング，議論研究といった哲学および学際的な実践や知見を踏まえて本書が拡張されてきた姿が明らかになる。

　まず本書は，優れた議論（good argument）の基準を，改訂を重ねるにつれて変容させてきた。1987年発行の第2版では，非形式論理学国際シンポジウ

ム主催者のラルフ・H・ジョンソンとJ・アンソニー・ブレアや，トゥルディ・ゴヴィエの教科書で用いられていた，「関連性」，「許容性」，「十分性」で誤謬を分類する方法に依拠し，その3つを優れた議論の基準として提示した［6-9］。1995年発行の第3版では，対話的側面に目を向け，「反論の基準」を加えた4つを優れた議論の基準とした。2005年発行の第5版からは「構造の基準」を加えた5つを優れた議論の基準として採用し，その枠組みが第7版まで維持されている。

　さらに本書は，5つの優れた議論の基準を含む12の知的行動の規範を，信念の形成や行動の是非を決定する話し合い（ディスカッション）で従うルールとして提示している。この行動規範は，オランダの議論研究の一大学派である「語用論的弁証法（Pragma-Dialectics）」の10の行動規範に着想を得ている［Hatcher:87］。この10の行動規範は，「立証責任」，「関連性」，「明言されていない前提の構築」，「話し合いの終結」など，本書もカバーする概念を取り扱う［エイムレン＆ヘンケマンス:138-156，165-181］。議論に参加する論者の適切なふるまいを本書読者（原著の場合は主に学部学生）が理解し，様々な話し合いで使用できるようになることをデイマーは狙っていたのだろう。

　最後に，本書は当初の議論評価のための書籍から，議論の評価と作成の2つをカバーする書籍に変容してきた。初版で本書は議論評価に焦点を当てているが，第2版では「優れた議論の構築」に関する節が導入される。そこでは，議論評価のプロセスが優れた議論の作成を促すとする主張が提示されている［17-18］。第5版からは「論述文を書く」という章が導入され，議論評価のみならず議論の作成もカバーしている。

　「優れた議論を評価する基準は，議論の作成にも活かすことができる」という本書の主張は，（非形式）論理学が与する想定だと擁護することは可能である[1]。哲学が主導する議論評価中心の論理学教育は，コミュニケーション学科が中心となっている説得的に話す教育（パブリックスピーキングやディベート），英語学科が中心となっている論理的に書く教育（ライティング）と棲み分けていたと思われる。

　ここまでの記述をまとめると，本書は，カナダの非形式論理学が提示した優れた議論に関する知見と，オランダの語用論的弁証法が提唱した行動規範を融合させ，議論の評価と作成を学ぶ大学の学部学生に向けた教育媒体（メディア）

だったといえる。

## 3. 著者デイマー

　T・エドワード・デイマーは，バージニア州にあるユナイテッド・メソジスト教会に所属する私立大学エモリー＆ヘンリー大学の哲学科の教員だった（2012年に退職）。在職中には，哲学科長や，バージニア州哲学協会の会長も務めている。本書の第5章から第9章には，宗教と哲学の関係性について大学生の息子ジムに宛てられた父からの手紙が掲載されているが，所属大学の成り立ちを考えると，「学生の信仰心に悪影響を与える哲学者」として，こういった手紙を学生の保護者から本当に受け取ったことがあるのではないかと勝手に推測してしまう。

　デイマーは，哲学と議論研究がかかわる学術誌に知見を発表してきた研究者ではない。しかしながら，1980年代以降発展した学際的研究である議論研究や教育実践の潮流を踏まえて手際よくまとめ，論ずる技能を身につける書籍として本書を改訂して発行し続けてきた実践家であり，議論実践を社会に根付かせるうえで確固たる役割を担ってきた哲学教育者といえる。1988年にバージニア州の年間優秀教授賞（Virginia Professor of the Year）を受賞していることからも，彼が優れた哲学教師であったことがうかがえる。

・・・

　ここまで，非形式論理学と議論研究の発展を背景に本書と著者を位置付けてきた。ここからは，本書が扱っている「議論（アーギュメント）」や「話し合い（ディスカッション）」の意味合いをさらに考察して深く理解するために，非形式論

---

1 これは1つの事例をもとに論ずる「不十分なサンプル」の誤謬だという指摘があるだろうし，論理学は議論作成教育をしてきたという対抗主張を擁護することも，ゴヴィエ，リトルとグロークとティンデール，ロバート・H・エニスなどの教科書を反証として使うことで可能である。反論の基準を満たすために1970年代から80年代に出版された教科書をあげると，ジョンソンとブレアの『論理的自己防御（*Logical Sef-Defence*）』，ハワード・ケヘインの『論理学と現代レトリック（*Logic and Contemporary Rhetoric*）』，スティーヴン・N・トーマスの『自然言語における実践的推論（*Practical Reasoning in Natural Language*）』，マイケル・スクリヴンの『推論（*Reasoning*）』，デイヴィッド・ヒッチコックの『クリティカルシンキング（*Critical Thinking*）』，スティーヴン・トゥールミンらの『推論入門（*An Introduction to Reasoning*）』，ペリー・ウェドルの『議論：クリティカルシンキングのガイド（*Argument: A Guide to Critical Thinking*）』などは議論の評価に焦点を当て，議論の作成には焦点を当てていない。

理学とクリティカルシンキングの教育の成り立ち，議論や論証と訳されるアーギュメント（argument）についての考察，議論の再構築と寛容の原則，優れた議論の基準や論理学教育の手法としての誤謬の利用について，少々考えてみたい。

　本解題は知的行動の規範の「真理追究の原則」に拠って書かれているが，「解決の原則」を充足できる記述を提示するわけではない（そもそも議論研究はいまだに発展中の学・実践なのだ！）。ここでは諸論点を提示しながら，読者の知的行動に資することができたらと考えている。

## 4. 非形式論理学とクリティカルシンキングに関するいくつかの論点[2]
### 4.1　「実際の」議論

　論理学の入門授業は，おそらく大半の大学生にとって最初で最後の論理学体験と思われる。「論理学」ということばにはなじみがなくても，「論理」や「論理的」ということばはより一般的であり，受講生は論理的になれると考えて授業を受講することがあるだろう。論理学の入門授業は，本書でも対象としている「アーギュメント（議論）」の理解・評価・作成ができるようになることを目指すことが多い。

　非形式論理学は，このような期待をもって論理学の入門授業を受講する学生に対して，従来の形式論理学や記号論理学とは異なる対象や方法で教育実践を行うことを目指したもので，1970年代以降に北米で発展してきた。

　ちなみに，1970年代以降に非形式論理学やクリティカルシンキングが発展する前の教科書が扱う事例は以下のようなものであった。

　事例1：教科書掲載の議論（argument）の例
　ボストンは都市で，ボストンは米国にある。ゆえに，ボストンは米国にある。
　　［Lambert & Urlich 11］[3]

---

2 本節の記述は，2022年3月の名古屋哲学教育研究会セミナーでの講演と，2022年7月の科研費挑戦的研究「法的判断における『良い議論』とは何か」での招待講演の原稿を大幅に書き換えたものである。笠木雅史先生，戸田山和久先生，角松成史先生，師岡淳也先生，およびその他の参加者にこの場を借りて感謝申し上げたい。
3 本解題で引用している日本語訳がない資料は，断りがない限り小西が翻訳した。

366

本書の記述に従うと，この事例は「構造の条件」を充足しない。さらに言うと，意見の不一致，事実判断の違い，利害の衝突などの議論が起こる状況も考慮していない。米国で出版された大学の論理学の教科書を読む学生が，米国の政治・歴史的に著名な都市であるボストンが米国にあることを知らず，その真偽を論じることがあるのかという素朴な疑念もぬぐえない。しかしながら，このような人工的な事例を「議論」と称して論理学を教えつつ，その論理学が学習者の論ずる技能（スキル）や論理的思考力を高めることを目指すのが，非形式論理学，クリティカルシンキングが発展する前の論理学教育の実践だった。

このような人工的な議論の例を用いて論理学を教えることの問題——議論とされる実践と論理学の理論の乖離——は，非形式誤謬論に依拠した論理学の教科書の嚆矢であるケヘインの『論理学と現代レトリック』初版のまえがきでも指摘されている [vii] 4 。ケヘイン，ジョンソンとブレア，デイマーなどによる誤謬論を用いた教科書は，現実的な状況を踏まえた実際の議論 5 を用い，非形式的誤謬を用いて議論を評価することで，学び手を論理的にすることを目指していた。

表1　非形式論理学と従来の論理学の対象の違い

|  | 非形式論理学の教育 | 従来の論理学教育 |
|---|---|---|
| 術語とその訳語 | argument<br>議論 | argument<br>論証 |
| 対象事例 | ・新聞の投書欄，社説，ノンフィクションなどの論争的な言論<br>・自然言語の議論<br>・日常の議論<br>・専門的な文章 | 教科書の著者がつくる人工的な事例 |

4 誤謬に関する研究はアリストテレスの『詭弁的論駁』にみられ，現代的な研究も1970年にC・L・ハンブリンの『誤謬（Fallacies）』で展開され，ジョン・ウッズやウォルトンによって発展された。
5 現実的な状況における実際の議論をさす述語は様々である。ジョンソンとブレアは第1回非形式論理学国際シンポジウムで「'自然な'議論（'natural' arguments）」[1980:21-22] を，ゴヴィエは「実際の議論（actual arguments）」[1987:7-9] を，ウッズは「生きた議論（arguments on the hoof）」[183] を用いている。

　現実的な状況における実際の議論を用いること，そして学び手の論理的な技能の向上を目指すことは，非形式論理学とクリティカルシンキングに共通している。では2つはいかに異なるのか。名称が示唆するように，非形式論理学は論理学の一部として提唱され，自己を哲学者と規定し，自己の教育・研究実践を哲学の一部とみなす哲学者が実践してきた領域である。これに対してクリティカルシンキングは教育上の理念であり，様々な学問領域で使われ，21世紀型スキルの1つとされる，いわば現代のバズワードである。解題作者の所属学科でも，クリティカルシンキングスキルという授業を開講している。非形式論理学ということばを見聞きしたことがなくとも，クリティカルシンキングはあるという読者は多いだろう。

　クリティカルシンキングは，日本では市川伸一，楠見孝・道田泰司の研究など，推論・議論の経験的（心理学的）研究という視点からの紹介が盛んである。一方，本書では哲学の知見によってクリティカルシンキングを説明しており，エニスに拠って，「何を信じ・行動するべきか理にかなった決断をするための過程」と定義されている [13]。

　エニス，リチャード・ポール，マーク・ワインスタイン，アレック・フィッシャーなど，哲学的な推論・議論の規範的研究という視点からクリティカルシンキングを研究し，教育実践にかかわってきた人は多い。ポールは1980年代からカリフォルニアのソノマ州立大学を中心に毎年学会を開催し，大学やコミュニティカレッジにとどまらず，中等教育や初等教育にクリティカルシンキングを浸透させるよう，意識的に努力してきた。クリティカルシンキングの成り立ちを理解するうえで，北米では哲学的な推論・議論研究を行う研究者が大きな役割を果たしてきたことを，日本の経験科学的，心理学的な推論・議論研究が主導するクリティカルシンキングとの相違点として踏まえておくことが知の系譜上重要である。

　論理学の一部，または議論研究の一視点である非形式論理学と，教育上の理念であるクリティカルシンキングは，後者が議論に着目し，主張の真偽やその行動への影響を考察する限りにおいて，前者と多分に重なる。1983年に北米で発足した哲学者が主導する「非形式論理学とクリティカルシンキング協会（Association of Informal Logic and Critical Thinking：AILACT）」は，2つのことばが並置されていることからも，重なりつつも異なるものとみなされてき

たという関係性が垣間見える。実際の議論に焦点を当て，その質の評価を目指した非形式論理学とクリティカルシンキングは，学部教育の現場では論理学教育の改革を目指す実践ととらえられる。

## 4.2　アーギュメント（argument）とよばれるものは何か？

　非形式論理学もクリティカルシンキングも，現実的な状況を踏まえて実際の議論（アーギュメント）の評価と作成を教えるものであることは，ここまでに明らかになった。ここで従来の形式論理学や記号論理学との対比のうえで，「アーギュメント」という術語が指すものをさらに考えてみたい。

　先述した，「ボストンが都市で米国内にあるから，ボストンは米国にある」という一連の言明に焦点を当ててみよう。この一連の言明は，論点先取をしており，前提と主張が同じだから議論ではないというのが，本書の記述に従った1つの判断である（本書第5章参照）。それに加えて，このようなわかりきったことを議論することは普通はないので，議論と呼ばれることはないとする判断もあるだろう。

　しかしながら，論理学では「アーギュメント（argument）」は時に論証と訳されることがある。論理学者の戸田山は，『論理学をつくる』の冒頭で提示した "What is This Thing Called Logic ?"（論理学と呼ばれるものは何か？）という問いに対し，**「我々は何を『正しい』論証**[6]**とすればよいか」**が論理学者にとっての問題であり，論理学が心理学よりも数学に近い学であるとしている[2, 8, 強調は原文]。論証の正しさについては，「論証の**形式（form）**のみにより，論証の**内容（content）**によるのではないのだが，その「形式」は論証に含まれる論理定項だけを残して残りの表現の意味を無視することによって浮かび上がらせることができる」としている[戸田山 :15, 強調は原文]。戸田山を参照点としてかなり強引に語るならば，現代において論理学とは形式の学（formal science）であったといえるだろうし，いまだにそうだと主張することも可能だろう[7]。

---

6 戸田山は，論証（argument）または推論（inference）が前提（premise）と結論（conclusion）から構成されるとしており，本書と同じ構造でアーギュメントをとらえている[3]。戸田山と福澤が共同翻訳したトゥールミンの『議論の技法』では，広い範囲の言語行為を「議論」として，その議論における最小単位を「論証」として argument を訳し分けている[トゥールミン :385]。

　アーギュメントの訳語が抱えるこのような二義性については，レトリック研究者・哲学者であるカイム・ペレルマンが，アリストテレスの分析的推論（analytic reasoning）と弁証的推論（dialectical reasoning），さらには形式的に正しい論証（formally correct demonstration）と議論（argumentation）という別の術語を用いて説明している [21-32]。形式的に正しい論証は使用される記号に曖昧さがなく形式的体系の規則にかなうものだが，議論は自然言語を用いるために曖昧さが存在する [31]。さらに，弁証的推論で扱われる一般に受け入れられるもの（what is generally acceptable）は，「計算可能な蓋然性〔確からしさ〕」よりは「道理が通っている（reasonable）」に近いとしている [23]。このような特徴を踏まえ，ペレルマンは議論の目的を，「ある前提からその結論を演繹することではなく，ある主張への聞き手の同意を喚起または増大させることによりその主張に対する聞き手の賛成を求めること」としている [32, 強調は原文]。

　このような論証と議論の違いを踏まえると，従来の形式論理学や記号論理学は論証を主なる対象とし，非形式論理学やクリティカルシンキングが扱う対象としてのアーギュメントは，実際の議論を主なる対象とする。本書で扱っているような「意見の分かれる問題」[19] において「主張の正しさや価値を立証する」ことを目的とする議論 [32] や，私たちが参加する会議での提案やその妥当性に関する議論，日常の話し合いにおける判断，新聞の社説や投書欄での論述などは，数学に近づけて分析，解釈，評価することが通常望ましいわけではない。

　しかしながら，ここで，従来の形式論理学や記号論理学と，非形式論理学やクリティカルシンキングは相互排他的なものではないことを理解しておくことは重要である。前者が，演繹や帰納を用いて実際の議論を考察できるという主張を擁護する場合，何らかの応用論理学が想定・提唱されている。論者が演繹的な議論を提示して結論が前提から必然的に導かれると論じたり，一般化や代表的なサンプルに基づく帰納的な議論を提示して蓋然的（確率的）に結論が前

---

7 野矢茂樹は『入門！論理学』で，現代論理学と記号の切っても切れない深い関係について言及している。「現代の論理学は，「記号論理学ともいわれて，堅い本だと記号や式のオン・パレードです。「記号」論理学なので，当然なのですが，この本は記号論理学の入門のくせに記号をほとんど使っていません」[i-ii]。

提から導かれると論じるならば，数学になぞらえて実際の議論を評価できることになる（実際の議論のどれほどのものが数学になぞらえて考えられるかは経験的な問いであり，ここでは検証しない）。これに対して，非形式論理学やクリティカルシンキングは現実的な，道理の通った議論を数学に還元せずに理解しようとまずは努め，必要に応じて演繹や帰納の概念を利用していく[8]。

　本節タイトルにこたえるならば，「アーギュメントは，数学になぞらえてとらえる論証という術語，または論争で用いられる道理の通った実際の議論という術語で語られてきた。そして非形式論理学は，道理の通った議論を主要な対象としてきた」となるだろう。

### 4.3　実際の議論の再構築，語られていないもの，寛容の原則

　新聞の投書，社説，日常的な議論のやり取りなどの実際の議論を扱う場合に問題になるのが，「そもそもどういう根拠をもとに，何が言いたいんだ？」と考えるような事例が多いことである。文章や発言に議論が存在する際，前提と結論の構造に落とし込んだうえで評価を行うことが必要だが，それらすべてが明示的に提示されるわけではない。本書も暗示的な前提／結論（implicit premise/conclusion）ということばを用いて議論を再構築し，評価するアプローチをとっている[9]。

　暗示的な前提や暗示的な結論を，本書では「明示されていないが意図されている内容」[38]とし，それらを組み込んで議論を再構築する際に「寛容の原則」を用いることが，知的行動の規範の5番目のルールとして提唱されている［41-42］。

　本書では議論の再構築にかかわるとされる寛容の原則において，以下の3点が重視される。

1. 論者の意図を損なわないこと

---

8 ジョンソンとブレアは非形式論理学と形式論理学を対照的に分析して，同様の主張を展開している [Johnson & Blair 2002:357]。

9 同様の概念は，「欠落した前提／結論（missing premise/conclusion）」，「想定（assumptions）」[Johnson & Blair 1980:25-27, 35]，「暗黙の前提（unexpressed premises）」[エイムレン&ヘンケマンス 2017:60-74] などのことばで扱われる。

2. 1をみたし，最も強い議論に再構築すること
3. 可能ならば論者に修正の機会を与えること［41-42］

　この寛容の原則の定式化には，論者の意図の確認はいかに可能なのか，再構築する最も強い議論は何かという，2つの問題が存在する。まず，論者の意図の確認は必ずしも可能ではない。論者が目の前にいる場合は確認ができる。目の前にいなくても現代のネット社会では確認ができる場合がある（本書の翻訳でも作者の意図を確認した事例があった）。このような場合は，作者が提唱するように，意図を確認したうえで議論を再構築するとよい。

　しかしながら，論者がその場にいない場合や論者が故人である場合は，議論評価者は論者の意図を推測しなければならない。この際にどの程度緻密な推測をしたらよいのかは，議論がどのような状況で提示され，評価されているのかによって異なる。例えば，助成金の提案書を評価する場合，明示的に書かれていないことまで読み込んで解釈してしまうと評価の公正性が担保されないため，意図の推測はあまり行わないかもしれない。これに対して，町内会の決定事項の適用条件について住民が判断する場合，これまでこうだったから今回はこういうことだろうなといった推測を行うことが考えられる。いずれの場合も推測に基づく論者の意図の解釈は行われているが，どれほど想像力を働かせて推測をするかに一様なルールがあるわけではないだろう。

　デイマーが提唱する寛容の原則のもう1つの問題は，再構築するもっとも強い議論をどのように定めるのか，デイマー自身が明確にしていないことである。本書の議論の評価基準は，構造性，関連性，許容性，十分性，反論への応答の有効性である。このなかで構造性は演繹と強く結びつけられているが，関連性，十分性，反論の応答への有効性は前提と結論の結びつきに，許容性は前提そのものにかかわる。これらの基準において，いったいどれが最も重要なのだろうか。例えば，反論には有効に応答しているものの，論者が提示した前提はそれほど十分に結論を支えていない議論と，反論にはあまりうまく応答していないが，論者が提示した前提がかなり強く結論を支えている議論は，どちらのほうがより優れた議論であるのか。そして議論の解釈・評価者は，どのように議論を再構築すると「最も強い議論」を提示できるのか。

　この2番目の問題系を少し考察するために，次の事例を考えてみよう[10]。

事例２：無知に訴える論法[11]の例
（空港の発着案内板を見ながら友人に）奄美大島行きの便の情報は見当たらない。各社の運行情報は知らないけれど，もうたぶん今日は奄美行きの便はないよ。

前提と結論という標準形式に再構築されたこの事例は，次のように提示できる。

　発着案内板に奄美大島行きの便の発着情報は掲示されていない（前提）
　たぶん本日の奄美行きの飛行機はない（結論）

この再構築に暗示的な補完前提を追加してみよう。

　[空港で発着案内板に発着情報が掲示されていないと，その場所への出発便は存在しない]（暗示的補完前提）
　発着案内板に奄美大島行きの便の発着情報は掲示されていない（前提）
　たぶん本日の奄美行きの飛行機はない（結論）

この暗示的補完前提を追加することで，奄美大島行きの飛行機の有無についての議論は演繹的なものになる。本書でも，帰納的な議論に前提を追加して，演繹的な議論として再構築できると述べられている [44-45]。しかし，このような演繹的議論としての再構築は，「たぶん」という限定詞で前提と補完前提間のつながりをとらえている元の議論を，必要以上に強いものとして再構築している可能性がある。論者の意図がわからない場合，暗示的な前提を無尽蔵に追加し，演繹的議論として再構築するのが，デイマーが提唱したい寛容の原則なのだろうか。
　演繹的議論としての再構築は，前提から結論が必然的に導かれることを意味

---

10 以下の事例はウォルトンが紹介する Reiter のデフォルト推論（default reasoning）の説明に依拠している [Walton 1992:21-22]。
11 本解題4.5の論点を先取りするが，ウォルトンは無知に訴える議論は道理の通った議論になるとしていた [Walton 1992:22]。ブレアも優れた議論と誤謬をペアにして考えており，優れた議論の間違った使用が誤謬であると考えている。

するため，ありうる反論を無視することにもつながる。演繹として再構築したために結論を擁護できず，結果として優れた議論とならないことが起こりうる。例えば，上記の飛行機の発着情報に関する議論には次のような反論がありうる。

1. 今見ている発着案内板は 10 件しか掲示できないから発着便の情報が出ていない
2. 特定の航空会社の情報しか掲示しない案内板だから，奄美大島便を運航している A 社の情報は掲示されない
3. 案内板は動いていない。そもそも「調整中」と掲示されている
4. 空港の案内板のシステムがクラックされて，A で始まる場所への発着便だけ掲示されてないようだ。実際に旭川や奄美は掲示されていない

デイマーの立場に立つと，反論の前提を加えてこれらに応答することで，演繹的議論として議論を再構築できる。しかし，論者の意図が明確でないときに，再構築を行う評価者が，反論の前提をどれほど考慮することが望ましいのか。

　この友人に向けた発言は，無知に訴える論法（本書第 8 章）の事例である。こういった発言をする人は，発着情報での掲載がないという前提から奄美大島行きの便がないという結論を導く際に，論理的必然性をもって論じているのでも，蓋然性をもって論じているのでもない。ペレルマンの言う「道理の通った」議論のようなものとして提示されている可能性が高い。

　「たぶん」という日常的なことば遣いをとらえるような前提と結論の結びつきを把握するための概念や術語をつくり，そのような議論を評価する基準を考えることを，非形式論理学は第 1 回国際シンポジウムの当時から研究課題として掲げていた [Johnson & Blair 1980:31-33]。デイマーの掲げる「寛容の原則」は，論者の意図が確認できる限りにおいてはその運用は難しくない。しかしながら，意図の確認ができない場合，どのような再構築を行うのが最善なのかはそれほど容易ではない。演繹，一般化や代表的なサンプルに基づく量的な帰納以外にも優れた議論を評価する基準があるならば，それを考慮しないと適切な再構築，つまり本書による「最も強い議論」の再構築ができない可能性があるのだ。

## 4.4 必然的な演繹，蓋然的・確からしい帰納，「通常・普通」を扱う無効可能性

　適切に再構築された議論は，優れた議論の基準を用いて評価が可能となる。本書では，(1) 構造の基準，(2) 関連性，(3) 許容性，(4) 十分性，(5) 反論への応答の有効性を用いているが，従来の形式論理学や記号論理学の視座に還元して考えると，構造基準は演繹的議論にのみかかわり，関連性と十分性は演繹的・帰納的議論にかかわる。つまりこれら 3 つは，前提と結論の間の結びつきにかかわる，従来の論理学と親和性が高い基準である。本書はジョンソンとブレアの書籍と同様に，演繹や帰納という術語に過度に依拠しておらず，5 つの基準を満たすと優れた議論であり，そのいずれかを満たせないと優れた議論にはならないという立場を採用している。しかしながら，基準 1，2，4 は明示的・暗示的に演繹，帰納の概念に拠っており，前提と結論の結びつきを検討するのに用いられる。

　この 3 つに比べると，許容性と反論への応答の有効性は，非形式論理学やクリティカルシンキング教育で積極的に採用されたものである。まず，許容性は前提自体の質を検証するもので，前提と結論の関係に焦点を当てる従来の形式論理学や記号論理学の世界では重視されてこなかった。さらに，反論への応答の有効性の基準は対話的・弁証的なものであり，非形式論理学においてさえも，1987 年にブレアとジョンソンが「弁証的義務 (dialectical obligations)」として定式化するまで前景化されていなかった [93]。

　本書の優れた議論の基準とここまでの解題の記述——特に現実の議論や道理の通った議論に関するもの——を踏まえると，すべての種類の議論の前提と結論の結びつきを検討する枠組みとして演繹と帰納が十分に包括的なのかという論点が浮かび上がってくる。実際のところ，1978 年の第 1 回国際シンポジウムの時点で，演繹と帰納が日常の議論を評価する枠組みとして有効なのかという研究課題が提示されており [Johnson & Blair 1980:31-33]，その有効性に疑問が持たれていた。

　帰納については，倉田剛のように帰納を量的帰納と質的帰納にさらに区分する立場もある [31-34]。しかしこの立場では，帰納は演繹（前提から必然的に結論が導かれる推論・議論）以外のすべてをカバーする概念となり，帰納それ自体を議論評価基準として実際に使うのは難しくなる。量的な帰納は数値化が

可能で確率の手順で結論を導けるが，質的なものはそうではなく，両方をカバーする評価手順が明確に提示されていないからである。

　倉田が質的な帰納と呼ぶもの，そしてペレルマンが道理の通った議論と呼ぶものについて，哲学者は様々な術語を用いて研究してきた。ペレルマンとルーシー・オルブレクツ - テュテカが『新しいレトリック』をフランス語で出版した 1958 年に，英語圏ではトゥールミンが『議論の技法』を出版し，「限定詞（qualifier）」という術語を用いて法的手順になぞらえて議論の手順を検討していた [149]。1970 年代にはニコラス・レッシャーが非確率的推論を「もっともらしさ（plausibility）」という術語を用いて研究するとともに，「推定（presumption）」を対話の枠組みで検討した。彼の研究を受けて 1980-90 年代にウォルトンは，もっともらしい議論や「推定的推論（presumptive reasoning）」に関する著作を出版した。ゴヴィエはケース・バイ・ケースのアプリオリな類推と，道徳的な決定を行うために賛否両論を考察する「導的な議論（conductive argument）」を第 3 種の議論とする一連の論考を発表し，のちに自身の教科書『議論の実践的研究』で簡潔にまとめてそれらを提示した。

　さらに言うと，質的な帰納，道理の通った議論の研究は哲学者のみの課題ではない。コンピュータ科学や人工知能の分野では，非形式論理学者とは独立して研究が行われ，「非単調論理（nonmonotonic reasoning）」や「無効可能な推論（defeasible reasoning）」の名の下に研究が行われ，ウォルトンを経由して非形式論理学のコミュニティにそれらが紹介されてきた。

　端的に言うと，質的な帰納とされる，量的な帰納とは別の推論・議論については，その特徴を検討する様々な研究が存在しており，実際の議論の評価や作成の教育の場ではそのような概念が積極的に取り上げられてきた。

　前節で例示した，「奄美大島行きの飛行機の有無」に関する「無知に訴える論法」に含まれる推論も，ウォルトンの記述によると，例外はあるが「通常（normally）」または「普通（usually）」はそうなるという大前提に依拠する，もっともらしいまたは推定的な推論とされている [1996:124]。このような実際の議論を適切に評価すること，そして適切に作成することを手助けするのが非形式論理学やクリティカルシンキングの教育実践とすると，実際の議論を扱うための論理学を準備するのが非形式論理学の研究といえる。非形式論理学のリーダーの一人であるブレアは，様々な領域で研究されてきた第 3 種の推論・議論

を「無効可能な議論（defeasible arguments）」という用語でまとめ，その研究が非形式論理学の主題であると論じている［2012:116-117］。さらには，様々な無効可能な議論のパターンである「議論スキーム（argumentation schemes）」を形式化することで，非形式論理学と形式論理学の融合が可能であるという主張を展開している［2012:123-124，131-132］。非形式論理学が焦点を当ててきた推論・議論は以下のようにまとめられる。

表2　前提と結論間の関係

| 前提と結論間の関係 | 前提と結論間の関係を示す術語 |
| --- | --- |
| 前提から結論が必然的に導かれる | 演繹 |
| 前提から結論が計算可能な蓋然性（確からしさ）をもって導かれる | （量的）帰納 |
| 前提から結論が，道理をもって導かれる | 無効可能な<br>（質的）帰納<br>道理が通った<br>もっともらしい<br>推定的な<br>非単調的な<br>アプリオリな類推<br>導的な |

　本書は，第3種の無効可能な議論を前景化させて議論を扱ってはいない。その一方で，日常的に遭遇する多くの議論は帰納であると明言しており，第3種の議論を帰納とみなしていると考えられる［44］。演繹を第5章で，代表的なサンプルに基づく帰納を第8章でカバーしているが，本書を通して扱われる誤謬の多くは質的な帰納，無効可能な議論といえる。この点から，デイマーは明言しないものの，多くの場合に無効可能な議論を考慮しているというのが，寛容の原則に基づく彼の記述の解釈である。

　例えば，発生論の誤謬は過去の判断を無批判に現在に適用することを問題視するものだが，そのような判断の適用は「通常・普通」は問題となる。人格の攻撃も，その攻撃は議論が扱う内容にかかわらない限りにおいて，「通常・普通」は適切な反論ではない。いずれの場合も，第3種の，実際の，無効可能な議論で用いられる論法であり，本書が非形式論理学・クリティカルシンキングの知

見を踏まえた正当な入門書であることがわかる。

## 4.5　誤謬，優れた議論

　誤謬とは，優れた議論の5つの基準のいずれかに違反するものと本書では定義され，議論の質の向上のためのチェックポイントとして機能するとされている [70, 85]。前節であげたように，構造性，関連性，十分性は議論の前提と結論の間の結びつきにかかわり，許容性は前提自体にかかわる。反論の有効性は他の議論や意見との関係にかかわり，対話的・弁証的な基準となる。

表3　優れた議論の基準

| 基準が評価する対象 | 基準の名称 |
| --- | --- |
| 前提と結論の結びつき | 構造性 |
|  | 関連性 |
|  | 十分性 |
| 前提自体 | 許容性 |
| 反論との関係 | 反論への応答の有効性 |

　5つの基準のいずれか1つの基準に違反するとその議論は誤謬とされるが，特定の基準に違反する誤謬を犯した議論はどれほど質が低いのか，どの基準に違反した場合に最も質が低くなるのかについて，デイマーは明言していない。
　誤謬を用いて議論評価を教える教科書である『論理的な自己防御』をジョンソンと共同執筆しているブレアは，誤謬について考察した著作で，誤謬とは怪我のようなもので，致命的なものではなく，その治療・改善（議論の質の向上）は可能としている [1995:333]。デイマーも優れた推論を用いて考えや行動を裏付けることを目指しており，誤謬に着目することでその目標が達成できると本書では述べている [3, 70]。こういった記述から，デイマーもブレアのように誤謬というのは治療可能な怪我のようなものとみなしていることがわかる。
　誤謬を用いた議論評価への1つの批判として，議論の誤りを学んだところで，必ずしも議論の質を的確に評価したり，優れた議論を作れるわけではないというものがある。ヒッチコックはテニスの比喩を用いて，テニスがうまくなりたければ，プレーの失敗を学ぶのではなく，うまいプレーを学ぶことが肝要であると述べている。同様に，質の悪い議論（誤謬）に着目するのではなく，優れ

た議論を手本とするほうが，考えや行動を裏付けるには有用だという主張を展開している［1995:324］。ヒッチコック自身もクリティカルシンキングの教科書を執筆しているが，スクリヴンの『推論（*Reasoning*)』の影響下で，誤謬を用いない議論評価を実践している。

　ヒッチコックのこの批判に対しては，ブレアの論考を踏まえつつ，監訳者の大学時代のディベート実践や日常業務の経験，大学院時代にウィンザー大学で「非形式論理学」のティーチングアシスタント（TA）を務めた教育経験から，誤謬を用いた議論評価・議論作成の教育の有効性を擁護したい。ブレアは，自身の教科書『論理的自己防御』では，それぞれの議論を描写し，その議論が間違った使用をされる条件を明示することで誤謬を説明していると述べている［2019:43］。すなわち，本書では誤謬としている「無知に訴える論法」，「対人論法」，「類推」には正当なものと誤謬があるということだ。このように，優れた無効可能な議論と，その違反としての誤謬という枠組みで誤謬を把握する技能は，議論評価の一部であるとブレアは述べている［1995:332-333］。

　実は，デイマーの誤謬論についても，5つの主要基準については同様の展開がとられている。デイマーの主眼は，優れた議論で考えや行為を裏付けることにあり，5つの基準を満たす優れた議論と，そのいずれかに違反する誤謬というペアでとらえている［85］。各論に着目すると，対人論法，無知に訴える論法，類推が正当に使われる場合と誤って使われる場合については，対照的に記述が提示されているわけではなく，議論の質の低さに着目することになってしまう。ここでは，ヒッチコックの批判である，質の低い議論よりも良質の議論に着目することが重要という批判が一部当てはまると考えられる。

　理論的には本書はヒッチコックの批判にうまく応えていないように見えるが，「誤謬発見器にならない」，「誤謬の指摘を最小限にとどめる」，「自分の議論に誤謬があるとわかったときは積極的に認める」といった実践上の指針は，批判への有効な応答である。これらは，誤謬を用いて評価する際にはクリティカルであるとともに慎重であることの重要性を説いている［99-100］。これらの指針を踏まえて誤謬アプローチを用いて議論評価をすれば，信念形成や行為の誘導のプロセスが，些末な指摘によって脱線する可能性を低くするだろう。つまり，優れた議論とその違反である誤謬というペアを用いるジョンソンとブレアのアプローチのほうが望ましいとは思われるものの，注意深く実践すること

でデイマー流の誤謬論も優れた議論を作成し，評価するうえで有効であると考えられる。

　次に，監訳者のディベートや業務（研究および組織運営への関与）の経験を踏まえると，「反論の基準」は優れた議論の作成・評価において特に有用である。ディベートは，「定年制の廃止」などのトピックが与えられ，賛否両論を考える活動である。定年制がなくなると労働力減少に対応できるという議論を展開した場合，「AIの発展などで社会状況が変わっていくので将来的に同じ数の労働力はいらない」，「2019年の入管法改正で特定技能を持つ外国人労働者が入国しやすくなっており，労働力減少は大きな問題ではない」といった対抗する立場に，有効な応答を考えなければならない。また，研究論文を書く際にありうる反論を考慮して自分が提示する主張に留保条件を加えたり，将来の研究課題として提示しておくことは論者の重要な責務である。さらに，会社や組織の会議で何らかの提案をする際には，ありうる様々な異論反論を考慮して資料を準備するとともに，会議の場で批判には有効な応答を提示することも必要である。つまり，本書が主張する反論への応答の有効性を強調する誤謬のアプローチを使った場合であっても，下手なテニスプレーヤーに学ぶのとは違って，自分が擁護する立場を支える議論の質を高めることは十分に可能である。

　最後にウィンザー大学での誤謬アプローチに基づく「非形式論理学」の授業のTAの経験を振り返ると，誤謬の名称を積極的に用いて議論評価する場合でも，学生の論ずる技能は十分に高められていた。この授業では，学期に4度ほど，誤謬を用いて議論評価をするライティング課題があった。教科書の練習問題や新聞の投書などを事例とし，事例で展開されている主張と根拠を確定し（構造分析），どのような論法がとられているのか，いかなる点で誤謬と考えられるのかを論ずること（議論評価）を学生には求めていた。このような課題で，学生は「対人攻撃が行われている」とか，「誤った類推が用いられている」と主張するだけではよい成績はとれない。「この対人攻撃が正しくても，相手が主張している立場が否定されるわけではないので議論はそれほど質が高いとは言えない」と論じたり，「比較されている事例はある点を取り上げて似ているとされるが，この場合に考える必要のある類似点は別の○○であり，その点が考慮されていないので誤った類推である」といったように，誤謬であるという主張を支える議論が求められる。つまり，議論評価の課題を通して，学生は他

者の議論を評価する優れた議論を提示する技能を身につけるよう指導されており，議論評価の技能を徐々に習得していく様子が，TAである私にも見て取れた。見聞きしていた限りにおいて，ウィンザー大学での誤謬アプローチを用いた議論教育はうまくいっており，ヒッチコックの批判はそれほど的を射ていないものであると思われる。

　ここで，本書の第8章の「不十分なサンプル」の記述を用いて，解題著者が挙げているディベート実践の経験，非形式論理学のTA経験では事例が少なすぎるという指摘も可能である。論者である私は，その指摘を受け入れ，「つまり，議論の質を高めるためには誤謬の術語が役に立つということなんですよね」と暫定的に答えておきたい。誤謬を中核に据えた議論教育，誤謬に着目しない議論教育の有効性について，実証的な研究が必要だというヒッチコックの主張［1995:324］をここでは紹介することで，明確な結論を導くことを保留しておきたい。その一方で，そのような指摘を自分で考えることができた読者に対しては，本書の記述を踏まえて優れた議論を作成・評価できていることを強調しておきたい。

・・・

　本節のここまでの記述を踏まえて，非形式論理学やクリティカルシンキングの特徴をまとめておきたい。

- 非形式論理学やクリティカルシンキングは，従来の形式論理学や記号論理学に基づく論理学教育ではうまくカバーできないと考えられていた，実際の議論に焦点をあて，議論評価，議論作成の技能を教えることを目指した。
- 非形式論理学とクリティカルシンキングは，対象とするのが実際の議論である限りにおいて，実践上は重複するところが大きい。
- 実際の議論は，前提と結論の解釈が割れることがあり，寛容の原則を用いて分析解釈にあたることが必要である。しかしながら，寛容の原則は実際の運用が難しいこともある。
- 非形式論理学が焦点を当てるのは，演繹，量的な帰納よりも，無効可能な推論・議論である。非形式論理学と従来の形式論理学や記号論理学は相互排他的なものではない。
- 誤謬を用いた議論評価や議論作成の教育には賛成論も反対論も存在するが，

誤謬が優れた議論と対置されて教えられる場合には一つの有効な教育手法と考えられる。

• 本書が挙げる「構造性」，「関連性」，「許容性」，「十分性」，「反論への応答の有効性」は，優れた議論の基準として考えられる。

## 5.　本書をいかに使うのか—実践ガイドの実践ガイドとして

「誤謬，非形式論理学，クリティカルシンキング，議論研究に関心がある」，「議論を適切に評価したい」，「優れた議論を作成したい」。このような理由で本書を手に取った方は多いはずである。解題の第4節では本書の紹介と絡めて非形式論理学や議論研究の諸論点を紹介したが，ここでは実際に本書をどのように使うとよいか紹介したい。

議論を作成する場合でも，その質を自分で評価するプロセスが含まれる。ここでは便宜的に，議論を評価する場合，議論を作成する場合，議論が交わされる場や話し合いに参加する場合に分け，本書をどのように使っていけるか考えてみよう。

本書の使用法について伝える前に，1つ注意喚起をしておきたい。本書では，デイマーの政治的な信条を示唆しているように感じられるテーマが選ばれ，議論が評価されている。テーマとしては，中絶，神の存在，表現の自由など，米国の学生に向けたものであるため大学生活で見聞きしそうなものが多いというのが，私の印象である。その事例に対して，本書では比較的リベラルな視座から議論を展開していると感じられた方もいると思う。デイマーは自分の政治的な信条は明示していないが，特定の政治的な視座から事例を選び，自分の信条に反する議論に対して厳しい評価をしながら議論評価の教育を行うと，議論というのは特定の政治的立場を広める実践だととらえられてしまうことを，私は危惧する。

本書を読む際には，議論の解釈や評価に唯一の解があるわけではなく，いくつかの道理の通った解があることを理解しておいてほしい。日常の議論というのは，そもそも異論反論があるからこそ発生することが多く，デイマーによる議論評価も1つの道理の通った評価なのだ。著者自身も，優れた議論の5つの基準は人によってさまざまであり，議論評価はほとんどの場合で個人的な判断（judgment call）になると明言している [56]。本書の議論評価をうのみにする

のではなく，場合によっては別の評価ができるのではないかと考え，作者であるデイマーとの仮想的な話し合いに加わることが，生産的な知的活動なのである。

　また，デイマーの視座についての指摘は読者にも当てはまる。自分の信条が右翼的，左翼的，リベラル，保守的，中道，革新的のいずれであっても，その信条が常に正しいことは保証されない。いずれの立場の人間であっても誤りうるというのは，知的行動の規範の1番目に「可謬の原則」として本書が提示していることであり，我々は皆，自己批判の視座を持っておくことが重要なのである [24-27]。

## 5.1　議論を評価する

　同僚が書いた企画書を読んだり，会議で様々な案の是非を検討する際には，我々は議論評価者の役割を担う。企画書や特定の案に対する自分の立場は可能な限り棚上げし，議論の質を考えることが肝要となる。棚上げしなくても自分の視座をしっかりと意識し，それが間違っている可能性があることを理解しておこう。

　評価者としては，議論評価の基準を用いながら，よいと思われる点や改善が必要と思われる点（結論）を挙げて，その理由（前提）を挙げよう。すなわち，議論評価自体を議論として提示するように努めよう。議論評価は大きく分けて，「前提と結論の結びつき」，「前提自体」，「反論への有効な応答」の3つで構成されるため，それに沿って考えてみたい。

　まず，前提と結論の間の結びつきの評価については，本書が用いている「論外な反証の提示の方法」を使うとよい [93-97]。「○○だから，△△である」と前提と結論の流れを把握したうえで，「では，●●だから，▲▲となり，少々問題ではないかと思われる」という，同じ論理的な流れを持つ別の事例を用いて道理が通っているか検討するこの方法は，誤謬の名称を使わず，論理的な流れを踏まえて議論を検証するものである。相手の議論を正確に理解し，その議論と同様の流れを持つ別の議論を提示する必要があるため，簡単ではない場合もある。しかしながら，専門用語を使わずに議論自体の流れを検討するこの方法は，議論を提示した者にも理解がしやすいものであるため，強く推奨したい。

　次に，議論の前提自体は，本書で紹介されている「前提の許容性の基準」，「前

提の非許容性の条件」を用いて，挙げられている前提の質を検討するとよい［62,
64］。複数の前提，複数の補完前提があって評価に時間がかかる場合は，主要
な前提に限定してその質を評価すると効率がよいだろう。

　最後に，議論に対する反論への応答がどれほど有効か考えよう。本書でも，
反論の原則への対応が弱い議論が多いと指摘されている［67］。評価者としては，
「ではこういう別の立場について，どのように考えますか」と，論者の提示し
た議論に対抗する立場の検討を促し，対抗する立場と比較の上でその議論がど
れほど優れたものかを検証するとよい。

　さらに，議論評価者としては，全体としてその議論（企画書，提案）がどれ
ほど優れているのかという最終評価を伝えるとよい。「この点は問題がある，
この点も問題がある」と指摘しても，全体ではどれほどよいのかがわからな
いと，議論を提示した者としても困るかもしれない。「3点指摘はあるけれど，
必ず直さなければいけないのは1点目で，2点目と3点目はこのままでもよい
けれど，話し合いの場で別の人から指摘があったら応答できるようにしてくだ
さい」といったコメントを行うとよい。

## 5.2　議論を作成する

　議論の作成については，第10章で詳細な記述がある。屋上屋を架すことは
避けたいが，デイマーが述べている調査の重要性については，再度強調してお
きたい。自分が提示する議論は，しっかりとした調査に基づいているとよい。
そのような議論は，前提が許容性の基準をみたし，複数の前提を用いて十分性
をみたせる可能性が高まる。さらに，しっかり調査しておけば，自分が提示す
る議論に対抗する批判に有効な応答もできやすい。

　もう1点論者にとって重要なことは，受け手が誰なのかを理解して議論を作
成することである。「立証責任の原則」として本書で提示されている行動規範
がこのことにかかわる［34-37］。大学の教科書である本書は，高校卒業生がも
つ一般知識を想定することや，教授よりも同じ学生を読み手として想定して論
ずることを提唱している［337］。会社や組織で働いている方の場合，同僚が持
つ知識を踏まえることで，不要な前提を省いて議論を簡潔に提示できるだろう。
また，研究者の場合には最新の知見を踏まえて論ずることで，口頭発表や論文
で展開する議論を，受け手となる研究者のコミュニティが受け入れる可能性を

高められる。

　議論は，競合する様々な立場がある状況で，誰かに対して提示されるものである。何を伝えるかとともに，誰に向けて伝えるのかを意識することで，優れた議論をわかりやすく提示できる可能性が高まる。

## 5.3　議論・話し合いに参加する

　議論を評価し作成するための本書の方法は，非形式論理学やクリティカルシンキングの知見に根差している。これに対して，他者との議論や話し合い——会議での複数の議論の検討，競合する議論を交わす論争——に参加する際に有用なのは，本書が提唱する知的行動の諸規範である。

- 誰もが間違いうること（原則 1）
- 手持ちのエビデンスにもとづいて合理的な立場を探究すること（原則 2）
- 判断保留は限定的に行い，その際には判断保留の実質的な影響を考えること（原則 11）
- 優れた議論が判明した場合には話し合いを止めるが，新たな立場が考えられるときには議論を再開すること（原則 12）

これらの原則を用いることで，会議での話し合い，家族のルールの決定，友人との芸術作品に関する語り合い，学術上の論争などの議論は，より生産的で，慎重で，協力的なものになる。

　議論は，時にことばで相手をねじ伏せるとか，相手の論を破壊する「論破」といった，暴力のメタファーや類推によって語られることがある。しかしながら，議論と暴力の結びつきが 1 つのメタファーであるならば，議論行為の持つ共同で何かを洗練させることを強調する別のメタファーを用いて，議論を語り，その建設的な側面を強調してもよいだろう。

　例えば，複数の料理人がかかわるコース料理は，そのような協力的な側面を強調したメタファーである。出されるそれぞれの料理を前提として，それぞれの料理の素材やその味付けを補完前提として，競合するコース案を反論として考えることで，ありうる前提（諸料理）を用いた最もしっかりと擁護できる結論（コース料理）は何か検討できる。このメタファーの場合，巷で用いられる「論

破」といった暴力のメタファーの抱える，相手を軽んじ，ことばでの遊びに興ずる側面ではなく，考えるべき重要なことに共同で真剣に取り組む側面が前景化される。このメタファーがどれほど道理が通っているかはさらに検証が必要である。しかしながら，ここで強調しておきたいのは，議論を相手をねじ伏せるとか「論破」という暴力のメタファーでとらえる必然性は少なくともないということだ。

　会社や組織の合理的な運営，家族や仲間の関係性の健全な維持発展のためには，自分が間違いうること，相手も間違いうること，ありうるエビデンスに基づいて必死に考えること，新たなエビデンスがあったら考えを変えるといった知的な行動が重要となる。そして，新たな知を作るにも，優れた製品やサービスを作るにも，知的原則を踏まえて議論に参加し，慎重にかつしっかりと論ずることを心がけていくとよいだろう。

## 6. 終わりに

　第1回非形式論理学国際シンポジウムから45年後の2023年に本書を出版し，カナダを中心に発展してきた非形式論理学とオランダで発展した語用論的弁証法の基礎を，日本の読者にまとまった形で紹介できることをうれしく思う。この書籍を通して読者の議論評価と議論作成の技能が高まり，論ずることを肯定的に考える文化が醸成されてほしいと強く願う。それとともに，現在進行形で発展しているスリリングな学際的研究がそこにあり，日本の哲学者，コミュニケーション研究者，コンピュータ科学者のさらなる参加を待っていることも伝えておきたい。

　本書の翻訳にあたっては，訳者の今村真由子が全編を翻訳し，監訳者の小西卓三が，非形式論理学，議論研究の視座から全編の訳文を修正した。本書は実践を通して技能を身につけるための教科書であって，理論書ではない。その点を踏まえて，例題や解答例を含めて全訳できたことに大きな意義がある。翻訳に関して至らないところがあるとすれば，監訳者に応答責任がある。全編にわたって丁寧な訳出をしてくださった今村真由子氏と，この翻訳プロジェクトに声をかけてくださり，翻訳と校正のプロセスで的確かつ貴重なコメントと励ましのことばをいただいた九夏社の伊藤武芳氏には，この場を借りて感謝と御礼を伝えたい。

## 参考文献

* 2023 年の時点で，*Informal Logic*（informallogic.ca/）は完全オンラインのピアレビュー国際ジャーナルとして出版されている。Windsor Studies in Argumentation（windsor.scholarsportal.info/omp/index.php/wsia/catalog）はウィンザー大学が出版しているオンライン叢書であり，無料でダウンロードが可能である。

Blair, J. Anthony. "The Place of Teaching Informal Fallacies in Teaching Reasoning Skills or Critical Thinking." *Fallacies: Classical and Contemporary Readings*, edited by Hans V. Hansen and Robert C. Pinto, Pennsylvania State University Press, 1995, pp. 328-338.

---. *Groundwork in the Theory of Argumentation*. Springer, 2012.

---. "Pioneering Informal Logic and Argumentation Studies." *Informal Logic: A 'Canadian' Approach to Argument*, edited by Federico Puppo. Windsor Studies in Argumentation, 2019, pp. 35-60.

Blair, J. Anthony and Ralph. H Johnson. "From the Editors." *Informal Logic Newsletter* 4.2, May1982, pp. 1-2.

---. "Argumentation as Dialectical." 1987. *Rise of Informal Logic: Essays on Argumentation, Critical Thinking, Reasoning and Politics*. Windsor Studies in Argumentation Digital Edition., 2014, pp. 83-95.

Damer, T. Edward. *Attacking Faulty Reasoning: A Practical Guide to Fallacy-Free Arguments*. Wadsworth (Cengage), 1980. (2nd ed., 1987; 3rd ed., 1995; 4th ed., 2001; 5th ed., 2005; 6th ed., 2009; 7th ed., 2013).

van Eemeren, Frans H. and Rob Grootendorst. *Speech Acts in Argumentative Discussions*. Foris, 1983.

Ennis, Robert H. "Critical Thinking and the Curriculum." *National Forum* 65.1, 1985, pp. 28-31.

---. *Critical Thinking*. Prentice Hall, 1996.

Govier, Trudy. *A Practical Study of Argument*. 1st ed., Wadsworth, 1985.

---. *Problems in Argument Analysis and Evaluation*. 1987. Windsor Studies in Argumentation Updated Edition, 2018.

Hatcher, Donald. "Why Formal Logic Is Essential for Critical Thinking." *Informal Logic* 19.1, 1999, pp. 77-89.

Hitchcock, David. *Critical Thinking: A Guide to Evaluating Information*. Methuen, 1983.

---. "Do the Fallacies Have a Place in the Teaching of Reasoning or Critical Thinking?" *Fallacies: Classical and Contemporary Readings*, edited by Hans V. Hansen and Robert C. Pinto, Pennsylvania State University Press, 1995, pp. 319-327.

Johnson, Ralph H. & J. Anthony Blair. *Logical Self-Defense*. 1st ed., Toronto: McGraw-Hill Ryerson, 1977.

---. "The Recent Development of Informal Logic." 1980. *Rise of Informal Logic: Essays on Argumentation, Critical Thinking, Reasoning and Politics*. Windsor Studies in Argumentation Digital Edition., 2014, pp. 10-35.

---. "Informal Logic and Reconfiguration of Logic." *Handbook of Logic of Argument and Inference: The Turn towards the Practical*, edited by Dov M. Gabby, Ralph H. Johnson, Hans Jurgen Ohlbach, and John Woods, Elsevier, 2002, pp. 339-396.

Kahane, Howard. *Logic and Contemporary Rhetoric: The Use of Reason in Everyday Life*. 1st ed., Wadsworth, 1971.

Lambert, Karel and William Urlich. *The Nature of Argument*. Macmillan, 1980.

Little, J. Frederick, Leo A. Groarke, and Christopher W. Tindale. *Good Reasoning Matters!: A Constructive Approach to Critical Thinking*. 1st ed., McClelland & Stewart, 1989.

Rescher, Nicholas. *Plausible Reasoning*. Van Gorcum.1976.

Scriven, Michael. *Reasoning*. McGraw-Hill, 1976.

Thomas, Stephen N. *Practical Reasoning in Natural Language*. Prentice Hall, 1973.

Toulmin, Stephen E., Richard Rieke and Allan Janik. *An Introduction to Reasoning*. 2nd ed., Prentice-Hall, 1984.

Walton, Douglas N. *Plausible Argument in Everyday Conversation*. SUNY, 1992.

---. *Argumentation Schemes for Presumptive Reasoning*. Laurence Erlbaum, 1996.

Weddle, Perry. *Argument: A Guide to Critical Thinking*. McGraw-Hill, 1978.

Woods, John. "Fearful Symmetry." *Fallacies: Classical and Contemporary Readings*, edited by Hans V. Hansen and Robert C. Pinto, Pennsylvania State University Press, 1995, pp. 181-193.

ファン・エイムレン, F. H. & A. F. スヌック・ヘンケマンス. 『議論学への招待：建設的なコミュニケーションのために』. 2017. 松坂ヒロシ・鈴木健訳, 大修館書店, 2018.

倉田剛. 『論証の教室〔入門編〕：インフォーマル・ロジックへの誘い』. 新曜社, 2022.

野矢茂樹. 『入門！論理学』. 中央公論新社, 2006.

ペレルマン, カイム. 『説得の論理学：新しいレトリック』. 1977. 三輪正訳, 理想社, 1980.

レッシャー, ニコラス. 『対話の論理：弁証法再考』. 1977. 内田種臣訳, 紀伊国屋書店, 1981.

トゥールミン, スティーヴン. 『議論の技法：トゥールミンモデルの原点』. 1958. 戸田山和久・福澤一吉訳, 東京図書, 2011.

戸田山和久. 『論理学をつくる』. 名古屋大学出版会, 2000.

# 和文索引

## あ行

曖昧語法　89, 196, 345
揚げ足取り　89, 306, 345
顎ひげのパラドクス　218
新しさに訴える誤謬　4, 89, 215, 345
誤った結論の導出　89, 157, 345
誤った根拠の提示　89, 160, 345
アリストテレス　16, 55
言い回しによる論点先取の誤謬　4
意見　33
井戸に毒を盛る　89, 313, 345
意味的曖昧性　197
因果関係の誤謬　88, 89, 273
因果の過剰な単純化　89, 277, 345
『エウテュプロン』　284
エニス，ロバート・H　13
演繹的議論　42
　—の誤謬　88, 89, 124
オバマ，バラク　17
お前だって論法　89, 315, 345

## か行

解決の原則　24, 81
可逆性のテスト　342
格言の誤謬　89, 263, 345

価値的議論　45
価値的前提　46
可謬の原則　22, 24
換位の誤り　58, 345
　—の誤謬　89, 139
関係のない訴えかけの誤謬　88, 89, 164
感情に付け込む誤謬　89, 179, 346
寛容の原則　23, 41
関連がある　150
関連していない　150
関連性のある　59
関連性の基準に違反する誤謬　149
関連性の原則　23, 58, 149
帰納的議論　43
規範的議論　45
規範的前提　46
　—の欠如の誤謬　4, 89, 118, 346
希望的観測　89, 231, 346
ギャンブラーの誤謬　89, 289, 346
共通する原因の無視　89, 285, 346
許容性の基準に違反する誤謬　191
許容性の原則　23, 60, 191
議論　31
空虚な慰めの誤謬　322

偶然の誤謬　234

クリティカルシンキング　13

黒と白の誤謬　226

薫製ニシンの誤謬　89, 322, 346

経験的な前提　110

月曜朝のクォーターバック　261

結論　31

権威主義　171

原因と結果の混同　89, 282, 346

言語的混乱の誤謬　88, 89, 193

原則の誤用　89, 233, 346

後件　124

　—肯定の誤謬　89, 127, 346

　—否定　125

合成の誤謬　89, 221, 346

構造の基準に違反する誤謬　101

構造の原則　23, 56, 101

肯定式　124

合理化，言い訳　89, 153, 346

誤解を招く強調　4, 89, 200, 347

ご機嫌取り　180

個人的逸話　251

誤謬　85

根拠欠如の誤謬　88, 89, 250

根拠なき思い込みの誤謬　88, 89, 214


**さ行**

差異なき区別　89, 210, 347

三段論法　130

周延されている　131

衆人の意見に訴える誤謬　89, 168, 347

集団への忠誠心に訴える誤謬　180

羞恥心に訴える誤謬　181

十分条件　274

十分性の基準に違反する誤謬　249

十分性の原則　23, 65, 249

重要証拠の除外　89, 269, 347

循環論法　103

状況証拠　128

条件的推論　124

証拠の優越　36

証明　36

私利に訴える誤謬　89, 176, 347

人格攻撃の誤謬　89, 90, 310, 347

信仰の誤謬　231

信念の誤謬　231

真理追究の原則　22, 27

推定無罪　258

優れた議論　13

　—の５つの基準　14, 56

滑り坂の誤謬　287

前件　124

　—肯定　124

　—否定の誤謬　89, 125, 347

前後即因果の誤謬　89, 90, 279, 347

全称肯定命題　131

全称否定命題　131

前提　32

　—と結論の矛盾　89, 116, 347

　—の許容性の基準　62, 192

　—の非許容性の条件　64, 192

ソクラテス　27, 162, 284

## た行

大衆受け狙い　179
対人論証の誤謬　88, 89, 309
代表的でないデータ　89, 254, 347
多義の誤謬　89, 193, 347
多重質問　89, 107, 348
脱線の誤謬　88, 89, 318
妥当　42
ダブル・スタンダード　342
単独事実の誤謬　251
端名辞　130
　―不周延の誤謬　89, 136, 348
力や脅迫に訴える誤謬　89, 170, 348
知的行動の規範　19
　- 手続き上の基準　20
　- 倫理上の基準　21
中間の誤謬　89, 236, 348
中道の誤謬　236
中名辞　130
　―不周延の誤謬　89, 133, 348
である - べきであるの誤謬　47, 89,
　228, 348
定義づけの前提　110
伝統に訴える誤謬　89, 173, 348
統語的曖昧性　197
同情に訴える誤謬　179
道徳的議論　46
道徳的前提　47
特称肯定命題　131
特称否定命題　131
ドミノの誤謬　89, 287, 348

## な行

名前や記述から推論する誤謬　250
二重基準　89, 266, 348
偽の曖昧さ　199
根深い不和　82

## は行

漠然とした表現の誤用　89, 206, 348
パース，チャールズ・サンダース　13
発生論の誤謬　89, 151, 348
話し合い　18, 22
早まった一般化　251
反事実的な仮説　89, 260, 349
反証の誤謬　88, 89, 300
反証の否定　89, 300, 349
反証の無視　89, 302, 349
判断保留の原則　24, 80
バンドワゴン効果の誤謬　168
反論の基準に違反する誤謬　299
反論の原則　24, 67, 299
反論の前提　38
必要条件　274
　―と十分条件の混同　89, 274, 349
否定式　125
美的議論　46, 51
人々の合意　168
批判的思考　13
標準形式　37
不合理な推論　150
不十分なサンプル　89, 251, 349
不適切な前提の誤謬　88, 89, 102

不当な選択肢　89, 226, 349

不当な対照　89, 204, 349

不当な類推　89, 238, 349

文意多義　197

分割の誤謬　89, 224, 349

法的基準　50

法的議論　46, 50

補完前提　32

ほのめかしを使った議論　4

## ま行

的外れの誤謬　157

無関係な前提の誤謬　88, 89, 150

無関係の権威者に訴える誤謬　89, 164, 349

矛盾する前提　89, 113, 349

矛盾の誤謬　5

無知に訴える論証　35, 89, 257, 349

無抵抗の誤謬　259

無矛盾律　57, 114

名辞　130

明瞭性の原則　22, 28

## ら行

ラクダの背骨の誤謬　218

立証　36

立証責任　35

　—の原則　34

レッド・ヘリング　322

連座の誤謬　180

連続性の誤謬　89, 217, 350

論外な反例　93

論点先取（の誤謬）　4, 57, 89, 102, 350

論点先取の定義　89, 110, 350

論理の飛躍　150

## わ行

笑いや嘲笑に訴える誤謬　89, 325, 350

藁人形論法　89, 319, 350

# 欧文索引

## A

abusive ad hominem 90, 310, 347

acceptability principle 23

ad hominem 88

　—argument 309

aesthetic argument 46

affirming the antecedent 124

agnostic 37

ambiguity 196, 345

amphiboly 197

antecedent 124

appeal to common opinion 168, 347

appeal to force or threat 170, 348

appeal to group loyalty 180

appeal to irrelevant authority 164, 349

appeal to pity 179

appeal to self-interest 176, 347

appeal to shame 181

appeal to tradition 173, 348

arguing from ignorance 35, 257, 349

arguing in a circle 103

argument 31

argument by innuendo 4

argumentative leap 150

AsEbInOp 131

attacking a straw man 319, 350

authoritarianism 171

## B

bandwagon fallacy 168

begging the question 102, 350

begging-the-question fallacy 4

beyond a reasonable doubt 36

black-and-white fallacy 226

burden of proof 35

## C

camel's back fallacy 218

causal oversimplification 277, 345

circumstantial evidence 128

clarity principle 22

complex question 107, 348

conclusion 31

confusion of a necessary with a sufficient condition 274, 349

confusion of cause and effect 282, 346

consensus gentium 168

consequent 124

contradiction between premise and

conclusion   116, 347

contrary-to-fact hypothesis   260, 349


D

deductive argument   42

deep disagreement   82

definitional premise   110

denying the consequent   125

denying the counterevidence   300, 349

discussion   18, 22

distinction without a difference   210, 347

distributed   131

domino fallacy   287, 348

drawing the wrong conclusion   157, 345


E

empirical premise   110

end term   130

Ennis, Robert H.   13

equivocation   193, 347


F

fallacy   86

fallacy of accident   234

fallacy of affirming the consequent   127, 346

fallacy of belief   231

fallacy of composition   221, 346

fallacy of counterevidence   300

fallacy of denying the antecedent   125, 347

fallacy of division   224, 349

fallacy of empty consolation   322

fallacy of faith   231

fallacy of false conversion   139

fallacy of illicit distribution of an end term   136

fallacy of inconsistency   5

fallacy of inference from a name or description   250

fallacy of missing the point   157

fallacy of moderation   236, 348

fallacy of novelty   4, 215, 345

fallacy of popular wisdom   263, 345

fallacy of quietism   259

fallacy of the beard   218

fallacy of the continuum   217, 350

fallacy of the elusive normative premise   4, 118, 346

fallacy of the lonely fact   251

fallacy of the mean   236, 348

fallacy of the slippery slope   287

fallacy of undistributed middle term   133

fallibility principle   22

false alternatives   226, 349

false ambiguity   199

false conversion   58, 345

faulty analogy   238, 349

## G

gambler's fallacy   289, 346

genetic fallacy   151, 348

good argument   13

guilt by association   180

## H

hasty generalization   251

## I

ignoring the counterevidence   302, 349

illicit contrast   204, 349

illicit distribution of an end term   348

incompatible premises   113, 349

inductive argument   43

innocent until proven guilty   258

insufficient sample   251, 349

irrelevant   150

is-ought fallacy   47, 228, 348

## L

legal argument   46

legal standard   50

## M

manipulation of emotions   179, 346

middle term   130

misleading accent   4, 200, 347

misuse of a principle   233, 346

misuse of a vague expression   206,

348

modus ponens   124

modus tollens   125

Monday morning quarterbacking   261

moral argument   46

moral premise   47

## N

necessary condition   274

neglect of a common cause   285, 346

non sequiturs   150

normative argument   45, 46

## O

omission of key evidence   269, 347

opinion   33

## P

Peirce, Charles Sanders   13

personal anecdote   251

playing to the gallery   179

poisoning the well   313, 345

post hoc fallacy   90, 279, 347

premise   32

preponderance of the evidence   36

principle of charity   23

proof   36

## Q

question-begging definition   110, 350

question-begging-language fallacy   4

**R**

raising trivial objections    306, 345

rationalization    153, 346

rebuttal premise    38

rebuttal principle    24

red herring    322, 346

relevance principle    23

relevant    59, 150

resolution principle    24

resort to humor or ridicule    325, 350

reversibility test    342

**S**

semantic ambiguity    197

special pleading    266, 348

standard form    37

structural principle    23

subpremise    32

sufficiency principle    23

sufficient condition    274

suspension-of-judgment principle    24

syllogism    130

syntactical ambiguity    197

**T**

term    130

truth-seeking principle    22

tu quoque    315

two-wrongs fallacy    315, 345

**U**

undistributed middle term    348

unrepresentative data    254, 347

use of flattery    180

using the wrong reasons    160, 345

**V**

valid    42

value argument    45

value premise    46

**W**

wishful thinking    231, 346

【著　者】T・エドワード・デイマー

米エモリー＆ヘンリー大学で哲学の教授を務めた後，2012 年に定年。本書 *Attacking Faulty Reasoning: A Practical Guide to Fallacy-Free Arguments* の初版発行は 1980 年。以降 7 版を数え，長年にわたり誤謬論の定番テキストとして使用されてきた。

【監訳者】小西卓三（こにし たくぞう）

昭和女子大学英語コミュニケーション学科教授。奄美大島出身。米国ウェイン州立大学修士号（コミュニケーション学）とカナダのウィンザー大学修士号（哲学）を経て，ピッツバーグ大学博士号取得（コミュニケーション学）。専門は議論研究，非形式論理学，レトリック論，メディア論。国際ジャーナル *Informal Logic* 査読委員。著書に『論理アタマのつくり方』（すばる舎），『メディアとメッセージ─社会のなかのコミュニケーション』（共編著，ナカニシヤ出版）など。

【訳　者】今村真由子（いまむら まゆこ）

翻訳者。上智大学外国語学部英語学科卒業。映像翻訳を中心に，幅広い分野の翻訳を手掛ける。

ごびゅうろんにゅうもん
# 誤謬論入門
すぐ　　　　　ぎ ろん　　　じっせん
## 優れた議論の実践ガイド

---

2023 年 3 月 11 日　第 1 刷発行
2024 年 9 月 20 日　第 3 刷発行

著　者　Ｔ・エドワード・デイマー

監訳者　小西　卓三

訳　者　今村　真由子

発行者　伊藤　武芳

発行所　株式会社　九夏社

　　　　〒 104-0041　東京都中央区新富 1-4-5　東銀座ビル 403

　　　　TEL　03-5981-8144

　　　　FAX　03-5981-8204

印刷・製本 : 中央精版印刷株式会社

装丁 : 岩崎　邦好

カバー写真提供 : ゲッティ イメージズ

Japanese translation copyright ©2023 Kyukasha

ISBN 978-4-909240-04-0　Printed in Japan